中国孤独症教育康复行业发展状况报告（Ⅳ）

五彩鹿孤独症研究院 / 编著

光明日报出版社

编 委 会

编著者简介

五彩鹿儿童行为矫正中心（简称五彩鹿，www.wucailu.com）由孙梦麟女士于2004年创立，是我国最早成立的孤独症谱系障碍儿童教育康复机构之一。

目前在北京、上海、徐州、西安、成都、重庆、大连、太原、济宁、杭州等城市办有10多所分校，总面积超过15000平方米，拥有300多位教师，可同时容纳上千名学生进行教育康复训练，累计服务超过20000个孤独症谱系障碍儿童和他们的家庭，是行业领先的大型专业孤独症儿童早疗机构，多地分校是当地残联定点机构。曾经获得“2015年北京市社会组织公益服务品牌金奖”殊荣，获评AAAA级社会组织。

以“成为最让家长信赖的儿童孤独症科学康复教育机构”为愿景，十七年如一日地坚守“干预早、进步大、挽救一个家”的信念，对标国际先进技术与服务水准，不断开拓创新，同时根据中国特色加以本土化，积极开展教育康复实践，倡导孤独症人群和典型人群间的双向“悦纳”、努力做全生命周期的支持。

在我国孤独症谱系障碍儿童早期干预领域开创性地开展集体教学，特别是创新了“独立班”的主题教学模式，提倡区别性教学、动手动脑多感官刺激教学、正向教学、精准教学和教室环境改革，等等。先后与多国近百位专家合作，是多所国外和国内知名高等院校签约的实习基地。

在多年实践基础上，五彩鹿建立了符合中国国情的、本土化的科学干预体系，包括评估体系、课程体系、督导体系、培训体系、服务体系，以及具有国际水准的计算机化的教学管理系统和数据系统。

五彩鹿的研究院先后组织国内外专家编写并出版了“中国自闭症教育康复行业发展状况报告”第Ⅰ到第Ⅳ版（书名在第Ⅳ版用术语“孤独症”替代了“自闭症”）、《儿童期自闭谱系障碍的发展、评估与干预：国际和中国视角》（光明日报出版社，2021），先后翻译出版了《走出自闭——发展障碍儿童、青少年和成人的沟通辅助技术》《1001 个自闭症儿童养育秘诀》《幼儿动手动脑趣味数学》等专业图书。

五彩鹿于 2016—2018 年将国际上享有盛誉的鲁道夫·罗宾斯音乐治疗（NRMT）引入中国，获得了国内唯一的“鲁道夫·罗宾斯　中国（Nordoff Robbins China）”国际资质。五彩鹿多次参与国际会议，发表研究论文或者介绍中国实践。2017 年，五彩鹿在京创新地举办了第一届东亚区域扩大替代沟通（AAC）大会，10 余个国家和地区的专业人士参加。2019—2020 年，五彩鹿与美国专家一起创新了同时拥有国际认证和中国自主知识产权的孤独症语言治疗领域的治疗师认证体系和“爱尔希”（ELSII）干预模式，成为行业引航者。

序言一

《中国孤独症教育康复行业发展状况报告（Ⅳ）》即将出版，五彩鹿创办人孙梦麟女士邀请我作序，我很愿意支持她，因为我认为这是一件很有社会意义的事情。

孤独症（也称自闭症）有其非常复杂的致病原因，从遗传和非遗传层面做各种研究的很多，可以说是世界性的医学难题之一。本书里面也有专家做了有益探索。根据美国疾病控制与预防中心（CDC）网站的最新数据，孤独症的患病率高达2.3%，在监测到的8岁儿童中，每44名就有一名被确认为孤独症谱系障碍（ASD），换句话说，患病率高达1/44。这是惊人的数据，因为前几年，人们还在说1/68、1/54的患病率。联合国也早已经把每年的4月2日专门设立为“世界孤独症关注日”。

我国目前还缺乏大规模普调数据，但从研究看，患病率近些年也有迅速增加，我们在临床中，也经常遇见符合做诊断的情况。本行业报告维持了我国1%的患病率，似乎和前几年给出的数据持平，有谨慎的一面，但从各种文献看，还是有广泛认可度的。未来需要新的更大规模的流行病调查，给出符合中国本土情况更加精准的数据。

孤独症患病数据的增长和相关人群的社会状况，已经使它成为各国政府需要严肃面对的公共卫生问题，需要集全社会之力去认真对待，寻求对策。作为医务工作者，我们一直在说，医生的初心就是为人民服务，只有不忘初心，为患儿和他们的家庭服务好，才能让党的温暖走进千家万户，对待孤独症谱系障碍群体也是一样的。从儿科医生的角度，我们认为婴幼儿时期是人一生大脑发育的重要时期，早期筛查和诊断，早期科学干预，对于孤独症儿童的预后效果和未来生活质量十分重要，要尽早抓起。由于目前阶段所做干预本质上主要是教育干预，所以我们同时也要做好医教结合。

本书实际上是一部跨界的书，严格地说，孤独症教育康复行业本身，就不是一个行业的事情，它的背后有更加广阔的社会背景，需要全社会的关注。本书的编撰者，既有我的同行，医学界的专家，也有遗传和生物科学家，院校教育专家，一线临床教育工作者，社会工作者，还有法律工作者；既有国内专家，也有国际上的专家；既有大陆学者，也有海峡对岸的行业专家，这么多不同背景和行业的人，在此时此刻，共同聚焦中国孤独症教育康复行业发展状况，从不同视角为社会提供专业信息，更新行业知识，吸引民众和政府的关注，建立了一个非常好的信息资源整合平台。本书能够让读者，特别是有特殊需求的人群，有一个比较系统的读物，帮助他们综合了解行业的方方面面，减少一些认识误区、空白区，少走一些弯路，增加一些科学知识，应该说，它的社会价值不言而喻，是非常积极的。

我知道，孙主任从最开始的社会爱心人士，到入行执着而且越来越专业地服务孤独症（自闭症）群体和他们的家庭，坚持至今近20年了。五彩鹿基本以两年一版的频率坚持出版行业报告，现在完成了第Ⅳ版的编写，力图打造一个公益资讯平台，服务社会需求人群，把一件公益的事情一做就是很多年，而且越做越好，也越来越有影响力，有越来越多的行业专家参与和支持，受到越来越多的社会关注，实属不易，值得鼓励。

从作者的认真写作中我感受到了浓浓的社会责任感、使命感和严肃的职业态度，作者们各抒己见，分享研究和经验所得，从不同视角帮助读者去正确认识行业现状。我希望本行业报告的持续出版能开民气之先，引发更多社会关注，促使更多的社会力量加入对孤独症群体的关爱和支持队伍里来，这对共创和谐社会是一件功德无量的事情，特此作序。

王天有

2022 年 1 月 19 日

（王天有，中华医学会儿科学分会主任委员，首都医科大学附属北京儿童医院党委书记，主任医师、教授、博士生导师，国务院政府特殊津贴专家。）

序言二　编者语

就在我们埋头整理这本书的空当，蓦然回首，距离上一次行业报告的发布，数个年头已然过去。这几年中，虽然新冠肺炎疫情给人世间带来了猝不及防的震动和改变，但孤独症家庭年复一年给予孩子的无私陪伴和照料依旧，孤独症康复从业者为孤独症儿童的支持和教学倾心尽力依旧，基础科学、医学、社会科学的科研人员仍然毫无倦意地在漫无边际的数据网络和浩瀚的知识海洋中寻索对孤独症治疗和救助的科学道路，针对特殊儿童和青少年教育的体制保障也不断朝着完善迈进。

五彩鹿儿童行为矫正中心 2015 年首次发布了“中国自闭症教育康复行业发展状况报告”，之后一直保持着每两年发布一版新的行业发展报告（第Ⅳ版由于疫情影响出得较晚），对于国内外了解中国孤独症教育康复行业起到了很大的作用。近年来，随着孤独症谱系障碍的发生率不断升高，国内外交流不断深入，我国孤独症教育康复行业有很多新的探索和发展，越来越多的研究者和实践工作者参与其中，跨学科、跨领域、跨国界的合作正在不断实现，致力于为孤独症儿童青少年提供高质量的教育康复服务。本书就是这一发展趋势下的成果，教育学、医学、心理学、法学、社会学和人类学等领域，大陆与台湾的专家学者对孤独症的言语语言及行为干预、课程与教学、病理、康复、政策保障、家庭支持、成年后的发展等诸方面进行了系统、全面的分析，希望它能成为从事孤独症教育康复工作者的一处可靠的信息资源。一方面，它便于研究者、专业工作人员、家长等形成整体性的孤独症教育康复行业的图景，同时也能使之了解所关注领域的研究动态、成效与趋势，更为有效地促进教育康复实践。

面对孤独症带来的挑战，政府、社会、学校、家庭等在不断努力和探索。《中国孤独症教育康复行业发展状况报告（Ⅳ）》也从中汲取了充盈的力量，期待自己成为孤独症康复大业的一个阶段性的记录者，为孤独症人士及其家庭做出应有的贡献。

王培实　陈薇薇　傅王倩

2021 年 12 月 31 日

序言三　不忘初心 砥砺前行：写在第四版行业报告面世之际

有本书的作者在章节中提道："2013 年筹划，2014 年撰写，2015 年五彩鹿孤独症研究院出版首部"中国自闭症教育康复行业发展状况报告"（后面简称'行业报告'），到现在编写第Ⅳ版行业报告，前后已有 8 年了。"这个 8 年，既是行业持续发展的 8 年，也是五彩鹿历经风雨，不忘初心，砥砺前行的 8 年。

还记得在第Ⅰ版行业报告中，编者序指出："这是一份汇聚国内外有关自闭症研究和发展状况前沿信息的报告，从自闭症最新的定义、诊断标准、权威的诊断工具、当前的病因研究、有关法律政策、科学教育服务、自闭症儿童家庭情况，到美国自闭症儿童教育发展概况等，从各方面展现了自闭症这个世界性难题的'难'之所在、'世纪之谜'的'谜'之所思，也提醒我们加大宣传力度，增强社会各界对自闭症的认识、关注、支持和研究。"行业报告是想提供一个比较权威和全面的报告，"来让人们对整个自闭症行业进行深入了解，帮助千百万自闭症个体及其家庭、社会了解国际国内最新动态，呼吁整个社会消除对自闭症群体的歧视，呼吁国家及相关机构完善救治服务措施"，"主要目的是搭建一个有关自闭症行业信息交流的平台，借此与全国的自闭症专家、自闭症研究机构、康复训练机构，包括医疗行业等，共同切磋，一起发展这个信息交流平台”。五彩鹿的这份宝贵初心，如今看来，仍然未改，在过去的8年间，经过自身的不懈努力，在社会各界，尤其在参与编写的所有作者的爱心奉献下，得到了坚持，也得到了发扬和越来越多社会人群的认可。

从2019年出版行业报告第Ⅲ版，到本次出版第Ⅳ版，间隔了3年时间，比预计两年编写一版的约定晚了一年。但这期间，我们经历了百年不遇的世纪大挑战——世界范围的新冠肺炎疫情大暴发、大流行，对行业中的机构来说，是一场生死大考，没有生存，就没有未来的发展。五彩鹿也和很多机构一样，一段时间里面完全无法开展线下教育康复工作，即便到了今年，仍然受疫情“管漏”影响，时有校区不得不关闭线下运营，严重考验我们的生存能力。至少到如今，我们可以自豪地说，我们抗住了风险，我们仍在努力前行。甚至，在过去的3年间，五彩鹿联合国际上的30名专家，其中不乏干预法创始人，还有国内十多位专家和学者，倾力打造了《儿童期自闭谱系障碍的发展、评估与干预：国际和中国视角》（光明日报出版社，2021）一书，完成了一项堪称系统工程，书中全面介绍了这个领域的科学干预方法和最新技术，为专业工作者和其他希望了解孤独症的人提供了重要的知识宝库。

与此同步，五彩鹿勇于承担自己的社会责任，继续组织编写行业报告的第四版，又得到一批行业专家给予的大力支持。就在刚刚过去的2022年新年前把充满智慧光芒和爱心沉淀的定稿交到出版社编辑的手里，我们可以再次自豪地说：我们又为社会奉献了一顿精神大餐。

我们衷心地感谢新版行业报告所有的作者：

大连大学附属中山医院儿童发育行为门诊主任、副主任医师、硕士生导师，日本东京学艺大学儿童心理学博士于晓辉撰写了第一章“孤独症谱系障碍的界定和诊断”，洋洋洒洒3万余言，从诊断概念的演变，到核心症状、诊断标准、早期筛查与识别、预后，做了全面且周详的介绍，更新了许多知识内容。

第二章“孤独症谱系障碍研究及最新进展”的编写集合了不同方面的专家，

有著名医生和科学家，也有资深教师。五彩鹿研究院高级研究员付秀银和研究员、杭州校区校长、言语语言治疗师（SLT ELSII 模式）孙媛哲编写了第一节“孤独症谱系障碍的发生率”，根据美国 CDC 网站最新数据，指出发生率已经达到 1/44 这一惊人的比例。

北京大学神经科学研究所副教授、博士生导师，北京神经科学学会常务副理事长，北京大学医学部孤独症研究中心联合创始人张嵘和硕士研究生王雪薇编写了第二节“影响孤独症谱系障碍的生物和环境致病高危因素研究进展”，从孤独症的生物与环境因素研究中得到结论认为：“首先，孤独症是遗传因素与环境因素双重作用的结果，遗传因素在孤独症的发病中占据主导地位。其次，许多环境因素都尚无法被确认为导致孤独症的独立因素，在今后对孤独症环境因素的研究中，或许应综合基因与环境的相互作用，进行多变量分析。最后，父母养育与孩子孤独症间关系的提出并非“冰箱妈妈”理论的死灰复燃，而是在肯定基因的决定性作用基础上，希望通过让家庭养育环境变得更好，从而让孤独症儿童得到更好的发展。”

南华大学副校长、教授、博士生导师，国家杰出青年，长江学者特聘教授，国家“973”项目首席科学家，国务院政府特殊津贴获得者夏昆和中南大学生命科学学院研究员、博士生导师，湖南省杰青郭辉编写了第三节“孤独症遗传病因研究进展”，指出：“现在研究者们普遍认为孤独症是一类以遗传因素为主导发病机制的神经发育障碍，遗传度在 52%~90%”；“尽管风险基因和位点不断增多，但孤独症的病因和生物学机制大部分仍未明确。原因在于孤独症的遗传结构复杂，涉及基因组区域（编码区、非编码区）、等位基因频率（常见、罕见）、突变类型（单核苷酸变异、小的插入/ 缺失、拷贝数变异）、遗传方式（常染色体显性、常染色体隐性、X 连锁、新发）、基因间相互作用关系和基因多效性等错综复杂的关系。绝大部分已知的风险基因如何参与神经发育和功能，其突变如何导致孤独症样行为仍有待进一步研究。”

上海交通大学医学院附属新华医院主任医师、教授、博士生导师，儿科学博士，国家自然科学基金“杰出青年”/ “优秀青年”基金获得者，中华医学会儿科分会发育行为学组副组长，国际孤独症研究学会（INSAR）Senior Mentor（全球 16 位）李斐和上海交通大学医学院附属新华医院发育行为儿童保健科副主任医师、儿科学博士徐明玉编写了第四节“药物治疗研究进展”，她们的研究前段时间已经引起行业人群的高度重视，她们在报告中指出，过去 10 年中，孤独症药物治疗研究的主要重点是基于神经递质 / 神经调节系统靶点力图改善自闭症患者核心缺陷，恢复社交功能。文章最后概括说：“迄今为止尚未有一种 FDA 批准的药物可以有效地针对孤独症的核心症状进行治疗，研究者也有过多种尝试，从细胞到动物再到临床试验，只是验证的过程崎崎岖岖，有些研究提示有效，有些研究结果并不尽如人意。有些研究因规模偏小、实验设计又常常存在大缺陷，而得不出令人信服的结论。考虑到孤独症的临床异质性，可能一部分孤独症患者仍然会对某些药物产生效果。而我们的患者中存在有不同形式的孤独症，因此切不可未经评估盲目用药，截至目前仅仅通过药物可能尚不能达到理想的疗效。”

美国认证言语语言病理学家（CCC-SLP），言语语言和听力科学博士（Ph. D.），纽约城市大学皇后学院语言沟通障碍专业副教授，双语实验室创办人、主任，纽约州多语种言语—语言—听说读写教练机构（MSLLC）创办人和总裁，“基于游戏的多语早期语言及听说读写干预法”（Multilingual Early Language and Literacy Play-Based Interventions）创始人伊丽莎白 · 伊佳芭（Dr. Elizabeth Ijalba），五彩鹿研究院副院长、教学副总监，美国加州大学圣巴巴拉分校特殊教育专业博士（Ph.D.），言语语言治疗师（SLT ELSII 模式）陈薇薇和五彩鹿研究院研究员、上海校区教学校长，英国贝尔法斯特女王大学（Queen’s University-Belfast）孤独症专业硕士（MSc.），言语语言治疗师（SLT ELSII 模式）宋静淼合作完成了第三章“中国孤独症儿童的言语语言及沟通干预”，文中分析了言

语语言沟通发展、国内孤独症儿童言语语言沟通治疗现状，以及普通话孤独症儿童的语言特点。研究发现我国对于发展性障碍，尤其是孤独症儿童的言语语言治疗的相关信息极少，我国孤独症儿童的语言治疗行业仍有很大的发展空间。文中也提到了五彩鹿新的行业贡献，与伊佳芭博士合作，梳理对孤独症儿童语言沟通治疗方面的要素，整合机构多年的有效实践经验，创新提出了以参与、压力调节和关系建立，语言、沟通和共同关注，象征性游戏玩耍和早期听说读写，想象力和认知灵活性，意图性和自主意识五级金字塔为内核的“爱尔希”（ELSII）语言治疗体系。

北京师范大学特殊教育学院讲师、硕士生导师，美国加州大学圣巴巴拉分校联合培养博士，北京师范大学中国教育与社会发展研究院博士后傅王倩和北京体育大学特殊教育专业硕士研究生柳月、王姣，日本神户大学人类发展与环境学研究科硕士王嘉玉，以及五彩鹿研究院研究员李艳茜合作完成了第四章“孤独症儿童干预的方法、成效与趋势”，从我国孤独症干预的方法、影响因素及发展趋势，影响我国实践的美国28种循证有效的干预方法，孤独症干预模式的特点、挑战与趋势等方面做叙述，文中概括说：“必须明白，无论是行为主义的干预手段，还是注重认知和情感的干预手段，都有自己的优势和不足。再加上孤独症儿童存在极大的个性化与差异性，就导致了在干预过程中对干预者自身素质要求较高，需要根据每个孤独症儿童自身的情况，结合本土实际，综合选取不同的干预方法，联合各方人员获得环境支持，运用各种手段进行康复或通过其他潜能的开发代偿、弥补孤独症患者的缺陷，进行综合干预，最终使孤独症患者最大化地发挥潜能。”

美国认证博士级应用行为分析师（BCBA-D），哥伦比亚大学特殊教育专业博士、纽约城市大学皇后学院副教授王培实和五彩鹿研究院高级研究员、教学部培训总监，美国认证应用行为分析师（BCBA）、言语语言治疗师（SLT ELSII 模式）刘美编写了第五章“对学龄前孤独症儿童课程设计的探索”。文中介绍了王培实博士率领美国研究生与五彩鹿老师们经过十年的共同探索和实践，创新性地“制订出一套以主题为本（theme-based curriculum）的教学课程计划，课程设计内容充分融入了中国文化、风土人情和习俗，以满足中国家长与孤独症儿童的需求，并结合有效干预策略和方法的使用，通过‘独立班’式的课程教学，促进孤独症儿童更全面、长远地得到发展”。

岭南师范学院特殊教育系主任、韩国梨花女子大学特殊教育专业博士、韩国孤独症谱系障碍协会会员、韩国学前特殊需要儿童教育协会会员杨溢撰写了第六章“孤独症谱系障碍婴儿家庭本位早期干预实践”。认为以家庭为本位，有家庭成员积极参与的干预模式是孤独症谱系障碍婴儿早期干预发展的趋势，是获得最佳早期干预效果的必备条件。报告分析了综合性家长执行干预（comprehensive parent-mediated intervention）和聚焦性家长执行干预（focused parent-mediated intervention）。文章总结说：“目前，家庭本位、家庭参与、家长执行干预是孤独症谱系障碍婴幼儿早期干预的最佳循证实践。但是，家庭本身具有多样性、独特性、文化性的特点，所以，即使在国外有效的策略，在国内具体实施过程中也会在方法论方面存在反复试错的可能性。所以，目前国内应该通过大量的早期干预实证研究，探索符合中国国情、中国家庭特征的、中国式的家庭本位早期干预循证实践。”

中山大学社会学与人类学学院副教授、博士生导师徐岩和学院的本科毕业生舒耀贤编写了第七章“日常生活中的成长与融入：从生命历程视角看孤独症人士及家庭成长中的挑战及相关策略”。文章指出了近年来，国内学界“从社会学视角去分析孤独症人士及其家庭的社会融入历程的研究较少。很少有研究着眼于已成年孤独症人士的生命历程。再者，许多已有的研究多将目光投向社会资源相对丰富、社会服务相对成熟的经济发达地区和沿海大城市，而对西部地区的情况着墨较少”。要帮助孤独症人士在相应的人生阶段能够获得相应的社会化结果，即能够“按时成长”。“研究着眼于西部二线城市孤独症人士，期望能够在一定程度上展现西部城市中孤独症家庭的生命历程，为如何提升孤独症个体及其家庭的社会福祉带来一定的启发。”

五彩鹿研究院执行院长、高级研究员刘勇和助理研究员刘兆慧、于纳及研究员李艳茜完成了第八章“孤独症教育康复干预机构现状”，从Ⅰ、Ⅱ、Ⅲ版“行业报告”关于机构的比较性研究，孤独症教育康复机构数据更新相关性研究，大龄孤独症人士安置机构，到孤独症教育康复机构面对的困难和挑战及对策做了阐述，文章质疑了国内流行的把康复型教育场所设置在医疗的大环境里的恰当性；报告最后提出一个立法建议，希望15年的残疾人义务教育权利纳入我国义务教育法保护。

五彩鹿研究院高级研究员、重庆校区校长曲长祥教授和研究员、大连校区校长，言语语言治疗师（SLT ELSII模式）董丹凤及助理研究员黄佳编写了第九章“中国孤独症谱系障碍教育康复教师职业发展状况”，分析了教育康复教师的职业发展现状、教育康复教师职业发展存在的问题及成因，提出了促进孤独症教育康复教师职业健康发展的对策，并提出在师范类高校设立相关专业或开设相关课程、改善教师待遇、设立专项职业发展基金几点建议。

北京市世泽律师事务所的彭程、孙兆秋编写了第十章“中国孤独症谱系障碍家庭需求与支持现状”。特别值得说明的是北京市世泽律师事务所合伙人刘洪川律师促成了报告的编写作为其事务所的社会公益项目。文中“聚焦孤独症儿童家庭的现实压力与实际需求，分析孤独症谱系障碍家庭应如何通过自我心理调适与系统改善以实现更好地对孤独症儿童的抚育功能；社会支持系统如何从支持家庭角度为孤独症儿童营造良好的成长环境，促进其康复与成长，并为家庭功能的发挥与实现提供具体的指导指引与社会政策支持建议”。建议“完善以整个孤独症谱系障碍家庭为保护主体的相关法律法规，推进具有操作性与灵活性的保护支持措施的落实，从经济支持、心理援助、医疗康复保障、社会服务支持等多个维度与方面对孤独症谱系障碍家庭提供应有的帮扶与支持，并积极引导民间慈善力量在资金援助与社会服务提供方面更多地向包括孤独症谱系障碍在内的残障儿童及其家庭倾斜”。

北大法宝（北京北大英华科技有限公司）立法研究员王一涵和郭金玉编写了第十一章“中国孤独症谱系障碍康复教育相关法律法规、文件”，从关于孤独症儿童基础权利保障的国际公约、法律法规，关于中国孤独症谱系障碍教育相关法律法规、文件以及解读，关于中国孤独症谱系障碍康复相关法律法规、政策的解读，关于中国残疾人与残疾儿童相关法律法规、文件的发展概况几方面做了精彩综述。作者利用北大法宝大数据统计优势，精心绘制了涉孤独症谱系障碍教育、康复等相关工作法律法规、文件的类型分布图，涉孤独症谱系障碍教育、康复等相关工作法律法规、文件的发布机关或机构分布表，和涉孤独症谱系障碍教育、康复等相关工作法律法规、文件的年份分布图，给读者提供了非常大的方便。特别感谢北大法宝创始人、北大英华科技有限公司董事、总经理赵晓海的大力支持。

五彩鹿高级研究员付秀银和台湾地区中国文化大学青少年儿童福利学系法学硕士、现任台湾自闭症基金会执行长、台南早期疗育委员会委员、Stars Radio网络广播电台“星踪有爱”主持人刘增荣先生编写了第十二章“大龄（成年）孤独症人士的现状与未来”，分析了中国大陆大龄（成年）孤独症人士的现状与未来，介绍了中国台湾地区成年心智障碍者社区康复模式和孤独症现状。刘增荣先生在得知受邀撰写有关章节后，尽管身体在刚刚治疗恢复期间，仍然如约交了大作，拳拳之心让人感动。

更多的精彩内容，需要读者从文中去学习体验。五彩鹿作为行业报告的组织编写单位，怀着真诚感恩的心，向所有作者，尤其是受邀单位的专家表示深深的谢意。各位热心社会公益的善举，一定会通过大家带有爱的温度的知识信息传递出去，为推动社会文明进步做出贡献。

中华医学会儿科学分会主任委员，首都医科大学附属北京儿童医院党委书记，主任医师，博士生导师，国务院政府特殊津贴专家王天有教授欣然应邀为本书作序，我们也要奉上真诚的谢意。

行业前辈孙敦科先生一直关注孤独症人群的生活状况，也对五彩鹿在业内做的努力非常认可并积极鼓励，他的“前辈寄语”文笔十分优美，关爱之心十分浓烈，我们在此一并感谢。

借此机会，我们也想感谢光明日报出版社，出版社把本书的出版作为“加急”事项安排，促使了本书的早日面世。

光阴荏苒，岁月如梭，我们迈入了充满新希望和挑战的2022年。我们还记得去年中国残疾人联合会张海迪主席到五彩鹿传媒大学校区调研时做的殷殷嘱托，她的题字“让我们都爱孩子，帮助他们健康成长”，一语中的地表达了我们需要努力的方向，去帮助和支持孤独症人群全生命周期地发展，呵护他们的健康。

中国残疾人康复协会孤独症康复专业委员会副主任委员、五彩鹿孤独症研究院院长、五彩鹿创始人、江苏师范大学教育学院兼职教授　孙梦麟

2022年1月9日

前辈寄语

寰宇之内，随着新冠变异毒株奥密克戎（Omicron）出现，各国相继收紧了防控政策，神州大地本着生命至上的清零策略，成就斐然，然仍“管涌”频现，在此艰难时刻，你们仍然同全国的从业者一起坚持逆行，坚持为孤独症群体及其家庭提供线上线下服务，并以两年一版的节律提供新的行业报告，目前第Ⅳ版即将付梓，可敬可佩。江山代有人才出，新版编撰团队组成不仅有原有骨干，也增添了众多新秀，可喜可贺！

孙敦科

2021 年 12 月 4 日

（孙敦科，辽宁师范大学外语学院退休教授，北京市孤独症儿童康复协会第二、三、四、五届副会长，中国精协孤独症委员会第一、二届顾问，中国精协家长服务协会首任会长。）

目录

第一章　孤独症谱系障碍的界定和诊断

◎于晓辉

孤独症谱系障碍（Autism Spectrum Disorder，ASD），又称自闭症，是一组以社交沟通障碍、兴趣或活动范围狭窄以及重复刻板行为为主要特征的神经发育性障碍，大多起病于儿童早期，持续终身，需要全生命周期的支持。近年来，孤独症谱系障碍发病率呈上升趋势，在全球的发病率为1%~2%（Baxter et al., 2015）。美国疾病控制与预防中心（Centers for Disease Control and Prevention，CDC）2014年统计美国每44名8岁儿童中就有1名孤独症谱系障碍患儿（Baio, 2014）。我国孤独症儿童占精神残疾患儿的36.9%，是导致儿童精神残疾的首要原因之一（卫生健康委员会，2019）。

第一节　孤独症谱系障碍诊断概念的演变

1943年，美国约翰·霍普金斯大学儿童精神科医生里奥·肯纳（Leo Kanner）发表了孤独症研究史上里程碑式的论文——《情感交流的自闭性障碍》（*Autistic Disturbances of Affective Contact*），文中首次以“早期婴儿孤独症”（Early Infantile Autism）为病名报道了11名行为表现特别的儿童。他们的共同特征是：①缺乏与他人的情感接触；②对生活的同一性有着近乎强迫性的执着；③没有语言或只有一些没有沟通意义的声音；④良好的机械记忆能力和视觉空间能力；⑤聪明机敏且外貌具有吸引力；⑥幼儿期发病。肯纳医生对孤独症的精确描述正式开启了世界对孤独症的研究时代，他总结的临床症状至今仍部分保留在全世界各类诊断标准中。

1944年，奥地利儿童精神科医生汉斯·阿斯伯格（Hans Asperger）在《儿

童孤独性精神病》（*Autistic Psychopathy in Childhood*）一文中也描述了 4 名男孩，他们存在社会交往困难，缺乏情绪理解能力，兴趣狭隘并且表现出特定重复动作，但无语言及认知发展异常。阿斯伯格医生将其称为“自闭性精神病”（Autistic Psychopathy），这一病症在 1981 年被英国医生洛娜·温（Lorna Wing）命名为“阿斯伯格综合征”（Asperger Syndrome，AS）。

继肯纳医生之后，美国、欧洲也报道了有类似特点的病例。但当时的诊断概念混乱，采用的诊断术语有“边缘状态精神病”“婴儿精神病”“共生性精神病”“儿童精神分裂症”“儿童精神分裂性障碍”等。

1952 年，美国精神医学学会（American Psychiatric Association，APA）出版的《精神障碍诊断与统计手册（第 1 版）》（*Diagnostic and Statistical Manual of Mental Disorders*，DSM-I），将“Autism”视为儿童型精神分裂症反应的主要表现。

1968 年，《精神障碍诊断与统计手册（第 2 版）》（DSM- Ⅱ）出版，其中也没有专门提及“Autism”，只是在“精神分裂症，儿童型”类别下有描述：“该类别面向在青春期之前出现精神分裂症状的病例。症状可能表现为：孤独的（autistic）、非典型和退缩的行为，总体不平衡、重度不成熟和发展不充分。这些发育缺陷也可能导致精神发育迟滞，也应得到诊断。”

20 世纪 40—50 年代，心理学的精神分析理论在西方盛行，人们认为人类几乎所有的心理和精神问题都来自童年的心理创伤，所以当时学界认为孤独症“是一种情感性的而非躯体性的障碍，父母的抚养方式导致了该疾病的发生”，从而诞生了荒唐的“冰箱妈妈”理论。虽然现在这种说法已经被摒弃，但在很长时间内扭曲了公众对孤独症的认识，造成了孤独症研究的方向性错误，给很多孤独症家庭造成了不可挽回的伤害。

1964 年，美国心理学家伯纳德·伦姆兰（Bernard Rimland）出版了《婴儿自闭症：其症状和对行为神经理论的影响》一书，第一次对“冰箱妈妈”的观点进行了驳斥，强调孤独症存在生物学基础，是先天性的脑功能发育障碍，不是养育环境导致的心理疾病。

1968 年，英国儿童精神病学家迈克尔·拉特（Michael Rutter）审慎地分析了当时积累的资料后，提出了婴儿孤独症的定义及其 4 个基本特点（Rutter,

1968）：①缺乏社会化的兴趣和反应；②言语损害，从缺乏言语到独特的语言方式、怪异的行为；③从刻板行为和局限的游戏方式到较复杂的仪式行为和强迫行为；④早发性，30月龄前起病。

1978年，美国儿童及成人孤独症学会顾问进修医生委员会提出了孤独症的定义：①30个月前起病；②发育速度和顺序异常；③对任何一种感觉刺激的反应异常；④语言认知及非语言性交流异常；⑤与人、物和事的联系异常。该定义与肯纳（Kanner）及拉特（Rutter）的定义，为《国际疾病分类》和《精神疾病诊断和统计手册》等诊断标准打下了基础（秦志宏、张庆，1996）。

20世纪70年代后期及80年代初，随着临床精神病学和病因学研究的发展，以及运用行为心理学的方法对孤独症进行治疗教育所带来的显著效果的影响，孤独症的诊断标准发生了巨大变化。1980年，《精神障碍诊断与统计手册（第3版）》（DSM-Ⅲ）首次将“幼儿孤独症”（Infantile Autism）作为一种单独的疾病，归类于新创立的“广泛性发育障碍”（Pervasive Developmental Disorders，PDD）范畴中，明确了其与精神分裂症的区别，并提出了操作性的诊断标准：①起病于30个月以内；②广泛缺乏对他人的反应；③语言发展方面有重大缺陷；④如果有语言，则具有特殊形式，如即刻或延迟的回声语言、隐喻性语言、人称代词使用错乱；⑤在各种情景中反应异常，如抗拒变化、对某些事物的特殊兴趣与依恋等；⑥无幻觉、妄想、联想松弛、思维不连贯等精神分裂症的特征。

1987年，《精神障碍诊断与统计手册》（第3版）修订版（DSM-Ⅲ-R）将“幼儿孤独症”改为“孤独症”（Autistic Disorder，AD），明确了其三大核心症状：①社会交互作用质的障碍；②言语与非言语的交流及想象性游戏方面质的障碍；③显著局限化、重复性的活动和兴趣。规定孤独症的诊断必须同时满足上述三方面的缺陷（共16条诊断标准，必须满足其中8条），并将起病年龄确定为3岁之前。阿斯伯格综合征（AS）首次出现在DSM系统的孤独症诊断标准之中，设置了一个新的诊断类别“未分类的广泛性发育障碍”（Pervasive Developmental Disorder-Not Otherwise Specified，PDD-NOS）。

1994年的《精神障碍诊断与统计手册（第4版）》（DSM-IV）及2000年修订的《精神障碍诊断与统计手册（第4版）修订版》（DSM-IV-TR）同样

沿用了三大核心症状的诊断标准，并将雷特综合征（Rett Syndrome）、阿斯伯格综合征以及儿童期瓦解性障碍（Childhood Disintegrative Disorder，CDD）从 PDD-NOS 中分离出来，与孤独症一起并列归属于 PDD。

《精神障碍诊断与统计手册（第 4 版）修订版》中的孤独症诊断标准，在近 20 年的时间里几乎指导着全世界的孤独症临床诊断、干预及相关研究。无论是孤独症的临床诊断工具，还是各类语言发展、行为矫正及社会能力发展干预计划均是以三大核心症状为基本出发点。

2013 年，《精神障碍诊断与统计手册（第 5 版）》（DSM-5）出版，采用了“谱系”（spectrum）的理念，使用了“孤独症谱系障碍”的名称，即认为孤独症谱系障碍是一种有各种相似症状，且症状程度不同的疾病。《精神障碍诊断与统计手册（第 5 版）》将孤独症谱系障碍定义为单一的分类（As a single category），有两大核心症状：①持续的相互的社会沟通及社会交往损害；②限制性的、重复的行为模式。起病年龄扩展至儿童发育早期，要求诊断需具体列明是否伴有智力障碍、语言损害，或是否与医学或遗传性疾病相关。

孤独症谱系障碍的诊断标准，在近一个世纪的时间里从无到有，经历了几次重大变革，体现了我们对孤独症谱系障碍认识的演变过程。从 80 年前没有人知道孤独症这种疾病，到现在我们会见到许多与孤独症谱系障碍相关的各种研究和宣传，从被社会孤立误解，到如今公开呼吁并为这个群体努力争取权益，制定各种政策，人们对孤独症的态度发生了深刻的转变。

我国孤独症研究的起步较晚。1982 年，陶国泰教授在《中华神经精神科杂志》发表了《婴儿孤独症的诊断和归属问题》一文，首次报告了我国的 4 例婴儿孤独症，拉开了我国孤独症研究的序幕。1987 年，他又在《孤独症与发展性障碍》（*Journal of Autism and Developmental Disorders*）期刊上发表《中国婴儿孤独症概要报告》一文，探讨了 15 例中国婴儿孤独症的特征、孤独症的早期识别和诊断，以及中国孤独症流行率低的原因等问题，促进了国际对我国儿童孤独症情况的了解（于松梅，2017）。经过 40 年的发展，我国孤独症研究在各方面都取得了一定的进步，但与世界先进国家相比仍有很大的差距。

第二节　孤独症谱系障碍的核心症状

现阶段孤独症谱系障碍的诊断仍以行为表现为基础，无论在何种文化、种族、社会经济水平的背景中，孤独症患者都具有相同的两个特征：社会交往障碍和刻板重复的行为、兴趣和活动。

一、社会交往障碍

（一）社交—情感互动缺陷

1. 异常的社交接触

（1）缺乏目光对视

目光对视是我们人类的一个与社会交往和交流关系非常密切的行为。正常发展的婴儿在出生后 2 个月左右开始具有良好的目光对视，而孤独症儿童这方面存在缺陷，他们对社交情景、对人、对人的面孔和眼睛缺少兴趣，也缺少目光对视和交流，对熟悉和不熟悉的人同样不加区别地表现出冷漠，他们更加关注周围的非生命物体。

有的孤独症儿童偶尔也会看大人，但这种目光接触多是工具性与机械性的，他们只是用眼神或动作来要求大人帮自己拿到想要的东西，很少会用目光接触来表达自己的情绪。他们与人交流时，多数会回避、躲闪别人的眼神，目光空洞、涣散，或茫然地看着别处，好像似听非听，心不在焉。

（2）呼名回应少

正常发展的婴儿在出生后 4 个月叫其名字时就会及时地做出正确的反应，但孤独症儿童对别人的呼名缺乏回应。家长常常因其呼之不应而怀疑孩子听力有问题，但听力检查并无异常。他们对别人的声音也不感兴趣，有时与别人同处一室，他们可以很长时间对周围所发生的一切毫不在意，而停留在自己的小天地里。

（3）缺乏社会性微笑，表情变化少

社会性微笑是社会性发展中一个非常重要的行为。正常发展的婴儿在出生后约 5 周，开始能够区分人和其他非社会性刺激，对人的声音、面孔开始有特

别的反应。亲人的声音、面孔特别容易引起婴儿的微笑，随着年龄的增长逐渐和妈妈等熟悉的人有越来越多的互动。但孤独症儿童在社会性微笑和互动方面均发展落后，他们常常不会看着妈妈等亲人的面孔微笑，对别人的逗弄也常常缺少反应。

孤独症儿童的面部表情变化少，这令很多人觉得他们常常面无表情，好像“情感淡漠”。人们经常会看到他们目光涣散、表情懈怠、嘴巴微张。这种表情常被误解为对他人不够尊重、不感兴趣、不想搭理，甚至是在打什么坏主意，其实他们只是处于“魂游”状态。这可能是因为需要处理的视听觉信息太多，造成感官超载，大脑受不了，正在“重启”；大脑中负责处理情绪的部分与负责协调表情的部分失联，信号不通；太专注了，没工夫做表情；太疲劳了，做不出表情。他们中的有些人经常学习后会有所改善，但通常不太自然。

（4）对主要抚养者缺少依恋

正常发展的儿童在出生后 6 个月左右会逐渐建立起对主要抚养者的依恋情感。比如，会黏着父母，喜欢被拥抱，在害怕时会寻求亲人的安抚。而孤独症儿童这种依恋情感发育落后，他们对父母的存在或离去丝毫不在意，表现得无所谓，很少有表情及情感的交流，感到害怕或难受时，他们宁愿独处而不愿寻求大人的安慰和帮助，甚至有的会拒绝家人的身体接触、抚摸或拥抱。有的似乎也会表现出对家人的亲近，比如，父母下班回家后，他们会走过去要求抱一抱。但这种动作也许仅仅是他们所常有的固守刻板行为的表现，如果时间、地点变化了，他们也许就会不让大人抱了。有的即使被大人抱着，可能也从不与其进行目光接触，身体僵直，或是软塌塌地靠在大人身上，这与一般儿童跟家长的依恋情感有着本质的不同。

（5）模仿少

正常发展的婴儿自出生后第一个月，就能够对他人的表情进行部分模仿，9 月龄后模仿越来越丰富，他们会模仿双手作揖表示“谢谢”、跟大人学着伸舌头做鬼脸或挥手再见等。孩子通过模仿进行交流得到情感满足，也通过模仿进行学习，增进技能。但孤独症儿童自发性的模仿少，也不愿意学习和模仿大人教的动作，他们似乎对其他人的示范根本就缺乏注意，有时反而模仿物体或机器的运动状态，因而显得很古怪。

2. 缺少兴趣、情绪和情感的分享

孤独症儿童在兴趣、情绪和情感分享方面存在障碍。情感交流建立的基础是能站在对方角度理解对方的需要和感受，这在心理学中被称为“心智理论”（Theory of Mind，ToM）能力，即察觉对方的情绪活动、动机、意图、愿望、信念、假装、隐喻、嘲讽等的能力。这是与生俱来的一种本能，正常婴幼儿很早就会表现出解读对方心理活动的能力，如探究和看懂妈妈的眼神、表情、喃喃语、声调、动作等，从而激发孩子的模仿能力，并发展出相应的情绪和认知能力。这些能力不一定依附于语言功能，很多聋哑儿童同样具备心智理论能力。

正常发展儿童在与他人的交流中会自动启动这种能力，调节自己的行为，以适应人际关系和社会场景。但孤独症儿童和成人的心智理论能力显著低下，不会“察言观色”，很难解读或揣摩别人的想法，也不能恰当地表达自己的感情。在他人疼痛或者苦恼的时候，他们不会表现出任何兴趣或同情，不会主动表示安慰，只是关注自己感兴趣的点。

例如，一位阿斯伯格综合征女孩和妈妈关于做梦的对话：

妈妈：我昨晚上做梦被狗咬了，哎唼！太吓人了……

女儿：多大狗？

妈妈：没注意，哎唼！吓得我啊，旁边还有几只……

女儿：几只？

妈妈：没注意，哎唼！老大的牙就这么咬……

女儿：从哪儿咬的？

从这对母女的对话中可以看出，女儿没能理解妈妈话中所传递的“我吓坏了”的情感需求，只关注到她所感兴趣的“狗的大小、数量、狗咬的位置”。

对于孤独症儿童而言，在交流过程中通常很难识别对方的表情和感受，很难考虑对方的预期，很难判断对方是否对话题感兴趣，因此无法与同龄人实现话题的互动和分享，更缺乏进一步的情感交流。

而且孤独症儿童常常也无法正确表达自己的情绪，无法根据环境来调整自己的感情。一方面是因为他们自身的情绪体验异于常人；另一方面是因为他们

语言的有限性，使得别人很难理解其情绪。有时即使他们感受到了对方的情绪，也无法与自己的感受连接，这些使他们和常人之间缺乏情感分享和共鸣。他们也会试图去建立和别人的情感沟通，但是当对方不能获得平等的情绪表达和情感满足时，交流往往就会中断。孤独症人士经过学习后，能够掌握一些日常交往的礼节，如跟人打招呼说再见、表示问候祝福等。但这种行为往往是刻板机械的，并非建立在情感理解基础上。再者，孤独症儿童情绪控制方面也存在困难，很多时候莫名其妙地发脾气，号啕大哭，搞得周围的人不知道如何处理。

3. 社交互动的启动或回应困难

孤独症儿童缺乏自发性社会或情感交流动机和行为，洛娜·温（Lorna Wing，1979）根据孤独症儿童的社交行为将他们分为三种类型。①冷漠型：这是孤独症儿童的典型社交障碍的表现，他们对别人的问话和招呼没有反应，也不理睬别人的友好表示，不参加集体游戏，更喜欢独自玩耍。②被动型：这类孤独症儿童并不回避社会交往，但比较被动，缺乏社交技巧。③主动奇特型：常见于高功能孤独症或阿斯伯格综合征儿童，他们有与人交往的愿望，有的甚至还积极主动，但与人接近的方式奇特、怪异和不合时宜。比如，单方面滔滔不绝，只说自己感兴趣的事情，反复炫耀自己知道的一些冷门知识等。

在社交中，孤独症儿童缺乏适当的社交反应，比如，和别人讲话时不看着人家的眼睛，不会微笑；不懂得轮流说话；不懂得要留意别人的兴趣和反应；对别人的感受反应迟钝，回应的时间不准确，太快或太迟；对语言的理解停留在字面意思上；不能理解别人的行为有背后的理由；等等。例如，普通人问“为什么”，可能有多个含意，有可能意味着他们确实需要解释，但也有可能是有情绪了。如果是后者，他们就不是真在问问题，而是在质疑或者挑衅。但孤独症儿童问“为什么”，那就是在问“为什么”。他们说的就是字面意思，没什么别的意思，就是为了获取更多信息，他也无法理解普通人的“为什么”的真正含意。有的不懂社交禁忌，初次接触就表现得过分亲热，比如，紧抱着对方，面对面瞪着对方，不合时宜地触摸对方。有的则对身体接触表现出过度不安的反应，甚至抗拒，让对方不知所措。

4. 语言沟通障碍

孤独症儿童在语言沟通方面的障碍，主要表现为语言发育迟缓、语言应用能力障碍、重复性语言以及语调、重音、节律、速度等方面的异常。他们语言发育的水平高度不一致，可以完全没有口语，也可以拥有完整的语言结构而仅在实际交流上有困难。

（1）语言发育迟缓

语言发育迟缓或无语言是多数孤独症儿童就诊的主要原因。有的孤独症儿童开口讲话比较晚，一直到2~3岁才能说有限的单词，即使会说，但也常常不愿意说，能不说就不说。约有25%的孤独症儿童在18个月以前已经学会10个左右的单词，但之后会逐渐退化到完全失语。有25%~50%的孤独症儿童终生失语或仅能说极为有限的单词。他们有的能发音、有语言，但不是主动的、有意识的语言，而是自言自语、无意识的语言，可能谁也听不懂。他们想要某样东西时很少用语言表达，也不太会用手指去指，而是拉着大人的手去拿，有时达不到要求，则会用大声的尖叫、哭闹、大发脾气来表达不满，引起别人的关注。单纯的语言发育迟缓儿童能够用呀呀作声、手势或肢体语言来代替语言的交流能力，但孤独症儿童往往很难发展出这种能力。

一般来说，如果5~6岁的孤独症儿童还不会说话或是只有极少的语言，那么他们很有可能终生失语或不能有功能性语言。

（2）语言重复

语言重复是孤独症儿童的特征性表现之一，可分为即时语言重复和延迟语言重复。即时语言重复就是别人说什么，孤独症儿童就立即重复别人的话。比如，患儿进入诊室后，医生会问“你叫什么名字”，他也说“你叫什么名字”，像是“鹦鹉学舌”。延迟语言重复是指一段时间之后重复别人说过的话。比如，妈妈早上出门时说“不要打开冰箱”，当时他可能没有什么回应，但到了中午他自己会不停地重复说“不要打开冰箱”，而其真正的意思可能是“我饿了”。有时这种语言重复是有特定的作用的，但不了解他的人只会觉得古怪而不知所云。

孤独症儿童在不理解别人的要求或不知道如何回答时往往会出现这种语言的重复。随着其认知理解能力的提高，这种现象就会逐渐减少。这种语言重复的现象也可见于正常儿童的发育过程中，但持续时间不长，而孤独症儿童的语言重复往往具有普遍性和持久性。

（3）语言应用能力障碍

孤独症儿童语言障碍的核心是语言运用能力的障碍，他们很难理解语言情景及其社交功能。他们更多地指向较基本的需求，使用陈述性句子回应问题，很少使用指向人的一些具有社会指向性的言语行为，如评论、展示、分享、感谢等。

尽管有的孤独症儿童已经具有了一定的语言能力，甚至词汇量丰富，但在自由活动的环境中，他们似乎不知道如何去开始和持续话题。比如，被问到是否想要参与到游戏中时，他们能回答“想”或“不想”，但不能完全理解游戏的主题和规则，无法加入讨论中。即使参与到讨论中，也很难倾听别人的说话，不懂得轮流说话和礼貌待人，有时会突然说一些与眼前的话题无关的话，让人莫名其妙。

少数孤独症儿童在语言互动上，可以维持对话，但是内容多以表达自己感兴趣的话题为主，对别人的反应并不在意，总是使用自己习惯的话回答别人。他们说话时发问多而回答少，会喋喋不休地提问题，但往往并不真正在乎这些问题的答案，他们只是想要问而已或是想以此引起他人的关注。而当别人问他们问题时，他们或是答非所问，或是简单回答甚至根本不回答。他们对自己感兴趣的话题会滔滔不绝讲个不休，被打断时会很不高兴。

孤独症儿童还存在语言表达和理解障碍。他们往往不能用准确完整的语言描述事物和表达需求，通常语句简短，语法错误，人称代词的使用错误或混淆，“你我他”不分，常用“你”和“他”来代替“我”，比如，医生问他“你叫什么名字”，他回答“你叫王一”。

有的会用一些特定的自创词来代表他自己才能理解的含意。有的在日常对话中使用书面化的言语，引经据典或用成语堆砌成“学究样”的语言。有的能理解词语字面上的含意，但对其隐含的意义理解困难，无法理解字面背后的类比、比喻或幽默的含意。这可能因为他们在时态概念、认知状态词汇、心理及情绪情感词汇方面存在特定的理解障碍，直接影响了其对句子和语篇的理解。

（4）语言的声调、重音及节律等方面的异常

孤独症儿童说话时在语音、语调、节律和速度等方面也存在异常。他们往往语气平淡，没有感情色彩，语调平板单一，缺乏抑扬顿挫，节律机械。有的似乎不能控制音量，常常用高尖的声音说话；有的说话声音又小又细，发出的

是气声；有的说话时语音短，语速快，没有停顿，产生一种“特别的声调”，像机器人似的。很多时候他们似乎听不到自己的声音，或者不知道自己说话听起来是什么样的。他们中有些人经过刻意练习控制音量、语音语调后会有所改善。

（二）非言语沟通行为的社交互动存在缺陷

沟通从广义上说包括语言沟通和非语言沟通两大类，所以沟通不等同于语言。实际上在社交中，我们所获得的信息总量只有35%是语言符号传播的，其余的65%是通过面部表情、形体姿态、手势、语调、音量以及气味等非语言符号传递的，然而孤独症儿童很难捕捉到这些瞬时的非语言信息，存在非言语沟通能力的缺陷。

他们较难以识别面部表情，与正常发展儿童相比，他们更少关注眼睛的区域，而对嘴部、身体和物体的关注更多。他们在通过发音和手势所表达的情绪上存在缺陷，也难以将不同模式的情绪表达加以整合。

他们自婴儿期就表现出对别人呼唤他的名字没有反应，在与人交流时，只是自说自话，根本不注视对方，不关注对方的反应，不会察言观色，也不管别人是否听懂，是否感兴趣，是否想要回答，也不会用点头、摇头或手势动作表达自己的想法。比如，有的孤独症儿童在必须有人帮助才能得到其所要东西的时候，往往只会拉着大人的手使之接触该东西，不会用手指去指，同时也没有任何目光接触。而当大人没有理解他的意图或是不满足他的要求时就会用哭闹等不恰当的方式表达。

有的孤独症儿童当别人用手指指向某物时，他往往注意的是别人的手指，而不是注意到所指的物体，这是由于受共同注意（joint attention，JA）缺陷的影响。正常儿童在9~12月龄共同注意就有显著的发展，在这个过程中婴儿不仅学习到特定物体、人或活动的名称，也开始学着理解他人所表达的情绪，这是社会性发展的基础，而大多数孤独症儿童的共同注意发展落后，随着年龄的增长，他们会有短暂的注视行为，但很少追随他人视线看向其他人或者物体，主动共同注意的发展更是缓慢。

（三）发展、维持和理解人际关系缺陷

1. 难以依据不同的社交场景调节行为

孤独症儿童很难根据社交的情景和场合来调节自己的行为。比如，邀请小

朋友到自己家来玩，即使平时是好朋友，如果对方碰了他们的东西，干扰他们平时的常规活动，就会冲人家大喊大叫，把人赶走。而且他们常常会敏锐地发现问题，并且以“过分诚实”的方式表达出来，比如，他们会对家中的客人说“你太胖了，去减肥吧”“我们要吃饭了，你怎么还不走”。这使得家长和别人感觉很难堪，但对于孤独症儿童来说这只是他们对物质世界的客观描述，无意伤害谁。虽然经过学习以后他们也能明白这样说不妥，但是这得刻意学习、刻意提醒自己时刻注意，不是下意识就能想到做到的。

他们过度关注细节，一定要打破砂锅问到底。普通人听别人讲到这一天发生了什么事儿，或者讲起以前发生的什么事儿，都能自动脑补对方没说出来的东西。但孤独症儿童需要知道来龙去脉、前因后果，少一句都不行，少一句可能就听不懂，因为对他们来说，不管少哪句，画面都不完整。这些细节在普通人眼里可能都是不值一提的，比如，“几点发生的”“当时还有谁”“哪个先哪个后”等。结果就是，别人觉得在跟他们说正经事儿，而他们却在纠缠细枝末节，东拉西扯地“捣乱”。这种事情多了会让人觉得很烦、很累、很无趣，不想再进行交流，可对于孤独症儿童来说这事儿还没有完，他们要求必须搞清楚事情的来龙去脉。

2. 难以参与想象性游戏

正常发展的儿童一般在 18 个月左右开始出现想象性游戏，游戏中他们能满足自己的兴趣爱好，与同伴建立友谊，分享快乐，语言、认知能力也可以得到发展，并能积极主动地去思考、发挥自己的创造才能。孤独症儿童缺乏想象力和创造力，不会去模仿其他儿童的活动，很难参与到游戏中，体验游戏的乐趣，也不会遵守游戏规则，更不会扮演不同的角色。他们的动作很少是想象性的或有代表意义的，比如，他们会用真的杯子喝水，但可能不会“假装”用玩具容器当杯子去“喝水”。

在游戏中，他们的活动材料或用具十分单一，比如，每次到楼下玩，只玩某一样健身器具，或一个人反复滑滑梯，来回荡秋千，玩沙子，玩法上以咬、挥动、摇晃或敲打、把玩具排成一排或堆高为主。他们往往不理解玩具的功能，而只感兴趣于玩具的某一特性，比如，对一辆玩具卡车，有些孤独症儿童只会拨弄其轮子使之旋转，而不会假装用来载货。这种对玩具奇特的兴趣爱好使得常人无法接受和理解，也使得同龄小朋友不解其意，认为他们“怪怪的”“不正常”。他们也会在其他孩子附近玩耍，却很少主动加入。即使他们被家长或老师安排到游戏中，大多只是跟在小朋友后面跑来跑去，有时会做出一些不合时宜的、别人无法理解的动作，或莫名其妙地突然发脾气，被误认为“捣乱”，久而久之，小朋友们就不欢迎他的到来，他们会被边缘化，甚至被欺负。

3. 难以建立伙伴关系

正常发展的儿童在 18 个月左右对其他儿童逐渐显示出兴趣，会关注其他小朋友的行为，喜欢和小朋友在一起互动与交流。但孤独症儿童对同龄人缺少兴趣，不予理睬，大多独自玩耍，不主动找小朋友，甚至回避，或者只对大孩子感兴趣。有的不怕陌生人，对陌生人视若无睹或是随意就跟着人家走了。孤独症儿童很少有自己的朋友，很多时候他们不理解“朋友”的意思，比如，当有人问他“你有好朋友吗？他们是谁”，他会回答“有，是李老师、王阿姨”。这种状况往往会持续到他们成年以后。

二、刻板重复的行为、兴趣和活动

（一）刻板重复的动作和语言

刻板行为是指某种重复的、固定的、无明确意义的行为，当这种行为被打断时，会引发强烈的情感冲突。多数孤独症儿童会表现出一些刻板动作，这种刻板行为多种多样、五花八门，从极轻微的重复小动作到强烈、大幅度而且扰人的行为都有，令周围的人不胜其烦。

有的沉湎于某些特殊的没有实际价值的常规行为或仪式动作，比如，经常前后摇晃自己的身体、捶胸、看自己的手、仰头看灯、原地转圈或围着某物转圈跑、在家里直线来回跑、不停地蹦跳、踮脚尖走路、无聊时玩手指、兴奋时挥舞或扇动双手、反复开关门、按电器开关、闻物品、嗅别人、一些无意义的双手或单手扭动等怪异动作。有的极端偏食，只吃几种特定的食物。有的着迷地观察旋转物体、反复看电视广告或天气预报、听某一首或几首音乐、每天重复画相同的人物或物品。有的反复研究地图、公交线路、国旗、各种标志或 LOGO，长时间观察下水道口、井盖、消防水龙头、停车场自动杆等。

有的不停地自言自语，所说的内容多为动画片的内容或者别人说的话；部

分孤独症儿童有一定的语言能力，会反复纠缠着问一些相同的或毫无意义的问题，即使别人解释或回答后，仍然多次重复地问。有的对数字、文字、某些知识有超强的记忆力，喜欢记忆电话号码或公交的各条路线，见人就问人家的电话号码，或坐过多少路公交车，这些问题常与科学、自然、生物、音乐、艺术等有关，伴有自问自答等。

有的机械地排列玩具或积木，按形状、大小或颜色排成一横排或一竖排，或是重复叠高、推倒，再叠高、再推倒的固定行为模式。有的花费大量时间整理一些无关紧要的东西，比如，一遍又一遍地把地上的鞋子摆得整整齐齐，或一遍又一遍地把架子上的东西拿下来放上去。他们拒绝别人的建议，不厌其烦地做着单一的重复动作，可以单调重复地玩几小时，而且自娱自乐，不愿被人打断。几种刻板行为可同时出现，但并非一成不变，后期可能与强迫行为或动作成为连续体。

孤独症儿童平时的刻板行为多是感官的自我刺激，但当他们身处太多刺激的环境时，就会通过重复动作来安抚自己，缓解紧张和恐惧。一些高功能孤独症患者称："这种重复动作是一种来自内心深处的强烈冲动使然，且能够带来一种愉悦感受。"有的在自传中这样描述自己童年时期的刻板行为："我喜欢做重复的事情，每次按电灯开关，我就知道灯会一闪一灭，每次都会出现相同结果，一模一样，那种刺激让我喜悦，感到美好，让我有安全感。"因此，这种普通人眼中单调古怪的重复刻板行为对孤独症人士来说是有意义的，这可能是他们调节感官刺激、表达焦虑的方式，也是神经抑制功能受损和认知功能障碍的体现。

（二）坚持相同性

对生活中各种事物的同一性与重复性的坚持，以及对多样性与变化性的排斥，在孤独症儿童中是极为普遍的。他们常常固执于保持某些规则、某些日常活动的秩序程序或者某种行为模式，有时甚至固执到"不可理喻"的地步。比如，吃东西总喜欢固定的饮食内容，拒绝吃、尝没吃过的食物；穿衣服总喜欢同一件，脏了也不肯换洗；上学时要走相同的路线；定时上床睡觉并用同样的被子和枕头；排便要用一样的便器；等等。他们还会对环境的改变表现出不寻常的反应，刻板地要求周围环境以及生活习惯的固定模式一成不变，即使家中熟悉的环境、物品摆放位置变动的细微变化，都会引起他们的烦躁不安、紧张或大发脾气，直到换回原位。

改变其原来形成的习惯和行为方式，或是在不熟悉的环境和模棱两可的情况下，孤独症儿童会表现出明显的紧张和焦虑反应，他们会因此而活动过度，单调重复地蹦跳、拍手、挥手、奔跑、旋转，有的甚至出现自伤，如反复拍打头、咬手等。在正常发展的儿童中，有些幼儿会对环境中的改变感到害怕，比如，看到妈妈离开时会哇哇大哭，但随着年龄的增长这种现象会逐渐改善并消失。但在孤独症儿童中情况往往相反，有些大龄的孤独症儿童对生活中同一性的执着往往不仅不会减弱反而会加强，对外界变化的反应也越来越强烈。

对孤独症儿童来说，这个世界复杂、混乱，充满未知和意外，生活的同一性也许能够给他们带来安全感，能抓住一些东西不变，使生活有规律可循。但这也可能和他们搞不清楚事物的本质与属性的区别有关。比如，有的孤独症儿童坚持用黄色的杯子喝水，如果换成白色的杯子就会拼命反抗。杯子的本质是用来喝水的，而黄的颜色只是杯子的一种属性。但在孤独症儿童那里，颜色也许被误以为是本质，从而变成了不能更改的东西。

（三）极端狭隘、固定的兴趣

孤独症儿童也有自己的兴趣和喜欢的东西，只是他们的兴趣和爱好往往不仅狭窄而且与众不同。他们对正常儿童喜爱的活动、游戏和玩具通常不感兴趣，但对周围的非生命事物或活动表现出超乎寻常的兴趣。

有的孤独症儿童会迷恋一些毫无意义的物品，如废铁丝、瓶盖、一根小毛线绳、各类小纸片、广告彩页纸等，把这些东西视为宝物，走路、吃饭、睡觉，每时每刻都拿在手里，如让其放下，或悄悄拿开，只要见不到就会大发脾气；有的会收集各种不同洗涤剂的瓶子，数十年如一日，家中不得不专门腾出一个房间摆放；有的喜欢看转动的电风扇、闪烁的霓虹灯、路上的车、下水道的流水等，每天看几小时都不厌烦；有的喜欢数字，看到电梯一定要冲进去把每个数字都按一遍；有的看电视时喜欢各种广告词、天气预报、《新闻联播》的片头结尾和各种球类比赛。他们对其节目的内容并不理解，而是喜欢欣赏快速的画面变动、荧幕的闪烁。还有很多孤独症儿童不关注物体整体的特点，感兴趣的是其非功能特征。比如，喜欢毛绒玩具的绒毛，反复地用手去摸，鼻子闻，喜欢玩具车的轮子，反复地转动。

有些高功能孤独症和阿斯伯格综合征儿童痴迷于一些专业知识，比如，生物、地理、历史、政治、天文、机械等，他们会给见到的人不分场合地讲解这些知识，别人不听都不行，当被打断时他们会很不愉快，或是过一会儿再次说起同样的话题。有些孤独症儿童会表现出类似强迫症一样的仪式性行为。

（四）感觉异常

高达90%的孤独症儿童有感觉处理障碍（sensory processing disorder，SPD），也称感官处理障碍，感官功能紊乱会导致感觉过敏、感觉钝麻、难以整合多种感觉信息，或者有一些特殊的感觉偏好，寻求某种感官刺激。

孤独症儿童对某些正常声音特别敏感，或感到莫名的恐惧，比如，汽车喇叭声、摩托车发动的声音、电吹风或微波炉加热的声音、狗叫声等，表现为用手捂住耳朵或像是受到了惊吓。有的害怕听到卫生间的马桶抽水声，甚至因此拒绝坐马桶，拒绝进卫生间大小便。有的在幼儿园听到小朋友的哭声，就会去打或推小朋友，表示抗拒回避。有的无法忍受某些音乐，会因此拒绝到播放这种音乐的餐厅就餐。有的则非常喜欢听到某些声音，如节奏感强烈的音乐、《新闻联播》或天气预报、广告等。极少数孤独症儿童乐感极强，听几遍就能记住音乐节奏。

他们的听觉似乎有相当强的选择性。许多孤独症儿童往往对一些听觉信息甚至很强烈的声音没有反应。最明显的是当别人叫他们的名字时他们是听而不闻，但对轻微的声响敏感，比如，轻轻地走近他，会反应很强烈；对一些普通人不会注意到的背景性声音，如水池里的流水声，他们却会表现出明显的注意与强烈的反应。有些患儿听到某些不喜欢的声音，会大喊大叫、惊恐不安、烦躁，双手捂着耳朵不停地蹦跳、哭闹、发脾气、摔东西等，但他可能对自己的尖叫并不敏感。这些不同的反应可能在一段时间内在同一患儿身上观察到。

有研究显示，孤独症儿童听力感知区域显得特别狭窄和异常，听力过敏的阈值下降，语言的滤过功能不足。他们无法区分别人讲话的声音、自己的语言、额外的杂音和背景噪音的不同，不能排除那些不合时宜的声音和过度的噪音，对语言的注意力不能保持稳定性。外部的声响、系统的噪音和体内的噪音都会对他们形成干扰，使他们分心、注意力无法集中和躁动，这样也会引起一系列的行为障碍和社会交往困难。

孤独症儿童在视觉方面也是如此，与人的目光对视少或对视时间短暂，无法区别细微的面部表情。有的对一些特定的物体表现出高度的敏感性，比如，他们对长条状物体似乎特别感兴趣，往往会抓住一支笔或一根筷子长时间地注视，然后很兴奋地手舞足蹈。有的对某些视觉刺激有特殊的喜好，倾向于把这些物体举到一定的角度与距离长时间注视，凝视或斜视某个方向、物体或自己的手，以致使家长怀疑他们是否有特定的视力障碍，但视力检查并无异常。有的在正常光线下闭眼、斜眼、皱眉，特别害怕闪光灯，但又能直视强光而不眨眼。有的对特殊的视觉角度、光线或暗影的闪烁、鲜艳的色彩、某种特定的形状或图案、动态画面或字幕非常感兴趣，容易被吸引甚至为之着迷。有的视觉认知记忆能力超强，很多画面只须看过一眼就能像照相机一样完整细致地留存在记忆中，也有部分属于“图像思维者”。

孤独症儿童味觉敏感导致他们存在偏食、挑食的情况，严重的甚至只吃少数几种食物。有的只吃硬的或者有嚼劲儿的食物，一吃到软的、黏糊的东西就会吐；有的只吃软的食物，因为这种食物很容易咀嚼，其实这是由于他们口腔肌肉力量不足，嚼不动肉类或者硬的食物。还有的对温度非常敏感，只吃温热的东西，稍热一点或者稍凉一点，都难以忍受。还有的咽反射敏感，只要往下咽东西，或者一吃到嘴里，甚至是舌头一碰，都会呕吐出来。而有的则味觉迟钝，即使是很苦、很辣或者很难吃的食物、药物也不拒绝。

孤独症儿童的嗅觉也存在异常。有的不论拿到玩具还是食物都习惯先放到鼻子前闻一闻，用舌头舔一舔，有的会突然凑到别人身边闻头发的味道，有的喜欢在嘴里不停地含些小物体，如树叶等，而有的对环境中的气味极为敏感。

部分孤独症儿童触觉非常敏感。有的非常排斥他人的触碰或拥抱，尤其是头部和手部。有的对某些质地的物品有特殊的偏好，他们许多人似乎特别喜欢触摸柔软光滑的物体，如绸缎、长筒丝袜、长头发等。有的喜欢被裹在被子毯子里，似乎只有这样才能得到安宁。有的无法忍受衣服标签、拉链等，无法忍受毛巾或者牙刷接触脸部、口腔。

孤独症儿童本体觉的异常表现在他们倾向于从特定的身体移动中得到某种感官性的满足，比如，特别喜欢荡秋千、乘电梯、长时间转圈、反复前后摇晃身体等。有的孩子只有躺在摇篮里，伴着鸟鸣声才能入睡，为此他的父母专门准备了鸟鸣声的录音，每隔15分钟就需要重播一次，这使得他们整晚心力交瘁。

部分孤独症儿童对冷热、疼痛等感觉钝麻。比如，冬天拒绝穿棉袄，光着脚穿洞洞鞋，夏天也要戴着毛线帽。即使摔得很重也不觉得痛，不哭也不寻求安慰，甚至打针时也不害怕，曾有孤独症人士脚底扎了钉子都没有喊疼，直到工作人员发现他走路有点跛才就医。他们的自伤行为，如撞头、用力拍手或拍打墙壁、咬手、拉扯头发可能与此有关。

约有 20% 的孤独症患者会有联觉现象（Baron–Cohen et al., 2013）。联觉指的是对一种感官的刺激会触发另一种感觉。比如，听到音乐的时候会闻到某种味道，阅读的时候会看到某种颜色。联觉有很多类型，有味觉—符号联觉（如觉得某种味道是三角形的）、字母—颜色联觉（如觉得字母 A 是红色的）、时间—空间—情感联觉（如觉得某段时期发生的事情好像什么具体的东西环绕在自己周围）。联觉现象在普通人中并不常见，只有 2%~4%（Neufeld et al., 2013）。有研究发现，联觉者和孤独症人士的脑电图具有相似性，基因可能也相似，这可能意味着两种状况有着共同的生物学基础。

另外，孤独症儿童的情绪、身体状态等也会影响他们对外界刺激的反应，当情绪和身体状态平和安静时，可能会更容易接受、能暂时耐受令其不适的感觉；而当情绪紧张、焦躁时更容易反应过度。

感觉处理障碍不仅影响孤独症儿童的学习和社交，也会影响他们的家庭生活。由于感官系统一团乱麻，很多孤独症儿童每天都过得非常煎熬。他们可能忍受不了某种声音，或是一看到某些食物就感到恶心。而这些日常生活中的表现，往往得不到理解，也得不到相应的帮助，给他们生活的各方面带来了巨大的挑战。

第三节 孤独症谱系障碍的诊断标准

精神疾病诊断与统计手册（DSM）和国际疾病分类（ICD）是对孤独症谱系障碍诊断影响最大的两个诊断系统。DSM 由美国精神医学学会（APA）出版，是在美国与其他许多国家中最常用来诊断精神疾病的指导手册，目前使用的是 2013 年 5 月发布的《精神障碍诊断与统计手册（第 5 版）》（DSM–V）。《国际疾病分类》（ICD）是由世界卫生组织（World Health Organization，WHO）主持编写并发布的疾病分类手册，全球 70% 的医疗记录均采用 ICD 编码，是世界范围广泛应用的诊断分类系统，涉及所有与健康有关的疾病，与精神障碍最相关的章节是第六章。2018 年 6 月 18 日，世界卫生组织发布了《国际疾病分类（第 11 版）》（ICD-11），其中关于孤独症的诊断标准发生了一些新的变化。2018 年 12 月 4 日国家卫生健康委员会在官网发出《关于印发国际疾病分类第十一次修订本（ICD-11）中文版的通知》（国家卫生健康委，2018），要求自 2019 年 3 月 1 日起，各级各类医疗机构应当全面使用《国际疾病分类（第 11 版）》中文版进行疾病分类和编码。

一、《精神障碍诊断与统计手册（第 5 版）》

在《精神障碍诊断与统计手册（第 5 版）》中，孤独症谱系障碍必须符合以下 A、B、C、D 标准（美国精神医学学会，2014）。

A. 在多种情景下，社会交流和社交互动方面存在持续性的缺陷，表现为目前或历史上的所有下列情况（以下为示范性举例，而非全部情况）：

（1）社交情感互动中的缺陷，例如，从异常的社交接触和不能正常地来回对话，到缺少兴趣、情绪和情感的分享，再到无法发起或回应社交互动。

（2）用于社交互动的非言语沟通行为存在缺陷。例如，从语言和非语言沟通间的整合困难，到眼神接触和肢体语言反常或理解和运用手势存在缺陷，到面部表情和非语言交流的完全缺乏。

（3）发展、维持和理解人际关系存在缺陷。例如，从难以依据不同的社交场景调节行为，到难以参与想象性游戏或交友困难，再到对同伴缺乏兴趣。

标注目前的严重程度：严重程度是基于社交交流的损害和受限，重复的行为模式（具体见表 1-1）。

B. 当前或历史地表现出局限的、重复的行为、兴趣或活动模式，表现为以下至少两项（以下为示范性举例，而非全部情况）：

（1）躯体运动、物品使用或说话方式表现的刻板或重复（例如，简单躯体刻板运动、排列玩具或翻转物品、模仿言语、措辞怪异）。

（2）坚持相同性，僵硬地坚持常规或仪式化的语言或非语言的行为模式（例如，对微小变化极度痛苦、难以过渡转变、思维模式僵硬、问候仪式化、每天必须走相同的路线或吃同样的食物）。

（3）高度狭隘、固定的兴趣，其强度和专注度方面是异常的（例如，对不寻常的物品强烈地依恋或沉迷，过度局限或持续的兴趣）。

（4）对感觉刺激反应过度或反应不足，对环境中的感觉刺激表现出异常兴趣（如对疼痛/温度感觉麻木，对某些特定声音或物料表现出负面反应，过多地嗅或触摸某些物体，沉迷于光线或旋转物体）。

标注目前的严重程度：严重程度是基于社交交流的损害和受限，重复的行为模式（具体见表1–1）。

C. 症状必须在发育早期出现（但是，直到社交要求超过其受限的社交能力时，缺陷可能才会充分显现出来，或有可能被后期生活中习得的策略所掩盖）。

D. 这些症状导致社交、职业或该功能起作用的其他重要领域中出现具有临床意义的功能受损。

E. 这些症状无法用智力障碍或全面发育迟缓来更好地解释。智力障碍和孤独症谱系障碍经常同时出现；若做孤独症谱系障碍和智力障碍共病诊断时，其社会交往能力应低于预期的整体发育水平。

表1–1 孤独症谱系障碍的严重程度

严重程度	社会交流	受限的重复行为
Ⅲ级（需要极大的支持）	严重的言语和非言语社会交流技能缺陷导致严重功能受损；极少发起社交互动，对来自他人的社交示意反应极少。例如，个体只能讲几个能够被听懂的字，很少启动社交互动，当他或她与人互动时，会做出不寻常的举动去满足社交需要，且仅对非常直接的社交举动做出反应	行为缺乏灵活性，应对改变极其困难，或其他局限的/重复行为显著影响了各方面功能；改变注意力或行动很困难/痛苦

续表

严重程度	社会交流	受限的重复行为
Ⅱ级（需要较多的支持）	显著的言语和非言语社会交流技巧缺陷；即使给予现场支持也表现出明显社交受损；较少发起社交互动，对他人的社交示意反应较少或异常。例如，个体只讲几个简单的句子，其互动局限在非常狭窄的特定兴趣方面，且有显著的奇怪的非语言交流	行为缺乏灵活性，应对改变困难，或其他局限的/重复行为对普通观察者来说看起来足够明显，且影响不同情况下的功能；改变注意力或行动很困难
Ⅰ级（需要支持）	在没有支持的情况下，社会交流缺陷造成可察觉到的功能受损；发起社交互动存在困难；对他人的社交示意的反应显得不正常或不成功，可能表现出社交兴趣减少。例如，个体能够讲出完整的句子和参与社会交流，但其与他人的来往对话是失败的，他们试图交友的努力是奇怪的，且通常是不成功的	缺乏具有灵活性的行为，显著影响一个或多个情境下的功能。难以转换不同的活动。组织和计划的困难妨碍了其独立性

《精神障碍诊断与统计手册（第5版）》中的孤独症谱系障碍诊断标准较《精神障碍诊断与统计手册（第4版）修订版》有了较大变化，主要有以下几方面。

（1）引入了“孤独症谱系障碍”用语，取消了广泛性发育障碍（PDD）之下的典型孤独症、阿斯伯格综合征（AS）和未特定的广泛性发育障碍（PDD-NOS）的名称，同时将儿童瓦解性障碍和雷特综合征从孤独症分类中删除。

（2）新增了“社交（语用）交流障碍”［Social（Pragmatic）Communication Disorder］的诊断，针对那些存在社会交往障碍而未表现出刻板/重复性行为的儿童。

（3）将孤独症谱系障碍的三大核心症状减少至两个，将社会互动障碍、语言沟通障碍合并为社会交流障碍。语言障碍不再是确定诊断的必需依据，而是疾病程度不同的体现。感觉异常（包括感觉过敏、感觉迟钝）和痴迷某些感觉刺激归类到刻板行为中。

（4）放宽了发病年龄的标准，由 36 个月前改为童年早期，因为儿童社交困难的表现可能到较大年龄时才出现。

（5）《精神障碍诊断与统计手册（第 5 版）》规定，当儿童同时满足孤独症谱系障碍和注意缺陷多动障碍（Attention deficit and hyperactivity disorder，ADHD）的诊断标准时，应给予两种诊断，该原则适用于同时存在孤独症谱系障碍和发育性协调障碍、焦虑障碍、抑郁障碍的诊断及其他共病的诊断。除了诊断之外，还需要注明是否符合在基因上已经有定论的障碍（如脆性 X 综合征、雷特综合征），语言能力和智力水平以及其他的生理疾病（癫痫、焦虑、抑郁和胃肠道疾病等）。

（6）基于社会交往和刻板 / 重复性行为的障碍程度，将病情划分为三级：需要极大支持（Ⅰ级）、需要较多支持（Ⅱ级）、需要支持（Ⅲ级）。在《精神障碍诊断与统计手册（第 4 版）修订版》及以往的诊断标准中，孤独症及其相关障碍并无明显病情严重程度划分，而《精神障碍诊断与统计手册（第 5 版）》中的严重程度分级反映了对孤独症谱系障碍认识的重要进步，为孤独症谱系障碍个体化干预提供了初步的诊断依据，也是判断孤独症谱系障碍预后的一个新依据。

以上的这些变化反映了近 20 年来孤独症谱系障碍研究领域的最新进展，在提升其科学性的同时也提升了在使用过程中的实用性，为其今后更为准确的诊断奠定了基础。《精神障碍诊断与统计手册（第 5 版）》显著改善当前孤独症诊断名称混乱的状况。在以往的很长一段时间，同一患者可能在不同医生那儿获得不同诊断，如孤独症、不典型孤独症、高功能孤独症、阿斯伯格综合征、广泛性发育障碍等，这让孤独症儿童家长感到迷茫和混乱。而从《精神障碍诊断与统计手册（第 5 版）》实施以来的研究报告来看，它确实带来了更强的诊断的一致性，不同医疗机构的临床医生依据《精神障碍诊断与统计手册（第 5 版）》得出相同诊断的可能性更高。

《精神障碍诊断与统计手册（第 5 版）》颁布之初引发的担忧和争议在

于，孤独症人士和他们的父母担心根据新的诊断标准，原来的诊断会消失，他们可能丧失已享有的干预服务和保险赔付。阿斯伯格综合征人士除此之外还会觉得失去了诊断名称，缺乏心理上的归属感。有系统回顾显示（Smith et al., 2015），50% ~75%的孤独症谱系障碍个体同时符合《精神障碍诊断与统计手册（第 4 版）修订版》和《精神障碍诊断与统计手册（第 5 版）》的诊断标准，即采用新的诊断标准会使 25% ~50%的个体失去这一诊断，这部分个体主要来自高功能孤独症（IQ>70）、未特定的广泛性发育障碍（PDD-NOS）或阿斯伯格综合征（AS）。很明显，《精神障碍诊断与统计手册（第 5 版）》没有让已经被诊断为孤独症谱系障碍的人士失去所应得的服务。然而越来越多的证据的确表明，《精神障碍诊断与统计手册（第 5 版）》的诊断标准确实把更多症状更轻微的、女孩和大龄的患者排除在诊断之外。因此，《精神障碍诊断与统计手册（第 5 版）》提出的“保留条款”（grandfather clause），即保留不满足新标准的孤独症谱系障碍患者前期的诊断并继续获取相同水平的医疗、社会和法律服务的权利，是非常有意义的，这也意味着在一段时间之内仍将保持当前两套诊断标准并存的状况。

至于《精神障碍诊断与统计手册（第 5 版）》带来的患病率增高的问题，部分可归结为公众对孤独症认识和关注的提高，更多的孤独症儿童被早期发现，部分可归结为“诊断性增长”，即过去被诊断为智力障碍、语言障碍、注意缺陷多动障碍的儿童如今被确诊为孤独症。此外，社会环境急速变化带来的负面影响，如晚婚晚育、环境污染、父母高龄生产等显然也提高了孤独症的发病率（静进，2015）。

只是，从研究的角度来看，较之《精神障碍诊断与统计手册（第 4 版）修订版，《精神障碍诊断与统计手册（第 5 版）》标准下的孤独症谱系障碍的病因异质性和临床异质性将更加显著，因为即使是同一个孤独症谱系障碍诊断名称，病因可能完全不同，在临床表现方面的差异也非常明显，这必定增加了病因和相关科学研究的困难，也无法实现精准医疗的理念。从临床干预的角度来看，细化孤独症谱系障碍的类型，有助于家长和老师找到最适合于孩子的个体化干预方法，制订精准的个别化教育方案。因此仅以症状特征进行的分型或分类已不能满足未来精准医疗的需要，生物学层面的分型可能是一个新的研究趋

势（毕小彬、范晓壮、米文丽等，2021）。

二、《国际疾病分类（第 11 版）》

《国际疾病分类》（ICD）已有百余年的发展历史，1893 年国际统计研究所发布了《国际死亡原因编目》，此为《国际疾病分类》第 1 版（ICD-1），之后基本每 10 年修订一次。《国际疾病分类（第 6 版）》（ICD-6，1949）和《国际疾病分类（第 7 版）》（ICD-7，1957）中均未提及孤独症。《国际疾病分类（第 8 版）》（ICD-8，1967）的精神障碍分类中首次出现了“婴儿孤独症”（Infantile Autism），认为它是“儿童期精神障碍”（Psychotic reactions in Children）的主要症状，将其列入“精神分裂症”（Schizophrenia）的“other”子分类中，但没有提供定义描述。《国际疾病分类（第 9 版）》（ICD-9，1977）认为孤独症倾向的（autistic）、非典型的和退缩性的行为是“精神分裂症—儿童型”（Schizophrenia，childhood type）的一种症状，将其列入“源自儿童期的精神病”（Psychoses with origin specific to childhood）类别下，指出婴儿孤独症在出生时或 30 月龄前出现症状。《国际疾病分类（第 10 版）》（ICD-10，1990）中孤独症被归类在广泛性发育障碍（PDD）下，包括儿童孤独症、非典型孤独症、雷特综合征、儿童瓦解性精神障碍、伴智力缺陷和刻板运动的过度活动障碍、阿斯伯格综合征，以及其他广泛性发育障碍和待分类的广泛性发育障碍。

2018 年发布的《国际疾病分类（第 11 版）》采用了新的编码系统，使用 4~5 个字母与数字的组合对疾病分类进行编码，第一个数字代表疾病所在的章节，后面 3 个字母和数字代表具体疾病类型，小数点后面是疾病所属的亚型或标注。在新的分类方式下，“孤独症谱系障碍”归在第一章“神经发育障碍”（Neuro developmental disorders）类别下，疾病编码为 6A02。

《国际疾病分类（第 11 版）》中对孤独症谱系障碍的描述是（世界卫生组织，2018），以持续性的发起和维持社交互动及社交交流能力缺陷为特征，伴有不同程度的局限、重复和刻板行为及兴趣；疾病发生在儿童早期，但症状可能要到后来，当社会需求超过有限的能力时才会完全表现出来；缺陷严重到足以造成个人、家庭、社会、教育、职业或其他重要功能领域的损害，即使这些症状可能因社会、教育或其他背景而有所不同，但通常是在所有情况下都可以观察到的个人功能的普遍特征；孤独症谱系障碍个体可以表现出各种各样的智力水平和语言能力。

《国际疾病分类（第 11 版）》根据患者是否共病智力发育障碍、存在功能性语言障碍的严重程度和已获得技能的缺失，将孤独症谱系障碍细分为 8 个亚型，见表 1-2。此处的功能性语言是指个体利用语言作为工具的能力，例如，表达个人的需求和意愿。这个限定的目的主要是反映一些孤独症谱系障碍个体言语和非言语接受及表达能力本身缺陷，因为语言本身的语用语言缺陷不是孤独症谱系障碍的核心特征。但《国际疾病分类（第 11 版）》对孤独症谱系障碍的诊断中并不强调适应性行为能力领域评估中的社交技能，因为这是孤独症谱系障碍的核心症状。

表 1-2 《国际疾病分类（第 11 版）》中孤独症谱系障碍的分类和编码

6A02	孤独症谱系障碍
6A02.0	孤独症谱系障碍，不伴有智力发育障碍，伴有轻度功能性语言障碍或无功能性语言障碍
6A02.1	孤独症谱系障碍，伴有智力发育障碍，伴有轻度功能性语言障碍或无功能性语言障碍
6A02.2	孤独症谱系障碍，不伴有智力发育障碍，伴有功能性语言障碍
6A02.3	孤独症谱系障碍，伴有智力发育障碍，伴有功能性语言障碍
6A02.4	不伴有智力发育障碍，伴有功能性语言缺失
6A02.5	伴有智力发育障碍，伴有功能性语言缺失
6A02. Y	其他特定的孤独症谱系障碍
6A02. Z	待分类的孤独症谱系障碍

注：轻度功能性语言障碍或无功能性语言障碍：指使用功能性语言（口语或符号语言）表达个人需求或意愿等目的的能力轻度受损或没有受损。功能性语言障碍：指年与龄相关的功能性语言（口语或符号语言）显著受损，并且不能使用多于单个词语或简单句型的功能性语言来表达个人需求或意愿等目的。功能性语言缺失：指完全或者几乎完全丧失与年龄相关的使用

功能性语言（口语或符号语言）表达个人需求或意愿等目的的能力。

《国际疾病分类（第 11 版）》较《国际疾病分类（第 10 版）》（ICD-10）对孤独症谱系障碍的诊断调整如下：

（1）《国际疾病分类（第 10 版）》中的孤独症归类于“心理发展障碍”中的“广泛性发育障碍”中。《国际疾病分类（第 11 版）》则是将孤独症归类于“神经发育障碍”，统称“孤独症谱系障碍”，并细分为 8 个亚型。

（2）取消了不典型孤独症、阿斯伯格综合征和多动障碍伴发精神发育迟滞与刻板运动的病名，将已发现明确的致病基因（MECP2 基因异常）的雷特综合征归类于发育异常。

（3）明确提出要关注共病，要求孤独症谱系障碍的智力损害加上共病智力发育障碍的编码，其严重程度根据智力发育障碍部分的内容进行判断。在《国际疾病分类（第 11 版）》中，两者归在一个类别下，有着共同的严重程度评价标准，以便于临床医师分别做出这些诊断。

三、孤独症谱系障碍诊断在《精神障碍诊断与统计手册（第 5 版）》和《国际疾病分类（第 11 版）》中的异同

《国际疾病分类》与《精神障碍诊断与统计手册》是两个极其相似却不完全相同的诊断系统。《国际疾病分类（第 11 版）》和《精神障碍诊断与统计手册（第 5 版）》的孤独症谱系障碍诊断都是主要建立在自述症状、临床观察和评估基础上的描述性分类系统，两者章节结构大体一致，核心症状标准类似，病因考量一致。《国际疾病分类（第 11 版）》和《精神障碍诊断与统计手册（第 5 版）》的兼容性和一致性越来越强，但是由于两大系统推出和使用的目的不同、发展历程不同、支持者不同，两者存在着特质差异（毕小彬、范晓壮、米文丽等，2021）。

从孤独症诊断和分类中的标准来看，《国际疾病分类（第 11 版）》相当于一个诊断指南，其中的诊断都是描述性的，只是列出各种定义性的特征，让临床自行决定，这种灵活性允许基于临床特征和常识进行诊断，这赋予了临床医生更多的弹性。《精神障碍诊断与统计手册（第 5 版）》相当于诊断标准，

详细列出了孤独症谱系障碍的 2 个核心领域的 7 个条目，可操作性较强，更利于孤独症谱系障碍相关的流行病学调查和科学研究的开展。

《精神障碍诊断与统计手册（第 5 版）》和《国际疾病分类（第 11 版）》在孤独症谱系障碍的诊断上尽管用语有所不同，但本质是相同的。两者都将孤独症谱系障碍定义为起病于童年早期，以社会交往和沟通障碍以及狭隘兴趣与刻板行为为核心症状的神经发育障碍，导致了个人、家庭、社会、教育、职业或其他重要功能领域受损，也都强调了诊断时要考虑到患者特别的感官需求。

《国际疾病分类（第 11 版）》将孤独症谱系障碍分为 8 个亚型，而《精神障碍诊断与统计手册（第 5 版）》没有对孤独症谱系障碍进行细分。两者都将孤独症、阿斯伯格综合征和未特定的广泛性发育障碍（PDD-NOS）统称为孤独症谱系障碍。但《国际疾病分类（第 11 版）》虽然也取消了阿斯伯格综合征，但其中“不伴有智力发育障碍，伴有轻度功能性语言障碍或无功能性语言障碍（6A02.0）”的诊断，可以看作包括高功能孤独症和阿斯伯格综合征。

两者都要求在诊断孤独症谱系障碍时应进行共病的诊断，但《国际疾病分类（第 11 版）》提供了孤独症谱系障碍个体是否伴有智力障碍和语言障碍的详细指南，而《精神障碍诊断与统计手册（第 5 版）》只是简单指出孤独症谱系障碍和智力障碍及语言障碍可以同时发生。

总之，《国际疾病分类（第 11 版）》和《精神障碍诊断与统计手册（第 5 版）》的孤独症谱系障碍诊断各有侧重，临床医生应综合运用两者，对孤独症谱系障碍进行早期诊断，根据孤独症谱系障碍个体的疾病程度和共病情况来制订最为适合的个体化治疗方案，同时对不同国家、不同地域的孤独症谱系障碍流行病学情况进行研究。

因为孤独症谱系障碍是基于行为症状来诊断的疾病，所以无论是《精神障碍诊断与统计手册》系统还是《国际疾病分类》系统中都提到了文化差异的影响，因此探讨制定适合我国国情的诊断标准也是必不可少的课题。2001 年出版的《中国精神障碍分类与诊断标准（第 3 版）》（*Chinese Classification and Diagnostic Criteria of Mental Disorders*，Third Edition，CCMD-3）的更新也势在必行。我们可以吸取《精神障碍诊断与统计手册（第 5 版）》和《国际疾病分类（第 11 版）》的经验，立足我国孤独症谱系障碍临床和研究实践，修订或发展适应我国的诊

断标准，服务于我国孤独症谱系障碍群体（卜凡帅、徐胜，2015）。

四、鉴别诊断

（一）智力障碍（全面性发育迟缓）

儿童发育阶段出现的障碍，通常智商 <70，社会适应功能缺陷，社会交往水平、言语水平与其智力水平相一致，无明显重复刻板的行为和兴趣爱好。他们大多数喜欢与人交往，并会模仿别人的活动，愿意参与集体活动及角色游戏，语言表达落后，但社会化功能相对较好。如果患者同时存在孤独症谱系障碍典型症状，两个诊断均需做出。

“智力障碍”这个术语通常应用于≥ 5 岁的儿童。“全面发育迟缓”则专用于 <5 岁，在≥ 2 个功能区（大运动或精细运动、语言、认知、社交和社会适应能力等）没有达到预期的发育标志，且无法接受系统性智力功能评估，包括年龄太小而无法参与标准化测试的儿童。全面发育迟缓儿童需要一段时间后再评估，并非所有的这类儿童随着成长还会符合智力障碍的诊断标准。一些轻度发育迟缓的儿童通过适当的支持性措施，5 岁之前可能进步至正常功能范围而不再符合智力障碍的诊断标准。

（二）语言障碍与社交（语用）交流障碍

在一些形式的语言障碍中，可能存在交流问题和一些继发的社交困难。然而特定的语言障碍通常与非言语交流无关，也没有受限的重复的行为、兴趣或活动模式。当个体显示出与社会交流和社会互动的损害，但未显示出受限的和重复的行为和兴趣时，可能符合社交（语用）交流障碍的诊断标准，而不是孤独症谱系障碍。

（三）选择性缄默症

该病个体的早期发育是正常的，主要表现为在某一需要进行语言交流的环境（如学校）中无法说话，而在其他场合中其语言理解及表达能力均未受损，无社会交往质的缺陷，无重复刻板的行为和兴趣爱好。

（四）学习障碍（learning disabilities，LD）

在广义上亦指学习困难，是指智力正常的儿童在阅读、书写、拼字、表达、推理以及计算能力的获得和应用方面出现的明显困难，这种困难并非原发性情绪障碍或教育剥夺所致，推测和中枢神经系统的某种功能障碍有关。可合并出现情绪控制、社会认知、社会交互作用等方面的问题，但不存在感觉器官和运动能力的缺陷，无兴趣狭窄、重复刻板行为等孤独症症状。

（五）注意缺陷多动障碍

以与发育水平不相符的注意力难以集中、多动和易冲动为核心表现，无社会交往质的缺陷，无重复刻板的行为和兴趣爱好。如果患儿同时存在孤独症谱系障碍典型症状，两个诊断均须做出。

（六）刻板运动障碍

运动的刻板性是孤独症谱系障碍的诊断特征之一，因此当这样的重复行为可以用孤独症谱系障碍来解释时，不需要再额外给予刻板运动障碍的诊断，然而当刻板动作引起自我伤害和成为治疗的焦点时，可以给予两种诊断。

（七）强迫症

强迫症患儿会有不能控制地反复进行某种动作的行为，如反复洗手，和孤独症谱系障碍的刻板行为很相似，但患儿有自己克制强迫性动作的意愿，会因此感到痛苦，而孤独症谱系障碍的刻板行为则可能会让患儿感到愉悦。

（八）精神分裂症

儿童期起病的精神分裂症通常在一个正常或接近正常的发育阶段之后出现，起病年龄多在童年期之后，主要以幻觉等感知觉障碍、思维破裂、词的杂伴及妄想等思维障碍为核心症状。虽然交流困难，但言语功能并未受到实质性损害，随着疾病缓解，言语交流可逐渐恢复。药物治疗效果明显优于孤独症，部分患儿经过药物治疗后可以达到完全康复水平。如果孤独症谱系障碍患儿出现明显的幻觉、妄想等精神病性症状，持续 1 个月以上，符合精神分裂症的诊断标准，应同时做出两种诊断。

（九）大脑萎缩性高血氨综合征

一般在 1~4 岁之间，可能观察到该病退行阶段的社交互动的破坏，相当大比例的患病年幼女孩可能存在符合孤独症谱系障碍诊断的表现。然而在这个阶段之后，大多数患儿的社交沟通技能会改善，且孤独症的特征不再明显。

（十）雷特综合征（Rett Syndrome）

是由位于 X 染色体上的 MECP2 基因突变导致，主要累及女孩。患儿早期

发育正常或接近正常，6~18 个月起病，主要表现为语言倒退、手的失用及刻板动作，伴有严重的精神运动发育迟滞及倒退。随着病程的发展，部分患儿还会出现肌肉萎缩，运动不协调甚至无法行走，呼吸和睡眠障碍以及癫痫等严重症状。

这些临床表现具有一定的阶段性，并与年龄相关。因早期症状与孤独症谱系障碍相似，因此常被漏诊和误诊。手部刻板动作，是该病的特征性表现，包括搓手、绞手、拍手、洗手样动作、吸吮手指、单手的手指搓动等，入睡后消失。与孤独症谱系障碍不同的是，患儿虽有明显的呼名不应和社交及游戏的发展停滞，但仍有眼神接触，面部不时显示“社交性微笑”的表情，少见严重的自伤及复杂的重复刻板行为，预后较差。

五、共病

2019 年加拿大多伦多成瘾与精神健康中心（CAMH）开展了一项系统综述，共 100 项研究被纳入定性分析，其中 96 项研究被纳入元分析（meta 分析），旨在更好地评估孤独症人群共病各类精神障碍的比例。该研究可能是迄今为止针对孤独症共病精神障碍最全面的分析，结果显示共患精神障碍在孤独症人士中相当常见，且涉及绝大部分精神障碍分类，包括注意缺陷多动障碍（ADHD）、焦虑障碍、抑郁障碍、双相及相关障碍、精神分裂症谱系及精神病性障碍、强迫及相关障碍、破坏性、冲动控制及品行障碍、睡眠—觉醒障碍等（Lai et al.，2019）。

约 70% 的孤独症人士可能有一种共病的精神障碍，40% 可能共病两种或多种精神障碍（美国精神医学学会，2014）。注意缺陷多动障碍是孤独症中最常见的共病， 孤独症与注意缺陷多动障碍的共患率在各种文献报道中差别较大：国内一项关于阿斯伯格综合征儿童精神共患病回顾性分析结果显示，一半以上患者（59.8%）共患至少一种精神疾病，其中以注意缺陷多动障碍最常见（87.1 %），而且共患病往往是多重的占 22.9 %（岑超群、唐春、邹小兵等，2011）。一项对高功能和低功能孤独症共患病的研究结果显示，高功能孤独症共患注意缺陷多动障碍（75.9%）的比率明显高于低功能患儿（51.5%）（余明、刘靖、李雪等，2014）。隆美尔西等（Rommelse et al.，2011）总结了

2005 年到 2010 年的孤独症与注意缺陷多动障碍共患病的文献结果发现，孤独症中有 30%~80% 符合注意缺陷多动障碍的诊断标准，而注意缺陷多动障碍中的 20%~50% 符合孤独症的诊断标准。也有研究结果显示孤独症中符合注意缺陷多动障碍诊断标准的有 50%~83%（Clarke et al.，2011）。

2020 年，一项以 194 名孤独症人士为研究对象的纵向研究（Pickles et al.，2020）发现，孤独症共病注意缺陷多动障碍、焦虑、抑郁的趋势较为明显，孤独症共患强迫障碍的比率是 2.6%~37.2%，焦虑障碍是 13.6%~84.1%，抑郁症等情绪障碍更可能高达 70%，社交恐惧障碍、分离焦虑等多种形式的焦虑障碍在孤独症儿童中也很常见；有 40% 的孤独症人士在 9 岁时表现出显著的注意缺陷多动障碍症状，在成年后表现为轻度注意缺陷多动障碍，这表明一部分孤独症人士的症状在成年后会有所缓解，而有些症状则依然存在；而焦虑症状往往比较顽固，约 74% 的孤独症人士从 9 岁到成年期间表现出轻度焦虑症状，还有一部分从童年时期起焦虑症状就比较严重，而且一直没有减轻，焦虑加剧了孤独症症状，包括社交障碍、感觉异常和重复行为，并可能发展为抑郁；在儿童时期越是刻板、不能接受生活规律变化，长大以后越有可能患上焦虑障碍；约 32% 的孤独症人士会出现明显的抑郁症状，在童年时期会反反复复，在 14~20 岁达到高峰。

所以如果孤独症儿童非常刻板和教条，尤其是 3~4 岁的时候，家长一定要密切关注孩子的心理健康状况。而孤独症儿童的社交和认知能力越强，就越容易罹患心理疾病，尤其是高功能孤独症儿童更容易遭受霸凌，更容易出现抑郁等心理健康问题。在那些不能讲话或有语言缺陷的孤独症人士中，如果观察到有睡眠或进食的改变和挑衅性行为增加的痕迹，则提示应进行焦虑或抑郁的评估。

此外，约 25% 的孤独症人士有易激惹和攻击性的表现，这类表现有多种表现形式，比如，儿童期的轻微肢体攻击和成人的言语暴力（Lord et al.，2018）。

与孤独症有关的躯体疾病包括癫痫、睡眠问题和便秘。回避性 / 限制性摄食障碍也是孤独症相当常见的特征，并且可能持续存在极端和有限的食物偏好。学龄孤独症儿童中共患抽动障碍的比率约 9%，睡眠障碍 25%~40%，食物种类固定 42%~61%，肥胖 23%，消化道问题 47%，便秘 12%，癫痫 8.6%（Lord et

al.，2018）。

孤独症还常常与智力损害和结构性语言障碍有关，即不能使用恰当的语法理解和构建句子，发育性协调障碍和特定的学习困难（识字和识数）也很常见。在儿童期，87% 的 3 岁孤独症儿童存在语言迟缓，15%~65% 存在智力障碍（Lord et al.，2018）。

第四节 孤独症谱系障碍的早期筛查与识别

目前尽管我们在孤独症的神经生物学和遗传学等方面的研究取得了一些进展，但其发病机制尚未完全阐明，仍缺乏具有诊断意义的生物标志物，临床诊断主要依靠医生根据病史、体格检查和对特定的特征性行为的观察，同时结合家长对孩子日常行为的描述进行判断，这使得诊断存在一定的主观性和困难。而且由于孤独症的症状和严重程度的异质性，不同年龄段的儿童都可能会被诊断为孤独症。

12%~76% 的孤独症儿童父母报告孩子在 1 岁时存在孤独症症状，但通常在 3~4 岁才能获得诊断。即使在美国，目前孤独症儿童诊断的平均年龄为 4.2 岁（Daniels and Mandell，2014），而我国在孤独症的认识、早期筛查和诊治方面还存在很多不足，相关资源严重匮乏，造成孤独症患儿诊断平均年龄普遍偏大，早期干预率偏低。

多年来的实践研究证明，早期发现和实施规范的行为干预能在很大程度上提高孤独症患儿的社交、沟通及自理能力，改善预后。尤其是对 24 月龄以内的儿童，其行为问题尚不突出，大脑神经系统的可塑性强，效果可能更明显，而且孤独症早期筛查的成本效益远优于无筛查的全面诊断评估。因此早发现、早诊断、早干预有着非常积极的现实意义，可以将孤独症对孩子和家庭的损害降到最低。

2020 年美国儿科学会发表的《孤独症儿童的识别、评估和治疗》（Hyman et al.，2020）中建议，在 9 月龄、18 月龄和 24 月龄时进行标准化的孤独症筛查，并进行持续的发育监测，有经验的专科医生完全可以在儿童 18 月龄时准确诊断出孤独症，18~36月龄的诊断稳定性很强，比较容易漏诊的是症状轻到中度的患儿。

因此了解孤独症的早期预警表现就显得非常重要。

一、孤独症的早期预警行为

孤独症的早期筛查应重点关注婴幼儿的社会行为和沟通能力，尤其是非言语沟通能力的表现，其社交不足行为和部分刻板行为在早期即可出现。2017 年，中华医学会儿科学分会发育行为学组发表的“孤独症儿童早期识别筛查和早期干预专家共识”中详细描述了孤独症的早期识别的 5 种行为标志，简称“五不”行为（中华医学会儿科学分会发育行为学组，2017）。

1. 不（少）看：指目光接触异常，孤独症儿童早期即开始表现出对有意义的社交刺激的视觉注视缺乏或减少，对人尤其是人眼部的注视减少，有研究表明最终诊断为孤独症的儿童在 24 月龄时对人眼部的注视时间仅为正常儿童的 1/2。有些孤独症儿童即使可以对话，但面对面注视仍然不正常。

2. 不（少）应：包括叫名反应和共同注意。幼儿对父母的呼唤声充耳不闻，叫名反应不敏感通常是较早的孤独症表现之一，也有证据表明叫名反应不敏感不仅可以从正常儿童中识别出孤独症，也可较好地分辨孤独症与其他发育问题的儿童。

3. 不（少）指：缺乏恰当的肢体动作，无法对感兴趣的东西提出请求。孤独症儿童可能早在 12 月龄时就表现出肢体动作的使用频率下降，如不会点头表示需要、摇头表示不要、有目的的指向、手势比画等。

4. 不（少）语：多数孤独症儿童存在语言出现延迟，家长最多关注的也往往是儿童语言问题，尽管语言发育延迟并非孤独症诊断的必要条件，其他发育行为障碍也多表现有语言发育延迟，但对语言发育延迟儿童务必考虑孤独症的可能。

5. 不当：指不恰当的物品使用及相关的感知觉异常，孤独症儿童从 12 月龄起可能会出现对物品的不恰当使用，包括旋转、排列及对物品的持续视觉探索，如将小汽车排成一排，旋转物品并持续注视等。言语的不当也应该注意，表现为正常语言出现后言语的倒退，出现难以听懂、重复、无意义的语言。

在初筛过程中，首先应对儿童进行观察并且检查有无相应月龄的预警症状，该年龄段任何一条预警征象阳性，提示有发育偏异的可能。2020 年美国儿科学

会给出了表 1-3 中的预警行为（Hyman et al.，2020）。

其次，还要关注部分孤独症儿童的“发育倒退”现象，约 25% 的患儿在早期各方面发展正常，但 18~24 月龄时出现语言或社交技能方面有退化（Hyman et al.，2020），也有部分患儿早期发育就有落后，随着年龄的增长，出现丢失经训练后已掌握的技能。这种发育倒退可能是忽然出现的，也可能是逐渐发生的。

表 1-3　孤独症儿童的早期预警行为

月龄	症状
12	他人呼唤名字没有反应
14	不会以手指物以示兴趣
18	不会玩假装游戏
普通情况	无对视，喜欢独处 难以理解他人的感受，难以表述自身感受 语言发育迟缓 反复重复单词或短语（仿说） 答非所问 不喜欢变化，稍有变化就会生气 沉迷于某些兴趣爱好 重复刻板动作，比如，拍手、摇晃或转圈 对声音、气味、味道、外观或触感反应异常

还有两种情况其实并非真正的“发育倒退”。一是早期技能获得在正常范围内也并无明显丢失，但在某个时间段里很难掌握新技能。这会让儿童表现为早期和同龄人并无明显差异，但之后各方面差异越来越大，就误认为是“倒退”。二是早期技能基本正常，但因为年龄小，对社交技能要求也低，所以周围人没有及时发现儿童的不足。这些孩子通常并没有技能的丢失，只是当他们年龄大了，社交活动增多（比如早教或上幼儿园）后，父母才发现孩子和其他孩子的

不同。所以有时我们会听到家长说“孩子小时候都挺好的，还会背数字、唐诗和儿歌……”其实这也不是真正的“倒退”。

再次，在孤独症的早期筛查中，还要关注女童。目前流行病学调查显示，孤独症以男性多见，男女比例约为 4 ∶ 1，但有研究表明女性孤独症的患病率可能被低估（Hyman et al.，2020）。当症状同样严重时，男性更容易被诊断出来。女性可能更擅长“伪装”症状，并且善于使用补偿策略来克服沟通和社交困难。

最后，孤独症儿童的兄弟姐妹较普通人群患孤独症的概率要高，所以如果家族中有孤独症人士，家长需要对孩子的发展更加密切观察，定期评估建议从 6 月龄就开始进行。

当然，即使儿童存在上述明确的某一条或某几条预警行为和风险因素，也不能立即构成孤独症诊断，我们应在对疑似孤独症儿童给予初步干预指导的同时，进行全面的观察和评估以及转诊，由专业人士进行诊断。除了这些推荐的年龄以外，任何时候孩子的发展情况有令人担忧的地方，都建议进行筛查，根据孩子的具体情况进行相应的早期干预。

二、早期筛查工具

2007 年美国儿科学会鉴于当前孤独症较高的发病率，提出三级筛查诊断程序，建议对所有儿童从出生第 9 个月开始采用不同的筛查量表和诊断工具，开展全面筛查和诊断，其中一级、二级为筛查，三级为诊断。

一级筛查的对象是全体儿童，量表主要包括《婴幼儿孤独症筛查量表修订版》（*Modified Checklist for Autism in Toddlers*， M-CHAT）和《交流与象征性行为量表》（*Communication and Symbolic Behavior Scales*，CSBC）等。其中《婴幼儿孤独症筛查量表修订版》是目前国际范围内最常用的一级筛查工具，国内儿童保健人员多采用简化的婴幼儿孤独症筛查量表。

二级筛查的对象是风险较高的儿童，包括存在相关家族史、家长或医生存在担忧、一级筛查阳性的儿童。量表主要包括《婴幼儿量表》（*Infant-Toddler Checklist*，ITC）、《2 岁儿童孤独症筛查量表》（*Screening Tool for Autism in Two Year-Olds*，STAT）、《孤独症早期检测》（*Autism Detection in Early Childhood*，ADEC）等。美国儿科学会推荐《婴幼儿量表》（ITC）作为最常用的二级筛查工具，《孤独症早期检测》（ADEC）是澳大利亚的二级筛查工具，我国卫生部2010年印发的《儿童孤独症诊疗康复指南》中推荐了两种筛查工具，即《孤独症行为量表》（*Autism Behavior Checklist*，ABC）和《克氏孤独症行为量表》（*Clancy Autism Behavior Scale*，CABS）。《孤独症行为量表》的灵敏度为0.38~0.58，特异度为0.76~0.97；《克氏孤独症行为量表》的灵敏度和特异度为0.58和0.84。两者的灵敏度均不高，容易造成漏诊，且特异度并不理想，容易造成误诊。

三级诊断应由多学科的专业人士（儿科医生、精神科医生或心理学者）协作完成。诊断应用多种标准化诊断工具，建议使用《孤独症诊断观察量表》（*Autism Diagnostic Observation Schedule*，ADOS）或《孤独症诊断面谈量表（修订版）》（*Autism Diagnostic Interview-Revised*，ADI-R），这两个量表被称为孤独症的金标准。我国由于孤独症诊治工作起步较晚，常用《儿童自闭评定量表》（*Childhood Autism Rating Scale*，CARS）作为诊断工具。

我国目前使用的筛查及诊断量表多来自国外，且均非最新版本，大部分尚未有中文修订版本，有的尚未获得正式授权，相关研究仍多止步于科研阶段，未能在临床上得到广泛应用，所以加快引进或开发适合中国国情的孤独症早期筛查工具是一个很重要的课题。

孤独症的早期发现主要依赖于儿童照顾者和社区初级儿童保健医生，因此加深公众对孤独症的认识是非常必要的，在婴幼儿早期体检与疾病筛查中建立孤独症的筛查工作是早期发现的关键。近年来，尽管我国部分地区已经尝试开展了将孤独症筛查纳入基础卫生服务项目中，但尚未形成一种常态机制。随着《中国儿童发展纲要（2011—2020）》《中国残疾人事业“十二五”发展纲要》等政策的推出，孤独症早期筛查纳入儿童常规保健，使现状有所改善。

第五节　孤独症谱系障碍的预后

随着我们对孤独症的认识逐渐加深、社会福利制度的不断完善，以及循证干预方法的发展，越来越多的孤独症儿童被早期发现、早期诊断，并在早期被给予了科学合理、系统的干预，所以现在的孤独症人士的境遇相较以前有了很大的改善，具有更好的未来。但由于孤独症存在巨大异质性，其成年后的转归也跨度较大，从无语言到独立工作生活甚至某个行业的精英人士都有可能。

2018 年，《柳叶刀》（*The Lancet*）发表了一篇美国凯瑟琳·洛德（Catherine Lord）教授等人关于孤独症的综述（Lord et al.，2018），其中对其预后进行了总结。10%~33% 的成年孤独症人士不能使用简单词汇进行交流，语言智商和非语言智商均在智力障碍范围内，生活中需要非常多的支持。大多数有智力障碍的成年孤独症人士具有一定水平的语言能力，能满足基本需求，且有工作能力，但需要日常支持。在社区样本中，儿童期诊断且智力正常的孤独症人士，约有 1/3 成年后不再表现出明显的孤独症特征，但常共病某些精神疾病。即使在美国，智力正常的孤独症人士也只有 1/4 生活在自己的家庭中，其余的至少到中年都与家人一起生活，婚姻和长期的亲密关系仍然很少见。

随着时间的流逝，世界第一例被诊断（1943 年）的孤独症患者已经 80 多岁了，我国第一代（1982 年）的孤独症患者也已成年。据已有调查数据保守估计，我国可能有超过 1000 万的孤独症人群，200 万的孤独症儿童，并以每年将近 20 万的速度增长（五彩鹿孤独症研究院，2017）。目前我国尚无确切的成年孤独症人数的流行病学调查数据，但这个群体数量庞大是毋庸置疑的事实，根据 2020 年全国人口普查数据，我国目前 15~64 岁人口已达 9 亿多，64 岁以上的人口为 1.9 亿（国家统计局，2020）。按照 1% 的发生率来计算，其中的孤独症人士绝对数还是相当高的。他们的生活、就业、康复、安置、养老等问题都是我们迫在眉睫亟须解决的课题。

2016 年，发表在英国精神病学杂志上的一项瑞典研究结果令人震惊（Hirvikoski et al.，2016）：瑞典卡罗林斯卡学院（Karolinska Institute）的研究人员调查了从 1987 年到 2009 年的 27122 名孤独症患者（其中 6500 名合并智力障碍），与同时期的非孤独症患者 260 万名进行了比较，发现孤独症人士的平均死亡时间比普通人群早 16 年，其平均预期寿命约 54 岁，而同时患有认知障碍的孤独症人士，他们的平均预期寿命甚至比普通人群短 30 年，不到 40 岁。

分析孤独症人士早逝的原因，一方面是个体因素，即孤独症疾病本身的影响；另一方面是环境因素，比如，因罹患孤独症而引发的社会地位、经济地位等方面的差异，以及无法及时获得医疗、保健等支持所导致的更差的健康状况。

就个体因素而言，孤独症患者更容易罹患其他疾病，孤独症谱系障碍与其他发育障碍可能存在共同的病因学因素，包括脆性 X 综合征、结节性硬化症和其他单基因突变、遗传综合征、染色体异常和拷贝数突变等。孤独症与精神分裂症、注意缺陷多动障碍和多种癌症等疾病有部分重叠遗传因素，也有研究表示孤独症与帕金森综合征也有生物学联系。

在儿童时期，高达 40% 的孤独症儿童共患癫痫，这导致了许多早期的死亡，其他的胃肠道疾病、睡眠问题，以及喂养问题是很常见的。神经系统疾病（主要是癫痫）在孤独症人士中导致的死亡人数是普通人的 7.49 倍，而低功能者面临的风险最大（Hirvikoski et al., 2016）。

在成年时期，研究人员发现成年孤独症人士早逝风险比正常人高出 2.56 倍（Hirvikoski et al.，2016），身心健康风险也远高于同龄人。孤独症人群的心血管疾病、早期帕金森病以及精神健康问题的发生率很高。2019 年，一项对孤独症老年人身心健康状况的队列研究中（Hand et al., 2020），分析了 65 岁以上的 4685 名谱系老年人和 46850 名普通老年人的数据后发现，孤独症人士患癫痫的可能性是普通人的 18.9 倍；患帕金森病的可能性是普通人的 6.1 倍；患胃肠道疾病的可能性是普通人的 5.2 倍；患有精神分裂症或其他形式的精神病可能性是普通人的 25.3 倍; 患有注意缺陷多动障碍的可能性是普通人的 24.4 倍; 患有人格障碍的可能性是普通人的 24.1 倍。有自杀念头或自残的可能性是普通人的 11.1 倍。而且，谱系老年人士患有骨质疏松、认知障碍、心脏病、癌症、脑血管病、骨关节炎等也更为常见。

还有研究表明（Croen et al.，2014），女性孤独症患者的酒精和化学依赖率是对照组的 2 倍，患哮喘、过敏和自身免疫性疾病的发生率比对照组高 20%~30%。尽管成年孤独症人士的吸烟和饮酒者数量较普通人群要少，但癌症的发生率是相似的（2.7%:2.6%）。

孤独症人士的身体健康不良状况，部分原因可能是已知的健康风险因素，包括不良的饮食习惯、肥胖、有限的体力活动和长期使用精神药物等。不少孤独症人士自身的孤独症特质会增加健康风险，如对某些食物的过度偏爱可能会有超重的风险。而且有些家长对他们不仅不进行饮食管理，甚至任其发展，很高兴他们能多吃，结果导致很多孤独症儿童过早发胖，青少年时期就出现高血压、高血糖和高血脂的“三高”症状。因此，要从儿童时期开始将他们的健康管理纳入视野，有预防意识，减少成人时期的慢性病的发生，提高生活质量。

孤独症人士的社交和沟通障碍，可能会降低他们寻求帮助和治疗精神疾病的能力。功能较差者由于语言和认知能力的不足，他们不知道如何向家人和医生表达自己的健康问题，这使得诊断较晚，治疗不及时，导致健康状态恶化。而那些功能较好者则会因为执行功能障碍，比如，缺乏组织和计划能力，即使能够发现自己的健康问题，也不知道自己何时、怎样去医院就诊，更别说安排定期的健康检查了，这就往往会错过预防性保健和早期治疗。

再者，不少孤独症人士需要接受抗精神病药物的治疗，有些药物长期使用会导致体重增加、高血压，增加患糖尿病和心脏病的风险，抗精神病药物也可能导致帕金森综合征症状的出现。

孤独症人士早逝的另一个重要的因素是自杀。研究人员发现，那些没有认知障碍的孤独症人士自杀的可能性是普通人群的 9 倍，而女性孤独症患者和高功能孤独症患者的自杀率最高（Daniels and Mandell，2014）。因为他们知道自己的真实情况和缺陷，能够敏感地意识到别人的排斥或者异样的眼光，所以往往更容易遭受焦虑、抑郁及其他相关疾病的折磨。在日常的生活和工作中他们会努力隐藏起孤独症特征，模仿普通人的处世方式，即便如此，也可能更容易遭受霸凌。而功能较差的孤独症人士，成年后他们有的会被送去某些集体生活机构，切断其与家人、朋友、社会的联系，丧失生活自主性。社会歧视、社会隔离引起的孤独感、疏远感和被拒绝感，都可能会导致焦虑、抑郁等精神健康和行为问题的出现。这些都可能会给他们带来持续性压力，如果没有足够的支持，他们可能处于长期筋疲力尽的倦怠状态，引起能力倒退、心脏病、中风和自杀风险的增加。另外，孤独症人士比普通人群还表现出更多自杀未遂和故意自伤行为，这可能和他们共患的精神分裂症、注意缺陷多动障碍、癫痫和抑郁症等精神障碍相关（Jokiranta-Olkoniemi et al.，2021）。

除了自然疾病的影响之外，孤独症人士因意外和故意伤害而死亡的风险更高。2017 年，美国的一项针对 1999—2014 年孤独症儿童受伤死亡的流行病学模式调查发现，他们死于意外伤害的可能性是普通人群的近 3 倍。与孤独症相关的意外伤害的风险对于 15 岁以下的儿童来说尤其高，主要是缺氧、溺水和

窒息，它们占孤独症儿童受伤总死亡率的 79.4%（Guan and Li，2017）。

多年来，人们往往更关注孤独症儿童，将更多的资源投入康复训练以及病因学等研究中，谱系成人和老人是被社会忽略的群体。2016 年美国孤独症研究资金中，仅有 2% 用于成年人的需求（US Department of Health and Human Services，2016）。但近年来，国内外都开始关注成年孤独症患者的生活困境，只是相关研究需要家长、医护人员、研究人员以及整个社会的关注和国家政策上的扶持。

对于孤独症的个体结局，目前已确立的预后预测的因素包括智力水平、5 岁时的语言能力、共患疾病。儿童时期的智力水平和语言能力是成年期良好结局正向预测因素，但对高功能谱系成人而言，更好的生活质量还与家庭和社区支持程度有关。

语言能力是孤独症预后预测最强的影响因子。一般来说，3 岁时语言开始进步、非语言能力处在平均水平的孤独症儿童成年预后较好。5 岁后语言发育呈线性变化，存在突然赶上平均水平的极大变化，而追赶不上的儿童将来大多存在智力障碍。所以 5 岁时具有功能性语言是一个良好的预后标志。

如果孤独症儿童在 9 岁时能够发展出较好的社交和适应能力，那么在青春期阶段就可能免受严重焦虑或其他心理健康问题的困扰，成年时期的独立性更强。童年时期对自己的能力较为自信，这是未来心理健康的基石。许多孤独症儿童的父母都表示他们只是希望孩子快乐，但快乐、责任感和独立性是密不可分、相辅相成的。

孤独症的伴随症状越多，其预后就更差。共患癫痫、精神疾病或睡眠障碍的孤独症儿童的预后显著差于无共患病的孤独症儿童，尤其是癫痫，它与更严重的智力障碍和更差的言语能力有关。孤独症进入青春期后可能伴随出现更多情绪和不良行为问题，也可伴随违纪和攻击暴力行为，有些合并发展为更严重的精神障碍。

具有循证支持的恰当的教育干预方式也能给孤独症预后带来积极的影响，越早进行干预，获得良好预后的可能性越高。父母的配合是干预的有效组成，他们是否全面积极地配合和介入训练对其预后会产生重要影响。一项纵向研究表明（Zwaigenbaum et al.，2015），父母参与早期干预的 2~3 岁儿童能拥有更积极的预后（即使每年只有 20 课时），不论有认知障碍还是认知正常的孤独症儿童都能获得智力、成就、适应技能上的提高，同时也增加了能力较高的孤独症儿童成年后完全独立生活的概率。

2021 年来自加拿大多个儿童医学中心的专家的队列研究结果发现（Szatmari et al.，2021），相当一部分孤独症儿童到儿童中期时，至少在一个关键的发育健康领域（沟通、社交、日常生活技能、内化行为、外化行为）表现良好，这些和家庭收入、良好的家庭功能密切相关，这提示家庭的有力支持有望增加孤独症儿童日后表现良好的潜在可能性。

总而言之，孤独症的预后与其病因、病情严重程度、智力水平、干预时机和干预方式，以及父母的参与程度等多种因素相关，但只要给予适当的干预，所有的孤独症儿童都会从中受益。他们成年后的状态，大概有以下几种情况。

第一，拥有独立生活、学习和工作的能力。虽然可能在社交、行为等方面有些与众不同或特别，但基本上能像普通人一样生活。其中少数人甚至在某些领域（如艺术、建筑、IT 类、理工类等）颇具才能，有可能为社会做出重要贡献。部分高功能孤独症、阿斯伯格综合征以及一些尚未被诊断的孤独症患者多属于这个范畴。

第二，在一定的支持下，基本能够独立生活、学习和工作。相对来说，这部分孤独症患者程度不重，有较好的语言表达和理解能力，具备日常生活所需的基本社交能力。但其社交缺陷还是比较明显的，所以在一些需要社交技巧的场合，比如，在求职时他们可能需要一定的支持、理解和关照。根据他们自身的能力和兴趣，可以从事如图书馆管理员、仓库保管员、软件设计师、电脑程序员等工作。这些工作通常规则明确，不需要经常与人沟通和协作。德国 SAP（System Applications and Products in Data Processing）公司，自 2013 年就逐渐雇用孤独症人士参与软件开发测试等工作，看中的就是他们对细节的关注力、不厌其烦地重复某项工作的能力，以及一丝不苟地遵守规则的工作态度。

第三，在保护和支持下可以生活、学习和工作。这部分孤独症患者能在别人照护下从事某些特定的社会福利性的工作，在熟悉的环境中可以自由活动。例如，在庇护工厂从事一些简单的劳动，获得福利性的报酬。这些工作的获得与整个社会残疾人事业的发展和文明水平、当地经济社会情况有关。如果社会支持体系完善，相当部分的孤独症患者成年后可以达到这种程度。

第四，家庭环境中的生活自理，能在一定的社区范围内活动。他们能独立完成吃饭、穿衣、洗漱、如厕等基本活动，有些可以帮助做简单的家务，到小区的超市购物、取快递等。但不具备独立外出工作能力，外出时需要他人的照护。这是大部分孤独症患者都可以达到的能力范畴，即使是程度严重者，只要长期、科学地进行生活自理能力训练，这个目标也可能实现。

第五，生活不能自理，需要全方位的、全生命周期的家庭和社会的高强度照料。家人不敢让他们外出，否则容易发生走失、意外伤害或对他人造成滋扰或伤害行为。这样的孤独症患者是家庭和社会沉重的经济和心理负担，需要全社会的共同帮助。

对于孤独症群体，我们需要通过多种途径增强公众对孤独症的认知，推广知识教育与普及，构建良好的社会融合环境，提供全生命周期的有效的个体化教育和生物医学干预，使他们得到公平的机会，有尊严地生活。

参考文献

Baio, J. (2014). Prevalence of autism spectrum disorder among children aged 8 years-autism and developmental disabilities monitoring network, 11 sites, United States, 2010. MMWR. Surveillance Summaries，63(2):1-24.

Baron-Cohen, S., Johnson, D., Asher, J., Wheelwright, S., Fisher, S. E., Gregersen, P. K., and Allison, C. (2013). Is synaesthesia more common in autism?. Molecular autism, 4(1), 1-6. doi: 10.1186/2040-2392-4-40.

Baxter, A. J., Brugha, T. S., Erskine, H. E., Scheurer, R. W., Vos, T., and Scott, J. G. (2015). The epidemiology and global burden of autism spectrum disorders. Psychological medicine, 45(3), 601-613.doi:10.1017/S003329171400172X.

Clarke, A. R., Barry, R. J., Irving, A. M., McCarthy, R., and Selikowitz, M. (2011). Children with attention-deficit/hyperactivity disorder and autistic features: EEG evidence for comorbid disorders. Psychiatry Research, 185(1-2), 225-231. doi:10.1016/j.psychres.2009.09.004.

Croen, L. A., Zerbo, O., Qian, Y., and Massolo, M. L. (2014). Psychiatric and Medical Conditions Among Adults with ASD.INSAR. https://imfar.confex.com/

imfar/2014/webprogram/Paper17783.html.

Daniels, A. M., and Mandell, D. S. (2014). Explaining differences in age at autism spectrum disorder diagnosis: A critical review. Autism, 18(5), 583-597. doi:10.1177/1362361313480277 .

Hand, B. N., Angell, A. M., Harris, L., and Carpenter, L. A. (2020). Prevalence of physical and mental health conditions in Medicare-enrolled, autistic older adults. Autism, 24(3), 755-764. http://doi.10.1177/1362361319890793.

Hirvikoski, T., Mittendorfer-Rutz, E., Boman, M., Larsson, H., Lichtenstein, P., and Bölte, S. (2016). Premature mortality in autism spectrum disorder. The British Journal of Psychiatry, 208(3), 232-238. http://doi.10.1192/bjp.bp.114.160192.

Hyman, S. L., Levy, S. E., and Myers, S. M. (2020). AAP Council on Children with Disabilities, Section on Developmental and Behavioral Pediatrics. Executive summary: identification, evaluation, and management of children with autism spectrum disorder. Pediatrics, 145, e20193448.

Interagency Autism Coordinating Committee. (2016). 2016 IACC autism spectrum disorder research: Portfolio analysis report. https://iacc.hhs.gov/publications/portfolio-analysis/2016/.

Jokiranta-Olkoniemi, E., Gyllenberg, D., Sucksdorff, D., Suominen, A., Kronström, K., Chudal, R., and Sourander, A. (2021). Risk for premature mortality and intentional self-harm in autism spectrum disorders. Journal of autism and developmental disorders, 51(9), 3098-3108. https://doi.org/10.1007/s10803-020-04768-x.

Lai, M. C., Kassee, C., Besney, R., Bonato, S., Hull, L., Mandy, W., Szatmari, P., and Ameis, S. H. (2019). Prevalence of co-occurring mental health diagnoses in the autism population: a systematic review and meta-analysis. The Lancet Psychiatry, 6(10), 819-829. doi: 10.1016/S2215-0366(19)30289-5.

Lord, C., Elsabbagh, M., Baird, G., and Veenstra-Vanderweele, J. (2018). Autism spectrum disorder. The Lancet, 392(10146), 508-520. https://doi.org/10.1016/S0140-6736(18)31129-2.

Neufeld, J., Roy, M., Zapf, A., Sinke, C., Emrich, H. M., Prox-Vagedes, V., Dillo, W., and Zedler, M. (2013). Is synesthesia more common in patients with Asperger syndrome?. Frontiers in human neuroscience, 7, 847. doi: 10.3389/fnhum. 2013.00847.

Pickles, A., McCauley, J. B., Pepa, L. A., Huerta, M., and Lord, C. (2020). The adult outcome of children referred for autism: typology and prediction from childhood. Journal of Child Psychology and Psychiatry, 61(7), 760-767. doi: 10.1111/jcpp.13180.

Rommelse, N. N., Geurts, H. M., Franke, B., Buitelaar, J. K., and Hartman, C. A. (2011). A review on cognitive and brain endophenotypes that may be common in autism spectrum disorder and attention-deficit/hyperactivity disorder and facilitate the search for pleiotropic genes. Neuroscience and Biobehavioral Reviews, 35(6), 1363-1396. http://10.1016/j.neubiorev.2011.02.015.

Rutter, M.(1968). Concepts of Autism: A Review of Research. Journal of Child Psychology and Psychiatry and Allied Disciplines, 1, 1–25.

Smith, I. C., Reichow, B., and Volkmar, F. R. (2015). The effects of DSM-5 criteria on number of individuals diagnosed with autism spectrum disorder: A systematic review. Journal of autism and developmental disorders, 45(8), 2541-2552. https://doi-org.proxy.library.carleton.ca/10.1007/s10803-015-2423-8.

Szatmari, P., Cost, K. T., Duku, E., Bennett, T., Elsabbagh, M., Georgiades, S., Kerns, C. M., Mirenda, P., Smith, I. M., Ungar, W. J., Vaillancourt, T., Waddell, C., Zaidman-Zait, A., and Zwaigenbaum, L. (2021). Association of child and family attributes with outcomes in children with autism. JAMA network open, 4(3), e212530. doi:10.1001/jamanetworkopen.2021.2530.

Tao, K. T. (1987). Infantile Autism in China. Journal of Autism and Developmental Disorders, 2, 289-296. http://doi.10.1007/BF01495062.

Zwaigenbaum, L., Bauman, M. L., Choueiri, R., Kasari, C., Carter, A., Granpeesheh, D., Mailloux, Z., Roley, S. S., Wagner, S., Fein, D., Pierce, K., Buie, T., Davis, P. A., Newschaffer, C., Robins, D., Wetherby, A., Stone, W. L., Yirmiya, N., Estes, A., ... Natowicz, M. R. (2015). Early intervention for children with autism spectrum disorder under 3 years of age: recommendations for practice and research. Pe diatrics, 136(Supplement 1), 60-81.

毕小彬，范晓壮，米文丽，等 .ICD−11 和 DSM−5 中自孤独症谱系障碍诊断标准比较［J］. 国际精神病学杂志，2021，48（2）：193−196. doi:10.13479/j.cnki.jip.2021.02.001.

卜凡帅，徐胜. 自闭症谱系障碍诊断标准：演变、影响与展望［J］. 中国特殊教育，

2015（2）：40−45.doi:10.3969/j.issn.1007−3728.2015.02.007.

岑超群，唐春，邹小兵，李建英，邓红珠 . 学龄 Asperger 综合征儿童精神共患病初步研究［J］. 中国儿童保健杂志，2011，19（10）：929−932.

国家统计局 . 第七次全国人口普查公报（第五号）——人口年龄构成情况 [EB/OL]. (2021). http://www.stats.gov.cn/tjsj/tjgb/rkpcgb/qgrkpcgb/202106/t20210628_1818824.html.

国家卫生健康委 . 关于印发国际疾病分类第十一次修订本（ICD−11）中文版的通知［R］. 国卫医发〔2018〕52 号 .

静进. 孤独症谱系障碍诊疗现状与展望［J］. 中山大学学报（医学科学版），2015，36（4）：481−488. doi:10.13471/j.cnki.j.sun.yat−sen.univ(med.sci).2015.0079.

美国精神医学学会. 精神障碍诊断与统计手册（案头参考书）（第五版）［M］. 张道龙，等，译. 北京：北京大学出版社，2014：33−39.

秦志宏，张庆. 婴儿孤独症的研究进展［J］. 国外医学：儿科学分册，1996，23（3）：130−132.

陶国泰. 婴儿孤独症的诊断和归属问题［J］. 中华神经精神科杂志，1982（2）：104−107.

卫生部等六部关于印发《精神病防治康复“十二五”实施方案》的通知［EB/OL］.［2019−03−18］http：//www.cdpsn.org.cn/.

五彩鹿自闭症研究院 . 中国自闭症教育康复行业发展状况报告（Ⅱ）［M］. 北京：华夏出版社，2017.

余明，刘靖，李雪，等 . 高功能与低功能学龄期孤独症儿童共患病研究［J］. 中国实用儿科杂志，2014，29（11）：865−870.

于松梅. “孤独症”/“自闭症”：关于规范术语“Autism”中文译名的商榷［J］. 教育科学，2017（6）：64−70. doi:10.3969/j.issn.1002−8064.2017.06.010.

中华医学会儿科学分会发育行为学组 . 孤独症儿童早期识别筛查和早期干预专家共识［J］. 中华儿科杂志，2017，55（12）：890−897.doi:10.3760/cma.j.issn.0578−1310.2017.12.004.

第二章　孤独症谱系障碍研究及最新进展

第一节　孤独症谱系障碍的发生率

◎付秀银　孙媛哲

自从20世纪40年代首次发现和定义孤独症这种神经发育障碍以来，孤独症的发生率经历了由罕见到常见这样一个持续增长的过程。尤其是近20年间，世界各国的孤独症谱系障碍发生率都显示出大幅度的增长（美国国家疾病控制和预防中心，2021）。美国国家疾病控制和预防中心的官方网站2021年发布的最新数据显示（见表2–1），孤独症谱系障碍的发生率在2018年就已经达到了1/44这一惊人的比例（Centers for Disease Control and Prevention，2021）。孤独症这一危害婴幼儿的神经发育障碍不再罕见，孤独症就在我们身边。

2007年12月联合国大会通过决议，从2008年开始，将每年4月2日定为国际孤独症警醒日，呼吁各国对孤独症谱系障碍加强认识和研究。各个国家都相继开展了对孤独症谱系障碍的大规模流行病调查。随着对孤独症的深入了解和研究，孤独症谱系障碍发生率正在逐年升高，已经成为世界各国流行病学家的共识。

一、近期一些国家对孤独症谱系障碍发生率的研究数据

美国国家疾病控制和预防中心（CDC）根据多年对孤独症谱系障碍发生率的监控和统计，其数据的收集主要来自以下几方面：

1. 国家儿童健康调查局，主要针对0~17岁的儿童和青少年；
2. 医疗机构对接受医疗服务数据的统计，主要针对3~17岁；
3. 学校和特殊教育机构的注册统计；
4. 孤独症和发育障碍检测网站。

数据的来源不同，收集数据的方法不同，导致发生率的数据差别。但依然可以明显看到数据随着时间的变化呈上升的趋势。

表 2–1　美国疾病预防和控制中心检测数据（CDC，2021）

Surveillance Year	Birth Year	Number of ADDM Sites Reporting	Combined Prevalence per 1,000 Children (Range Across ADDM Sites)	This is about 1 in X children...
2000	1992	6	6.7 (4.5-9.9)	1 in 150
2002	1994	14	6.6 (3.3-10.6)	1 in 150
2004	1996	8	8.0 (4.6-9.8)	1 in 125
2006	1998	11	9.0 (4.2-12.1)	1 in 110
2008	2000	14	11.3 (4.8-21.2)	1 in 88
2010	2002	11	14.7 (5.7-21.9)	1 in 68
2012	2004	11	14.5 (8.2-24.6)	1 in 69
2014	2006	11	16.8 (13.1-29.3)	1 in 59
2016	2008	11	18.5 (18.0-19.1)	1 in 54
2018	2010	11	23.0 (16.5-38.9)	1 in 44

从表 2–1 可以看出孤独症谱系障碍发生率逐年增长的趋势，尤其是 2012—2018 年，孤独症谱系障碍的发生率增长幅度超过了 56.8%（CDC，2021）。

挪威 2020 年发布的一份研究报告中显示：在 6~16 岁的学龄儿童和青少年中，孤独症谱系障碍的发生率为：男孩 1/157，而女孩为 1/544；1~6 岁的学龄前儿童中，其发生率男孩 1/349，女孩 1/1594（Özerk and Cardinal，2020）。

欧洲 14 个国家开展对孤独症谱系障碍的发生率进行研究，成立了欧盟孤独症谱系障碍联合会（Autism Spectrum Disorders in Europe，ASDEU）。在 2016 年，其中的 12 个国家对 0~3 岁的儿童进行了孤独症谱系障碍的发生率筛查，样本数为5457，筛查出63人为孤独症儿童，得出发生率约为1%（Boilson et al, 2016）。

法国、冰岛和丹麦的研究报告显示，在法国的东南部地区的孤独症谱系障碍的发生率为0.48%，西南部为0.73%（其中包含了智障病例），冰岛3.13%，丹麦1.26%；男女的发生率从1:3.3~1:5.4不等（Delobel-Ayoub et al., 2020）。

还有一些国家对孤独症谱系障碍的发生率的筛查结果如下：以色列——1/196，英国——1/64，加拿大——1/101，日本——1/55，澳大利亚——1/160，荷兰——1/175，瑞典——1/87，丹麦——1/122（Özerk and Cardinal, 2020）。

二、我国的孤独症谱系障碍发生率研究

我国虽然还没有大规模的全国性流行病学调查，但已有的局部调查数据显示我国的孤独症谱系障碍的发生率低于西方国家（Sun et al.，2019）。也有一些地区和城市的调查数据比较接近国外的数据，例如，宁波市对12123名1~6岁的儿童进行筛查，发生率为1.15%（程薇、李兰秋、钱莹莹等，2016）；2011年，在对广州市学龄前儿童进行的孤独症谱系障碍的筛查中，其发生率为1/133（王馨、杨文瀚、金宇等，2011）；吉林市，参加人数7258，筛查孤独症77例，还有深圳市和佳木斯市，综合3座城市的调查结果显示，中国的孤独症谱系障碍的发生率与西方国家相似，大约为1%（Sun et al., 2019）。

福州市按照中国残疾人联合会对我国孤独症谱系障碍的儿童发生率的1/100估算，全市约有孤独症谱系障碍患者14000余人，其中0~6岁的孤独症儿童有5000余人（民政局，2021）。

近期在我国进行的规模较大的一份调查报告中，参与调查的儿童年龄在6~12岁，样本数为142086，有效样本数为125806，其中筛查出867例孤独症谱系障碍患者，显示发生率为0.70%（95% CI：0.64%~0.74%），这一数据接近西方发达国家的统计数据，并且男孩的发生率明显高于女孩（Zhou et al., 2020）。

我国台湾地区的孤独症谱系障碍发生率，参见台湾自闭症基金会的前执行长刘增荣先生撰写的本书第十二章（刘增荣，本书，2021）。

三、孤独症谱系障碍发生率的地域差别

不同地区的孤独症谱系障碍发生率筛查，也有数据变化，如美国的科罗拉多州的调查数据是 1/76 ，而新泽西州最近的统计数据达到了 1/34。在美国的不同族裔之间，孤独症谱系障碍的发生率也有很大不同，白人儿童的发生率要高于其他少数族裔。这些差异的原因，与筛查面的覆盖度、使用的筛查标准、经济发达程度、医疗条件的差异以及对孤独症谱系障碍的认识和警惕程度有关（CDC，2018）。

四、孤独症谱系障碍发生率的增长原因

统计数据显示，仅 2012—2018 年，孤独症谱系障碍发生率的增长幅度超过了 56.8%（CDC，2021），对实际快速增长的趋势的原因有以下几种解释。

1. 社会大众对孤独症谱系障碍的认识和警惕性加强：近年来媒体宣传和一些有关孤独症的电影和纪录片，报纸对各类有关案例的报道，使人们对孤独症有了更多的了解，对孩子早期发育中出现的迟缓现象予以高度重视，及时带孩子到医院就诊，不再相信以往那些“贵人语迟”的说法，给早期诊断争取了机会。

2. 诊断标准发生变化：新颁布的孤独症谱系障碍诊断标准，将以往的阿斯伯格综合征和没有其他定义的广泛性发育障碍（PDD–NOS）都归类于孤独症谱系障碍，对孤独症谱系障碍的认识和研究有了新的进展。

3. 随着社会发展，更多的育龄人群倾向于推迟结婚和生育的年龄，父母的平均生育年龄增高也是孤独症谱系障碍发生率升高的一个影响因素。

4. 疫苗影响：有孤独症谱系障碍家长报告，孩子是在打了疫苗后出现了孤独症谱系障碍的症状。经过 20 多年的严谨医学研究和调查，已经得出结论——疫苗对孤独症谱系障碍的发生没有影响。

5. 环境影响：环境污染、农药和杀虫剂的使用等因素影响，使得孤独症谱系障碍发生率上升。

6. 孤独症谱系障碍的发生率实质性增高。

五、孤独症谱系障碍发生率的性别差异

在孤独症谱系障碍发生率的调查中，发现男孩的发生率远远高于女孩。男孩的孤独症谱系障碍发生率是女孩的 4~5 倍。虽然孤独症谱系障碍发生率随着时间和地区不同有所变化，但男孩和女孩之间发生的比例基本保持不变，这也从一方面说明孤独症谱系障碍和遗传、基因变化之间的相关性。

孤独症谱系障碍发生率的快速增加，对我国这样一个人口大国的影响因素不容忽视。在 2019 年发布的《中国自闭症教育康复行业发展状况报告（Ⅲ）》中，孤独症群体数量达到了 1000 万人。随着新生儿的出生数据统计（见表 2–2），按照 1% 的孤独症谱系障碍发生率推算，每年将新增孤独症儿童 16 万名。2020 年新生儿的数据，国家统计局还没有正式公布，目前新生儿户口登记为 1003.5 万人，按照 1% 的孤独症谱系障碍发生率计算，将会增加 10 万名孤独症儿童。

表 2–2　2013—2019 年中国出生人口数量及出生率（国家统计局，2021）

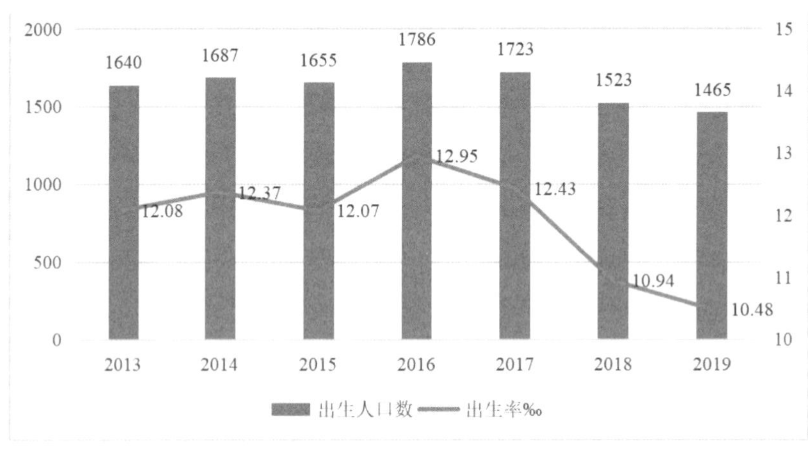

对孤独症谱系障碍发生率进行检测，动态掌握孤独症谱系障碍发生率的趋势变化非常重要，使我们加强了对孤独症谱系障碍的研究和了解，更好地探寻产生孤独症谱系障碍的风险因素和原因，开发能够尽早发现孤独症谱系障碍的医疗和测试方法，使得早发现、早干预成为可能，帮助孤独症谱系障碍患者实现其人生价值，同时也能给国家建立健全针对孤独症谱系障碍人群的相关政策提供翔实的数字依据，以便准确实施和调配医疗及特殊教育系统资源，精准实

施对孤独症谱系障碍人群整个生命周期的社会保障系统支持，使孤独症谱系障碍的家庭不再“孤军奋战”，能够分享社会经济发展带来的成果，对构建文明、和谐社会有着十分重要的意义。

参考文献

Boilson, A. M., Staines, A., Ramirez, A., Posada, M., and Sweeney, M. R. (2016). Operationalisation of the European Protocol for Autism Prevalence (EPAP) for autism spectrum disorder prevalence measurement in Ireland. Journal of autism and developmental disorders, 46(9), 3054-3067. https://doiorg.proxy.library.carleton.ca/10.1007/s10803-016-2837-y.

Delobel-Ayoub，M., Saemundsen，E., Gissler，M., Ego，A., Moilanen，I., Ebeling，H., Rafnsson，V., Klapouszczak，D., Thorsteinsson，E., Arnaldsdóttir, K. M., Roge, B., Arnaud, C., Schendel, D. (2020). Prevalence of autism spectrum disorder in 7–9-year-old children in Denmark, Finland, France and Iceland: a population-based registries approach within the ASDEU project. Journal of autism and developmental disorders, 50(3), 949-959.

Jin, Z., Yang, Y., Liu, S., Huang, H., Jin, X., Wang, F., Lu，L., Wang, S. -B., Zhang, L., Ng, C. H., Ungvari, G. S., Cao, X. -L., Lu, J. -P., Hou, C. -L., Jia, F. -J., Xiang, Y. -T.(2018).The prevalence of autism spectrum disorders in China: a comprehensive meta-analysis，International Journal of Biological Sciences, 14(7): 717- 725. doi: 10.7150/ijbs.24063.

Sun, X., Allison, C., Wei, L., Matthews, F. E., Auyeung, B., Wu, Y. Y., Griffiths, S., Zhang, J., . Baron-Cohen, S., and Brayne, C. (2019). Autism prevalence in China is comparable to Western prevalence. Molecular autism, 10(1), 1-19. https://doi.org/10.1186/s13229-018-0246-0.

Özerk, K., and Cardinal, D. (2020). Prevalence of Autism/ASD among preschool and school-age children in Norway. Contemporary School Psychology, 24(4), 419-428. https://doi.org/10.1007/s40688-020-00302-z.

Zhou, H., Xu, X., Yan, W., Zou, X., Wu, L., Luo, X., Li, T., Huang, Y., Guan,

H., Chen, X., Mao, M., Xia, K., Zhang, L., Li, E., Ge, X., Zhang, L., Li, C., Zhang, X., Zhou, Y., ... Wang, Y. (LATENT-NHC Study Team) (2020). Prevalence of autism spectrum disorder in China: a nationwide multi-center population-based study among children aged 6 to 12 years. Neuroscience Bulletin, 36(9), 961-971. https://doi-org.proxy.library.carleton.ca/10.1007/s12264-020-00530-6.

程薇，吕兰秋，钱莹莹等．宁波市 1 ~ 6 岁儿童孤独症谱系障碍调查［J］. 预防医学，2016，28（11）：1168-1171.

福州市人民政府关于自闭症儿童康复帮扶若干措施（试行）政策解读（2021-08-09）［J］. 卫生护理实践与研究，2018，15（8）：11-13.

王馨，杨文翰，金宇等．广州市幼儿园儿童孤独症谱系障碍患病率和相关因素［J］. 中国心理卫生杂志，2011，25（6）：401-408.

第二节　影响孤独症谱系障碍的生物和环境致病高危因素研究进展

◎王雪薇　张　嵘

1911 年，瑞士精神病医生尤金·布鲁勒（Eugen Bleuler）演化了希腊语词根 autos（自我），创造性地使用了“autism”一词，并以此来描述他新近关注的精神分裂症新类型——那令人印象深刻的自我专注的症状，退缩于自己的幻境之中。1943 年，约翰·霍普金斯医院一位名叫利奥·肯纳的儿童精神病医生描述了 11 个儿童的临床症状（Kanner, 1968），并首次将其命名为“早发性婴儿孤独症”（Early Infantile Autism）。根据美国疾病控制和预防中心的数据，孤独症患病率已从 2012 年时的 1:68 升高为 1:54（Maenner et al., 2020）。该病预后不佳，是儿童精神致残的首要原因之一，也因此引发了对其病因的广泛研究。多年来，人们对孤独症致病因素的认识一直不断变化。在 20 世纪 50 年代，孤独症被认为完全是后天环境和家庭因素所导致，其中“冰箱妈妈”理论认为孤独症完全是母亲对孩子的情感淡漠、沟通缺乏所造成。直到 20 世纪七八十年代，首次有研究发现，相对于同性异卵双胞胎，孤独症在同卵双胞胎中具有更强的生物遗传倾向（Folstein and Rutter，1977）。并且随后又有越来越多针对双胞胎的实验，证实家族中孤独症的聚集主要是由于共享基因，而非共同的家庭环境（Bailey et al.，1995）。自此，科学家们开始寻找孤独症的生物结构因素，致力于找到导致孤独症表型的特定基因或大脑结构变化。目前，科学界普遍认为孤独症是遗传因素与非遗传因素双重作用的结果。

一、孤独症的遗传因素

自 19 世纪 70 年代，一项关于双胞胎的研究第一次提出了遗传因素在孤独症中起重要作用，此后世界各国开展了大量比较同卵双胞胎（DZ）和同性异卵双胞胎（MZ）之间表型一致性的研究来探究孤独症的遗传性。一项针对 1994 年至 1996 年间在英国出生的所有双胞胎的研究表明，同卵双胞胎之间的相关性（0.77~0.99）显著高于同性异卵双胞胎间的相关性（0.22~0.65），孤独症的遗传性为 56%~95%（Colvert et al.。2015）。近期，另一项研究结合了来自五个不同国家和地区（丹麦、芬兰、瑞典、以色列和西澳大利亚）的家庭与双胞胎数据，结果显示孤独症的中位遗传力高达 80.8%（Bai et al.，2019）。这一系列结果都表明孤独症是一种具有高度遗传性的精神疾病，然而这种遗传性背后的遗传机制尚未完全清楚。

虽然最初科学家们试图寻找特定的导致孤独症的基因位点，但现在我们已经知道，孤独症的生物遗传形式非常复杂，目前已知的与孤独症相关的基因位点有近千种，其中许多基因仅对疾病表型有非常小的影响。孤独症的广泛表型变异可能反映了基因与环境之间的相互作用，也可能反映了个体基因组内多个基因的相互作用，以及不同个体之间存在着不同的基因组合。

一些遗传综合征在表型上与孤独症高度重叠，理查兹（Richards）等人开展了一项针对遗传代谢综合征患者出现孤独症表型的荟萃分析，结果显示雷特综合征和科恩（Cohen）综合征中出现孤独症表型的患者超过了半数，德朗热（Cornelia de Lange）综合征、结节性硬化综合征、安格曼（Angelman）综合征、充电（Charge）综合征和脆性 X 综合征中超过 30% 的患者出现孤独症表现，此外与孤独症多重叠的疾病还有 I 型神经纤维瘤病、唐氏综合征、努男（Noonan）综合征、威廉斯（Williams）综合征和 22q11.2 缺失综合征等（Richards

et al.，2015）。这些疾病的遗传情况可以通过产前筛查、妊娠期超声波检查或出生后基因检查确定，当这些疾病被怀疑或诊断时，也应考虑到患孤独症的风险。然而，综合征病例仅占孤独症病例的 5%~15%，越来越多的证据表明，与孤独症相关的大部分遗传风险可能是由于单核苷酸多态性（SNPs）和拷贝数变异（CNV），而不是特定的单基因突变或综合征疾病（Pinto and Pagnamenta et al.，2010）。

孤独症基因组计划（Autism Genome Project，AGP）对 2147 名孤独症患者进行的一项研究报告称，4.6% 的患者携带有新发的拷贝数变异 de novo CNV（Pinto and Delaby et al.，2014）。结合孤独症基因组计划（AGP）和西蒙斯（Simons）孤独症数据库（Simons Simplex Collection，SSC）的数据，被鉴别出与孤独症相关的位点有 12 个，包括：1q21，2p16（NRXN1），3q29，7q11.23，15q11–q13，15q12，15q13，16p11，16q23 和 22q11（Sanders et al.，2015）。近年来，单核苷酸突变体（Single Nucleotide Variants，SNV）的鉴定也取得了巨大的进步，使得全基因组测序（WGS）和全外显子组测序（WES）已成为选择性基因分型的可行替代方案。WES 和 WGS 的新兴使用已经鉴定出许多具有大效应量的新型罕见变异，并且与先前确定的 CNV 一起，这些新型变异对孤独症和其他神经精神疾病的风险预测、诊断和治疗具有重要意义（Carter and Scherer，2013）。

现在也有越来越多的证据证明表观遗传在孤独症的病因学中存在重要作用。近期，有研究对来自孤独症患者和对照组的不同大脑区域的死后组织样本进行了全基因组甲基化研究，发现在孤独症患者的脑内（尤其是皮质区域）存在广泛的甲基化差异，（Wong et al.，2019）另一项全球甲基化研究报道，在孤独症病例中发现的不同甲基化 CpG 位点富集于线粒体代谢和蛋白质泛素化途径中，这表明 DNA 甲基化和线粒体功能障碍可能在孤独症的病因学中发挥作用（Stathopoulos et al.，2020）。被认为与孤独症病因相关的表观遗传机制还有组蛋白乙酰化、MECP2 突变和染色体重塑等（Waye and Cheng，2018）。

此外，父亲高龄对孤独症的影响也可以从遗传学方面得到解释，由于精子本身或新生突变的积累速度比卵子更快，每次分裂的 DNA 复制环节都可能发生突变，因此父亲年龄较高可能增加孩子患孤独症的风险（Kong et al.，2012）。

二、孕产妇健康因素与孤独症

目前产妇年龄大于35岁被认为会增加子代患有孤独症的风险（Kim et al.，2019），此外母亲所患妊娠期疾病、药物使用、毒物接触和围产期情况等因素都可能与后代患孤独症的风险相关。

（一）母亲孕期疾病

许多研究显示母亲孕期疾病可能与子代孤独症风险相关，并且其中存在性别差异，如母体免疫激活（MIA）主要与男性子代孤独症相关，而多囊卵巢综合征（PCOS）主要影响女性子代的神经系统发育。

流行病学数据显示，孕期感染是导致子代患孤独症的危险因素。并且在动物实验中发现，仅母体免疫激活就足以导致后代终身的神经病理学和行为学改变。孕期焦虑、抑郁、感染病毒等都可能激活母体免疫系统，当母体免疫系统在怀孕期间被激活时，释放的炎性细胞因子会影响后代的迷走神经系统发育，从而影响其中枢神经系统的调节功能（Yarandi et al.，2016）。安德森（Andersson）等人进行的一项出生队列调查表明，母亲的产前应激与后代围产期细胞因子谱（尤其是白细胞介素-6）的改变有关（Andersson et al.，2016）。根据卡利什（Kalish）等人近期在小鼠模型上开展的研究结果显示，MIA以白细胞介素-17a依赖性方式激活雄性子代（而非雌性）的综合应激反应（ISR），从而导致雄性后代的异常行为皮质神经活动增加（Kalish et al.，2021）。此外，MIA还会影响到母体肠道菌群，进而影响后代的微生物群（Jimenez et al.，2008）。然而，尽管在很长一段时间里，孤独症儿童肠道菌群的紊乱被猜测与孤独症病因相关，但近期一项发表在《细胞》期刊（Cell）上的最新研究发现之前的研究实际上颠倒了因果关系，孤独症儿童肠道菌群的差异是孤独症相关的饮食偏好所致，而不是肠道菌群差异导致了孤独症（Yap et al.，2021）。但这项研究并未否定母体肠道菌群可能对后代的孤独症风险产生影响，有一项基于小鼠模型的研究认为怀孕期间口服益生菌可降低母体免疫激活细胞因子的水平和随后的后代孤独症样表现（Wang and Yang et al.，2019）。

据报道，在孤独症女性中，雄激素相关疾病（如PCOS）的患病率有所增加，且患有雄激素相关疾病（PCOS）的母亲的女儿也有着更高患孤独症的风险（Palomba et al.，2012；Cesta et al.，2020）。在啮齿动物模型中的研究结果显示，母体睾酮暴露增加雌性子代的焦虑样行为，该途径由杏仁核中的雄激素受体（AR）介导，并依赖于雌性大鼠的5- 羟色胺能和GABA能通路中雌激素受体α（ERα）及GABA能通路的变化（Hu et al.，2015）。近期，有研究者认为产前的高水平雌二醇比其他性类固醇（包括睾酮）更大程度增加子代患孤独症的可能性（Baron-Cohen et al.，2020）。此外，母亲肥胖和妊娠期糖尿病也常被认为是导致孤独症的高危因素，其机制可能与引起母体内氧化应激有关（Wang，Lu et al.，2019）。

（二）孕期用药与营养

一项针对所有于1996—2006年在丹麦出生的儿童的研究显示，母亲于孕期使用丙戊酸盐显著增加了子代患孤独症的风险（Christensen et al.，2013）。孕期使用沙利度胺、米索前列醇以及选择性5- 羟色胺再摄取抑制剂等药物也都会导致子代患孤独症风险增高。

孕期营养状态同样与子代患孤独症风险相关。一项前瞻性研究的荟萃分析表明，维生素D缺乏的孕产妇所生子代以及体内维生素D含量较低的新生儿患孤独症的可能性增加54%（Wang and Ding et al.，2020）。总体而言，产前多种维生素、长链多不饱和脂肪酸与叶酸的适量使用与子代孤独症风险的降低有关（Zhong et al.，2020）。但孕期的叶酸使用可能具有两面性。虽然孕期服用叶酸能预防神经管畸形，但根据使用时间和使用剂量的差异，该药物也可能会产生不良影响。美国育龄妇女开始全面服用叶酸的时间与美国孤独症发病率的增加时间段相一致（Williams et al.，2005），然而这究竟是巧合，还是早期暴露于叶酸导致的患孤独症风险增加，尚不得而知。

（三）孕期毒物暴露

许多临床和动物研究表明，孕期暴露于空气污染可能导致发育性神经毒性，并可能导致神经发育障碍，如孤独症（Costa et al.，2020）。Davis等人在小鼠中建立了一个产前暴露于高速公路纳米粒子物质（nPM）的模型，最终试验结果与暴露于交通空气污染的人类神经发育异常结果一致，表明于妊娠期间靠近高速公路会增加子代患孤独症和其他神经发育障碍的风险（Davis et al.，2013）。蒲耀宇等人开展的一项研究显示，母亲于孕期暴露于高水平的草甘膦除草剂可导致后代大脑中的可溶性环氧化物水解酶（sEH）水平升高，从而增加后代患孤独症的风险，并且该途径可以通过孕期服用TPPU（一种sEH抑制剂）阻断（Pu et al.，2020）。此外，被认为与子代孤独症高风险相关的农药还有有机磷酸盐毒死蜱、二嗪农和马拉硫磷等（von Ehrenstein et al.，2019）。除了农药和受污染的大气环境，孕期暴露于重金属、核辐射、电离辐射、硫化物、酚类化合物等污染物对子代孤独症风险的影响也有待进一步证实。

（四）围产期因素

近年来开展的一项针对37634名孤独症儿童和12081416名神经典型儿童的荟萃分析强调了许多围产期因素，包括产前出血、剖宫产、胎龄≤36周、诱导分娩、先兆子痫、胎儿窘迫、低出生体重、产后出血、男性和婴儿脑部异常等与孤独症风险的相关性（Wang and Geng et al.，2017）。在新生儿期，新生儿感染和新生儿并发症也与孤独症有一定关联（Hisle-Gorman et al.，2018）。过去许多研究认为辅助生殖和剖宫产会增加子代患孤独症的风险，然而，根据近年的一系列荟萃分析结果，这二者与孤独症风险并无直接关系（Modabbernia et al.，2017）。在进行围产期因素与孤独症相关性的荟萃分析时，研究者往往难以控制混杂因素，使得结果存在一定偏倚。就目前研究而言，这些围产期危险因素可能是导致孤独症发生的辅助因素，然而并无直接证据证明它们是孤独症的独立致病因素。

（五）孤独症的家庭—社会环境因素

尽管“冰箱妈妈”理论的错误教训，让谈论父母养育方式与孩子孤独症间的关系成为“禁忌”，近年来却有一些学者重新将这个话题带回了公众视野。虽然孤独症很大程度上受到基因的影响，但携带孤独症易感基因的儿童于早期所得到的照料模式可能会影响其疾病的发生与发展情况（邹小兵等，2021）。

母性行为（maternal behavior）在亲代养育行为中占据着极其重要的作用，许多临床及动物研究结果显示，良好的母性行为可以为子代提供充分的刺激和训练，使得子代在运动、感知、认知和社会情绪能力等方面得到更好发展（兰星雨、李明娟等，2021）。近年来曾平涛等人进行的一项荟萃分析结果显示，母乳喂养（纯母乳喂养或包括额外补充剂）可以预防广泛孤独症障碍（Tseng et al.，2019）。针对母乳喂养究竟如何影响孤独症目前尚无定论，有研究者认为可能是由于直接母乳喂养（婴儿直接从乳房吸吮母乳）过程是驱动婴儿大脑中催产素分泌的更重要的因素（Al-Farsi et al.，2012），或者母乳喂养可以通过恢复婴儿血清胰岛素样生长因子的水平来降低其患孤独症风险（Steinman and Mankuta，2013）。由此可见，母乳喂养作为一项早期的母子互动过程，对儿童的大脑发育至关重要。

在亲子互动方面，曼迪（Mandy）提出了一个理论，他认为个体遗传易感性可以直接导致孤独症，也可以首先导致一些"前驱"特征（包括活动水平较低、对主要照顾者关注较少、对社交场景关注较少），这些"前驱"特征会影响照顾者与婴儿间的互动，继而由亲子互动减少导致婴儿的"前驱"特征加重或转变为孤独症样表现（Mandy and Lai，2016）。早期开展的一项针对在孤儿院中长大，后被收养的罗马尼亚儿童的研究，结果发现这些孩子中有 11.1% 表现出类似于孤独症的症状（明显的社交困难、感觉异常和兴趣狭窄）（Rutter et al.，2007）。还有一些类似的研究，都表明早期社会剥夺与虐待同未来长期的社交沟通障碍有关，而当受到以家庭为中心的寄养干预后，这些儿童的社交能力能得到显著提高（Levin et al.，2015）。邹小兵等人在遗传、环境、教养环境研究现状以及曼迪（Mandy）理论的基础上，提出了孤独症个体遗传与环境初稳态（early homeostasis，EH）、稳态失衡（impaired homeostasis，IH）和理想稳态（optimal homeostasis，OH）概念，并据此提出孤独症干预三原则，以期通过环境接纳和科学干预来减轻孤独症症状，甚至达成"摘帽"结局（邹小兵等，2021）。

强调父母养育方式与孩子孤独症间的关系并非认为孩子患孤独症是由父母的角色缺失所导致，而是携带孤独症易感基因的孩子的父母们面临着更大的挑战，他们需要花费更多的时间、精力来干预孩子的行为，在孤独症遗传易感性和养育环境之间重建理想稳态，让孩子能够带着孤独症特质的优势与缺陷健康成长。

三、总结

综上所述，从孤独症的生物与环境因素研究中我们能得到如下结论。首先，孤独症是遗传因素与环境因素双重作用的结果，遗传因素在孤独症的发病中占据主导地位。其次，许多环境因素都尚无法被确认为导致孤独症的独立因素，在今后对孤独症环境因素的研究中，或许应综合基因与环境的相互作用，进行多变量分析。最后，父母养育与孩子孤独症间关系的提出并非“冰箱妈妈”理论的死灰复燃，而是在肯定基因的决定性作用基础上，希望通过让家庭养育环境变得更好，从而让孤独症儿童得到更好的发展。

尽管目前对孤独症的诊断仍然只能依靠几项经典临床表现和医生的经验，但相信随着孤独症病因的不断发掘，遗传与非遗传因素的致病机制不断明晰，孤独症患者能得到更早的干预、更好的治疗，让孤独症家庭不再痛苦，让孤独症患者不再孤独。

参考文献

Al-Farsi, Y. M., Al-Sharbati, M. M., Waly, M. I., Al-Farsi, O. A., Al-Shafaee, M. A., Al-Khaduri, M. M., Trivedi, M. S., and Deth, R. C. (2012). Effect of suboptimal breast-feeding on occurrence of autism: a case-control study. Nutrition, 28(7-8), e27-32.

Andersson, N. W., Mills, Q. Li, C. W., Ly, J., Nomura, Y., and Chen, J. (2016). Influence of prenatal maternal stress on umbilical cord blood cytokine levels. Arch Womens Ment Health, 19(5), 761-767.

Bai, D., Yip, B. H. K., Windham, G. C., Sourander, A., Francis, R., Yoffe, R., Glasson, E., Mahjani, B., Suominen, A., Leonard, H., Gissler, M., Buxbaum, J. D., Wong, K., Schendel, D., Kodesh, A., Breshnahan, M., Levine, S. Z., Parner, E. T., Hansen, S. N., … Sandin, S. (2019). Association of Genetic and Environmental Factors With Autism in a 5-Country Cohort. JAMA Psychiatry, 76(10), 1035-1043.

Bailey, A., Le Couteur, A., Gottesman, I., Bolton, P., Simonoff, E., Yuzda, E., and Rutter, M. (1995). Autism as a strongly genetic disorder: evidence from a British twin study. Psychol Med, 25(1), 63-77.

Baron-Cohen, S., Tsompanidis, A., Auyeung, B., Norgaard-Pedersen, B., Hougaard, D. M., Abdallah, M., Cohen, A., and Pohl, A. (2020). Foetal oestrogens and autism. Mol Psychiatry, 25(11), 2970-2978.

Carter, M. T., and Scherer, S. W. (2013). Autism spectrum disorder in the genetics clinic: a review. Clin Genet, 83(5), 399-407.

Cesta, C. E., Oberg, A. S., Ibrahimson, A., Yusuf, I., Larsson, H., Almqvist, C., D'Onofrio, B. M., Bulik, C. M., Fernandez de la Cruz, L., Mataix-Cols, D., Landen, M., and Rosenqvist, M. A. (2020). Maternal polycystic ovary syndrome and risk of neuropsychiatric disorders in offspring: prenatal androgen exposure or genetic confounding? Psychol Med, 50(4), 616-624.

Christensen, J., Gronborg, T. K., Sorensen, M. J., Schendel, D., Parner, E. T., Pedersen, L. H. and Vestergaard, M. (2013). Prenatal valproate exposure and risk of autism spectrum disorders and childhood autism. JAMA, 309(16), 1696-1703.

Colvert, E., Tick, B., McEwen, F., Stewart, C., Curran, S. R., Woodhouse, E., Gillan, N., Hallett, V., Lietz, S., Garnett, T., Ronald, A., Plomin, R., Rijsdijk, F., Happe, F., and Bolton, P. (2015). Heritability of Autism Spectrum Disorder in a UK Population-Based Twin Sample. JAMA Psychiatry, 72(5), 415-423.

Costa, L. G., Cole, T. B., Dao, K., Chang, Y. C., Coburn, J., and Garrick, J. M. (2020). Effects of air pollution on the nervous system and its possible role in neurodevelopmental and neurodegenerative disorders. Pharmacol Ther, 210,107523.

Davis, D. A., Bortolato, M., Godar, S. C., Sander, T. K., Iwata, N., Pakbin, P., Shih, J. C., Berhane, K., McConnell, R., Sioutas, C., Finch, C. E., and Morgan, T. E. (2013). Prenatal exposure to urban air nanoparticles in mice causes altered neuronal differentiation and depression-like responses. PLoS One, 8(5), e64128.

Folstein, S., and Rutter, M. (1977). Genetic influences and infantile autism. Nature, 265(5596), 726-728.

Hisle-Gorman, E., Susi, A., Stokes, T., Gorman, G., Erdie-Lalena, C. and Nylund, C. M. (2018). Prenatal, perinatal, and neonatal risk factors of autism spectrum disorder. Pediatr Res, 84(2), 190-198.

Hu, M., Richard, J. E., Maliqueo, M., Kokosar, M., Fornes, R., Benrick, A., Jansson, T., Ohlsson, C., Wu, X., Skibicka, K. P., and Stener-Victorin, E. (2015). Maternal testosterone exposure increases anxiety-like behavior and impacts the limbic system in the offspring. Proc Natl Acad Sci U S A, 112(46), 14348-14353.

Jimenez, E., Marin, M. L., Martin, R., Odriozola, J. M., Olivares, M., Xaus, J., Fernandez, L., and Rodriguez, J. M. (2008). Is meconium from healthy newborns actually sterile? Res Microbiol, 159(3), 187-193.

Kalish, B. T., Kim, E., Finander, B., Duffy, E. E., Kim, H., Gilman, C. K., Yim, Y. S., Tong, L., Kaufman, R. J., Griffith, E. C., Choi, G. B., Greenberg, M. E., and Huh, J. R. (2021). Maternal immune activation in mice disrupts proteostasis in the fetal brain. Nat Neurosci, 24(2), 204-213.

Kanner, L. (1968). Autistic disturbances of affective contact. Acta Paedopsychiatr, 35(4), 100-136.

Kim, J. Y., Son, M. J., Son, C. Y., Radua, J., Eisenhut, M., Gressier, F., Koyanagi, A., Carvalho, A. F., Stubbs, B., Solmi, M., Rais, T. B., Lee, K. H., Kronbichler, A., Dragioti, E., Shin, J. I., and Fusar-Poli, P. (2019). Environmental risk factors and biomarkers for autism spectrum disorder: an umbrella review of the evidence. Lancet Psychiatry, 6(7), 590-600.

Kong, A., Frigge, M. L., Masson, G., Besenbacher, S., Sulem, P., Magnusson, G., Gudjonsson, S. A., Sigurdsson, A., Jonasdottir, A., Jonasdottir, A., Wong, W. S., Sigurdsson, G., Walters, G. B., Steinberg, S., Helgason, H., Thorleifsson, G., Gudbjartsson, D. F., Helgason, A., Magnusson, O. T., ... Stefansson, K. (2012). Rate of de novo mutations and the importance of father's age to disease risk. Nature, 488(7412), 471-475.

Levin, A. R., Fox, N. A., Zeanah Jr, C. H., and Nelson, C. A. (2015). Social communication difficulties and autism in previously institutionalized children. Journal of the American Academy of Child and Adolescent Psychiatry, 54(2), 108-115.

Maenner, M. J., Shaw, K. A., Bak, J., Washington, A., Patrick, M., DiRienzo, M., Christensen, D. L., Wiggins, L. D., Pettygrove, S., Andrews, J. G., Lopez, M., Hudson, A., Baroud, T., Schwenk, Y., White, T., Rosenberg, C. R., Lee, L. C., Harrington, R. A., Huston, M., … Dietz, P. M. (2020). Prevalence of Autism Spectrum Disorder Among Children Aged 8 Years - Autism and Developmental Disabilities Monitoring Network, 11 Sites, United States, 2016. Mmwr Surveillance Summaries, 69(4), 1.

Mandy, W., and Lai, M. C. (2016). Annual Research Review: The role of the environment in the developmental psychopathology of autism spectrum condition. J Child Psychol Psychiatry, 57(3), 271-292.

Modabbernia, A., Velthorst, E., and Reichenberg, A. (2017). Environmental risk factors for autism: an evidence-based review of systematic reviews and meta-analyses. Mol Autism, 8, 13.

Palomba, S., Marotta, R., Di Cello, A., Russo, T., Falbo, A., Orio, F., Tolino, A., Zullo, F., Esposito, R., and La Sala, G. B. (2012). Pervasive developmental disorders in children of hyperandrogenic women with polycystic ovary syndrome: a longitudinal case-control study. Clinical endocrinology, 77(6), 898-904.

Pinto, D., Delaby, E., Merico, D., Barbosa, M., Merikangas, A., Klei, L., Thiruvahindrapuram, B., Xu, X., Ziman, R., Wang, Z., Vorstman, J. A., Thompson, A., Regan, R., Pilorge, M., Pellecchia, G., Pagnamenta, A. T., Oliveira, B., Marshall, C. R., Magalhaes, T. R., … Scherer, S. W. (2014). Convergence of genes and cellular pathways dysregulated in autism spectrum disorders. Am J Hum Genet, 94(5), 677-694.

Pinto, D., Pagnamenta, A. T., Klei, L., Anney, R., Merico, D., Regan, R., Conroy, J., Magalhaes, T. R., Correia, C., Abrahams, B. S., Almeida, J., Bacchelli, E., Bader, G. D., Bailey, A. J., Baird, G., Battaglia, A., Berney, T., Bolshakova, N., Bolte, S., … Betancur, C. (2010). Functional impact of global rare copy number variation in autism spectrum disorders. Nature, 466(7304), 368-372.

Pu, Y., J. Yang, Chang, L., Qu, Y., Wang, S., Zhang, K., Xiong, Z., Zhang, J., Tan, Y., Wang, X., Fujita, Y., Ishima, T., Wang, D., Hwang, S. H., Hammock, B. D., and Hashimoto, K. (2020). Maternal glyphosate exposure causes autism-like behaviors in offspring through increased expression of soluble epoxide hydrolase. Proc Natl Acad Sci USA, 117(21), 11753-11759.

Richards, C., Jones, C., Groves, L., Moss, J., and Oliver, C. (2015). Prevalence of autism spectrum disorder phenomenology in genetic disorders: a systematic review and meta-analysis. Lancet Psychiatry, 2(10), 909-916.

Rutter, M., Kreppner, J., Croft, C., Murin, M., Colvert, E., Beckett, C., Castle, J., and Sonuga-Barke, E. (2007). Early adolescent outcomes of institutionally deprived and non-deprived adoptees. III. Quasi-autism. J Child Psychol Psychiatry, 48(12), 1200-1207.

Sanders, S. J., He, X., Willsey, A. J., Ercan-Sencicek, A. G., Samocha, K. E., Cicek, A. E., Murtha, M. T., Bal, V. H., Bishop, S. L., Dong, S., Goldberg, A. P., Jinlu, C., Keaney, J. F., III., Klei, L., Mandell, J. D., Moreno-De-Luca, D., Poultney, C. S., Robinson, E. B., Smith, L., … State, M. W. (2015). Insights into Autism Spectrum Disorder Genomic Architecture and Biology from 71 Risk Loci. Neuron, 87(6), 1215-1233.

Stathopoulos, S., Gaujoux, R., Lindeque, Z., Mahony, C., Van Der Colff, R., Van Der Westhuizen, F., and O'Ryan, C. (2020). DNA Methylation Associated with Mitochondrial Dysfunction in a South African Autism Spectrum Disorder Cohort. Autism Res, 13(7), 1079-1093.

Steinman, G., and Mankuta, D. (2013). Breastfeeding as a possible deterrent to autism--a clinical perspective. Med Hypotheses, 81(6), 999-1001.

Tseng, P. T., Chen, Y. W., Stubbs, B., Carvalho, A. F., Whiteley, P., Tang, C. H., Yang, W. C., Chen, T. Y., Li, D. J., Chu, C. S., Yang, W. C., Liang, H. Y., Wu, C. K., Yen, C. F., and Lin, P. Y. (2019). Maternal breastfeeding and autism spectrum disorder in children: A systematic review and meta-analysis. Nutr Neurosci, 22(5), 354-362.

von Ehrenstein, Ling, O. S., C., Cui, X., Cockburn, M., Park, A. S., Yu, F., Wu, J., and Ritz, B. (2019). Prenatal and infant exposure to ambient pesticides and autism spectrum disorder in children: population based case-control study. BMJ, 364, l962.

Wang, C., Geng, H., Liu, W., and Zhang, G. (2017). Prenatal, perinatal, and postnatal factors associated with autism: A meta-analysis. Medicine (Baltimore), 96(18), e6696.

Wang, X., Lu, J., Xie, W., Lu, X., Liang, Y., Li, M., Wang, Z., Huang, X., Tang, M., Pfaff, D. W., Tang, Y. P., and Yao, P. (2019). Maternal diabetes induces autism-like behavior by hyperglycemia-mediated persistent oxidative stress and suppression of superoxide dismutase 2. Proc Natl Acad Sci U S A, 116(47), 23743-23752.

Wang, X., Yang, J., Zhang, H., Yu, J., and Yao, Z. (2019). Oral probiotic administration during pregnancy prevents autism-related behaviors in offspring induced by maternal immune activation via anti-inflammation in mice. Autism Res, 12(4), 576-588.

Wang, Z., Ding, R., and Wang, J. (2020). The Association between Vitamin D Status and Autism Spectrum Disorder (ASD): A Systematic Review and Meta-Analysis. Nutrients, 13(1), 86.

Waye, M. M. Y., and Cheng, H. Y. (2018). Genetics and epigenetics of autism: A Review. Psychiatry Clin Neurosci, 72(4), 228-244.

Williams, L. J., Rasmussen, S. A., Flores, A., Kirby, R. S., and Edmonds, L. D. (2005). Decline in the prevalence of spina bifida and anencephaly by race/ethnicity: 1995-2002. Pediatrics, 116(3), 580-586.

Wong, C. C. Y., Smith, R. G., Hannon, E., Ramaswami, G., Parikshak, N. N., Assary, E., Troakes, C., Poschmann, J., Schalkwyk, L. C., Sun, W., Prabhakar, S., Geschwind, D. H., and Mill, J. (2019). Genome-wide DNA methylation profiling identifies convergent molecular signatures associated with idiopathic and syndromic autism in post-mortem human brain tissue. Hum Mol Genet, 28(13), 2201-2211.

Yap, C. X., Henders, A. K., Alvares, G. A., Wood, D. L. A., Krause, L., Tyson, G. W., Restuadi, R., Wallace, L., McLaren, T., Hansell, N. K., Cleary, D., Grove, R.,

Hafekost, C., Harun, A., Holdsworth, H., Jellett, R., Khan, F., Lawson, L. P., Leslie, J., … Gratten, J. (2021). Autism-related dietary preferences mediate autism-gut microbiome associations. Cell, 184(24), 5916-5931.

Yarandi, S. S., Peterson, D. A., Treisman, G. J., Moran, T. H., and Pasricha, P. J. (2016). Modulatory Effects of Gut Microbiota on the Central Nervous System: How Gut Could Play a Role in Neuropsychiatric Health and Diseases. J Neurogastroenterol Motil, 22(2), 201-212.

Zhong, C., Tessing, J., Lee, B. K., and Lyall, K. (2020). Maternal Dietary Factors and the Risk of Autism Spectrum Disorders: A Systematic Review of Existing Evidence. Autism Res, 13(10), 1634-1658.

兰星雨，李明娟，张嵘．母性行为与子代神经发育的联系［J］．中国心理卫生杂志，2021，35（7）：606–611.

邹小兵，汪瑜，李妍，等．孤独症谱系障碍功能发病与发病机制干预新理念［J］．Brainchild，2021，20（1）：42–51.

第三节　孤独症遗传病因研究进展

◎夏　昆　郭　辉

近 20 年来，孤独症谱系障碍的病因一直是全球科学家研究的热点。从最初“冰箱妈妈”理论（即认为父母亲在情感方面的冷漠和教养过分形式化造成孤独症）被推翻，到后来“注射疫苗增加孤独症谱系障碍风险” 被证实为学术造假，现在研究者们普遍认为孤独症是一类以遗传因素为主导发病机制的神经发育障碍，遗传度在 52%~90%。2020 年，通过整合 SSC 和 ASC 数据，累计 6000 多个孤独症谱系障碍家系，10000 多例孤独症谱系障碍患者的全外显子数据确定了 102 个孤独症风险基因（Satterstrom et al.，2020）；截至 2021 年 9 月，美国 SFARI Gene（一个不断更新的孤独症谱系障碍数据库，注释了目前孤独症谱系障碍研究的文献证据）收录了 1231 个孤独症谱系障碍基因和 17 个 CNV 模块，其中 427 个基因（SFARI Gene Score ≤ 2）被认为是高置信候选风险位点。

尽管风险基因和位点不断增多，但孤独症的病因和生物学机制大部分仍未明确。原因在于孤独症的遗传结构复杂，涉及基因组区域（编码区、非编码区）、等位基因频率（常见、罕见）、突变类型（单核苷酸变异、小的插入 / 缺失、拷贝数变异）、遗传方式（常染色体显性、常染色体隐性、X 连锁、新发）、基因间相互作用关系和基因多效性等错综复杂的关系。绝大部分已知的风险基因如何参与神经发育和功能，其突变如何导致孤独症样行为仍有待进一步研究。

一、遗传结构的不断扩展

孤独症谱系障碍的遗传病因研究一开始主要集中在寻找导致孤独症的单个基因，已经确定某些特定基因的遗传综合征的表型与孤独症相关，如典型的雷特综合征有 90% 是由 MECP2 基因的突变造成（Tillotson et al.，2017），导致结节性硬化症的 TSC1/2（Jeste et al.，2016），脆性 X 综合征的 FMR1，都不同程度与孤独症谱系障碍相关，但这些罕见综合征的致病基因单个只能解释不到 1% 的孤独症谱系障碍人群，累积起来也只能解释不足 5% 的孤独症谱系障碍人群（Sztainberg et al.，2016）。近年来，更多的研究主要集中在病因未明的非综合征型患者。

当前基因组变异研究主要集中在编码区，其中常见变异在孤独症谱系障碍病因中的影响程度仍有争议，有些研究认为在发病家系中常见变异决定了孤独症的大部分风险，但结合目前大多数研究发现，常见多基因变异可以解释 20%~60% 的遗传可能性（Anney et al.，2012；Klei et al.，2012；Gaugler et al.，2014；Niemi et al.，2018）。一般来说，常见变异在群体中的解释率高，但对患者个体的表型或疾病发病风险的贡献度较小；罕见变异解释率低，但对患者个体的表型或疾病发病风险的贡献度较大。这种小效应的常见变异和大效应的罕见变异都会增加孤独症风险。另外，近期的一项研究通过分析了 6454 个孤独症谱系障碍家系，发现对风险贡献小的常见变异和贡献大的罕见新发突变之间可能存在相互作用的关系（Weiner et al.，2017）。

随着全基因测序的发展，研究从编码区进一步扩展到非编码区，相对编码区变异直接影响基因功能，非编码区变异直接影响转录调控或影响转录后调控因子与相应靶点的结合能力而参与发病风险。2019 年周（Zhou et al.，2019）等人利用深度学习识别大量潜在的孤独症关键非编码区突变，对 1790 个 SSC

的孤独症谱系障碍单患家系的 WGS 数据进行分析，发现影响转录及转录后调控水平的非编码区变异显著增加孤独症谱系障碍的发病风险。2020—2021 年，《自然》（*Nature*）先后刊出了两篇针对大样本基因组学分析孤独症患者和对照串联重复变异的差异性研究（Trost et al.，2020；Mitra et al.，2021），可以发现先证者较正常群体相比有更高的变异率，针对检测到的变异集分析了其所在的位置（5`UTR，外显子，内含子，3`UTR），发现在转录起始位点或胎儿脑启动子区域存在着富集，提示这些串联重复变异对基因表达的潜在调控作用。

就目前遗传模型来看，孤独症谱系障碍可能是由以下遗传问题引起的：①基因组拷贝数变异（copy number variant，CNV），如缺失和重复，都涉及多个基因，通过分析多个病例的重叠基因具有特定功能；②基因编码区上的高外显率杂合或纯合 SNV 突变导致功能缺失；③某些常见变异引起高外显率 CNV 和 SNV 基因表达变化；④多个小效应的常见变异共同作用导致孤独症谱系障碍的发生。

二、不同变异的发病机制

为明确已经发现的孤独症高风险基因的突变导致疾病发生的机制，研究者往往会构建敲除或过表达单个基因的细胞 / 小鼠来观察行为和神经发育情况，揭示其背后的神经生物学和分子机制。值得注意的是，2020 年，张峰课题组开发了一项在小鼠体内批量研究风险基因功能的 in vivo Perturb-seq 技术，将 35 个与孤独症谱系障碍相关的风险基因导入小鼠，再通过单细胞测序观察每一个细胞水平，比较不同细胞类型差异来判断风险基因如何在皮层中影响不同类型的细胞（Jin et al.，2020）。

与孤独症谱系障碍相关的风险基因多种多样，不同基因的变异对疾病的相对风险和外显率也不同，但已知的孤独症基因主要发挥基因表达调控，神经元交流、细胞骨架等生物学功能。这些基因参与的生物学功能也提示了几条与孤独症谱系障碍高度相关的分子通路，如 mTOR 信号通路、Wnt 信号通路、突触发育和传递相关的信号通路以及 IGF-ERK 信号通路等。早期皮层发育异常、突触功能异常、环路稳态失调以及神经炎症等目前被认为是孤独症谱系障碍最可能相关的神经生物学机制。尽管累及的神经生物学事件、发育时间节点和分子通路较多，不同的基因或分子通路可能在发育过程中的相同事件和时间点起作用，因此相互联系。这也可解释遗传背景不同的孤独症谱系障碍患者为何会表现出相似的行为特点。

三、孤独症高风险基因的分子分型和临床诊断

孤独症谱系障碍患者的核心症状严重程度和共病情况不同，从而表现出高度的临床异质性。近年来通过全外显子测序或全基因组测序鉴定的孤独症谱系障碍基因，特别是基于新发变异发现的基因，如 CHD8、CSDE1、DYRK1A、DSCAM、POGZ、NCKAP1、TANC2 等通常会表现出较高的致病风险（Takata et al.，2018；Yoo，2021）。而携带相同高外显的孤独症谱系障碍风险基因变异的患者有可能表现出相似的临床表型。例如，TANC2 分子亚型常见自主神经失调（Guo and Bettella et al.，2019），携带 NCKAP1（Guo and Zhang et al.，2020）基因突变的患者不同程度地存在语言障碍、运动迟缓或智力障碍等问题。因此针对孤独症高风险基因的分子分型将对孤独症患者的临床诊断、早期筛查、共病诊断等均具有重要指导意义。

四、中国孤独症群体研究

孤独症遗传病因研究依赖大规模组学测序数据，目前来说，国际孤独症的大样本研究主要集中在以下几个项目：美国西蒙斯（Simons）基因会建立的 SSC（Simons Simplex Collection）项目和 SPARK（Simons Foundation Powering Autism Research for Knowledge） 项目，国际 ASC （Autism Sequencing Consortium）项目以及美国孤独症公益组织 Autism Speaks 领导的 MSSNG 项目。已经总计完成了数万例样本的全外显子组或全基因组测序。相比来说，中国孤独症遗传数据库的建立和基于大群体的遗传病因研究起步较晚，对孤独症谱系障碍病因不同种族之间的差异情况也知之甚少。中南大学医学遗传学研究中心研究团队和国内多个临床中心合作建立了中国人群孤独症临床与遗传资源样本库（ACGC）。该团队前期对中国种群中 343 例孤独症谱系障碍家系、203 例散发病例和 988 例正常对照的全基因组拷贝数变异进行分析，认为 15q11–q13 的重复频率可能高于欧洲人群（Guo and Peng et al.，2017）。此外，针对 4000 多例中国孤独症

患者的靶向测序研究发现了多个孤独症的高风险基因，同时提示某些基因可能是中国人群的高发风险位点，虽然这一差异还需要在更大的样本中验证（Wang et al.，2020）。这些前期研究表明，不同种群孤独症谱系障碍的病因可能存在一定的差异。目前国内的多个团队开始开展大规模的全基因组和全外显子组测序研究。这些正在进行的研究可能为进一步揭示孤独症的遗传病因及其种群差异，特别是低频变异和常见变异的种群差异提供更多的信息。

五、总结

孤独症的病因研究是一个从基因、分子再到行为的多层次复杂问题，只有厘清其间关系，全面了解遗传病因，才能更好地实现从病因研究到临床转化。总的来说，尽管非综合征孤独症谱系障碍遗传研究进展颇丰，但对临床诊断和干预的指导十分有限，有研究者（Schaaf et al.，2020）认为应该对孤独症谱系障碍基因研究和相关证据达成国际共识，使用一个系统的评估框架模型来构建一个可信的循证列表，为医学遗传诊断和后续研究提供指导方案。在未来的研究中，整合分析基因组学、功能基因组学和临床表型数据，将为孤独症的临床诊断、风险预警和干预提供更有效的指导。

参考文献

Satterstrom, F. K., Kosmicki, J. A., Wang, J., Breen, M. S., De Rubeis, S., An, J. Y., Peng, M., Collins, R., Grove, J., Klei, L., Stevens, C., Reichert, J., Mulhern, M.S., Artomov, M., Gerges, S., Sheppard, B., Xu, X., Bhaduri, A.,…and Demontis, D. (2020). Large-scale exome sequencing study implicates both developmental and functional changes in the neurobiology of autism. Cell, 180(3), 568-584. https://www.sciencedirect.com/science/article/pii/S0092867419313984.

Tillotson, R., Selfridge, J., Koerner, M. V., Gadalla, K. K., Guy, J., De Sousa, D., Hector, R.D., Cobb, S.R., and Bird, A. (2017). Radically truncated MeCP2 rescues Rett syndrome-like neurological defects. Nature, 550(7676), 398-401. https://www.ncbi.nlm.nih.gov/pmc/articles/PMC5884422/.

Jeste, S. S., Varcin, K. J., Hellemann, G. S., Gulsrud, A. C., Bhatt, R., Kasari, C., Wu, J.Y., Sahin, M., and Nelson, C. A. (2016). Symptom profiles of autism spectrum disorder in tuberous sclerosis complex. Neurology, 87(8), 766-772. https://www.ncbi.nlm.nih.gov/pmc/articles/PMC4999317/.

Sztainberg, Y., and Zoghbi, H. Y. (2016). Lessons learned from studying syndromic autism spectrum disorders. Nature neuroscience, 19(11), 1408-1417.

Anney, R., Klei, L., Pinto, D., Almeida, J., Bacchelli, E., Baird, G., Bolshakova, N., Bolte, S., Bolton, P.F., Bourgeron, T., Brennan, S., Brian, J., Casey, J., Conroy, J., Correia, C., Corsello, C., Crawford, E.L., de Jonge, M., Delorme, R., Duketis, E.,… and Devlin, B. (2012). Individual common variants exert weak effects on the risk for autism spectrum disorders. Human molecular genetics, 21(21), 4781-4792. https://academic.oup.com/hmg/article/21/21/4781/781997.

Klei, L., Sanders, S. J., Murtha, M. T., Hus, V., Lowe, J. K., Willsey, A. J.,Moreno-De-Luca, D., Yu, T.W., Fombonne, E., Geschwind, D., Grice, D.E., Ledbetter, D.H., Lord, C., Mane, S.M., Martin, C.L., Martin, D.M., Morrow, E.M., Walsh, C.A., Melhem, N.M., ... and Devlin, B. (2012). Common genetic variants, acting additively, are a major source of risk for autism. Molecular autism, 3(1), 1-13. https://molecularautism.biomedcentral.com/articles/10.1186/2040-2392-3-9.

Gaugler, T., Klei, L., Sanders, S. J., Bodea, C. A., Goldberg, A. P., Lee, A. B., Mahajan, M., Manaa, D., Pawitan, Y., Reichert, J., Ripke, S., Sandini, S., Sklar, P., Svantesson, O., Reichenberg, A., Hultman, C.M., Devlin, B., Roeder, K., and Buxbaum, J. D. (2014). Most genetic risk for autism resides with common variation. Nature genetics, 46(8), 881-885. https://www.ncbi.nlm.nih.gov/pmc/articles/PMC4137411/.

Niemi, M. E., Martin, H. C., Rice, D. L., Gallone, G., Gordon, S., Kelemen, M., McAloney, K., McRae, J., Radford, E.J., Yu, S., Gecz, J., Martin, N.G., Wright, C.F., Fitzpatrck, D.R., Firth, H.V., Hurles, M.E., and Barrett, J. C. (2018). Common genetic variants contribute to risk of rare severe neurodevelopmental disorders. Nature, 562(7726), 268-271. https://www.ncbi.nlm.nih.gov/pmc/articles/PMC6726472/.

Weiner, D. J., Wigdor, E. M., Ripke, S., Walters, R. K., Kosmicki, J. A., Grove, J., Samocha, K.E., Goldstein, J., Okbay, A., Byberg-Grauholm, J., Werge, T., Hougaard, D.M., Taylor, J., iPSYCH-Broad Autism Group, Psychiatric Genomics Consortium Autism Group, Skuse, D., Devlin, B., Anney, R., Sanders, S.J., ... and Robinson, E. B. (2017). Polygenic transmission disequilibrium confirms that common and rare variation act additively to create risk for autism spectrum disorders. Nature genetics, 49(7), 978-985. https://www.ncbi.nlm.nih.gov/pmc/articles/PMC5552240/.

Zhou, J., Park, C. Y., Theesfeld, C. L., Wong, A. K., Yuan, Y., Scheckel, C., Fak, J.J., Funk, J., Yao, K., Tajima, Y., Packer, A., Darnell, R.B., and Troyanskaya, O. G. (2019). Whole-genome deep-learning analysis identifies contribution of noncoding mutations to autism risk. Nature genetics, 51(6), 973-980. https://www.ncbi.nlm.nih.gov/pmc/articles/PMC6758908/.

Trost, B., Engchuan, W., Nguyen, C. M., Thiruvahindrapuram, B., Dolzhenko, E., Backstrom, I., ... and Yuen, R. K. (2020). Genome-wide detection of tandem DNA repeats that are expanded in autism. Nature, 586(7827), 80-86. https://drive.google.com/file/d/1_2asKm6N3cMBqSz8E2o_uU31a26N2JDh/view.

Mitra, I., Huang, B., Mousavi, N., Ma, N., Lamkin, M., Yanicky, R., Shleizer-Burko, S., Lohmueller, K.E., and Gymrek, M. (2021). Patterns of de novo tandem repeat mutations and their role in autism. Nature, 589(7841), 246-250. https://neuros.creative-biolabs.com/research-highlights/patterns-of-de-novo-tandem-repeat-mutations-and-their-role-in-autism.pdf.

Jin, X., Simmons, S. K., Guo, A., Shetty, A. S., Ko, M., Nguyen, L., Jokhi, V., Robinson, E., Oyler, P., Curry, B., Deangeli, G., Lodato, S., Levin, J, Regev, A., Zhang, G., and Arlotta, P. (2020). In vivo Perturb-Seq reveals neuronal and glial abnormalities associated with autism risk genes. Science, 370(6520). https://www.ncbi.nlm.nih.gov/pmc/articles/PMC7985844/.

Takata, A., Miyake, N., Tsurusaki, Y., Fukai, R., Miyatake, S., Koshimizu, E., Kushima, I., Okada, T., Morikawa, M., Uno, Y., Ishizuka, K., Nakamura, K., Tsujii, M., Yoshikawa, T., Toyota, T.,Okamoto, N., Hiraki, Y., Hashimoto, R., Yasuda, Y., ... and Matsumoto, N. (2018). Integrative analyses of de novo mutations provide deeper biological insights into autism spectrum disorder. Cell reports, 22(3), 734-747. https://www.sciencedirect.com/science/article/pii/S2211124717319113.

Kim, N., Kim, K. H., Lim, W. J., Kim, J., Kim, S., and Yoo, H. J. (2021). Whole Exome Sequencing Identifies Novel De Novo Variants Interacting with Six Gene Networks in Autism Spectrum Disorder. Genes, 12(1), 1. file:///C:/Users/cc/Downloads/genes-12-00001-v2%20(1).pdf.

Guo, H., Bettella, E., Marcogliese, P. C., Zhao, R., Andrews, J. C., Nowakowski, T. J.,Gillentine, M.A., Hoekzema, K., Wang, T., W, H., Jangam, S., Liu, C., Ni, H., Willemsen, M.H., van Bon, B.W., Rinne, T., Stevens, S.J.C., Kleefstra, T., Brunner, H.G., Yntema, H.G., ... and Eichler, E. E. (2019). Disruptive mutations in TANC2 define a neurodevelopmental syndrome associated with psychiatric disorders. Nature communications, 10(1), 1-17. https://

www.nature.com/articles/s41467-019-12435-8.pdf?origin=ppub.

Guo, H., Zhang, Q., Dai, R., Yu, B., Hoekzema, K., Tan, J., Tan, S., Jia, X., Chung, W.K., Hernan, R., Alkuraya, F.S., Alsulaiman, A., Al-Muhaizea, M.A., Lesca, G., Pons, L.,Labalme, A., Laux, L, Bryant, E., Brown, N.J. ... and Xia, K. (2020). NCKAP1 Disruptive Variants Lead to a Neurodevelopmental Disorder with Core Features of Autism. The American Journal of Human Genetics, 107(5), 963-976. https://www.sciencedirect.com/science/article/pii/S0002929720303608.

Guo, H., Peng, Y., Hu, Z., Li, Y., Xun, G., Ou, J., Sun, L, Xiong, Z., Liu, Y., Wang, T., Chen, J., Xia, L., Bai, T., Shen, Y., Tian, Q., Hu, Y., Shen, L, Zhao, R., Zhang, X.,... and Xia, K. (2017). Genome-wide copy number variation analysis in a Chinese autism spectrum disorder cohort. Scientific reports, 7(1), 1-9. https://www.nature.com/articles/srep44155.

Wang, T., Hoekzema, K., Vecchio, D., Wu, H., Sulovari, A., Coe, B. P., Gillentine, M.A., Wilfert, A.B., Perez-Jurado, L.A., Kvarnung, M., Sleyp, Y., Earl, R.K., Rosenfeld, J.A., Geisheker, M.R., Han, L., Du B., Barnett, C., Thompson, E., Shaw, M., ... and Eichler, E. E. (2020). Large-scale targeted sequencing identifies risk genes for neurodevelopmental disorders. Nature communications, 11(1), 1-13. https://www.nature.com/articles/s41467-020-18723-y.pdf?origin=ppub.

Schaaf, C. P., Betancur, C., Yuen, R. K., Parr, J. R., Skuse, D. H., Gallagher, L., Bernier, R., Buchanan, J., Buxbaum, J., Chen, C. -A., Dies, K.A., Elsabbagh, M., Firth, H.V., Frazier, T., Hoang, N., Howe, J., Marshall, C.R., Michaud, J.L., Rennie, O., ... and Vorstman, J. A. (2020). A framework for an evidence-based gene list relevant to autism spectrum disorder. Nature Reviews Genetics, 21(6), 367-376. https://www.hal.inserm.fr/inserm-03133319/document.

第四节　药物治疗研究进展

◎徐明玉　李　斐

过去 10 年中，孤独症谱系障碍治疗研究的主要重点是基于神经递质 / 神经调节系统靶点，力图改善患者核心缺陷，恢复社交功能。

一、谷氨酸

药物研究通过对谷氨酸和 GABA 能神经递质的影响，靶向孤独症谱系障碍中的谷氨酸 /GABA 失衡。作用于谷氨酸传递的药物干预主要集中在谷氨酸特异性受体的拮抗上，如 N- 甲基 -D- 天门冬氨酸（NMDA）和代谢性谷氨酸受体。

（一）美金刚

NMDA 抑制剂的临床试验显示其疗效好坏参半。一项为期 12 周的盐酸美金刚在高功能孤独症谱系障碍成人患者中的开放标签试验发现，照养者和临床医生评估的社会功能、多动和焦虑、非语言交流、执行功能和整体核心社交缺陷的孤独症症状方面有明显的减少（Joshi et al.，2016）。然而，一项为期 12 周的美金刚缓释剂在孤独症儿童中的大型随机、安慰剂对照试验显示，临床干预没有明显改善（Aman，2017）。

（二）D- 环丝氨酸

已经进行了两项长期临床试验，来评估 D- 环丝氨酸（DCS）治疗孤独症谱系障碍核心社交缺陷症状。第一个试验评估了 8 周的每日与每周 50 毫克 DCS 对社交缺陷和刻板 / 重复行为的影响（Urbano et al.，2014，2015）。尽管两种给药方式之间没有发现差异，但在照养者报告的社交沟通能力、刻板 / 限制性行为和情绪识别任务方面都有明显改善。第二项试验评估了在每周一次持续 10 周的社交技能训练课程之前，每周单剂量的 50 毫克 DCS 或安慰剂（Minshawi et al.，2016），在 11 周的随访中没有发现效果，但在第 22 周时，通过眼动跟踪和社交反应量表（SRS）的评分，发现患儿看人脸的时间有增加，这表明 DCS 能增强对所学社交技能的保持（Wink and Minshawi et al.，2017）。

（三）氯胺酮

氯胺酮是一种 NMDA 拮抗剂，通常用于麻醉作用，目前已成为抑郁症研究的一个热点（Berman et al.，2000；Murrough et al.，2013）。一个 29 岁的女性孤独症谱系障碍患者的鼻内氯胺酮病例报告显示，其临床症状得到广泛改善，并在眼球追踪任务中增加了对人脸的注视（Wink and Iosifescu et al.， 2013）。临床试验已经开始，以进一步评估其在孤独症谱系障碍患者中的治疗效果（Bradstreet et al.，2014；Lv et al.，2013）。

二、γ-氨基丁酸（GABA）

目前孤独症谱系障碍的药物开发继续探索谷氨酸/GABA失衡的途径，研究针对GABA受体的再利用药物，如阿巴氯芬、布美他尼、黄体酮和利鲁唑。

（一）阿巴氯芬

阿巴氯芬是一种GABA-B激动剂，被认为可以调节孤独症谱系障碍中的兴奋性与抑制性失衡，在临床试验中显示了一些前景。一项为期8周的开放标签研究发现，患有孤独症或未广泛性发育障碍（PDD-NOS）的儿童和青少年，在接受阿巴氯芬治疗后，烦躁和社会退缩现象减少，社交能力增强，强迫行为减少，临床医生评定的症状也有全面改善（Erickson et al.，2014）。虽然后来的一项随机、安慰剂对照试验没有发现阿巴氯芬在社交退缩这一主要指标上的差异，但临床医生评定的症状和社交能力有改善（Veenstra-Vander Weele et al.，2017）。在这些研究中，阿巴氯芬的副作用与情绪不稳定、易怒有关，但总的来说，阿巴氯芬的耐受性良好，值得在其他孤独症谱系障碍患者的亚群中研究。

（二）布美他尼

布美他尼是一种利尿剂，它能抑制Na-K-Cl共转运体1（NKCC1），该通道还能调节神经元细胞中的氯化物转运。通过这种作用，布美他尼还被认为可以减少细胞内的氯离子，并增强GABA能的抑制性信号（Dzhala et al.，2008；Blaesse et al.，2009）。布美他尼已被证明对孤独症谱系障碍患者的症状有改善作用，特别是在社交和情绪处理方面（Hadjikhani and Johnels，et al.，2018；Hadjikhani，Zürcher et al.，2015）。一项孤独症或阿斯伯格综合征儿童每天服用布美他尼3个月的双盲、随机研究显示，孤独症相关症状的多项指标得到改善（Lemonnier, Degrez et al.，2012）。此外，布美他尼被证明可以增强应用行为分析（ABA）疗法对孤独症患者的效果（Du et al.，2015）。一项对2~18岁孤独症谱系障碍患者进行为期3个月的布美他尼口服液的多中心Ⅱ期随机对照试验证实了对社交功能和孤独症相关行为的积极影响（Lemonnier，Villeneuve et al.，2017）。我们课题组研究83名患者参加的开放标签临床试验证实了布美他尼对缓解幼儿孤独症谱系障碍核心症状的临床疗效，并且首次证明这种改善与GABA/Glx比率的降低有关（Zhang et al.，2020）。进一步的RCT研究证实了上述的治疗效果（Dai et al.，2021）。布美他尼与许多不良反应有关，包括低钾血症、尿量增加、食欲不振、脱水和气喘，但发现每天两次 1 毫克的剂量可以减少副作用，同时保持疗效（Hosie et al.，2006）。2021 年 9 月由全球制药公司施维雅（Servier）和生物技术初创公司 Neurochlore 合作进行的两项布美他尼治疗孤独症核心障碍的三期临床试验，经过 6 个月的临床实验，两个临床的实验组和对照组没有明显差别，然而，也没有发现明显的药物副作用，宣布提前终止。虽然如此，布美他尼在部分孤独症患儿中的作用仍不可忽视，进一步针对不同临床表现的孤独症儿童的选择性应用及其作用机制仍然是进一步的研究目标。

（三）利鲁唑

利鲁唑是另一种老药新用的药物，它是用来治疗成人肌萎缩性脊髓侧索硬化症（ALS）的。在治疗孤独症中，利鲁唑被认为是通过增强 GABA-A 受体的作用，同时降低谷氨酸信号的作用，来影响孤独症谱系障碍中谷氨酸 /GABA 的失衡（Mantz et al.，1994；He et al.，2002）。最近，一项对孤独症谱系障碍的成年人进行的单剂量利鲁唑的磁共振波谱研究显示，利鲁唑改变了谷氨酸 /GABA 的比例，并使前额叶的连接性恢复到对照组的水平（Ajram et al.，2017）。然而，一项对其他药物治疗无效的孤独症谱系障碍患者进行的为期 5 周的利鲁唑治疗的随机、安慰剂对照、交叉试验研究显示，尽管该药物的耐受性良好，但未见明显治疗效果（Wink and Adams and Horn et al.，2018）。因此，需要进行更多的研究来评估利鲁唑在孤独症谱系障碍患者不同亚群中的潜在效果。

三、神经肽

（一）催产素

在过去 10 年中，关于神经肽催产素的研究和临床试验蓬勃发展。众多研究探索了单剂量催产素（通常是鼻内给药）对健康人的影响以及孤独症的治疗效果，显示出各种改善的社会反应，包括信任的培养、改善移情的准确性，以及改善社会压力和焦虑（Anagnostou et al.，2014）。我们在这里主要展示了催产素在孤独症谱系障碍患者身上的主要试验，特别是那些专注于长期使用催产素的效果。

催产素在儿童和青少年中的使用产生了不同的结果。一项为期 7 个月的评估不同剂量的开放标签试验研究发现，孤独症诊断观察表（ADOS）中的交流和社会互动分数有所降低，但其他临床指标没有变化（Tachibana et al.，2013）。此外，一项为期 5 周的催产素双盲、随机、安慰剂对照、交叉试验发现，在 3~8 岁的孤独症谱系障碍患者中，照养者评价的社会反应能力和临床医生评价的症状有所改善（Yatawara et al.，2016）。然而，另外两项针对儿童和青少年的临床试验发现，鼻内催产素的效果不佳（Guastella et al.，2015；Dadds et al.，2014）。随后的研究旨在通过在治疗前测量外周神经肽的浓度来评估这种不同的反应，有趣的发现是，催产素被发现可以特别改善孤独症儿童的社交障碍，治疗前较低的血中催产素可以预测治疗反应（Parker et al.，2017）。

对成人的研究主要集中在高功能的孤独症上，目的是更好地了解催产素的作用机制。一项使用正电子发射断层扫描（PET）评估 5- 羟色胺转运体活动的开放标签试验发现，纹状体中 5- 羟色胺转运体水平的增加与对情感脸部的敌意反应增加相关，这表明社会行为与催产素的下游 5- 羟色胺作用之间存在联系（Fukai et al.，2017）。催产素还被发现可以改善孤独症患者的社会理解能力和 ADOS 社会互动性，这一发现与前扣带回皮层和背内侧前额叶皮层之间静止状态功能连接的增强有关（Watanabe et al.，2015）。最近，一项Ⅱ期、随机、双盲、安慰剂对照的每日催产素临床试验显示，催产素受体（OXTR）基因的单核苷酸多态性可预测临床医生对接受低剂量催产素治疗的孤独症患者的病情改善（Kosaka et al.，2016）。近日一项迄今为止规模最大的催产素喷鼻剂治疗孤独症临床研究发表在《新英格兰医学杂志》，临床试验表明，和对照组相比，催产素对提高社交行为的效果并不显著。这个临床试验使用鼻腔喷雾的给药方式，其效果与对照组相比没有差别（Sikich et al.，2021）。虽然这项研究结果让人失望，但并不是说催产素对孤独症一定没有治疗前景，需要进一步研究，分析社交行为异常的深层机制，实施精准的治疗，建议更加有效的临床疗效评估治疗，以确定催产素如何治疗孤独症中某些亚型对治疗的反应好。

（二）血管加压素

血管加压素是另一种被认为参与社会行为和功能的神经肽，尽管与血管加压素途径有关的临床试验发表得明显较少。一项单次静脉注射精氨酸加压素受

体 1A 拮抗剂的双盲、随机、交叉临床试验显示，增加对生物运动的社会定向的效果很弱，但在情感语言识别任务中检测欲望的表现适度较差（Kang et al.，2017）。其他临床试验主要集中在增加血管加压素活性方面，正在进行（Umbricht et al.，2017；Hardan and Parker，2013、2017）。但是去年罗氏孤独症药物 Balovaptan 的三期临床研究也宣布终止。

四、免疫学方面

孤独症谱系障碍药物开发的一个新途径集中在免疫调节上，特别是旨在通过利用各种药理学方法减少中枢神经系统的炎症和增加再生机制。 未来需要进行更多的随机、安慰剂对照研究，以评估干细胞疗法的疗效。

细胞危机假说认为，化学、物理或生物威胁可引起代谢性促炎症反应，主要通过嘌呤信号介导，导致一系列疾病的发生，包括神经、精神、胃肠道和内分泌疾病（Naviaux，2014）。苏拉明是一种抗嘌呤酶疗法，被认为是一种抑制细胞危机反应的方法，对缓解小鼠模型的孤独症症状很有效。一项小剂量静脉注射苏拉明治疗孤独症谱系障碍的Ⅰ/Ⅱ期随机临床试验发现，ADOS 评分和语言障碍、社会交往、限制性/重复性行为等次要结局得到改善（Naviaux et al.，2017）。通常观察到自限性、无症状的皮疹，但总体上发现苏拉明在其他方面是安全和耐受性良好的。

五、膳食补充剂和以代谢为靶点的治疗方法

在治疗孤独症谱系障碍的过程中，已经研究了许多替代标准药物方法的治疗方法，在此讨论一下。

（一）N- 乙酰半胱氨酸

N- 乙酰半胱氨酸（NAC）是一种半胱氨酸前体，已被假设为通过两种不同的机制来对抗孤独症谱系障碍的病因。（1）半胱氨酸介导的谷胱甘肽合成增加，以减少氧化应激；（2）半胱氨酸介导的细胞外谷氨酸增加，抑制突触和谷氨酸神经传导的谷氨酸释放。然而，NAC 的临床试验发现结果不一。一项在孤独症儿童中进行的为期 12 周的安慰剂对照试验显示，NAC 对易怒、刻板、社会认知和孤独症行为方式有改善作用（Wink, et al.，2016）。随后的研究，

包括 12 周和 6 个月的随机安慰剂对照试验，发现尽管血液中谷胱甘肽升高的效果明显，但 N- 乙酰半胱氨酸（NAC）对孤独症儿童没有明显的临床效果（Wink and Adams and Wang et al.，2016）。

（二）ω-3 和 ω-6 不饱和脂肪酸

由于 ω-3 和 ω-6 不饱和脂肪酸在大脑发育和抗炎及抗氧化方面的重要性，它们已成为另一个有吸引力的目标。据观察，与服用安慰剂的婴儿相比，服用 ω-3 和 ω-6 不饱和脂肪酸的早产儿和孤独症谱系障碍高风险的婴儿出现与孤独症谱系障碍相关的症状减少得更多，手势使用也更多（Keim et al.，2018；Sheppard et al.，2017）。虽然在早产儿中观察到的突出的感觉缺陷没有被发现受到 ω-3 和 ω-6 不饱和脂肪酸的明显影响，但作者建议进行更大规模的随机试验，可能会发现更重要的结果（Boone et al，2017）。在对患有孤独症谱系障碍的儿童和青少年的研究中，结果是负面的或不一致的。一项为期 12 周的开放标签研究确实发现照养者报告的社交能力和注意力问题有所改善，这与血液中脂肪酸水平的变化相关（Ooi et al.，2015）。然而，随机、安慰剂对照试验并没有发现许多具有统计学意义的临床结果（Parellada et al.，2017；Bent，Hendren et al.，2014；Bent，Bertoglio et al.，2011）。

（三）萝卜硫素

西蓝花种子和花蕾中最引人注目的化合物——萝卜硫素，也具有抗氧化和抗炎作用，已在孤独症谱系障碍中进行了评估。一项为期 18 周的随机、安慰剂对照试验，在患有孤独症谱系障碍的青少年和成人中使用西蓝花芽提取物中的萝卜硫素，发现各种症状得到改善，在停止治疗后恢复到基线（Singh et al.，2014）。此外，虽然观察到的临床效果较少，但另一项对患有孤独症谱系障碍和相关神经发育障碍的儿童进行的萝卜硫素试验显示，社会障碍的改善与许多尿液代谢物相关，包括氧化应激、氨基酸和神经递质代谢以及鞘磷脂的标志物（Bent and Lawton et al.，2018）。

（四）甲钴胺

甲钴胺是细胞甲基化和抗氧化剂防御的辅助因子。亨德伦（Hendren）等人对 57 名患有孤独症谱系障碍的青少年（平均年龄 5.3 岁）进行了为期 8 周的甲钴胺皮下注射（每 3 天 75 微克 / 千克）的双盲、安慰剂对照试验（Hendren

et al.，2016）。甲钴胺的使用与 CGI–I 测量的临床改善有关，但在父母 / 照顾者报告的异常行为检查表（ABC）或社会反应度（SRS）测量中没有发现与治疗有关的变化。作者还指出，在甲钴胺治疗期间，CGI–I 评价的临床改善与血浆蛋氨酸的增加（P ≈ 0.05）和 S– 腺苷 L– 半胱氨酸的减少（P ≈ 0.007）正相关。

（五）甲酰四氢叶酸

在一项为期 12 周的双盲、安慰剂对照试验中，对 48 名孤独症儿童（平均年龄 7.3 岁）进行了高剂量甲酰四氢叶酸（每天最大剂量 50 毫克）的评估（Frye et al.，2018）。该试验以语言交流为主要结果评价，甲酰四氢叶酸的使用与语言能力的改善有关〔学前语言量表（PLS）或语言基础知识临床评价（CELF）〕，治疗相关的效应大小为 0.70（中度至高度效应）。谷胱甘肽和叶酸受体 –α 自身抗体（FRAA）检测呈阳性的青少年与 FRAA 检测呈阴性的参与者相比，在语言评估的测试结果上有明显的改善（效果大小≈ 0.91）。在《孤独症儿童行为评定量表》（ABC）、《文兰（Vineland）适应性行为量表》和儿童行为评估系统的子量表中也注意到与治疗有关的改善。

六、以胃肠道（GI）系统为重点的治疗方法

虽然有许多关于孤独症谱系障碍患者消化道问题的报告，但没有证据表明孤独症谱系障碍患者有特定的消化道相关病理机制。孤独症谱系障碍的消化道治疗有很长的历史，包括许多阴性的安慰剂对照试验和口服免疫球蛋白在孤独症谱系障碍中的阴性结果试验（Handen et al.，2009）。目前的研究集中在以微生物群为重点的孤独症消化道治疗上。

在一项小型开放标签研究中，对 18 名患有孤独症的青年进行了微生物群转移治疗的评估。在为期 2 周的抗生素治疗和肠道清洁后，微生物群转移与便秘、腹泻、消化不良和腹痛的明显减少有关。此外，在完成微生物群转移治疗的 8 周后，在一些护理人员报告的测量中注意到临床行为的变化，包括《孤独症儿童行为评定量表》（ABC）、《社交反应量表》（SRS）和《文兰（Vineland）适应性行为量表》第二版。这项工作是初步的，没有地方对照验证或大样本量来更彻底地评估耐受性。

迄今为止尚未有一种 FDA 批准的药物可以有效地针对孤独症的核心症状

进行治疗，研究者也有过多种尝试，从细胞到动物再到临床试验，只是验证的过程崎崎岖岖，有些研究提示有效，有些研究结果并不尽如人意。有些研究因规模偏小、实验设计又常常存在大缺陷，而得不出令人信服的结论。考虑到孤独症的临床异质性，可能一部分孤独症患者仍然会对某些药物产生效果。而我们的患者中存在有不同形式的孤独症，因此切不可未经评估盲目用药，截至目前仅仅通过药物可能尚不能达到理想的疗效。

参考文献

Ajram, L. A., Horder, J., Mendez, M. A., Galanopoulos, A., Brennan, L. P., Wichers, R. H., Robertson, D. M., Murphy, C.M., Zinkstok, J., Ivin, G., Heasman, M., Meek, D., Tricklebank, M. D., Barker, G. J., Lythgoe, D. J., Edden, R. A. E., Williams, S. C., Murphy, D. G. M., and McAlonan, G. M. (2017). Shifting brain inhibitory balance and connectivity of the prefrontal cortex of adults with autism spectrum disorder. Translational psychiatry, 7(5), e1137. https://doi-org.proxy.library.carleton.ca/10.1038/tp.2017.104.

Aman, M. G., Findling, R. L., Hardan, A. Y., Hendren, R. L., Melmed, R. D., Kehinde-Nelson, O., Hsu, H.-A., Trugman, J. M., Palmer, R. H., Graham, S.M., Gage, A.T., Perhach, J.L., and Katz, E. (2017). Safety and efficacy of memantine in children with autism: randomized, placebo-controlled study and open-label extension. Journal of child and adolescent psychopharmacology, 27(5), 403-412.

Anagnostou, E., Soorya, L., Brian, J., Dupuis, A., Mankad, D., Smile, S., and Jacob, S. (2014). Intranasal oxytocin in the treatment of autism spectrum disorders: a review of literature and early safety and efficacy data in youth. Brain research, 1580, 188-198. https://doi.org/10.1016/j.neubiorev.2020.12.028.

Berman, R. M., Cappiello, A., Anand, A., Oren, D. A., Heninger, G. R., Charney, D. S., and Krystal, J. H. (2000). Antidepressant effects of ketamine in depressed patients. Biological psychiatry, 47(4), 351-354.

Bent, S., Bertoglio, K., Ashwood, P., Bostrom, A., and Hendren, R. L. (2011). A pilot randomized controlled trial of omega-3 fatty acids for autism spectrum disorder. Journal of autism and developmental disorders, 41(5), 545-554. https://doi-org.proxy.

library.carleton.ca/10.1007/s10803-010-1078-8.

Bent, S., Hendren, R. L., Zandi, T., Law, K., Choi, J. E., Widjaja, F., Kalb, L., Nestle, J., and Law, P. (2014). Internet-based, randomized, controlled trial of omega-3 fatty acids for hyperactivity in autism. Journal of the American Academy of Child and Adolescent Psychiatry, 53(6), 658-666. https://doi.org/10.1016/j.jaac.2014.01.018.

Bent, S., Lawton, B., Warren, T., Widjaja, F., Dang, K., Fahey, J. W., Cornblatt, B., Kinchen, J. M., Delucchi, K., and Hendren, R. L. (2018). Identification of urinary metabolites that correlate with clinical improvements in children with autism treated with sulforaphane from broccoli. Molecular autism, 9(1), 1-12.https://doi-org.proxy.library.carleton.ca/10.1186/s13229-018-0218-4.

Blaesse, P., Airaksinen, M. S., Rivera, C., and Kaila, K. (2009). Cation-chloride cotransporters and neuronal function. Neuron, 61(6), 820-838.

Boone, K. M., Gracious, B., Klebanoff, M. A., Rogers, L. K., Rausch, J., Coury, D. L., and Keim, S. A. (2017). Omega-3 and-6 fatty acid supplementation and sensory processing in toddlers with ASD symptomology born preterm: a randomized controlled trial. Early human development, 115, 64-70. https://doi.org/10.1016/j.earlhumdev.2017.09.015.

Bradstreet, J. J., Sych, N., Antonucci, N., Klunnik, M., Ivankova, O., Matyashchuk, I., Demchuk, M., and Siniscalco, D. (2014). Efficacy of fetal stem cell transplantation in autism spectrum disorders: an open-labeled pilot study. Cell Transplantation, 23(1), 105-112. https://doi-org.proxy.library.carleton.ca/10.3727/096368914X684916.

Dadds, M. R., MacDonald, E., Cauchi, A., Williams, K., Levy, F., and Brennan, J. (2014). Nasal oxytocin for social deficits in childhood autism: a randomized controlled trial. Journal of autism and developmental disorders, 44(3), 521-531. https://doi.org/10.1007/s10803-013-1899-3.

Dai, Y., Zhang, L., Yu, J., Zhou, X., He, H., Ji, Y. T., Wong, K., Du, X. J., Tang, Y., Deng, S. N., Langley, C., Li, W. G., Zhang, J., Feng, J. F., Sahakian, B. J., and Li, F. (2021). Improved symptoms following bumetanide treatment in children aged 3− 6 years with autism spectrum disorder: A randomized, double-blind, placebo-controlled trial. Science Bulletin, 66 (15), 1591–1598. https://doi.org/10.1016/j.scib.2021.01.008.

Dean, O. M., Gray, K. M., Villagonzalo, K. A., Dodd, S., Mohebbi, M., Vick, T., Tonge, B. J., and Berk, M. (2017). A randomised, double blind, placebo-controlled trial of a fixed dose of N-acetyl cysteine in children with autistic disorder. Australian and New Zealand Journal of Psychiatry, 51(3), 241-249. https://doi.org/10.1177/0004867416652735.

Du, L., Shan, L., Wang, B., Li, H., Xu, Z., Staal, W. G., and Jia, F. (2015). A pilot study on the combination of applied behavior analysis and bumetanide treatment for children with autism. Journal of Child and Adolescent Psychopharmacology, 25(7), 585-588.

Dzhala, V. I., Brumback, A. C., and Staley, K. J. (2008). Bumetanide enhances phenobarbital efficacy in a neonatal seizure model. Annals of neurology, 63(2), 222-235.

Erickson, C. A., Veenstra-Vanderweele, J. M., Melmed, R. D., McCracken, J. T., Ginsberg, L. D., Sikich, L., Scahill, L., Cherubini, M., Zarevics,P., Walton-Bowen, K., Carpenter, R. L., Bear, M. F., Wang, P. P., and King, B. H. (2014). STX209 (arbaclofen) for autism spectrum disorders: an 8-week open-label study. Journal of autism and developmental disorders, 44(4), 958-964.

Frye, R. E., Slattery, J., Delhey, L., Furgerson, B., Strickland, T., Tippett, M., Sailey, A., Wynne, R., Rose, S., Melnyk, S., James, S. J., Sequeira, J. M., and Quadros, E. V. (2018). Folinic acid improves verbal communication in children with autism and language impairment: a randomized double-blind placebo-controlled trial. Molecular psychiatry, 23(2), 247-256. https://doi-org.proxy.library.carleton.ca/10.1038/mp.2016.168.

Fukai, M., Hirosawa, T., Kikuchi, M., Ouchi, Y., Takahashi, T., Yoshimura, Y., Miyagishi, Y., Kosaka, H., Yokokura, M., Yoshikawa, E., Bunai, T., and Minabe, Y. (2017). Oxytocin effects on emotional response to others' faces via serotonin system in autism: a pilot study. Psychiatry Research: Neuroimaging, 267, 45-50. https://doi.org/10.1016/j.pscychresns.2017.06.015.

Guastella, A. J., Gray, K. M., Rinehart, N. J., Alvares, G. A., Tonge, B. J., Hickie, I. B., Keating, C. M., Cacciotti-Saija, C., and Einfeld, S. L. (2015). The effects of a course of intranasal oxytocin on social behaviors in youth diagnosed with autism spectrum disorders: a randomized controlled trial. Journal of Child Psychology and Psychiatry, 56(4), 444-452.

Hadjikhani, N., Johnels, J. Å., Lassalle, A., Zürcher, N. R., Hippolyte, L., Gillberg, C., Lemonnier, E., and Ben-Ari, Y. (2018). Bumetanide for autism: more eye contact, less amygdala activation. Scientific reports, 8(1), 1-8. https://doi-org.proxy.library.carleton.ca/10.1038/s41598-018-21958-x.

Hadjikhani, N., Zürcher, N. R., Rogier, O., Ruest, T., Hippolyte, L., Ben-Ari, Y., and

Lemonnier, E. (2015). Improving emotional face perception in autism with diuretic bumetanide: a proof-of-concept behavioral and functional brain imaging pilot study. Autism, 19(2), 149-157.

Handen, B. L., Melmed, R. D., Hansen, R. L., Aman, M. G., Burnham, D. L., Bruss, J. B., and McDougle, C. J. (2009). A double-blind, placebo-controlled trial of oral human immunoglobulin for gastrointestinal dysfunction in children with autistic disorder. Journal of autism and developmental disorders, 39(5), 796-805. https://doi-org.proxy.library.carleton.ca/10.1007/s10803-008-0687-y.

Hardan, A.Y. and Parker, K.J. (2013, October 14). The Role of Vasopressin in the Social Deficits of Autism. ClincalTrials.gov. https://clinicaltrials.gov/ct2/show/NCT01962870?term=vasopressinandcond=Autism.

Hardan, A.Y. andParker, K.J. (2017, July 2). Intranasal Vasopressin Treatment in Children With Autism. ClinicalTrials.gov. https://clinicaltrials.gov/ct2/show/NCT03204786?term=vasopressinandcond=Autismanddraw=1.

He, Y., Benz, A., Fu, T., Wang, M., Covey, D. F., Zorumski, C. F., and Mennerick, S. (2002). Neuroprotective agent riluzole potentiates postsynaptic GABAA receptor function. Neuropharmacology, 42(2), 199-209. https://doi.org/10.1016/S0028-3908(01)00175-7.

Hendren, R. L., James, S. J., Widjaja, F., Lawton, B., Rosenblatt, A., and Bent, S. (2016). Randomized, placebo-controlled trial of methyl B12 for children with autism. Journal of child and adolescent psychopharmacology, 26(9), 774-783.https://doi.org/10.1089/cap.2015.0159.

Hosie, A. M., Wilkins, M. E., da Silva, H. M., and Smart, T. G. (2006). Endogenous neurosteroids regulate GABA A receptors through two discrete transmembrane sites. Nature, 444(7118), 486-489. https://doi-org.proxy.library.carleton.ca/10.1038/nature05324.

Joshi, G., Wozniak, J., Faraone, S. V., Fried, R., Chan, J., Furtak, S., Grimsley, E., Conroy, K., Kilcullen, J. R., Woodworth, Y., and Biederman, J. (2016). A prospective open-label trial of memantine hydrochloride for the treatment of social deficits in intellectually capable adults with autism spectrum disorder. Journal of clinical psychopharmacology, 36(3), 262-271.

Kang, D. W., Adams, J. B., Gregory, A. C., Borody, T., Chittick, L., Fasano, A., Khoruts, A., Geis, E., Maldonado, J., McDonough-Means, S., Pollard, E. L., Roux, S., Sadowsky, M. J., Lipson, K. S., Sullivan, M. B., Caporaso, J. G., and Krajmalnik-Brown, R. (2017). Microbiota transfer therapy alters gut ecosystem and improves gastrointestinal and autism symptoms: an open-label study.

Microbiome, 5(1), 1-16. https://doi-org.proxy.library.carleton.ca/10.1186/s40168-016-0225-7.

Keim, S. A., Gracious, B., Boone, K. M., Klebanoff, M. A., Rogers, L. K., Rausch, J., Coury, D. L., Sheppard, K. W., Husk, J., and Rhoda, D. A. (2018). ω-3 and ω-6 fatty acid supplementation may reduce autism symptoms based on parent report in preterm toddlers. The Journal of nutrition, 148(2), 227-235. https://doi-org.proxy.library.carleton.ca/10.1093/jn/nxx047.

Kosaka, H., Okamoto, Y., Munesue, T., Yamasue, H., Inohara, K., Fujioka, T., Anme, T., Orisaka, M., Ishitobi, M., Jung, M., Fujisawa, T. X., Tanaka, S., Arai, S., Asano, M., Saito, D. N., Sadato, N., Tomoda, A., Omori, M., Sato, M., … Wada, Y. (2016). Oxytocin efficacy is modulated by dosage and oxytocin receptor genotype in young adults with high-functioning autism: a 24-week randomized clinical trial. Translational psychiatry, 6(8), e872. https://doi.org.proxy.library.carleton.ca/10.1038/tp.2016.152.

Lemonnier, E., Degrez, C., Phelep, M., Tyzio, R., Josse, F., Grandgeorge, M., Hadjikhani, N., and Ben-Ari, Y. (2012). A randomised controlled trial of bumetanide in the treatment of autism in children. Translational psychiatry, 2(12), e202. https://doi-org.proxy.library.carleton.ca/10.1038/tp.2012.124.

Lemonnier, E., Villeneuve, N., Sonie, S., Serret, S., Rosier, A., Roue, M., Brosset, P., Viellard, M., Bernoux, D., Rondeau, S., Thummler, S., Ravel, D., and Ben-Ari, Y. (2017). Effects of bumetanide on neurobehavioral function in children and adolescents with autism spectrum disorders. Translational psychiatry, 7(3), e1056. https://doi-org.proxy.library.carleton.ca/10.1038/tp.2017.10.

Lv, Y. T., Zhang, Y., Liu, M., Ashwood, P., Cho, S. C., Jia-na-ti Qiuwaxi, Huan, Y., Ge, R. C., Chen, X. W., Wang, Z.J., Byung-Jo Kim., and Hu, X. (2013). Transplantation of human cord blood mononuclear cells and umbilical cord-derived mesenchymal stem cells in autism. Journal of translational medicine, 11(1), 1-10. https://doi-org.proxy.library.carleton.ca/10.1186/1479-5876-11-196.

Mantz, J., Laudenbach, V., Lecharny, J. B., Henzel, D., and Desmonts, J. M. (1994). Riluzole, a novel antiglutamate, blocks GABA uptake by striatal synaptosomes. European journal of pharmacology, 257(1-2), R7-R8.

Minshawi, N. F., Wink, L. K., Shaffer, R., Plawecki, M. H., Posey, D. J., Liu, H., Hurwitz, S., McDougle, C. J., Swiezy, N. B., and Erickson, C. A. (2016). A randomized, placebo-controlled trial of D-cycloserine for the enhancement of social skills training in autism spectrum disorders. Molecular Autism, 7(1), 1-10.

Murrough, J. W., Iosifescu, D. V., Chang, L. C., Al Jurdi, R. K., Green, C. E., Perez, A. M., Iqbal, S., Pillemer, S., Foulkes, A., Shah, A., Charney, D. S., and Mathew, S. J. (2013). Antidepressant efficacy of ketamine in treatment-resistant major depression: a two-site randomized controlled trial. American Journal of Psychiatry, 170(10), 1134-1142.

Naviaux, R. K. (2014). Metabolic features of the cell danger response. Mitochondrion, 16, 7-17.

Naviaux, R. K., Curtis, B., Li, K., Naviaux, J. C., Bright, A. T., Reiner, G. E., Westerfield, M., Goh, S., Alaynick, W. A., Wang, L., Capparelli, E. V., Adams, C., Sun, J., Jain, S., He, F., Arellano, D. A., Mash, L. E., Chukoskie, L., Lincoln, A., and Townsend, J. (2017). Low-dose suramin in autism spectrum disorder: a small, phase I/II, randomized clinical trial. Annals of clinical and translational neurology, 4(7), 491-505. https://doi.org.proxy.library.carleton.ca/10.1002/acn3.424.

Ooi, Y. P., Weng, S. J., Jang, L. Y., Low, L., Seah, J., Teo, S., Ang, R. P., Lim, C. G., Liew, A., Fung, D. S., and Sung, M. (2015). Omega-3 fatty acids in the management of autism spectrum disorders: findings from an open-label pilot study in Singapore. European journal of clinical nutrition, 69(8), 969-971. https://doi-org.proxy.library.carleton.ca/10.1038/ejcn.2015.28.

Parellada, M., Llorente, C., Calvo, R., Gutierrez, S., Lázaro, L., Graell, M., Guisasola, M., Dorado, M. L., Boada, L., Romo, J., Dulin, E., Sanz, I., Arango, C., and Moreno, C. (2017). Randomized trial of omega-3 for autism spectrum disorders: effect on cell membrane composition and behavior. European Neuropsychopharmacology, 27(12), 1319-1330.https://doi.org/10.1016/j.euroneuro.2017.08.426.

Parker, K. J., Oztan, O., Libove, R. A., Sumiyoshi, R. D., Jackson, L. P., Karhson, D. S., Summers, J. E., Hinman, K. E., Motonaga, K. S., Phillips, J. M., Carson, D. S., Garner, J. P., and Hardan, A. Y. (2017). Intranasal oxytocin treatment for social deficits and biomarkers of response in children with autism. Proceedings of the National Academy of Sciences, 114(30), 8119-8124. https://doi.org/10.1073/pnas.1705521114.

Sheppard, K. W., Boone, K. M., Gracious, B., Klebanoff, M. A., Rogers, L. K., Rausch, J., Bartlett, C., Coury, D. L., and Keim, S. A. (2017). Effect of omega-3 and-6 supplementation on language in preterm toddlers exhibiting autism spectrum disorder symptoms. Journal of autism and developmental disorders, 47(11), 3358-3369.https://doi.org.proxy.library.carleton.ca/10.1007/s10803-017-3249-3.

Sikich, L., Kolevzon, A., King, B. H., McDougle, C. J., Sanders, K. B., Kim, S. J., Spanos, M., Chandrasekhar, T., Trelles, M. D. P., Rockhill, C. M., Palumbo, M. L., Cundiff, A. W., Montgomery, A., Siper, P., Minjarez, M., Nowinski, L. A., Marler, S., Shuffrey, L. C., Alderman, C., ... Veenstra-VanderWeele, J. (2021). Intranasal oxytocin in children and adolescents with autism spectrum disorder. New England Journal of Medicine, 385(16), 1462-1473.

Singh, K., Connors, S. L., Macklin, E. A., Smith, K. D., Fahey, J. W., Talalay, P., and Zimmerman, A. W. (2014). Sulforaphane treatment of autism spectrum disorder (ASD). Proceedings of the National Academy of Sciences, 111(43), 15550-15555. https://doi.org/10.1073/pnas.1416940111.

Tachibana, M., Kagitani-Shimono, K., Mohri, I., Yamamoto, T., Sanefuji, W., Nakamura, A., Oishi, M., Kimura, T., Onaka, T., Ozono, K., and Taniike, M. (2013). Long-term administration of intranasal oxytocin is a safe and promising therapy for early adolescent boys with autism spectrum disorders. Journal of child and adolescent psychopharmacology, 23(2), 123-127. https://doi.org/10.1089/cap.2012.0048.

Umbricht, D., del Valle Rubido, M., Hollander, E., McCracken, J. T., Shic, F., Scahill, L., Noeldeke, J., Boak, L., Khwaja, O., Squassante, L., Grundschober, C., Kletzl, H., and Fontoura, P. (2017). A single dose, randomized, controlled proof-of-mechanism study of a novel vasopressin 1a receptor antagonist (RG7713) in high-functioning adults with autism spectrum disorder. Neuropsychopharmacology, 42(9), 1914-1923. https://doi.org.proxy.library.carleton.ca/10.1038/npp.2016.232.

Urbano, M., Okwara, L., Manser, P., Hartmann, K., Herndon, A., and Deutsch, S. I. (2014). A trial of D-cycloserine to treat stereotypies in older adolescents and young adults with autism spectrum disorder. Clinical neuropharmacology, 37(3), 69.

Urbano, M., Okwara, L., Manser, P., Hartmann, K., and Deutsch, S. I. (2015). A trial of d-cycloserine to treat the social deficit in older adolescents and young adults with autism spectrum disorders. The Journal of neuropsychiatry and clinical neurosciences, 27(2), 133-138.

Veenstra-VanderWeele, J., Cook, E. H., King, B. H., Zarevics, P., Cherubini, M., Walton-Bowen, K., Bear, M. F., Wang, P. P., and Carpenter, R. L. (2017). Arbaclofen in children and adolescents with autism spectrum disorder: a randomized, controlled, phase 2 trial. Neuropsychopharmacology, 42(7), 1390-1398.

Watanabe, T., Kuroda, M., Kuwabara, H., Aoki, Y., Iwashiro, N., Tatsunobu, N., Takao, H., Nippashi, Y., Kawakubo, Y., Kunimatsu, A., Kasai, K., and Yamasue, H. (2015). Clinical and neural effects of six-week administration of oxytocin on core symptoms of autism. Brain, 138(11), 3400-3412. https://doi.org.proxy.library.carleton.ca/10.1093/brain/awv249.

Wink, L. K., Adams, R., Horn, P. S., Tessier, C. R., Bantel, A. P., Hong, M., Shaffer, R. C., Pedapati, E. V., and Erickson, C. A. (2018). A randomized placebo-controlled cross-over pilot study of riluzole for drug-refractory irritability in autism spectrum disorder. Journal of autism and developmental disorders, 48(9), 3051-3060. https://doi-org.proxy.library.carleton.ca/10.1007/s10803-018-3562-5.

Wink, L. K., Adams, R., Wang, Z., Klaunig, J. E., Plawecki, M. H., Posey, D. J., McDougle, C. J., and Erickson, C. A. (2016). A randomized placebo-controlled pilot study of N-acetylcysteine in youth with autism spectrum disorder. Molecular Autism, 7(1), 1-9. https://doi-org.proxy.library.carleton.ca/10.1186/s13229-016-0088-6.

Wink, L. K., Anne, M. O., Shaffer, R. C., Pedapati, E., Friedmann, K., Schaefer, T., and Erickson, C. A. (2014). Intranasal ketamine treatment in an adult with autism spectrum disorder. The Journal of clinical psychiatry, 75(8), 835-836.

Wink, L. K., Minshawi, N. F., Shaffer, R. C., Plawecki, M. H., Posey, D. J., Horn, P. S., Adams, R., Pedapati, E.V., Schaefer, T.L., McDougle, C.J., Swiezy, N.B., and Erickson, C. A. (2017). d-Cycloserine enhances durability of social skills training in autism spectrum disorder. Molecular autism, 8(1), 1-8.

Yatawara, C. J., Einfeld, S. L., Hickie, I. B., Davenport, T. A., and Guastella, A. J. (2016). The effect of oxytocin nasal spray on social interaction deficits observed in young children with autism: a randomized clinical crossover trial. Molecular psychiatry, 21(9), 1225-1231. https://doi-org.proxy.library.carleton.ca/10.1038/mp.2015.162.

Zhang, L., Huang, C. C., Dai, Y., Luo, Q., Ji, Y., Wang, K., Deng, S. D., Yu, J. H., Xu, M. Y., Du, X. J., Tang, Y., Shen, C., Feng, J. F., Sahakian, B. J., Lin, C. P., and Li, F. (2020). Symptom improvement in children with autism spectrum disorder following bumetanide administration is associated with decreased GABA/glutamate ratios. Translational psychiatry, 10(1), 1-12. https://doi-org.proxy.library.carleton.ca/10.1038/s41398-020-0692-2.

第三章 中国孤独症儿童的言语语言及沟通干预

第一节 言语语言沟通发展

◎伊丽莎白·伊佳芭 陈薇薇 宋静淼

一、典型儿童语言发展

语言是一套利用约定俗成的符号系统在社交情景中进行信息互换的沟通方式。语言是随意定义的，在特定的社交情景或文化中使用的，并且是由特定的规则（语法）所约束的（Owens，2012）。每个国家、每个文化、每个地区都存在着自己特有的语言，而语言除了口语（言语）以外，还包含了面部表情、肢体动作、手势等非言语沟通形式。

对于典型发展的儿童，语言的发展从出生就开始了。新生儿相对其他声音偏向人声（voices），并且会在跟随人声寻找到人的面孔时表现出吃惊的表情。婴儿从 2 周起就可以区分熟悉成人的声音，并在听到照顾者声音时停止哭泣。而母亲也会做任何事情来关注婴儿的声音。这种双向的关注为儿童的沟通发展打下基础。婴儿从 2 个月开始可以寻找熟悉照顾者（尤其是母亲）的声音和面孔，并逐渐开始出现有选择的社会性微笑（social smile）。而照顾者对婴儿的语气和表情积极及时回应也非常重要。研究发现婴儿会在母亲发音时更容易发音，而父母的负面情绪则会负面影响亲子关系，进而对儿童的语言、行为和认知发展带来负面的影响（Owens，2012；Crinc and Low，2002）。从 6 周起，婴儿可以开始将目光聚焦在母亲的眼睛上并维持一定的时间，这种对熟悉照顾者的目光关注会在 9~15 个月间逐渐发展成为共同关注，从早期的单独对人或对物的关注与互动演变为和他人针对物品的互动（Hoff，2014）。在此期间婴儿的大动作模仿、精细动作也在发展，为婴儿通过手势和动作来引起关注与互动进行辅助。婴儿从第 8 个月开始沟通的意图性提升，会更加主动地影响与照顾者间的互动，会通过目光、手势、肢体动作等来主动发起互动并达到自己的想法与需求（Owens，2012）。

儿童的语音发展也是一个从出生就开始的过程。婴儿出生 2 个月内会开始出现非言语的声音和笑声，并在 3 个月左右出现近似元音（韵母）的声音（a、i、u、e、o）。4~7 个月儿童会出现“玩声音”的现象，并在 7 个月左右开始进行重复的含有辅音元音组合的“牙牙学语”（如“dada”），并在随后出现非重复的、更加复杂的辅音元音组合。在 1 岁左右，儿童会开始发出第一批字词，并在 1~2 岁间经历词汇的大量增长（Hoff，2014）。在语言理解方面，婴儿在 6 个月以前可以接收并区分所有语言中的发音，然而在 6~7 个月间，他们会对自己环境中经常出现的语言规律逐渐敏感，经历统计学习（statistical learning）的过程，逐渐对外语中辅音的感知降低、对自己母语中的辅音感知增加（Kuhl，2004）。在语言理解的学习过程中，婴儿的指令配合能力也会提高，11 个月的儿童可以完成母亲一半的指令（Owens，2012）。1 岁以后随着儿童词汇量的增加，他们会开始合并使用词组进行沟通。2 岁左右的孩子可以将 2~3 个词合并，而 3 岁的孩子可能会出现 3~4 个词的短句。词汇数量和类型（名词、动词、人称、特征词等）的增加以及句式的复杂会进一步引发儿童对语法、句法的理解。3 岁后孩子的对话能力进一步提高，可以轮流进行简单的对话、描述不发生在当下的事情、开始出现简单的时态词汇以及心理状态词汇（如情绪、因果关系等）。而接近或进入学龄的儿童会开始建立与学术内容相关的词汇与语言（Language Development in Children，2021；Westby，2000）。

二、孤独症儿童的语言发展与障碍

儿童的语言发展是一项重大的成长发育历程，受来自儿童自身和儿童发展环境的方方面面因素的影响和牵连。儿童神经学研究表明，儿童的语言处理和语言生成是大脑左右半球各区域协同作业的结果，与大脑各机能部位有着广泛联系（Kuhl，2010）。从儿童发展心理学角度来看，语言习得的过程极其复杂，既关乎儿童的基本学习能力、认知—概念发展水平、信息获取策略，也与成人对儿童尤其是有神经发展障碍的儿童的语言灌输策略关系密切（Parisse，1999）。对有孤独症的儿童来说，他们的语言习得差异是由共同注意、情感调节、执行功能、感觉统合以及角度转换（心智理论）多方面的问题组成的。这些挑战不仅影响了儿童的语言习得，同时耽误了儿童的社交发展以及自我目的感和能动性的建立。体现到语言沟通行为上，孤独症人士的核心社交沟通障碍，其困难不仅仅是在口语发音上，很多孤独症人士的语气语调、对非口语信息的理解，以及社交语用方面都存在着差异，导致孤独症人士在典型发展居多的人群中，沟通和语言常常显得不恰当或者格格不入。在儿童语言治疗当中，孤独症儿童由于面临着神经发展障碍带来的社交、互动、感知觉、情感发展等挑战，更需要治疗者整合多个层面的支持，来有效促进其语言发展。

首先，如同任何其他学习过程一样，语言学习需要儿童主动参与其中。对低龄儿童来讲，儿童需要在人际互动当中，在成人的引导下，通过对其本人来讲真实而有意义的体验，促进其最近发展空间的产生和最近发展目标的实现（Tierney and Nelson，2009；维果茨基，1978）。对孤独症儿童来讲，除了其核心症状的阻碍，他们每一个人的情绪调节水平和感知觉体验也左右着对语言学习活动的参与水平（Laurent and Fede，2021； 佘韵婕，2021）。

表达性语言的主要体现形式如手势、面部表情、身体语言等，在婴幼儿时期就已经开始发展。同时，儿童也在逐步搭建自身的语言体系，为口语表达做准备。这两种沟通形式的发展都有赖于从他人的肢体沟通或者快速不绝的口语语流当中，有效识别和学习沟通动作、话语语音等信息，而孤独症儿童却因为缺乏共同注意（joint attention）、互惠性互动能力较低，难以有效地模仿和习得（Ingersoll and Schreibman，2006）。

语言是一套抽象的符号认知系统，因此，要灵活而恰当地使用语言，要求儿童必须发展出抽象符号象征能力。孤独症儿童普遍具有的执行功能障碍，使其难以抑制不相关和杂乱的具体信息，难以聚焦于关键信息并将其抽象化为语言符号所指代的心理表征，因而影响儿童对语义的理解和把握；此外，工作记忆上的损伤又把语言符号（如语音）和语义的关联变得非常困难（马希瑞，2019）。这一类的抽象、排序、组织和关联能力的缺失也常常体现在孤独症儿童单调、狭窄的游戏玩耍模式里（Zalla et al.，2006）。

语言表达离不开各个语言成分的有机组合，这常常需要通过发挥想象力并

利用一定水平的问题解决能力，将语言成分创造性地组织在一起，形成能有效传达意思的语句。由于常认为孤独症儿童的心智理论能力是受限的（Miller，2006），他们较难明了事件或情节的推进和组合，也难以将自我与他人的世界整合，因此在以他人为聆听对象的合理叙事方面会有困难（Leverage et al.，2010）。

此外，形成意图、调节和处理是大脑的三个基本功能，而孤独症儿童的神经发展障碍让他们不易形成沟通意图。因此，孤独症儿童不但语言使用的信心低落，而且运用语言来实现自己的生活功能和目标的意识也常有不足。如果语言伙伴不注重从这方面支持他们，也会给他们语言系统习得和语言使用带来很大困扰（格林斯潘、维尔德，2020）。

综上所述，孤独症儿童的语言发展中，除了对语言的表面形式比如语音语调、字词句等进行直接干预，推动各项其他相关能力的协同发展也是极为关键的。陈丽、曹漱芹、秦金亮（2010）曾调查了孤独症儿童语言治疗的发展和演进，指出了将来的治疗趋势应该是语言干预和非语言干预并举的模式。这样的语言治疗模式，才真正符合儿童语言成长和学习的自然发展过程。

近年来，五彩鹿儿童行为矫正中心与美国认证言语语言病理学家、美国纽约州多语种言语—语言—听说读写教练机构（MSLLC）的创办者——伊丽莎白·伊佳芭（Elizabeth Ijalba）教授合作，从理论上对孤独症儿童语言沟通治疗的要素进行了梳理，并以机构多年的有效实践经验为脉络进行了整合。该教育研究项目提出了以参与、压力调节和关系建立，语言、沟通和共同关注，象征性游戏玩耍和早期听说读写，想象力和认知灵活性，意图性和复杂沟通五级金字塔为内核的“爱尔希”（ELSII）语言治疗体系。在这一体系之下，还提取出了家庭语言训练的“五大支柱”，配以线上指导课程，供家长在家里给儿童进行语言支持使用。在2021年3月举办的“国际孤独症学会年度会议”（INSAR）上，五彩鹿与伊佳芭教授合作发布了该家庭干预课程的效果调查成果（Ijalba et al.，2021）。

参考文献

Crnic, K. A., & Low, C. (2002). Everyday stresses and parenting. In M. Bornstein (Ed.), Handbook of parenting : Volume 5, Practical issues in parenting (2nd ed., pp. 243–268). Lawrence Erlbaum Associates.

Hoff, E. (2014). Language Development (5th ed.). Cengage Learning.

Kuhl, P. K. (2004). Early language acquisition: cracking the speech code. Nature Reviews Neuroscience, 5(11), 831-43. doi: 10.1038/nrn1533. PMID: 15496861.

Language development in children: 0-8 years. (2021, February 17). Raising Children. https://raisingchildren.net.au/babies/development/language-development/language-development-0-8.

Owens, R. E., Jr. (2012). Language Development An Introduction (8th ed.). Pearson Education.

Westby, C. (2000). A scale for assessing children's play. In K. Gitlin-Weiner, A. Sandgrund, & C. Schaefer (Eds.), Play diagnosis and assessment (2nd ed., pp. 15–57). Wiley.

Bishop, D. V. M. (1993). Annotation: Autism, executive functions and theory of mind: A neuropsychological perspective. Journal of child psychology and Psychiatry, 34(3), 279-293.

Ijalba, E., Chen, W., & Song, J. (2021). Parent education via telehealth during the COVID-19 lockdown in Beijing, China [Poster presentation]. The INSAR Conference, Boston, MA, United States.

Ingersoll, B., & Schreibman, L. (2006). Teaching reciprocal imitation skills to young children with autism using a naturalistic behavioral approach: Effects on language, pretend play, and joint attention. Journal of autism and developmental disorders, 36(4), 487.

Kuhl, P. K. (2010). Brain mechanisms in early language acquisition. Neuron, 67(5), 713-727.

Laurent, A. C., & Fede, J. (2021). Leveling Up Regulatory Support Through Community Collaboration. Perspectives of the ASHA Special Interest Groups, 6(2), 288-305.

Leverage, P., Mancing, H., & Schweickert, R. (Eds.). (2010). Theory of mind and literature. Purdue University Press.

Miller, C. A. (2006). Developmental relationships between language and theory of mind.

Parisse, C. (1999). Cognition and language acquisition in normal and autistic children. Journal of neurolinguistics, 12(3-4), 247-269.

Tierney, A. L., & Nelson III, C. A. (2009). Brain development and the role of experience in the early years. Zero to three, 30(2), 9.

Zalla, T., Labruyere, N., & Georgieff, N. (2006). Goal-directed action representation in autism. Journal of Autism and Developmental Disorders, 36(4), 527-540.

陈丽，曹漱芹，秦金亮．利用视觉支架式教学提升自闭症儿童语言能力的实证研究［J］．幼儿教育，2010（15）：44−48.

格林斯潘，维尔德．地板时光：如何帮助孤独症及相关障碍儿童沟通与思考［M］．马凌冬，译．北京：华夏出版社，2020.

佘韵婕．自闭症儿童内感受特征及其干预效果的研究［D］．扬州：扬州大学，2021.

第二节　普通话孤独症儿童的语言特点

◎陈薇薇

沟通障碍为孤独症谱系障碍的主要核心症状之一，这代表大部分孤独症儿童的语言发展或多或少都会受限或出现异常。国外的大量研究指出，孤独症儿童的语言问题涉及语言的方方面面，如语法句法、语音、语义、语用等（杜青、何宏祥，2019；刘洁、徐胜，2021）。历年来，中国地区的研究也发现，普通话孤独症儿童的语言理解和语言表达的发展一般比典型发展的儿童滞后或异常。刘冬梅、邹时朴、龚俊等（2020）对江西地区 155 例 1.5~3 岁的孤独症儿童的语言状况对照其他两组同龄的发育性语言迟缓（DLD）及全面发育迟缓（GDD）儿童的语言状况进行了分析，发现孤独症儿童的语言障碍最重。并且，孤独症男童和女童的语言发育无显著差异。刘冬梅等指出，鉴于针对普通儿童的多项研究都表明女童的语言表达优于男童，这也许提示着孤独症女童的语言发育过程中所受损伤比男童更加严重。

苏怡和谢帆（2018）用《汉语沟通发展量表》（PCDI）对 75 名 2~6 岁的

孤独症儿童的调查表明，约有 15% 的孤独症儿童还没有表现出对简单语言的理解，平均月龄为 54 个月的普通话孤独症儿童对简单语言的反应低于 11 月龄普通儿童的水平，理解短语的能力只相当于 10 月龄的普通儿童。同时，他们词汇表达的能力仅与 17 月龄的普通儿童相仿，手势沟通能力也只相当于 9 月龄的普通儿童。吴、陆、于等（2019）对青岛地区 3~6 岁的普通话孤独症儿童的语音研究也指出，该年龄段幼儿的字首音、字尾音、汉字声调的正确表达都显著落后于同年龄普通儿童。

一、语音研究

研究发现，3~6 岁的孤独症儿童的发音状况具有很大的个体差异性（吴、陆、于等，2019；杨晓程，2020）。但是，尽管 6 岁以前的孤独症儿童语音错误体现为高度个别化，6 岁以上的、语言理解与 3~6 岁普通儿童相当的孤独症儿童，其语音总体发展水平与后者却没有显著差异，然而带有一些非典型特征。对普通 4 岁以上儿童来讲非常易于掌握的舌面音，对孤独症儿童却较难，发音错误率很高（王梅、张海丛、张洋，2015）。又比如，孤独症儿童的 /x/ 音的发展不如普通儿童，但对 /c/ 音的掌握又优于后者。此外，相比 6 岁以下的幼童，6 岁以上较大年龄段的孤独症儿童在语音发展上的个体差异缩小了（吴、陆、于等，2019）。

王梅、张海丛、张洋（2015）调查了北京市 113 名 4~16 岁之间的谱系少年儿童的辅音发音，从发音部位和发音方法两个因素来描绘他们的发音水平。发音部位上，对于舌面音比如 /j/、/q/ 的发音错误率最高。舌尖后音 /zh/、/ch/、/sh/ 的错误也非常多见。从发音方式看，虽然有近一半的孤独症儿童发音方法正确（48.1%），但是有 2 个以上错误的儿童也多达 36.8%。其中，塞擦音擦音化的现象最严重，有 29 位被试将 /z/、/c/ 分别发成 /d/、/t/。还有 27 个被试将送气音不送气化，比如，将 /p/ 发成 /b/，表明孤独症儿童掌握送气音具有困难。吴、陆、于等（2019）从音素所在位置考察孤独症儿童的语音习得，发现对出现在字首的 /x/、/t/、/l/，以及出现在字尾的 /iao/、/iou/、/uo/， 3~6 岁的孤独症儿童的发音比同年龄的普通儿童困难。此外，前者普通话三声的习得水平也较低。

在儿童期早期，除了习得各类音素之外，在 5 岁之前普通儿童已经能够充

分掌握韵律这种有助于表达情感、协助听话方理解句法结构和语义的功能性语音成分了。王玉珏（2018）围绕语音语调，对上海市 24 名平均年龄为 12 岁的孤独症儿童和平均年龄为 5 岁的语言能力匹配的普通儿童进行对比研究，发现孤独症儿童对他人的语调有一定的分辨能力，但仿说高兴和生气情感语调时，语调变化能力较弱，而仿说伤心情感语调这类语调变化水平较低的表达时更加接近普通儿童。作者认为孤独症儿童虽能对语调进行较准确的听觉识别，但可能因为不能意识到语音语调的此类变化对有效传达社交信息的作用，从而较难精确控制自己的语调。

除了对普通话音系当中语音元素的掌握，研究者对孤独症儿童音系的习得过程也进行了研究，比如，音系偏误（phonological errors）。音系偏误是指幼童在成长过程当中，对某些辅音的发音存在着一个从不准确到准确的自然过程，这个演变过程通常被认为具有固定的规律。常见的音系偏误有替代（总是用某一个音替代另一个音）、同化（一个音的发音受到之前或之后的字词里某个音的影响，与之趋同）等。杨晓程（2020）对 16 名 4~6 岁的高功能孤独症儿童与 21 名典型发展儿童的音系偏误进行了对比。研究显示，高功能被试的语音同化现象多过典型发展儿童。作者指出，这也许意味着孤独症儿童对语音的关注水平或者针对语音的认知资源并不足够，因而发音容易受到语句里其他无关的音的干扰。

总体看来，在语音的各个维度之上，普通话孤独症儿童的语音发展都存在着其独特的面貌，同时，也有着基于不同年龄阶段的非典型发展模式。

二、词义研究

过去曾有研究指出，孤独症儿童在词汇方面的障碍程度较轻，且高功能孤独症儿童的词汇量与普通儿童相比并不小，但对普通话孤独症儿童的研究指出了他们在更为复杂的语义处理层面所遭遇的障碍。

杨金焕、郑荔、顾文涛等（2021）对南京 28 名平均 5.5 岁的孤独症儿童的词汇能力同普通儿童进行了对照研究，发现比起词汇理解能力，他们的词汇表达水平大大低于普通儿童。他们具有很突出的词义泛化特点，更多地错误使用一个泛指或者类型名词，比如，用“鸟”来代替具体名词如“老鹰”。作者指出这是典型发展儿童词汇发展的一个早期阶段，表明孤独症儿童在语义表征或目标名称的激活方面的发展存在滞后。此外，孤独症儿童将两个词汇组合成复合词的能力也低于普通儿童，这代表他们在复合词比例高达 75% 的汉语词汇体系当中，可能会因为运用语素进行思考的能力和词汇创造能力偏低而使语言水平受到影响。

除了具体事物名词之外，宋宜琪、杨婉晴、梁丹丹（2021）调查了 44 名平均年龄约为 8 岁的高功能孤独症儿童对个体最熟悉的空间概念词——“大”的概念掌握水平。比起“小”，“大”这个词可以通过隐喻的方式映射到更多的具体概念或抽象概念上，如“大红色”（具体概念）、“大奖”（抽象概念）等。研究发现，即使在有上下文语境的情况下，孤独症儿童对“大”字的隐喻理解都显著低于同龄普通儿童。作者推断可能对抽象概念的掌握不佳致使孤独症儿童难以将这些概念实体化。

此外，研究还调查了同样需要抽象的逻辑语义判断能力进行正确理解的全称量词——“每”的习得（陈姗姗，2019）。通常，儿童在 4 岁时便能够牢固掌握其意义。通过将 26 名 4~9 岁的高功能孤独症儿童与语言水平相当的 4~6 岁普通儿童进行对比，研究者指出，两组儿童对句子当中的“每”字的含意体现出了相似的理解水平，但前者所需的反应时间相对要长一些。

除实词外，在虚词的发展上，普通的汉语儿童在 1.8~3 岁之间就已经开始使用情态动词。汉语中有动力型情态动词，如“会”“要”，以及道义型情态动词，如“该”。范佳（2019）对 17 名 3 岁 9 个月至 6 岁 4 个月的高功能孤独症儿童和典型儿童及特定型语言障碍的儿童进行对比发现，孤独症儿童对这 3 个情态动词的理解水平都比后两者更低。在情态动词的使用上，需要对一些事物可能性和必要性进行推理和判断的情态动词如“该”，或者对他人的意愿有所察觉的情态动词如“要”，孤独症儿童都有着比其他两组儿童更大的困难。

杨金焕、郑荔、冯晨等（2021）对南京 25 位 4~7 岁的轻度孤独症儿童进行了词汇联想能力的调查并与年龄或词汇水平进行匹配的普通儿童对比，发现孤独症儿童的纵聚合词汇，如“猫—狗”等替代性词汇联想超过普通儿童，但横组合词汇，如“狗—叫”等搭配性词汇联想则相对不足。总体来讲，非语义

联想较多，如“难过的—水果糖”等。作者指出，孤独症儿童语义表征相对贫乏，在复杂的词汇语义网络习得上相比典型儿童具有较大障碍。

综上所述，虽然有过往研究表明孤独症儿童表现出比典型儿童更容易的词汇和语法获得过程，但细究之下，无论是单一的词汇如实词或虚词层面，还是词汇之间的组合层面，孤独症儿童对涉及抽象逻辑思维和推理的词义的理解水平，以及创造性使用词汇的水平都相对较低，发育相对延迟。

三、句法研究

前人的研究指出，孤独症儿童自有一套句法规则，但句子的复杂程度比普通儿童低。苏怡、谢芊芊、苏林雁（2020）将 41 名平均年龄约 4 岁的孤独症儿童与年龄和性别相匹配的发育迟缓儿童和语言障碍儿童进行比较，发现虽然 3 组儿童在名词、动词、代词、量词、疑问词的使用上趋同，但是孤独症儿童比其他两组儿童更少使用代表过去事件的体标记“过”或者“了”。作者指出，这可能来自孤独症儿童在分析、处理心理表征结构中的时间成分上的能力不足。

此外，通过对普通话孤独症儿童以“谁”“什么”为主语或宾语的特殊疑问句的理解研究，发现原本普通儿童在 3 岁之前就能够准确理解的特殊疑问句，4~6 岁的孤独症儿童理解依然会遇到困难。苏怡、肖洁和奈戈斯（2022）采用眼动实验对比了长沙市 36 名 3~6 岁孤独症儿童和普通儿童对诸如“小马抱住了什么”或者“什么洗了小马”等特殊疑问句的理解，指出孤独症儿童的理解相对于普通儿童显著延迟，并且对疑问词在主语部位的特殊疑问句的理解加工存在困难。戴慧琳和何晓炜的研究（2021）同样也发现，孤独症儿童理解宾语疑问句普遍较主语疑问句更为容易。

针对孤独症儿童对某些需要做真值性判断的复杂句型的研究发现，面对类似“晓红认为妈妈在敲门，实际上是坏人在敲门”的补语句，4 岁普通儿童能够准确回答“晓红认为谁在敲门”的问句，但是平均年龄为 7 岁 8 个月的孤独症儿童在测试中所体现的句意理解显著弱于普通儿童（郭强，2021）。该研究还显示出，孤独症儿童较高的语言解码能力可以在一定程度上弥补其心智理论能力上的缺失，反之，如果句型过难，比如，用从句替代动词段语句，就会抑制孤独症儿童本来已经受损的心智理论水平，妨碍对语句逻辑的理解。

对汉语孤独症儿童的研究表明，面对一些较为特殊或者较为复杂的句式，无论是理解还是使用，孤独症儿童都具有困难，并且其语言处理上的错误在某些句式上较为集中和固定地体现了出来。

四、语篇研究

过往研究揭示出孤独症儿童在多语句的叙述过程中，较少使用替代和衔接词，而多用省略等（马博森、龚然、曾小荣，2018）。

在儿童对事件的叙述中，6~7 岁的普通儿童除了能够利用定指指代词比如“这”“那”等词回指之前自己提到过的、自己认为听话者已经知道并能识别的信息，还开始利用不定指形式的表达引入新的叙述对象，比如，“一只青蛙跳过来了”。靳羽西（2018）收集了 14 位 6~7 岁的孤独症儿童和年龄及言语智力相匹配的普通儿童对无字书上的故事讲述的言语材料进行分析，发现孤独症儿童的不定指形式总体使用得并不充分，并且除了体形较大的配角，如鹿之外，对图案较小的鼹鼠、蜜蜂等的故事配角出现了明显的引入失败。作者指出，孤独症儿童对他人认知状态的推测困难以及较弱的注意力转移能力可能是主要原因。

程燕华和胡月婵（2019）对宁波地区 8 名平均年龄为 8 岁 6 个月的孤独症儿童在故事描述过程中的回指的使用进行了调查，发现孤独症儿童对汉语中特有的大量“零回指”（省略之前提到过的事物名词）的使用模式与普通儿童有很大差别，即当回指位置与头一次提到的词之间的距离变长时，前者的零回指比例反而会增加，容易给听话者造成误解。作者指出，孤独症儿童可能因为缺乏心智理论能力而在谈话中忽略了他人的背景知识，从而造成不当回指。

马博森、倪文君、曾晓荣（2021）针对 15 名 6~7 岁的高功能孤独症儿童的话语修正能力进行了研究，不但发现前者比普通儿童犯了更多的指称错误，还发现，当孤独症儿童在对话中引起对方误解时，面对对方的提示，相比普通儿童，孤独症儿童更少地能够重新思考并且给出替换答案，因而修正成功率明显偏低。

对于儿童的总体发展来讲，会话能力有着重大意义，虽然普通儿童通常在 1 岁时才能说出有意义的字词，但出生后不久即能关注旁人的语言、动作、表

情等沟通信息并习得简单的“你来我往”的沟通技能，成为早期会话的基础。薛炜（2020）将上海市 33 名 6~12 岁的孤独症儿童与词汇能力相当但年龄小得多（差异为 1~9 岁）的普通儿童进行对比发现，此阶段两组儿童的对话语言都以被动回应为主，但孤独症儿童的会话参与相对少得多——在两个实验情境中，普通儿童使用言语参与对话的占 100%，但只有 58% 的孤独症儿童进行了言语参与。此外，对话的维持和发起均比普通儿童少得多。此外，就对话过程中的动作类型看，普通儿童出现了“给予物品”“展示物品”“手指指点”“点头摇头”等会话动作，而孤独症儿童不管从类型或者数量上来讲都要少得多，还出现了普通儿童没有的“身体接触”行为，虽在一定程度上维持了对话，但对话题的推进没有太大价值。在两组儿童对对话的理解上，研究者发现，大部分普通儿童能有效理解 2~6 轮对话，然而孤独症儿童仅能较好理解 2~4 轮的对话，显示在对话理解上与普通儿童相比也稍有不足。研究者由此指出，孤独症儿童的对话互动水平是极其滞后的。

由此可见，相对于典型发展的儿童，普通话孤独症儿童在流畅的口语语篇的产出方面水平较低，也较难进行持续而有效的会话信息交换。

五、总结

总体而言，普通话孤独症儿童的语言研究发现，孤独症儿童在语音、词义、句法、语篇等各层面，既有着信息处理上的障碍，也存在信息表达上的困难。在某些层面的能力上，孤独症儿童中的某些群体同普通儿童相比并无太大差别甚至有其优势，比如，词汇量较大、汉语中的几大类词汇的理解相对正常、相对完整的音系意识等。同时，绝大部分研究在将孤独症儿童和普通儿童的年龄和语言认知或词汇能力进行了匹配的情况下，依然探查到了普通话孤独症儿童在目标语言成分上所集中呈现的劣势和独特发展规律。

有研究表明，此类自闭谱系语言发育的特点与孤独症的核心障碍如社交互动、沟通交流、刻板与局限兴趣的严重程度并不相关（韦秋宏、张渝、何燕等，2021；吴、陆、于等，2019），另有一些普通话孤独症儿童的研究进一步呼应了西方研究指出的，核心障碍相关能力之外的其他能力如非语言认知能力与孤独症儿童的语言能力有着紧密联系。比如，有研究者相信孤独症儿童的执行功能发展受限会导致建立语言标签和语言所指物体之间联系的持续注意、语言短时记忆和干扰排除机制受到损害（马希瑞、章依文、林媛媛等，2019），而且语音记忆也会影响孤独症儿童的发音（杨晓程，2020）。还有研究者指出，或因工作记忆较短，孤独症儿童在处理可能有移位轨迹的句子信息以及复杂句子时，难以有效加工和储存信息（刘顺华，2020）。一些研究者还推断，孤独症儿童在语义心理表征的质与量上与普通儿童的差别，以及前者在想象力、抽象思维以及联想能力上的局限，是造成词义发展不足的重要原因（宋宜琪、杨婉晴、梁丹丹，2021；杨金焕、郑荔、冯晨等，2021； 杨金焕、郑荔、顾文涛等，2021）。另外，还有研究者将孤独症儿童的心智理论能力与需要儿童进行相关的可靠逻辑判断的语言过程及其发展关联了起来（靳羽西，2018；王玉珏，2018；范佳，2019；程燕华和胡月婵；2019；郭强，2021）。

近年来，针对普通话孤独症儿童的实验语言调查逐渐增多。将来的普通话孤独症儿童语言研究如果能够在仔细梳理该群体语言发展的潜在影响因素的基础上，通过建立较大的数据池，将被试的非语言认知能力与语言能力做相关性调查，将会有利于洞察普通话孤独症儿童的语言障碍与其个体特点的相互关系，开创更有针对性的治疗契机。

参考文献

陈珊珊．自闭症儿童全称量词语义理解能力与认知灵活性的关系研究［D］．上海：华东师范大学，2019.

程燕华，胡月婵．汉语自闭症儿童叙说话语的回指研究［J］．北京科技大学学报（社会科学版），2019，35（3）：42-48.

杜青，何宏祥．孤独症儿童语言和社交沟通障碍相关问题［J］．中国实用儿科杂志，2019，34（8）：632-637. doi:10.19538/j.ek2019080604.

范佳．普通话特殊型语言障碍儿童与高功能自闭症儿童情态动词习得对比研究［D］．广州：广东外语外贸大学，2019. doi:10.27032/d.cnki.ggdwu.2019.000069.

靳羽西．汉语自闭症儿童故事讲述任务中指称引入研究［J］．文教资料，2018

（34）：26－29+37.

郭强．孤独症儿童补语句法加工与心理理论关系及干预研究［D］．上海：华东师范大学，2021．doi:10.27149/d.cnki.ghdsu.2021.000275.

刘冬梅，邹时朴，龚俊，等．孤独症、全面发育迟缓及发育性语言延迟儿童早期语言发育特征［J］．中国儿童保健杂志，2020，28（3）：312－315.

刘洁，徐胜．自闭症儿童和特殊型语言障碍儿童的语言差异研究述评［J］．现代特殊教育，2021（2）：47－52.

马博森，龚然，曾小荣．系统功能语言学视域下的语言障碍研究：回顾与展望［J］．浙江外国语学院学报，2018（5）：72－80.

马博森，倪文君，曾小荣．自闭症儿童与正常儿童的他发自我修正策略对比研究［J］．语言战略研究，2021，6（6）：23－32.doi:10.19689/j.cnki.cn10－1361/h.20210602.

马希瑞，章依文，林媛媛，等．执行功能在语言障碍和多动/注意缺陷行为关系中的调节作用［J］．中国儿童保健杂志，2019，27（8）：824－827.

宋宜琪，杨婉晴，梁丹丹.6～8岁汉语高功能自闭症儿童空间概念“大”的隐喻映射研究［J］．心理与行为研究，2021，19（4）：460－465.

苏怡，肖洁，Letitia R. Naigles．汉语孤独症谱系障碍儿童早期特殊疑问句习得的眼动研究［J］．现代外语，2022，45（2）：183－194.

苏怡，谢帆．汉语孤独症谱系障碍儿童早期语言及沟通发展水平研究［J］．语言文字应用，2018（2）：118－127．doi:10.16499/j.cnki.1003－5397.2018.02.013.

苏怡，谢芊芊，苏林雁．孤独症儿童、发育迟缓儿童和语言障碍儿童早期语言表达水平的异同［J］．中国临床心理学杂志，2020，28（3）：508－512+517．doi:10.16128/j.cnki.1005－3611.2020.03.016.

王梅，张海丛，张洋．孤独症儿童声母发音状况分析［J］．现代特殊教育，2015（20）：39－43.

王玉珏．自闭症儿童韵律产生特征研究［D］．上海：华东师范大学，2018.

韦秋宏，张渝，何燕，等．不同发育水平孤独症谱系障碍患儿的语言状况［J］．中华儿科杂志，2021，59（11）：922－927.

薛炜．汉语孤独症儿童会话能力的特征及干预研究［D］．上海：华东师范大学，2020．doi:10.27149/d.cnki.ghdsu.2020.001386.

杨金焕，郑荔，冯晨，等．轻度自闭症儿童汉语词汇联想特征研究［J］．听力学及言语疾病杂志，2021，29（2）：140-145.

杨晓程 . 汉语普通话特殊型语言障碍儿童与高功能自闭症儿童音系偏误研究［D］. 广州：广东外语外贸大学，2020. doi:10.27032/d.cnki.ggdwu.2020.000899.

第三节 国内孤独症儿童言语语言沟通治疗现状

◎宋静淼

一、国内外言语语言治疗教育与认证

言语语言康复行业在我国的发展相比发达国家无论是在学习培训方面还是在资格认证方面都有很大的差距。美国言语语言听力协会（ASHA）于 1925 年建立，从 1952 年开始提供言语语言治疗师的认证资质。而对比之下，中国国际言语听力协会（CISHA）从 2010 年开始逐渐形成，2014 年在加拿大注册登记，为中国引进国际化的治疗方式方法。但至今国内的语言治疗师仍缺乏统一的认证资格（田莉、刘样、楼天晓等，2015），在职言语语言治疗工作者被泛称为言语治疗师（ST），无法反映治疗师的培训背景或工作经验。根据张敬、章志芳、肖永涛等 2017 年进行的一项网络调查，目前我国医疗系统内的言语治疗师大多持有康复治疗执照（63.6%），非医疗系统内的言语治疗工作人员大多持有教师资格证（53.8%）。国内目前将言语治疗师考核纳入康复治疗师考核认证中，并且对学历与参与培训要求不一。大多当前的言语治疗师认为大专学历以及一个月以内的考前培训就足以获得言语治疗师的考核认证资格（田莉、刘样、楼天晓等，2015）。对比之下，获得言语语言治疗师认证在美国需要至少 6 年言语语言病理学的学习、最低获取硕士学位、400 小时的课程内临床实习经验（clinical experience）、至少 1260 小时或 36 周的毕业后督导实习（clinical fellowship）以及成功通过认证考试（ASHA，2020），而在英国则需要在 3~4 年的言语语言治疗学士学习、两年的硕士学习，或者经过认证的言语语言治疗实习项目学位，并经过英国健康和护理专业理事会的资格认证。国内现有的在职言语治疗师中，有硕士、博士学位的仅占 2% 左右，大多数工作单位对语言治疗工作人员的专业度要求并不高，重视不够（潭洁、王如蜜、

张满春等，2016）。没有统一的标准，对目前高校进行语言治疗师的教育培训以及对市场上的现有的言语语言治疗方法缺乏统一的认定和管理。在中国知网（CNKI.com）上进行相关文献研究调查发现，近5年内（2017—2021）发表的以“我国”“国内”“言语治疗”“语言治疗”组合进行搜索所获文章各不超过10篇，且大多为医疗机构内或对医疗患者进行的治疗研究。由于孤独症的核心障碍之一为社交沟通方面的缺陷，且40%的孤独症人士可能终身无法使用口语进行交流（Autism Speaks，2021），缺乏有关专业的认证资质和统一的治疗方法，相关的研究对孤独症人士沟通的治疗干预影响极大。张敬等的调查发现国内言语治疗师的工作对象至少1/3为孤独症儿童，在医疗系统内外所占比例分别为33.2%和38.9%（2017）。然而对孤独症儿童使用的言语语言治疗方式和有效性的研究极度匮乏，在上述中国知网搜索关键词组合上加入“自闭症儿童”，所获文献不限定年限均在3篇文章以下。由此可见我国对发展障碍儿童，尤其是孤独症儿童的言语语言治疗的相关信息极少，对市面上已有的言语语言治疗方法的有效性也难以评定。

二、国内孤独症儿童语言治疗

我国孤独症儿童现有常见的语言治疗包括传统语言治疗、口肌训练、构音训练、语言理解和表达、流畅清晰度训练等，针对发音、口部肌肉运动能力、词汇量、句法、仿说等目标进行干预。治疗方法包括应用行为分析（ABA），如回合式操作教学（DTT）、语言行为（VB）、关键反应训练（PRT）、自然情景和家庭训练等；艺术性治疗，包括音乐治疗、美术治疗、沙盘治疗等；以建立关系和互动为主的游戏治疗，如“地板时光”；以及借用辅助性沟通工具的沟通治疗，如图片交换沟通系统（PECS）和扩大替代性沟通（AAC）（张荣花、陈景辉，2008；霍瑙敏，2016）。同时少数从国外归来、持有国际认证的言语语言治疗师/病理师也会进行与国外类似的语言治疗。另外简单地在互联网上搜索关键词“自闭症儿童语言治疗”能够找到大量的网络和教学视频，旨在帮助家长在家庭和自然环境中与孩子进行语言练习。这种视频的重点会放在建立关注与共同关注、大量示范、简化语言、按照儿童能力练习吹气发音、选择恰当的目标词汇、生活中加入语言训练机会等常用的小技巧。针对孤独症儿童的机构内语言训练的课程信息除了言语训练课（ST）以外，很多机构也会打包推荐感统课和作业治疗课。虽然有些有语言障碍的孤独症儿童同时伴有运动计划和序列能力的问题，但是感统治疗和作业治疗对言语语言能力本身的提高效果如何仍需加以研究。

三、国内常用孤独症儿童语言治疗方法及效果

国内关于孤独症儿童语言训练方法以及其有效性的研究有限，根据“自闭症”/“孤独症”、“语言”/“言语”、“干预”/“治疗”几个关键词在中国知网上搜索到的相关文献在50篇以内，并且这些文献研究不分年限、没有对研究方法效度的筛选。在搜索到的文章中，大多数研究属于单一被试或是个案研究，并且很多研究对比某个治疗方法的研究期限极短，只用少数研究参与者和几周的时间来探索被调查方法的有效性。

（一）口肌训练

口肌训练在国内孤独症儿童语言训练中极其常见，在传统的语言训练中也有很大的比例和权威。口肌训练由美国言语语言病理学家 Sara Rosenfield-Johnson 研发，针对肌肉发育问题导致的发音和饮食障碍进行治疗。口肌训练利用一系列的工具来帮助治疗者建立口部肌肉感知觉意识以及口部器官的运动。先对比其他的语言治疗方法，口肌训练较早被引进，因此针对其效果的研究也相对较多。我国孤独症儿童研究发现口肌训练可以提高孤独症儿童的口部运动能力，然而口肌训练加语言认知训练的效果比单独进行口肌练习要更加显著（陆培玲，2018；肖恋，2021）。石雅倩的个案研究（2020）发现口肌训练对提高孤独症儿童的口部肌肉能力（包括下颌、唇、舌的运用）、发音准确度、发音利用度、发音独立性以及配合意识有一定的效果，然而对孤独症儿童本质的社交沟通问题（如沟通意图、主动沟通、互动行为等）并没有描述。总体来说，文献表明口肌训练对孤独症儿童的语言沟通有提高作用，但仔细阅读会发现大多数文章的评估标准为发音和口部肌肉运动能力。口肌训练对部分有言语发音困难的儿童有一定的效果，但因为它是针对肌肉问题来进行干预治疗的，而很多孤独症儿童的社交沟通障碍源于人际关系和沟通动机的建立异常，而非单独的口部肌肉发育障碍，口肌训练对很多孤独症儿童来说并不能够从根本上解决

问题，且对一些伴随有智力发育迟缓和智力障碍的孤独症儿童，被动地通过仪器工具来进行沟通治疗可能是极其有入侵性和创伤性的经历，反而会进一步加重孤独症儿童社交沟通方面的负面印象。

（二）语言行为干预

语言行为治疗法源于应用行为分析，由斯金纳在20世纪50年代提出，将语言沟通看作一种可塑造、可强化的行为。语言行为作为应用行为分析的分支，利用回合式操作教学和自然情景教学（NET）两种方法在结构化以及自然情景中进行语言教学，练习孩子的提要求、命名、仿说、对话、读以及转录6个语言行为。由于语言行为是应用行为分析的一部分，这种教学方法同样受到了专业人士的质疑，尤其是基于互动和游戏的言语语言治疗师，指出利用行为进行语言教学忽视儿童的沟通主动性和动机建立，导致儿童容易依赖仿说和提示（牛瑞花，2016）。虽然应用行为分析理论科学在国内属于比较常见的孤独症儿童干预方法理论之一，我国关于语言行为的干预方式以及效果的研究也并不多。朱莹慧于2019年的个案调查发现：即使是只有两位参与者的研究，语言行为对孤独症儿童语言沟通能力的提高效果也是不一致的。

（三）关键反应训练

同样作为应用行为分析的分支，关键反应训练的目标在于建立儿童的基本能力（包括动机、刺激分辨、主动发起、自我管理等），并以此来锻炼孤独症儿童的社交、沟通、认知等更加高级的能力。关键反应训练能够提高孤独症儿童的语言沟通能力、功能性发音，甚至认知功能（Coolican et al.，2010；Gengoux et al.，2015）。我国知网文献调查有发现少数关于关键反应训练的干预效果，发现大多数儿童在进行治疗后语言沟通能力均有提升，尤其是在问题回答、语言逻辑、人称代词，以及仿说方面（郝怡娜，2016；张嘉江、黄颖，2020；陈琼，2021）。但是如同上文指出，调查到的3篇以国内儿童为参与者的研究均为个案研究，且其中只有一篇干预过程超过3个月，另外两篇仅通过数周即判断该治疗方法对孤独症儿童语言沟通发展是有效果的，但是效果的稳定和维持并不能够体现。

（四）音乐治疗

音乐治疗通过接受式音乐、即兴演奏、再创造娱乐式音乐治疗来提高治疗者的学习、参与、社交、情绪等方面的能力。研究发现音乐治疗对孤独症儿童的沟通能力有一定的提高作用，尤其是在注意力、社交行为、沟通能力、情绪理解处理等方面（刘玉婷，2019；常欣、刘雨婷、王沛等，2016）。中国知网中搜索有 3 篇利用音乐治疗进行孤独症儿童语言训练的文章，两篇文章中调查了 10 名以内孤独症儿童，一篇文章以超过 80 名孤独症儿童作为参与者。其中田利媛等较大规模的研究发现孤独症儿童在经过 3 个月的音乐治疗后，比对照组儿童的情绪、行为、感知觉和社交四方面有较大的提升（2018）。虽然社交、行为以及情绪等对儿童的社交沟通行为有一定的影响，但是该文章并没有直接对比孤独症儿童音乐治疗组和对照组的言语语言发展区别。另外两篇文章指出孤独症儿童在经过 4~10 周的音乐治疗后，儿童的目光交流、主动发音 / 回答、词汇量、注意力和社交行为都有提高（刘玉婷，2019；卢梦洋，2018）。然而这两组实验均为个案研究，参与研究的人数较少，研究为期较短，对音乐治疗在孤独症儿童语言发展方面的长期干预效果及其维持度并不能够明显体现。

（五）美术治疗

美术治疗通过不同媒介的美术手法来进行多样化的心理与行为治疗。对于孤独症儿童，美术治疗可以提高儿童的精细能力、语言理解、社交互动、语言表达等；同时美术治疗利用视觉化的方式帮助有一定言语困难的孤独症儿童进行沟通与理解的辅助性支持（王烁，2015）。类似音乐治疗，我国在美术治疗对孤独症儿童言语沟通能力方面的研究极其匮乏，少有的几篇文献均为个案研究论文，参与者少，无法解释美术治疗对孤独症言语能力的系统化干预效果。

（六）游戏治疗

相比行为主义治疗法，以游戏为基础的语言治疗重在建立儿童与周围人的关系，提高儿童对人的关注和兴趣，从本质上促进孤独症儿童的社交沟通问题。目前英美国的语言治疗项目大多是从以互动游戏为主的治疗方法入手，在提高儿童的关注、参与、互动、沟通意图等的基础上有针对性地练习孤独症儿童的语言治疗目标。对比而言，我国以游戏为基础的语言治疗模式仍处在初期的发展阶段，陆陆续续有不同的机构开始介入这种强调主动沟通意图的治疗方法，但很多家长的思想仍然停留在“让孩子快速开口，大量仿说”的阶段。国内研究发现游戏治疗可以帮助孤独症儿童提高其共同关注、沟通意图、社交行

为、主动性沟通、表达性语言，以及儿童的兴趣和玩法（项学浩，2021；汤慧，2019）。我国现有游戏治疗的文献以个案研究为主，但不同于其他的研究，游戏治疗研究中的干预时长相对长一些，在 2~5 个月不等，对研究结果的持久性更有说服力。

（七）辅助性沟通方式

扩大替代性沟通（AAC）利用手势、图像符号、实物等或借助印刷品、电子设备等为口语沟通困难的人士提供口语之外的沟通方式。研究指出扩大替代性沟通行为和辅助性沟通设备可以帮助孤独症儿童增加有效的沟通方式，提高孤独症儿童的沟通成功率，减少因沟通不畅引起的挑战性行为和情绪问题（章小霞，2012）。针对很多家长对 AAC 会干扰孤独症儿童口语发展的顾虑，Schlosser 和 Wendt 的相关系统评价呈现 AAC 不仅不会干扰口语发展，而且研究发现 AAC 有助于孤独症儿童的口语发展（2008）。我国孤独症儿童个案研究显示对于口语发展困难的儿童，辅助性沟通可以持续性提高其自我需求和人际互动沟通，增加孤独症儿童的沟通次数（章小霞，2012；韩娇娇，2019；张悦，2013）。

四、总结

孤独症的核心障碍之一为社交沟通困难，孤独症儿童通常对周围人的关注和兴趣远远少于对物的兴趣、共同关注少、沟通方式缺乏或不当、社交行为受限。这些都影响了孤独症儿童的社会性言语语言沟通以及与他人人际关系的建立，进一步对孤独症儿童的长远发展带来负面的影响。我国目前对孤独症儿童的言语语言治疗方法比较多样化，包含了生理机能方面的口肌训练、通过行为改变沟通的语言行为和关键反应训练、以建立主动沟通和动机为主的游戏治疗或自然情景干预、艺术性疗法，以及借助辅助性沟通方式的治疗方法。然而相对比较发达的国家，我国的孤独症语言治疗教育、培训、认证、考核等发展有限，国家各个部门以及行业内机构（包括医疗和非医疗机构）对孤独症儿童的语言治疗并没有统一的要求与规划，孤独症言语治疗师有过半为康复治疗师和特殊教师，对语言治疗专业知识的学习以及专业性的实操技能没有保证。尤其对比美国至少 6 年的专业学习（硕士学位）、400 小时的临床实操以及专业的考核与认证，我国孤独症儿童的语言治疗行业仍有很大的发展空间。儿童语言发展从婴儿期就开始出现，到 5 岁儿童的大脑就基本发育完全了。因此促进国内语言治疗的专业度和有效性发展可以帮助孤独症儿童尽早接受科学有效的语言干预，避免孤独症儿童浪费宝贵的早期发育时间。

参考文献

2020 Standards and Implementation Procedures for the Certificate of Clinical Competence in Speech-Language Pathology. (2020, January 1). ASHA. https://www.asha.org/certification/2020-slp-certification-standards/.

Autism Statistics and Facts. (2021). Autism Speaks. https://www.autismspeaks.org/autism-statistics-asd.

Coolican, J., Smith, I. M., and Bryson, S. E. (2010). Brief parent training in pivotal response treatment for preschoolers with autism. Journal of Child Psychology and Psychiatry, 51(12), 1321-1330. doi: 10.1111/j.1469-7610.2010.02326.x.

Gengoux, G. W., Berquist, K. L., Salzman, E., Schapp, S., Phillips, J. M., Frazier, T. W., Minjarez, M. B., and Hardan, A. Y. (2015). Pivotal Response Treatment Parent Training for Autism: Findings from a 3-Month Follow-Up Evaluation. Journal of Autism and Developmental Disorders, 45(9), 2889-2898. doi: 10.1007/s10803-015-2452-3.

Schlosser, R. W. and Wendt, O. (2008). Effects of Augmentative and Alternative Communication Intervention on Speech Production in Children With Autism: A Systematic Review. American Journal of Speech-Language Pathology, 17(3), 212-230. https://doi.org/10.1044/1058-0360(2008/021).

常欣，刘雨婷，王沛，等 . 音乐干预对自闭症儿童语言障碍的影响［J］. 心理科学进展，2016，24（9）：1391−1397. doi: 10.3724/SP.J.1042.2016.01391

陈琼 . 关键反应训练法对农村生源自闭症儿童语言障碍的干预研究［D］. 合肥：安徽农业大学，2021.

韩娇娇 . 运用图片交换沟通系统促进重度智力障碍儿童沟通行为的单一被试研究［D］. 武汉：华中师范大学，2019.

郝怡娜 .PRT 的自我发起对学前自闭症儿童主动提问技能的干预研究［D］. 重庆：重庆师范大学，2016.

霍瑙敏 . 自闭症儿童的早期干预及语言训练［J］. 教育纵横，2016（19）：278.

刘玉婷 . 再创造式音乐治疗对自闭症儿童语音、词汇量发展的影响［D］. 吉林：东北师范大学，2019.

卢梦洋 . 表达性艺术治疗对自闭症儿童沟通能力的训练研究［D］. 重庆：重庆大学艺术学院，2018.

陆培玲 . 口部肌肉训练配合认知训练对孤独症患儿的影响［J］. 临床研究，2018，26（7）：193−194.

牛瑞花 . 语言行为方法在自闭症儿童干预中应用研究综述［J］. 绥化学院学报，2016，36（4）：69−72.

石雅倩 . 口肌训练结合语言认知训练对自闭症儿童构音训练成效的干预研究［D］. 大连：辽宁师范大学，2020.

潭洁，王如蜜，张满春，等 . 我国语言治疗师现状的网络调查研究与分析［J］. 中华物理医学与康复杂志，2016，38（8）：619−620.

汤慧 . 游戏化语言教学活动对自闭症幼儿表达性语言发展影响的个案研究［D］. 武汉：华中师范大学，2019.

田莉，刘样，楼天晓，等 . 中国医院内言语治疗师执业现状调查［J］. 中国康复理论与实践，2015，21（11）：1339−1343. doi: 10.3969/j.issn.1006−9771.2015.11.023

田利媛 . 音乐干预疗法对自闭症患儿语言障碍的康复效果分析［J］. 临床治疗，2018，26（9）：108−109.

王烁 . 治疗性美术教育辅助改善自闭症儿童沟通能力的个案研究［D］. 济南：山东师范大学，2015.

项学浩 . 结构化游戏对自闭症儿童表达性语言能力的干预研究［D］. 重庆：西南大学，2021.

肖恋 . 口部肌肉训练和感知训练治疗孤独症儿童语言交流障碍的疗效观察［J］. 医学食疗与健康，2021（10）：209−210.

张嘉江，黄颖 . 关键反应训练对自闭症儿童主动提问行为的干预研究［J］. 乐山师范学院学报，2020，35（7）：126−132. doi: 10. 16069 /j. cnki. 51 — 1610 / g4. 2020. 07. 019

张敬，章志芳，肖永涛，等 . 国内多省份医疗系统和非医疗系统言语治疗从业人员现状调查分析［J］. 中国现代医学杂志，2017，27（2）：98-105.

张荣花，陈景辉 . 孤独症儿童语言障碍治疗方法［J］. 中国康复理论与实践，2008，14（3）：296-297.

章小霞 . 辅助沟通系统对自闭症儿童沟通行为的干预及方法要素研究［D］. 重庆：重庆师范大学，2012.

张悦 . 手势沟通干预方案对增进自闭症儿童沟通行为的成效研究［D］. 重庆：重庆师范大学，2013.

朱莹慧 . 语言行为法对孤独症儿童语言技能的个案干预研究［D］. 大连：辽宁师范大学，2019.

第四章　孤独症儿童干预的方法、成效与趋势

孤独症是世界公认的难题。由于孤独症病因无法确定，治疗尚无特效药，无法根治。对孤独症儿童的干预仍然是采取以教育训练为主，心理治疗和药物治疗为辅的综合治疗办法（邓明昱、劳世艳，2016）。我国卫生部门颁发的《儿童孤独症诊疗康复指南》中指出：儿童孤独症治疗以教育干预为主，药物治疗为辅。随着孤独症发生率的增加，人们对有效的教育和康复干预服务的需求不断增大，孤独症干预方法的研究与探索在全球范围内都日益受到重视。因而分析当前我国典型的孤独症干预方法及其成效具有重要作用。同时，美国相继发布孤独症干预循证实践的报告，也进一步审查了孤独症领域的干预方法的实践效果，由于循证实践在美国特殊教育政策中被明确要求，对孤独症干预实践产生了较大的影响，而我国在干预技术引进方面受美国实践影响较大，因而本章也梳理分析了2020年美国国家孤独症证据和实践交流中心（NCAEP）《孤独症儿童和青少年的循证实践》报告中的干预方法。最后本章通过对孤独症儿童干预方法的特点与挑战的分析，提出孤独症干预方法的发展趋势，以期为该领域的工作者提供一点参考。

第一节　我国孤独症干预的方法、影响因素及发展趋势

◎傅王倩　柳　月

随着我国社会的快速发展，孤独症的干预及其生活质量得到重视，2006年，我国首次将孤独症归为精神残疾，纳入全国性残疾人抽样调查的范围，同年6月，《中国残疾人事业“十一五”发展纲要（2006—2010）》把孤独症儿童的康复

纳入了工作研讨会，并出台了在全国 31 个省（市、自治区）建立省级孤独症儿童康复中心的实施方案（岳丽君，2019）。2011 年起教育部又修订了《残疾人随班就读工作管理办法》，孤独症属于精神残疾也被纳入其中，孤独症儿童得以进入公立学校随班就读。虽然已经意识到对孤独症儿童及其家庭提供社会支持的重要性，并取得了一定的积极效果，但我国对孤独症群体及其家庭的社会政策支持仍处于刚刚起步阶段，还有许多盲点，部分政策不是普惠性的，覆盖面有限（刘金荣，2019），绝大多数家长认为所获得的社会支持并不充足，并表示小龄孤独症子女家庭更需要康复服务，而大龄子女家庭则对子女的就业安置的需求更加迫切（李学会、赵康，2019）。在我国，孤独症儿童主要安置在特殊教育机构、特殊教育学校以及普通小学。教育干预是促进孤独症障碍儿童和青少年发展、促进其融入社会以及改善生活质量的主要手段。近年来对于孤独症教育干预方法的关注愈加明显，本节主要分析我国常用的干预方法及其发展趋势。

一、我国常用的孤独症干预方法及效果

当前我国通过教育手段干预孤独症儿童的研究主要聚焦于孤独症儿童早期干预和教育训练阶段中各类干预方法及策略的探讨（韩玉亭、马欣，2018）。随着孤独症儿童干预研究的进展，各种方法理论层出不穷，根据实施干预者的不同，干预方法可分为直接干预法、同伴介入干预法和家长执行式干预法等多种类型（韦天琪、李文冉、魏寿洪，2021）。根据不同的干预取向，又可以分为认知取向、行为取向、认知行为取向（刘霞、魏燕荣，2019）。落实到具体的干预方法则更多，包括认知取向的社会故事、游戏干预等，行为取向的应用行为分析一类的干预以及一些多取向的综合性干预。我国孤独症的干预借鉴了国际上的干预方法并结合本土案例进行实践，逐渐形成了特殊教育学校和各大康复机构常用的一些方法。主要包括应用行为分析、感觉统合训练，以及游戏治疗、音乐治疗等，下文对常见干预方法及其效果展开分析。

（一）应用行为分析（ABA）

应用行为分析（Applied Behavior Analysis，简称 ABA）是指人们在尝试理解、解释、描述和预测行为的基础上，运用行为改变的原理和方法对行为

进行干预，使其具有一定社会意义的过程（刘惠军、李亚莉，2007）。应用行为分析属于行为干预的一种，最基本的原理就是刺激—反应—强化（刘惠军、李亚莉，2007）。洛瓦斯(Lovaas)最先将应用行为分析应用于孤独症儿童的干预，为孤独症儿童的行为干预开了先河。由于其干预的效果明显并且能够量化，有足够的研究支持，逐渐成为孤独症干预中应用最为广泛且有效的方法之一，至今仍在很多地区，尤其是发展中国家的孤独症干预中占有很大比例（赖珊、徐光兴，2013）。应用行为分析（ABA）是我国应用比较成熟的一种干预方式，其不同方法的实践效果均得到了较多研究成果的支持。基于应用行为分析，我国目前常见的孤独症干预方法有回合式教学法、关键反应训练、图片交换沟通系统等。

1. 回合式教学法（DTT）

回合式教学（Discrete Trial Training，DTT）是应用行为分析中的一种具体教学策略，也是核心教学策略，它是特殊教育学校以及康复机构帮助孤独症学生掌握技能改善临床症状的一种常用方法。DTT 通常是由教师和学生一对一地进行，通过将每一个任务分解成数个子任务，再将子任务通过多个回合完成，经过不断的刺激、强化达到帮助学生掌握技能的目的（霍文瑶、刘艳虹、胡晓毅，2016）。其每一个子任务都基于应用行为分析的原理，包括了刺激—行为—结果 3 个组成部分，其核心步骤主要包括发出指令、辅助、反应、强化、停顿。即干预者发出指令，等待被干预者的反应，如果反应正确，则进行强化，然后停顿过后开始下一个子任务的完成。如果反应错误或者没有反应则需要停顿，然后重新发出指令，若依旧没有反应或者错误，则进行相应的辅助，直到反应正确，再进行正确反应的强化，直到该子任务完成，就表示该回合结束。通过多个相互联系的回合结束，最终该任务完成，学会相应技能。

相关研究证实，行为干预策略能有效提高孤独症儿童的认知能力、运动技能、学业、交流、人际交往、阅读、个人责任感、游戏技能、自我控制等技能（吴西愉，2020）。在柳慧萍和刘穿石（2020）的研究中，使用回合式教学对孤独症儿童的 4 种基本情绪识别进行干预，产生了积极效果。但是，DTT 也有其局限性，由于 DTT 是由教学者主导一切的教学方法，其目标在于教会儿童掌握“刺激—反应—后果”的联结原则，因此类化效果较差。虽然可以帮助孤独症儿童习得行为目标，但在操作程序上较为机械，不够灵活，需要消耗大量的人力、财力和时间（吕梦、杨广学，2012）。

2. 关键反应训练（PRT）

关键反应训练（Pivotal Response Training，PRT）也被称作关键技能训练法，是在20世纪70年代由凯格尔（Koegel）教授提出的另一种基于应用行为分析的干预方法，它源自回合式操作教学法但又不同于回合式操作教学法（李恩耀、于谦、夏斯曼等， 2019）。PRT有来自认知神经科学方面的循证支持，并经过相关实践验证，是一种有效的孤独症儿童干预方法（刘春燕、吕鑫源、宋素涛等，2020）。它最早期的目标主要是用于提高孤独症儿童的语言技能，因此也被称为“自然语言范式”，经过不断的发展，逐渐扩展到游戏技能和社会行为领域，被看作行为干预中一种自然的情景化干预手段（赖珊、徐光兴，2013）。与DTT不同的是，PRT强调以儿童的兴趣为中心，要求干预人员用发展的视角看待儿童，在生态化的情境下进行干预，是一种双向互动模式（吕梦、杨广学，2012）。它侧重于儿童“关键”的行为能力提升，这些行为与参与社交沟通、自发性、自我管理、回应多重线索的动机有关。

鲍博通过前人文献的总结认为，大部分PRT干预都取得了积极的效果，这在一定程度上说明了孤独症儿童早期干预模式PRT获得了认可和支持（鲍博，2018）。刘春燕等人从认知神经科学方面也再一次证明了关键反应训练对孤独症儿童干预的有效性（刘春燕、吕鑫源、宋素涛等， 2020）。

（二）辅助沟通系统（Augmentative and Alternative Communication，AAC）

辅助沟通系统（AAC）原为语言治疗领域的一项重要干预方式，其对改善有沟通障碍的人群的沟通表达有着重要作用，对帮助他们重新进入社会有较大的益处。鉴于孤独症儿童在语言沟通上的困难，AAC被广泛应用于其语言能力的干预。辅助沟通包括扩大性和替代性沟通。扩大性是改善个案本身的沟通能力，使得他人理解。替代性沟通，则是指当个体的说话能力受到严重损害时，用来将个体本身的说话、沟通表达进行完全代替的辅助工具，对于那些在沟通表达能力方面有着严重障碍的人群而言，运用的辅助沟通系统，便是来代替其说话的能力，这些辅具有沟通板、图卡等（Vanderheiden and Yoder，1986）。有研究运用信息化助力孤独症学生扩大性替代沟通康复个训，发现它可以有效提升孤独症学生的沟通能力，有助于其核心障碍的改善（杨磊，2021）。其中图片交换沟通系统（Picture Exchange Communication System，PECS）是应用较多的一类。

图片交换沟通系统(PECS)，于1985年由洛丽·弗罗斯特(Lori Frost)和安迪·邦迪(Andy Bondy)博士开发，是一个旨在让学习者学会主动请求，对问题做出反应，并利用图片或语言符号来进行交换物品和表达需求的辅助性沟通系统（李恩耀、于谦、夏斯曼等，2019）。该系统主要应用于无口语或口语有限的重度孤独症患者，也用于患有沟通障碍的其他障碍类型儿童。图片交换沟通系统主要是通过大量的图片进行视觉提示，与许多孤独症儿童在信息加工上的视觉偏好相吻合，因此比较适合于这一类人群的干预（吴西愉，2020）。近年来，中国系统引入了PECS，并将其广泛应用于特殊教育学校和机构中（胡晓毅，范文静，2014）。利用 PECS 帮助有沟通障碍的孤独症儿童学会自发性沟通、掌握基本的社会沟通能力。早期 PECS 用于改善学龄前孤独症儿童的沟通问题，在随后的发展中，PECS 的应用扩展到不同的年龄阶段（何淑娟、李闻戈，2020）。

多项研究证实图片交换沟通系统（PECS）对孤独症人士的干预有积极作用（何淑娟、李闻戈，2020）。胡晓毅等人的研究采用单一被试的跨情境跨行为多基线设计，对一名 4 岁的重度孤独症幼儿进行 PECS 干预，以增加其需求表达行为与减少其攻击性行为。无论是数据的分析还是家长和教师的反馈，都显示 PECS 产生了积极的干预效应（胡晓毅、范文静，2014）。PECS 训练结合康复护理可以提高孤独症儿童的理解和表达能力，对孤独症儿童社交方面的障碍有所改善。虽然图片交换沟通系统是以语言为干预的着力点，但同时也能对其社交融合、心理状态产生积极的影响。

（三）感觉统合训练

感觉统合训练是指 20 世纪 60 年代末美国南加州大学琼·艾尔斯（Jean Ayres）博士综合前人研究及自身临床实践，基于脑处理视觉、听觉、肤觉、前庭觉（平衡觉）等多种感觉信息的机制提出的干预方法（韩文娟、邓猛，2019）。孤独症儿童在视觉、触觉、前庭觉、本体觉多方面存在不同程度的异常，而感觉统合训练适用于提高个体的感觉统合能力，因此各大康复机构和特殊教育学校也将其广泛应用于孤独症儿童的康复训练（王坚、秦燕青、朱晓玲，

2018）。感觉统合训练由于使用了各种色彩鲜艳、有趣味性、有组合多样性的设备，因此得到受训儿童的欢迎，逐渐成为孤独症障碍儿童常用的干预方法之一。

感觉统合疗法是孤独症儿童常用的干预方法之一，发展至今，训练技术相对成熟，并因其实用性被人们认识和推广，但研究者对其效果尚存争议。赵月民等通过对感觉统合训练影响孤独症儿童康复的元分析发现，感觉统合训练能够有效提高孤独症儿童的感统、语言、社交、感知、行为能力（赵月民、陈培友、吴志建，2017）。也有研究者指出感觉统合训练作为一种综合干预手段，能对孤独症儿童的康复起到良好促进作用，但是邓猛教授也指出由于感觉统合疗法及感觉统合研究自身的不完善，我国干预人员、家长和研究者应谨慎、客观看待，不应亦步亦趋，还应进一步进行本土化研究（韩文娟、邓猛，2019）。感觉统合训练从业人员及相关研究人员更热衷于应用研究，但目前大多数训练机构或研究者在训练中只注重对儿童本人运动和心理方面的训练，忽视了父母及家庭环境对儿童的影响（韩玉亭、马欣，2018）。因此感觉统合训练的效果与家庭环境以及父母的支持有很大关系（韩玉亭、马欣，2018）。这些影响感觉统合训练的众多生态因素目前尚未得到充分调查，因此家长在选择感统疗法时要避免人云亦云，盲目跟从。

（四）游戏治疗

游戏治疗是指以游戏为治疗媒介和载体，通过让孤独症儿童在游戏中表达和揭示自己的情感、经验及行为，从而获得成长和发展的一种心理治疗方法，主要包括了沙盘游戏、体育游戏、体感游戏等形式（徐勤帅、高麦玲、陈建军，2019）。游戏干预与之前提到的行为主义干预（ABA）不同，因为它更贴近游戏的实质：有趣的、好玩的、没有外界强加的目标、自发性的、强调积极的参与，而不是像应用行为分析那样倾向于结构化、任务为基础的、成人主导的（赖珊、徐光兴，2013）。由于游戏的形式与内容多样，孤独症儿童在游戏体验中感到放松，从而更容易接受这一种方式，同周围人更容易产生言语沟通和互动（徐勤帅、高麦玲、陈建军，2019）。因此，游戏治疗也逐渐发展成为我国常用的孤独症干预方法之一。在此要注意的是孤独症儿童的游戏设计一定与安全密不可分，在保证安全的前提下，精心设计，采取逐步引导的方式，使孤独症儿童

在游戏过程进行肌肉协作和四肢平衡以不断适应游戏的要求。

游戏是令人放松和愉快的，儿童在游戏中能够得到很多乐趣，是儿童喜爱的、主动参与的活动，也是儿童反映现实生活的活动。有足够多的研究证明，对孤独症儿童进行游戏治疗后，能够在一定程度上改善其社会交往能力、注意力、动作技能、情绪行为（徐勤帅、高麦玲、陈建军，2019）。目前研究使用的游戏形式最多的是沙盘游戏，沙盘游戏的有效性也得到了更多的实践研究的证明（徐勤帅、高麦玲、陈建军，2019）。最近几年，我国学者们尝试将体育游戏融入孤独症的康复干预中，使孩子们在轻松快乐的教学情境中尽情学习和玩耍，不断地促进学生综合多重信息的能力（韩玉亭、马欣，2018）。多项研究证明主张运动的体育游戏对孤独症儿童具有积极影响，意义重大（张顾问、徐凯、高润，2017）。它通过对儿童神经系统的调控作用，来改善孤独症儿童外部的症状（王子怡、贾绍辉，2021）。

（五）音乐治疗

20 世纪 80 年代，音乐治疗作为一种综合治疗方法从海外被引入中国，并且广泛应用于特殊儿童的治疗，实验研究发现多数孤独症儿童对音乐的感知觉与常人并无差别，所以作为一种对孤独症干预治疗手段，被广泛应用（高琲玥，2020）。心理学的有关治疗理论作为音乐治疗的基础，能够系统而有目的地改善、矫正、消除障碍症状，使其运用更加广泛（高琲玥，2020）。利用音乐与孤独症儿童进行交流，稳定情绪，训练其语言沟通能力，研究者认为兴趣输出是最佳治疗方法之一（高琲玥，2020）。

在孤独症干预的技术方面，音乐治疗和游戏治疗集中涌现的时间较早，在孤独症康复教育中得到了广泛应用。研究证明，音乐治疗可以引导儿童进入非常放松的状态，引导儿童表达兴奋、沮丧、快乐、生气的情绪，可以缓解孤独症儿童的消极情绪，让他们变得开朗快乐。这两种干预方法比其他训练方法，更容易被儿童接受，并且利于与儿童进行交流，没有过多限制性的条条框框，操作性较强，教师在平时的课堂教学中可随时使用，因此游戏治疗和音乐治疗更容易进入孤独症儿童的生活并得以长期坚持（韩玉亭、马欣，2018）。值得注意的是，音乐疗法针对孤独症儿童感知觉进行特定刺激与单一训练，需配合其他方法共同使用效果更好。

（六）社会故事法

社会故事法是 1991 年由卡罗尔·格雷（Carol Gray）提出的孤独症干预方法，也是孤独症儿童早期干预的常用方法之一（王永固、张庆、黄智慧等，2015）。它以巴伦·科恩(Baron-Cohen)等提出的心智理论假说和霍布森(Hobson)等提出的感情认知障碍说为主要理论依据，是认知取向的孤独症干预方法的开端（刘惠军、李亚莉，2007）。社会故事法是以提升孤独症儿童心智理论为重要干预目标的一种策略，通过讲述社会故事来增强孤独症儿童的社会认知能力，从而改善不适应行为，强调通过提高患者对社会情境和社会行为规则的理解来促进患者社会能力的发展。

作为一种只有 20 年历史的孤独症干预方法，社会故事法的疗效已经获得了一定的实验数据支持，研究表明，社会故事法在社交技能干预上是一种有效的干预方法（刘霞、魏燕荣，2019）。这一干预手段在认知能力较好、语言能力较强的孤独症儿童身上得到了更好的效果，说明认知取向的干预至少需要一定的认知能力，而孤独症儿童的认知发展是有不同程度的缺陷的。认知缺损较为严重的孤独症儿童更加适合行为主义的治疗模式（赖珊、徐光兴，2013）。因此社会故事法的效果与孤独症儿童的障碍程度密切相关。

（七）同伴介入法

同伴介入法是用于孤独症儿童的一种特殊教育方法，即教师先训练有社会交往能力的普通儿童，并通过指导他们与孤独症儿童建立恰当良好的交往模式，提高孤独症儿童正常的社会行为能级。同伴介入法属于外在行为技能的干预，强调通过交际沟通等外部社会行为提升孤独症儿童的社交能力。它的优势在于很好地弥补了孤独症儿童选择合适的同伴的问题。一般为孤独症儿童选择的同伴必须具有亲社会行为、受同学欢迎、有领导力等特点。

同伴介入也可以使用媒介干预策略——视频榜样的干预策略。它主要是通过把将要培养的目标行为过程录制成视频供孤独症儿童反复观看、模仿学习。视频榜样策略的优势在于它既可以利用孤独症儿童的视觉优势，又能不受实践空间的限制而使得孤独症儿童可以反复进行模仿学习，除此之外，视频榜样的干预策略还可以锻炼孤独症儿童的自主学习能力。

（八）结构化教学（TEACCH）

结构化教学不是一种具体的干预方法，而是一种教学干预策略。它是由美国北卡罗来纳州立大学埃里克·修普勒（Eric Schopler）等在20世纪六七十年代发展出来的一套针对孤独症患者的教育策略。这一策略的发展基于孤独症谱系障碍患者的感知觉特点，在学校和家庭中使用高度结构化的资源配置，并运用大量的视觉辅助，使得教育环境和内容更易于被孤独症谱系障碍患者所理解（吴西愉，2020）。结构化教学作为我国特殊教育机构和学校常见的一种模式，其实施包括但不仅限于物理环境结构化、作息时间表结构化、对儿童进行个体评估并确定对应的教学方案以及在教学环境中使用视觉线索，使教学任务更为明确和易于理解等（吴西愉，2020）。

结构化教学能帮助孤独症儿童习得不同场所下的规则，更好地独立学习，并有效预防问题行为。莫春梅等人通过结构化教学对两个个案认知能力方面的研究，表明了结构化教学适合孤独症儿童在认知能力上的干预，这种方法的效果不错，建议在以后可以选择这种方法对孤独症儿童的认知能力进行干预训练（莫春梅、李琼、姚望等，2014）。有研究者发现结构化教学对于孤独症儿童的认知发展有较为明显的作用，尤其在理解指令和情绪稳定方面效果更为显著（莫春梅、李琼、姚望等，2014）。多项研究表明，通过结构化教学干预后孤独症儿童在语言、社会交往、感知觉、异常行为、运动、生活自理等功能领域大部分得到明显改善，并且随着干预时间的逐渐延长，效果越来越显著。这表明：结构化教学有助于改善孤独症儿童多个功能领域的能力，从而提升其社会适应性（袁海娟，2017）。需要指出的是，结构化教学法的过度结构化抑制了儿童自然社会技巧的发展，训练效果需要依赖治疗师的专业性。

二、孤独症干预效果的影响因素

（一）干预时期的影响

一般来说，孤独症儿童干预的时期越早，康复效果就越佳，错过了其干预“黄金期”，康复效果就可能出现滞后。必须加快从最初关注儿童发展到筛查、诊断和干预的时间。如果大多数孩子在4岁之前都没有被诊断出来，那么将容易失去宝贵的干预时间，而这些干预可能会影响孩子的一生（柳慧萍、刘穿石，

2020）。既然孤独症儿童干预效果受到干预时期的影响，家长们就应该做到早诊断、早干预、早治疗，帮助孤独症儿童达到最佳的康复效果。有研究者对婴幼儿期的孤独症谱系障碍进行面孔加工研究，发现孤独症谱系障碍婴幼儿在早期（至少 6 个月）能够表现出对静态人物面孔正常化的加工模式，但在动态社交场景中，表现出对直视和语言环境下人物面孔注视受损的特点。未来可将 6 个月个体回避动态社交场景内人物面孔特征作为孤独症谱系障碍早期预警征象的证据之一。

（二）干预方法个别化差异

针对孤独症儿童的干预，需要针对个案的特点和能力选择个别化的干预训练方法，才能使其得到最大的进步。即便是目前已被证实有效的干预方法，也并不是对所有的孤独症儿童都能取得一致的效果。例如，关键反应训练法，在一部分孤独症儿童身上取得了显著进展，而对有些儿童的效果不明显。通过进一步追踪，研究者发现，关键反应训练干预后进步不显著的个案，在尝试其他干预方法后取得了明显进展。因此，针对孤独症儿童的干预，需要针对个案的特点和能力选择个别化的干预训练方法，才能使其得到最大的进步（吴西愉，2020）。再如，社会故事法通过讲述社会故事来增强孤独症儿童的社会认知能力，从而改善不适应行为。不过这一干预方法对儿童的认知能力有一定的要求，因而认知缺损较为严重的孤独症儿童更加适合行为主义的治疗模式（赖珊、徐光兴，2013）。总之，对孤独症儿童的干预工作要因人而异，开展个别化教学，根据儿童自身特点制订适合其发展的个别化教育计划，不能一刀切式教学。

（三）干预方法的综合性

孤独症作为一种综合征，其性质决定了综合干预的必要。因此可以将多种干预方法根据其必要性综合起来进行干预，达到 1+1>2 的效果。比如，音乐治疗就往往需要结合其他不同的治疗手段，才能达到更好的治疗效果。近年来的研究发现，孤独症患者最主要的健康风险在于体重超重，然而目前治疗中常用的健康行为干预方式主要集中在沟通、社交和认知行为的发展上，缺乏对身体机能和应激能力的综合治疗（张顾问、徐凯、高润等，2017）。运用社会故事法干预儿童的沟通行为的同时可适当辅助视频教学和示范式教学，从而能达到更好的干预效果（刘霞、魏燕荣，2019）。总的来说，教师应灵活应用各种干预方法，根据实际需要进行有效结合，多方面干预，以达到最佳康复效果。

（四）干预人员以及环境支持

干预人员是孤独症儿童干预最必不可少的部分，孤独症儿童最长时间接触的就是家长和教师，因此干预人员不只是指相关的教师和康复师，还包括孤独症儿童的家长。孤独症患者的家长是孤独症患者干预中很重要的组成部分，无论是在参与个别化教育计划的制订过程中，还是实施干预的过程都离不开家长的参与和配合。另外，除了家长的配合参与，干预人员专业度与其干预效果也息息相关。因此，建立专业系统的培训，完善从业资格认定，建立训练效果评价机制，是保障孤独症儿童的干预效果必不可少的一步。此外，环境的支持在孤独症干预实践中也产生了重要影响，包括家庭环境、学校环境、社区环境甚至这个社会的大环境支持。在综合干预中，环境支持是孤独症儿童治疗成败的关键（王坚、秦燕青、朱晓玲，2018）。

三、我国孤独症干预的发展趋势

（一）整体的支持体系建设

孤独症儿童的康复不能仅仅依靠个人、家庭、学校，必须有社会制度和相应社会服务体系的支撑（刘金荣，2019）。现如今，我国社会政策和有关服务虽已经开始对孤独症儿童有一些倾斜，但是其覆盖的深度和广度依然不够，大部分的康复压力依旧落在孤独症儿童的父母身上，严重影响了孤独症儿童及其家庭的生活质量。

尤其需要国家在政策上的不断完善，起到重要的构架作用，使得孤独症儿童融合教育引起各方重视，更有利于服务机构完善，才能有效保障孤独症儿童的权利。因此，政府要加大力度支持孤独症儿童的教育与康复服务，从法律上保证各项政策的实施。我国作为发展中国家，在社会经济水平不断提高的背景下，社会人文关怀也是不断增强，对孤独症儿童的关注也会越来越高。未来应继续加大对孤独症儿童的全方位支持，建立完善的社会、家庭以及学校三位一体的支持体系，关注孤独症儿童的终身发展。

（二）方法上更加追求循证实践

随着循证实践在教育领域的影响越来越大，强调对特殊儿童进行干预的方法必须被研究证实有效。在教学中，循证实践强调教师应针对学生的具体问题和需求期望，根据系统的高质量研究提供的最佳研究证据，以及现有教学资源和教育管理者的协调制订教学方案。在国际孤独症循证实践日趋成熟的今天，我国孤独症干预中循证实践理念日益被广泛接受，开展了诸多关于孤独症循证实践的相关研究和讨论（黄琳婷，2021； 胡晓毅、翟钰欣、孙蕴轩等，2021； 黄鹂，2021）。

实践是理论的最终归宿，层出不穷的孤独症理论需要在实践中得以验证。因此，在孤独症干预的研究中，除了关注理论技术干预方法本身，也需要关注孤独症干预实践、早期干预和干预的社会环境中的相关问题。只有如此，才可以逐渐建立起一套完善的属于我国本土的孤独症康复课程体系，包括言语、语言、情绪与行为、认知、沟通、适应等内容在内的系统、多元化的康复课程（宿淑华、赵航、刘巧云等，2017）。

（三）本土化研究日益兴起

孤独症的干预方法众多，我国在借鉴国际上主流方法的基础上也做了很多本土化的尝试。例如，五彩鹿机构联合纽约城市大学皇后学院对“基于游戏的多语早期语言及听说读写干预法”（Multilingual Early Language and Literacy Play-Based Interventions）进行了本土化研究，创新了适用于孤独症儿童语言沟通障碍的 ELSII 言语语言习得干预模式和言语语言治疗师资质认证体系，并获得国家知识产权保护。这对中国言语语言领域具有里程碑意义，为孤独症儿童的语言康复做出了本土化的努力。此外，在孤独症儿童干预领域还应继续积极引进康复新方法，结合孤独症康复领域的现代化技术，比如，互联网技术、虚拟现实技术、机器人技术等现代化技术（林晨、宫慧娜，2021； 张议丹、赵晨静、赵明等，2020；吴坤， 2020； 蒋怡舟， 2020）。在传统训练方法的基础上，借鉴现代化的技术，结合本土实际，综合提高孤独症儿童康复质量。

总之，必须明白，无论是行为主义的干预手段，还是注重认知和情感的干预手段，都有自己的优势和不足。再加上孤独症儿童存在极大的个性化与差异性，就导致了在干预过程中对干预者自身素质要求较高，需要根据每个孤独症儿童自身的情况，结合本土实际，综合选取不同的干预方法，联合各方人员获得环境支持，运用各种手段进行康复或通过其他潜能的开发代偿、弥补孤独症患者的缺陷，进行综合干预，最终使孤独症患者最大化地发挥潜能。

参考文献

Vanderheiden, G., Yoder, D., and Blackstone, S. W. (1986). Augmentative communication: An introduction. Asha: S. Blackstone.

鲍博．自闭症儿童关键反应训练干预模式研究综述［J］．现代特殊教育，2018（4）：65−71.

邓明昱，劳世艳．自闭症谱系障碍的临床研究新进展（DSM−5 新标准）［J］．中国健康心理学杂志，2016，24（v.24）：481−490.

高琲玥．音乐治疗对自闭症儿童影响的研究综述［J］．北方音乐，2020（15）：255−256.

韩文娟，邓猛．国外感觉统合疗法与自闭症儿童循证实践相关研究综述［J］．中国特殊教育，2019（2）：30−37.

韩玉亭，马欣．近二十年我国感觉统合训练研究综述［J］．现代特殊教育，2018（14）：16−21，29−30.

韩玉亭，马欣．我国自闭症个案研究综述［J］．现代特殊教育，2018（2）：30−35.

何淑娟，李闻戈．近十年图片交换沟通系统干预自闭症人士的国际研究综述［J］．现代特殊教育，2020（16）：50−57.

胡晓毅，翟钰欣，孙蕴轩，等．孤独症儿童循证实践研究发展及其对特教教师教育的启示［J］．教师教育研究，2021，33（4）：7−13.

胡晓毅，范文静．运用图片交换沟通系统改善自闭症儿童需求表达及攻击行为的个案研究［J］．2014（10）：40−45.

黄鹂．沙盘游戏对 3 ～ 6 岁自闭症儿童口语表达能力的干预研究［D］．昆明：云南师范大学，2021.

黄琳婷．自闭症学生结构化教学的实践探究［J］．中国现代教育装备，2021（16）：61−63.

霍文瑶，刘艳虹，胡晓毅．自闭症儿童面部表情识别的干预研究［J］．2016（7）：

52-58.

蒋怡舟 . 人工智能提升自闭症儿童社交能力培养的探析［J］. 才智，2020（6）：212-221.

赖珊，徐光兴 . 自闭症儿童干预技术［J］， 2013， 21（2）： 317-320.

李恩耀，于谦，夏斯曼，等 . 基于应用行为分析的儿童孤独症干预方法探析［J］. 国际精神病学杂志， 2019， 46（2）： 217-220.

李学会，赵康 . 自闭症家庭的社会支持现状与社会服务需求：基于 509 位家长的调查［J］. 社会福利（理论版）， 2019（3）： 54-60.

林晨，宫慧娜 . 智慧康复在自闭症儿童康复训练中的应用［J］. 现代特殊教育，2021（10）：57-62.

刘春燕，吕鑫源，宋素涛，等 . 关键反应训练对自闭症儿童的干预有效性——来自认知神经科学的证据［J］. 中国特殊教育， 2020（1）： 38， 39-44.

刘惠军，李亚莉 . 应用行为分析在自闭症儿童康复训练中的应用［J］，2007（3）：33-37.

刘金荣 . 自闭症成人的生存困境及应对策略研究［J］. 绥化学院学报， 2019， 39（10）： 53-58.

刘霞，魏燕荣 . 我国自闭症儿童教学干预研究综述［J］. 乐山师范学院学报， 2019， 34（8）： 134-140.

柳慧萍，刘穿石 . 动态图片结合回合式教学对自闭症儿童情绪识别能力的干预研究［J］. 中国特殊教育， 2020（1）： 45-50.

吕梦，杨广学 . 自闭症 PRT 干预模式评析［J］. 中国特殊教育，2012（10）：38-42.

莫春梅，李琼，姚望，等 . 结构化教学对自闭症儿童认知能力影响的实验研究［J］. 2014， 28（8）：122-126.

宿淑华，赵航，刘巧云，等 . 特殊教育学校自闭症儿童教育康复现状调查［J］. 中国特殊教育， 2017（4）： 60-65.

王坚，秦燕青，朱晓玲 . 中国大陆自闭症干预方法研究综述［J］. 南昌师范学院学报， 2018， 39（1）： 66-69+80.

王永固，张庆，黄智慧，等 . 社会故事法在孤独症儿童社交障碍干预中的应用［J］. 中国特殊教育， 2015（4）： 45-50.

王子怡，贾绍辉 . 自闭症儿童神经系统的体育运动干预研究综述［J］. 青少年体育，2021（3）：48-50.

韦天琪，李文冉，魏寿洪．家长执行式干预法干预自闭症儿童社交技能研究综述［J］．现代特殊教育，2021（8）：51-57.

吴坤．面向自闭症儿童早期筛查的声学特征提取与分类模型研究［D］．合肥：安徽大学，2020.

吴西愉．自闭症谱系障碍的有效干预方法［J］．中国听力语言康复科学杂志，2020，18（v.18；No.98）：5-10.

徐勤帅，高麦玲，陈建军．游戏治疗应用于自闭症儿童干预的研究进展［J］．现代特殊教育，2019（8）：53-58.

杨磊．运用信息化助力孤独症学生扩大性替代沟通康复个训［J］．开封文化艺术职业学院学报，2021，41（3）：196-198.

袁海娟．自闭症儿童结构化教学的研究综述［J］．现代特殊教育，2017（14）：54-59.

岳丽君．社会政策对自闭症儿童生活的积极影响［J］．区域治理，2019（33）：218-220.

张顾问，徐凯，高润，等．针对自闭症患者的运动干预研究［J］．福建体育科技，2017，36（3）：39-44.

张议丹，赵晨静，赵明，等．社交机器人在自闭症儿童照护中的应用进展［J］．护理学杂志，2020，35（15）：107-110.

赵月民，陈培友，吴志建．感觉统合训练对自闭症儿童康复影响的元分析［J］．现代特殊教育，2017（14）：42-47.

第二节　美国28种循证有效的干预方法

◎李艳茜

本书研究的是中国行业状况，但在我国的行业发展中，引进吸收美国有效方法毋庸置疑是非常大的特点。因此，了解美国在循证方法研究和实践方面的最新进展，就是从另外一个侧面了解我国行业状况。

一、循证干预实践的背景

孤独症的日益流行，引起了美国社会的注意，也引起了全世界人们的广泛关注（Lord et al., 2020）。近年来学术界对“如何看待孤独症”有两种不同的观点，存在许多从缺陷视角和优势视角出发的讨论（Urbanowicz et al.，2019）。不过，尽管大量研究者试图从优势的角度去看待孤独症特征带来的积极影响，但是更多的实证研究中所显示的孤独症对儿童和青少年以及他们的家庭所带来的挑战更加不容忽视。因此，随着孤独症发生率的增加，人们对有效的教育和康复干预服务的需求不断增大，这催生了人们对有效干预方法的追求（Schlosser et al.，2019）。

令人欣慰的是，越来越多的研究者在实证研究中发现了多项干预实践对孤独症人士的积极作用。这让孤独症人士和他们的家庭看到了希望。然而，孤独症干预方法众多，眼花缭乱的干预方法给便利地使用和有效地选择针对性的干预方案带来困难。更何况，在名目繁多的干预方法中，有些干预方法还是混淆大众视听的无效实践。比如，快速提示法（Rapid Prompting Method）。

因此，为了帮助人们有效鉴别科学的干预方法，提供针对性的指导和支持。在循证医学运动的影响下，人们开始了对孤独症领域循证有效的干预方法的探索。根据斯坦布伦纳（Steinbrenner）等人的研究，只有美国国家孤独症中心（NAC）的国家标准项目（NSP）与美国国家孤独症专业发展中心（NPDC）对孤独症儿童和青少年的干预实践进行的综述最为严谨、全面和系统。而之前所进行的各种研究有的缺乏严格的审查程序或者内容不够全面，比如，有的只包括了采用随机实验组设计（也叫随机对照试验或 RCT）研究的文献，而不包括单被试设计（SCD）研究的文献。而这两项综述都遵循了循证实验的系统过程，综述中所选文献包括了小组研究和单一被试研究，在对文献的具体审查中不管是纳入或者删除的文献都进行质量评估，并在经过一系列的评估流程后筛选出了循证有效的特定干预措施。需要注意的是为美国国家孤独症专业发展中心提供的资金在 2016 年结束，而后建立了国家孤独症证据和实践交流中心（NCAEP），第三次迭代就是基于 NPDC 之前研究结果由 NCAEP 继续完成的。

美国国家标准项目在 2009 年的时候发布了《孤独症国家发展报告》的第一阶段成果。这一阶段他们通过搜索和筛选 1957—2007 年 9 月的文献，最终

获得了 775 项研究，从中确定了 11 种循证有效的干预方法，22 种新兴治疗方法（有一些证据，但尚不满足被定为循证有效的标准），还有 5 种尚未证实但也不排除无效和有害的干预方法（National Autism Center，2009）。之后，在 2015 年，美国国家标准项目又发布了第二阶段的成果，经过筛选和评估确定了 351 篇新的、可接受的文章，最终确定了对孤独症儿童和青少年有效的干预方法 14 种，新兴治疗方法 18 种，以及未确定干预效果的 13 种（National Autism Center，2015）。

美国国家孤独症专业发展中心第一阶段对 1997—2007 年的文献进行了综述（Odom et al.，2010），经过筛选评估共计发现 175 篇文章，从中发现了 24 种循证有效的干预方法，并且为了将此科学综述转化为实践，NPDC 研究人员与俄亥俄州孤独症和低发病率中心（OCALI）的员工合作开发了在线培训模块（Steinbrenner et al.，2020）。第二阶段，在对 1990—2011 年发表的文献进行系统回顾后，在 2014 年，发布了《孤独症儿童和青少年的循证实践》（*Evidence-Based Practices for Children, Youth, and Young Adults with Autism Spectrum Disorder*）的报告，报告根据筛选评估出来的 456 篇文献，确定了 27 项循证有效的干预方法（Wong et al.，2014）。

2016 年对美国国家孤独症专业发展中心的资金资助结束后，成立了美国国家孤独症证据和实践交流中心，之后由后者继续该研究。2020 年，美国国家孤独症证据和实践交流中心更新了这项研究，并发布了新的《孤独症儿童和青少年的循证实践》报告（Steinbrenner et al.，2020）。报告中，全面综述了 1990—2017 年发表的文献，确定了 28 项对孤独症儿童和青少年有积极影响的、有明确的科学证据的干预方法。与之前的报告相比，最新版的报告包含了最全面的信息，因此本文将以此为基础来介绍符合循证有效的干预方法及其相关信息。

二、2020 年美国国家孤独症证据和实践交流中心《孤独症儿童和青少年的循证实践》报告[①]

在该报告中，研究者们根据“autism 或 autistic 或 Asperger 或 ASD 或 ASC

① https://ncaep.fpg.unc.edu/sites/ncaep.fpg.nuc.edu/files/imce/documents/EBP Report 2020.pdf.

（autism spectrum condition） 或 pervasive developmental disorder 或 PDD/PDD-NOS”和“practice （intervention 或 treatment 或 strategy 或 therapy 或 program 或 procedure 或 approach 或 methods 或 education 或 curriculum）”等关键词，搜索了学术期刊总库（Academic Search Premier）、护理与联合卫生文献累积索引（Cumulative Index to Nursing and Allied Health Literature，CINAHL）、医学文摘（Excerpta Medica Database，EMBASE）、教育资源信息中心（Educational Resource Information Center，ERIC）、 PsycINFO、社会研究摘要（Social Work Abstracts）、PubMed、汤森路透（Thomson Reuters ISI） 、科学网（Web of Science）和社会学文摘（Sociological Abstracts）等数据库 2012—2017 年经过同行评审的英文文献，最初产生了 61147 篇文章，删除重复后产生了 31779 篇文章。经过标题 / 摘要和全文筛选后剩下 567 篇。NCAEP 团队回顾了剩余的 567 篇具有积极影响的文章，并确定其中 545 篇文章是初级研究（不属于二级研究，或在 NCAEP 综述中不属于初级研究的后续分析研究）。这 545 项研究结合之前的 427 项研究，共产生了 972 篇文章（Steinbrenner et al.，2020）。然后研究者们再对这些文献进行质量评估、数据提取和合成，最终确定了 28 种有循证实践支持的干预方法。具体干预方法和文献支持情况如表 4-1 所示。

表 4-1　循证干预方法、定义和跨期审查期间的文章数量

循证干预方法	定义	实证支持年代		
		1990-2011 年	2012-2017 年	1990-2017 年
基于前因的干预（Antecedent-based Interventions，ABI）	为了增加行为的发生或者减少挑战性 / 干扰性行为，在活动或需求之前安排好活动或环境	29	20	49
扩大替代沟通（Augmentative and Alternative Communication，AAC）	干预使用和（或）教授的沟通系统是非言语 / 口头的。交流时可以借助一些辅助（如设备、沟通本）或没有辅助（如手语）	9	35	44
行为动量干预（Behavioral Momentum Intervention，BMI）	按照一定的顺序把发生率低并且难的行为嵌入发生率高并且容易的行为中进行教学，来提高发生率低的行为	8	4	12

续表

循证干预方法	定义	实证支持年代		
		1990–2011 年	2012–2017 年	1990–2017 年
认知行为 / 教学策略（Cognitive Behavioral/ Instructional Strategies，CBIS）	对引起行为、社交和学业行为变化的认知过程的管理或控制的指导	7	43	50
对替代行为、不相容行为及其他行为的区别性强化（Differential Reinforcement of Alternative，Incompatible，or Other Behavior，DR）	通过对目标行为进行差别强化来增加期望行为或减少不期望行为的系统过程。当学习者以下行为出现时，强化学习者：①表现出特定的期望行为而不是不期望的行为(DRA)；②表现出一种行为，且这种行为不会和不期望行为同时出现（DRI）；③没有表现出不期望的行为（DRO）	27	31	58
直接教学（Direct Instruction，DI）	这是一种系统的教学方法，干预中使用带有脚本化协议或课程的有序教学包。强调通过集体和独立的学生反应来实现师生对话，通过系统和明确的纠错来促进掌握和泛化	2	6	8
回合式教学（Discrete Trial Teaching，DTT）	教学方法是大量或重复的试验，每个试验都包括教师的指导 / 陈述、孩子的反应、精心计划的结果，以及在提出下一个指令之前的停顿	16	22	38
练习与运动（Exercise and Movement，EXM）	通过肢体动作练习、特定的大运动技能 / 技巧练习或正念运动来学会各种技能和行为的干预	6	11	17
消退（Extinction，EXT）	消除挑战性行为的强化后果，以减少该行为在未来的发生	13	12	25
功能行为分析（Functional Behavior Assessment，FBA）	为了制订有效的干预计划，确定行为潜在的功能或目的系统方法	11	10	21

续表

循证干预方法	定义	实证支持年代		
		1990–2011 年	2012–2017 年	1990–2017 年
功能性沟通训练（Functional Communication Training，FCT）	以更适当和有效的沟通行为或技能取代具有沟通功能的挑战性行为的一套实践	12	19	31
示范（Modeling，MD）	通过对期望的目标行为的示范使学习者学会该目标行为	10	18	28
音乐介入干预（Music–Mediated Intervention，MMI）	通过把音乐（歌曲、旋律和/或节奏）加入教学来帮助技能学习和表现。包括音乐治疗，也包括其他音乐介入教学的干预方法	3	4	7
自然情境干预（Naturalistic intervention，NI）	在自然情景中嵌入教学目标，并采用一系列行为教学技巧自然地促进、支持和鼓励目标技能/行为	26	49	75
家长执行式干预（Parent–Implemented Intervention，PII）	家长对他们的孩子进行干预，以促进孩子的社交沟通或其他技能或减少他们的挑战性行为	13	42	55
基于同伴的教学和干预（Peer–based instruction and intervention，PBII）	同伴直接促进孤独症儿童的社交互动和/或其他个人学习目标，或教师/其他成年人组织社交环境（如游戏小组、社交网络小组、休息），并在必要时提供支持（如提示、强化），让孤独症儿童及其同伴参与社交互动	19	25	44
辅助（Prompting，PP）	给予学习者语言、手势或肢体辅助，以支持他们学会目标行为或技能	55	85	140
强化（Reinforcement，R）	在学习者运用一种反应或技能后紧跟一种结果，以增加学习者将来使用该反应/技能的可能性	53	53	106

续表

循证干预方法	定义	实证支持年代		
		1990–2011 年	2012–2017 年	1990–2017 年
反应中断 / 重新定向（Response interruption/ redirection，RIR）	当干扰行为发生时，引入提示、评论或其他转移注意的方法，来转移学习者对干扰行为的注意力并降低干扰行为的影响	13	16	29
自我管理（Self-management，SM）	教学侧重于学习者能够区分适当和不适当的行为，准确监控和记录自己的行为，并对自己的适当行为进行奖励	14	12	26
感觉统合（Sensory integration®，SI）	干预目标是一个人整合来自身体和环境的感觉信息（视觉、听觉、触觉、本体觉和前庭觉）的能力，以使个体能使用更有组织性和适应性的行为做出反应	1	2	3
社交故事（Social narratives，SN）	描述社交情境进行的干预措施。通过对社交情境的描述来突出目标行为和（或）技能的相关特征，并提供适当反应的例子	15	6	21
社交技能训练（Social skills training，SST）	通过在社交环境下进行针对性的训练提升社交技能	18	56	74
任务分析（Task analysis，TA）	把一项活动或行为分解成易管理的小步骤进行评估和教授的过程。其他实践，如强化、视频示范和延迟，通常用于促进学会较小的步骤	9	4	13
技术辅助教学与干预（Technology-aided instruction and Intervention，TAII）	以技术支持为核心特征的指导或干预，这种技术是专门设计或用于支持学习者学习或表现某种行为或技能的	10	30	40
延迟（Time delay，TD）	在初始指令和其他指令或辅助之间有一个短暂的间隔，在教学活动中逐渐隐退辅助的使用，促进独立反应	16	15	31

续表

循证干预方法	定义	实证支持年代		
		1990–2011 年	2012–2017 年	1990–2017 年
视频示范（Video modeling，VM）	通过目标行为或技能的录像演示，展示给学习者，以帮助其学习或进行所期望的行为或技能	35	62	97
视觉支持（Visual supports，VS）	支持学习者不依赖于额外的辅助，而进行所期望的行为或技能的一种视觉显示	34	31	65

注：引自"Evidence-based practices for children, youth, and young adults with Autism,"by Steinbrenner, J. R., Hume, K., Odom, S. L., Morin, K. L., Nowell, S. W., T omaszewski, B., Szendrey, S., McIntyre, N. S., Yücesoy-Özkan, S., and Savage, M. N., 2020, The University of North Carolina at Chapel Hill, Frank Porter Graham Child Development Institute, National Clearinghouse on Autism Evidence and Practice Review Team, p. 28-29.

在表 4–1 中有一点需要强调，这里的感觉统合（SI）指的是琼·艾尔斯（Jean Ayres，2005）开发的经典感觉统合模型，而不是指旨在解决感觉问题的各种干预措施。已有研究发现使用单一的干预感觉问题的策略，如使用负重背心和治疗球来干预儿童的觉醒状态之类，对孤独症儿童的干预来说并没有什么效果（Case–Smith et al.，2015；Watling and Hauer，2015）。

三、总结

通过上述介绍，我们知道了循证实践是研究机构通过对已经发表的科研文献进行筛选和严格的评估后，进行科学分级，再以简单明了的方式将这些研究进行分类，然后从中找出有效的干预实践的方式。这种方式可以帮助孤独症人士和他们的家庭鉴别及发现"最好的实践"，使当事人得到最佳的医疗、教育和干预效果（Cook and Odom，2013）。循证实践在美国孤独症康复干预领域的应用，使得以往简单的寻找"最佳实践方式"的方法有了系统和科学的参照，

并将找到的最佳研究的证据以报告和实践指南的形式传播给家长、教师和专业工作者们，还有专门的技术团队和应用支持体系保障循证实践的顺利实施，这些工作无疑都让孤独症人士和他们的家庭的利益得到了保障（李芳、孙玉梅、邓猛，2015）。

但是，循证实践自诞生之日起，在接受赞誉的同时，也因为自身的局限性而受到批判。比如，有研究者认为，从实证的角度看，很少有证据证明循证实践本身的效果，也就是说，少有研究证明循证实践作为一种研究方法的科学性和有效性（Thorp，2007）。另外，孤独症领域的循证实践目前重在发觉“什么是有效的”，但是对“为什么有效”和“如何使之有效”等问题还没有过多涉足，这可能会使得干预人员在真正运用循证有效的干预方法时容易因不明白背后的道理而出现使用不当和生搬硬套等情况（李芳、孙玉梅、邓猛，2015）。

我们知道一个国家的文化传统会对这个国家的教育产生深刻的影响。文化及其传承和演进方式不同也会使中西方孤独症儿童教育干预策略有所差异（李芳、张桂莹，2020）。循证实践是美国为了保障孤独症人士的教育干预质量而进行的一项全国性的行动。这个项目的产生有它特有的社会、文化以及哲学背景（李芳、孙玉梅、邓猛，2015）。在上一节中我们介绍了国内主流的孤独症干预方法，本节我们又介绍了美国国家孤独症证据和实践交流中心通过循证研究发现的 28 种实践有效的孤独症干预方法，为大家了解不同文化下的干预方法提供了参考。在下一节中，我们将基于上两节的介绍，从孤独症干预的主要挑战、干预模式的特点和发展趋势等方面对孤独症干预模式的未来发展做一些概述。

参考文献

Ayres, A. J. (2005). Sensory integration and the child: Understanding hidden sensory challenges. Los Angeles: Western Psychological Services.

Case-Smith, J., Weaver, L. L., and Fristad, M. A. (2015). A systematic review of sensory processing interventions for children with autism spectrum disorders. Autism, 19(2), 133–148.

Cook, B. G., and Odom, S. L. (2013). Evidence-based practices and implementation science in special education. Exceptional children, 79(2), 135-144.

National Center on Birth Defects and Developmental Disabilities, Centers for Disease Control and Prevention.(2020, September 25). Data and Statistics on Autism Spectrum Disorder. https://www.cdc.gov/ncbddd/autism/data.html.

Lord, C., Brugha, T. S., Charman, T., Cusack, J., Dumas, G., Frazier, T., Jones, E. J. H., Jones, R. M., Pickles, A., State, M. W., Taylor, J. L., and Veenstra-VanderWeele, J. (2020). Autism spectrum disorder. Nature Reviews, 6(5), 1–23. https://doi.org/10.1038/s41572-019-0138-4.

Maenner, M. J., Shaw, K. A., Baio, J., Washington, A., Patrick, M., DiRienzo, M., Christensen, D. L., Wiggins, L. D., Pettygrove, S., Andrews, J. G., Lopez, M., Hudson, A., Baroud, T., Schwenk, Y., White, T., Rosenberg, C.R., Lee, L.-C., Harrington, R. A., Huston, M., … Dietz, P. M. (2020). Prevalence of autism spectrum disorder among children aged 8 years—Autism and Developmental Disabilities Monitoring Network, 11 sites, United States, 2016. MMWR Surveillance Summary, 69(4), 1–12. https://doi.org/10.15585 /mmwr.ss6904a1.

National Autism Center. (2009). National standards report. https:/ /www.nationalautismcenter.org/ reports/.

National Autism Center. (2015). Findings and conclusions: National standards project, phase 2. https:/ /www.nationalautismcenter.org/ national-standards-project/results-reports/.

National Professional Development Center on Autism Spectrum Disorder. (2017). Selecting an EBP. Autism Focused Intervention Resources and Modules. https:/ / afirm.fpg.unc.edu/ selecting-ebpSchlosser,

Odom, S. L., Boyd, B. A., Hall, L. J., and Hume, K. (2010). Evaluation of comprehensive treatment models for individuals with autism spectrum disorders. Journal of Autism and Developmental Disorders, 40(4), 425-436. https://doi.org/10.1007/s10803-009-0825-1.

R. W., Hemsley, B., Shane, H., T odd, J., Lang, R., Lilienfeld, S. O., T rembath, D., Mostert, M., Fong, S., and Odom, S. (2019). Rapid prompting method and autism spectrum disorder: Systematic review exposes lack of evidence. Review Journal of Autism and Developmental Disorders, 6(4), 403-412. https://doi.org/10.1007/s40489-019-00175-w.

Schlosser, R. W., Hemsley, B., Shane, H., T odd, J., Lang, R., Lilienfeld, S. O., T rembath, D., Mostert, M., Fong, S., and Odom, S. (2019). Rapid prompting method and autism spectrum disorder: Systematic review exposes lack of evidence. Review Journal of Autism and Developmental Disorders, 6(4), 403-412. https://doi.org/10.1007/s40489-019-00175-w.

Simpson, R. L. (2005). Evidence-based practices and students with autism spectrum disorders. Focus on Autism and Other Developmental Disabilities, 20(3), 140–149. https://doi.org/10.1177/10883576050200030201.

Steinbrenner, J. R., Hume, K., Odom, S. L., Morin, K. L., Nowell, S. W., T omaszewski, B., Szendrey, S., McIntyre, N. S., Yücesoy-Özkan, S., and Savage, M. N. (2020). Evidence-based practices for children, youth, and young adults with Autism. The University of North Carolina at Chapel Hill, Frank Porter Graham Child Development Institute, National Clearinghouse on Autism Evidence and Practice Review Team.

Thorp, J. M. (2007). O', Evidence-based medicine--where is your effectiveness?. BJOG: an international journal of obstetrics and gynaecology, 114(1), 1-2.

Urbanowicz, A., Nicolaidis, C., den Houting, J., Shore, S. M., Gaudion, K., Girdler, S., and Savarese, R. J. (2019). An expert discussion on strengths-based approaches in autism. Autism in Adulthood, 1(2), 82–89. https://doi.org/10.1089/aut.2019.29002.aju.

Wong, C., Odom, S. L., Hume, K. Cox, A. W., Fettig, A., Kucharczyk, S., Brock, M. E., Plavnick, J. B., Fleury, V. R., and Schultz, T. R. (2014). Evidence-based practices for children, youth, and young ddults with Autism Spectrum Disorder. Chapel Hill: The University of North Carolina, Frank Porter Graham Child Development Institute, Autism Evidence-Based Practice Review Group. http://autismpdc.fpg.unc.edu/sites/autismpdc.fpg.unc.edu/files/2014-EBP-Report.pdf.

Watling, R., and Hauer, S. (2015). Effectiveness of Ayres Sensory IntegrationR and sensory-based interventions for people with autism spectrum disorder: A systematic review. American Journal of Occupational Therapy, 69(5), 1–11. https://doi.org/10.5014/ajot.2015.01805 1.

What Works Clearinghouse. (2020). What Works Clearinghouse standards handbook, version 4.1. U.S. Department of Education, Institute of Education Sciences,

National Center for Education Evaluation and Regional Assistance. https://ies.ed.gov/ncee/wwc/Docs/referenceresources/WWC-Standards-Handbook-v4-1-508.pdf.

李芳，张桂莹. 基于社会文化视角的中西方自闭症教育干预策略比较研究［J］. 绥化学院学报，2020（10）：87-91. doi:CNKI:SUN:SHSZ.0.2020-10-022.

李芳，孙玉梅，邓猛. 美国自闭症儿童教育中的循证实践及启示［J］. 外国教育研究，2015（2）：66-78. doi:CNKI:SUN:WGJY.0.2015-02-007.

第三节　孤独症干预模式的特点、挑战与趋势

◎傅王倩　王　姣　王嘉玉

一、孤独症干预的模式特点

孤独症儿童存在较大的个体差异，因而目前孤独症干预主要是以个别化为主。孤独症儿童教育的目的是改善儿童社会交往困难，针对每个儿童的教育需求提升其能力，使其更好地参与社会。为了达到这样的目的，通常需要从语言、社会交往、生活自理和学业技能上进行干预，从而提升儿童融入社会的能力，针对不同领域的干预表现出了各自的特点。

（一）针对社会交往的干预模式特点

社会交往是孤独症儿童的核心症状，孤独症的儿童在社会交往中存在一定的困难，比如，孤独症的儿童会存在无法理解他人的心理活动；难以理解他人的情感，对他人的情感缺乏反应，不会与他人分享自己的情绪；他们无法从他人的角度去思考问题，不会提出疑问等。因此社会交往的干预是孤独症早期干预的核心内容，人际关系发展干预法（Relational Development Intervention intervation），社会交往、情绪管理和人际网络支持模式（social communication，emotional regulation，transactional support，SCERTS Model），DIR 模式（Developmental，Individual Difference，Relationship-based model，如地板时光），社交故事都是针对社会交往的干预模式，其他的干预模式如应用行为分析也强调了社会交往干预的重要性。

首先在社会交往的干预方面强调社交动机。孤独症的儿童社交动机薄弱，

缺乏一些社交主动性的能力，一部分儿童在练习前不会要求物品或活动，也不会对他人的要求进行回应。所以在干预的过程当中会教授学生恰当的社交技能，在应用行为分析的干预过程中，会首先教授学生提要求和眼神关注等能力，同时教学者使用高偏好的物品及活动调动儿童的动机，提高学生对他人的关注度。当学生对他人有关注后，同时教授他们去获取他人关注、回应他人的方式。在社交故事的干预模式中，会基于学生的基本情况，围绕主题教授学生如何回应。

其次，社会交往技能的干预中注重自然情境。在地板时光（DIR）的干预方法中，就运用了儿童的自然情境，在自然情境中教授儿童社交技能。在使用早期介入丹佛模式时，教学者会尽可能地将教学目标融入游戏当中，为儿童创造学习的机会。同样，自然情境教学（naturalistic teaching）是在日常的活动中嵌入学习机会，基于儿童的兴趣和主动发起教授社会交往行为和语言行为（McGee et al.，1999）。应用行为分析干预社会交往技能时，虽然是在教学环境中进行技能的教学，但是在教学过程中会逐渐淡化强化计划表，到自然情境中系统性地强化。无论是在自然情境中直接教学，还是在教学环境中系统性地泛化到自然环境中，在自然情境中表现出社会交往的技能是孤独症干预的主要目的。

同时，因为社会交往的问题很难通过结构化的模式去进行教学，所以在社会交往的干预中强调“家长”的介入。学龄前孤独症沟通干预（PACT）是一项由家长进行的、以沟通为基础的干预（中华医学会儿科学分会发育行为学组、中国医师协会儿科分会儿童保健专业委员会、儿童孤独症诊断与防治技术和标准研究项目专家组，2017）；人际关系发展干预法中强调了父母的“引导式参与”，可以用系统性的方法触发儿童运用社交技能的动机（五彩鹿孤独症研究院，2017）。在地板时光中，提出“家庭优先”，其目的在于强调并支持父母在儿童发展过程中所起的重要作用（杨广学、王芳，2015）。除了基于发展理论的干预方式以外，基于应用行为分析的干预方法也同样会进行社交方面的教学，比如，教授儿童“问好”“说再见”“说谢谢”等行为时，使用回合式操作教学法（DTT）在教学环境中进行教学后，需要家长在生活中帮助儿童进行泛化练习。无论是直接由家长进行教学和引导的干预模式，还是教学环境下进行教学、家长进行生活中的泛化的干预方法，家长作为儿童主要社会交往对象在儿童社会交往的学习中占据了举足轻重的位置。

（二）针对生活技能的干预特点

孤独症的儿童因为核心症状，一部分人会存在生活技能发展相对落后的情况。孤独症干预的一个主要目标，就是帮助孤独症儿童适应社会、融入社会，因此生活技能的干预是孤独症干预中重要的组成部分。关于生活技能的干预，熟知的有生活技能训练（social skills training，SST）、视频示范法、行为连锁和任务分析等。

与社会交往的干预不同，在生活技能的干预中，每一种干预模式都有固定的操作流程和教学方法。生活技能训练的主要操作步骤包括：说明、示范、练习、实行、反馈记忆泛化和维持。视频示范法中，教学者会利用第一人称视角或第三人称视角将生活技能拍摄成视频，在教学时将视频播放给学生，在视频结束后，学生被要求执行视频中的行为。在行为连锁和任务分析的方法当中，教学者首先会将要教授的行为分解成小的一系列的反应和行为，然后使用顺向、逆向或者全工作连锁的方法进行技能的教授。以上的 3 种干预方式都有固定的操作流程，这使得学生在掌握该技能后，可以从教学环境中更好地泛化到不同的情境下。同时，因为操作有规范性流程，所以家长也可以更好地加入技能教学中。

生活技能的干预中，示范是经常使用的教学辅助方法。在生活技能训练（SST）中教学者会进行直接示范，在视频示范法中教学者会将提前录制好的视频给学生看，两种干预方法在示范后均要求学生表现该生活技能。生活技能训练中，示范法的广泛应用是因为生活技能是操作性的行为，示范的方法可以更直观地让学习者感受到。但同时生活技能干预对学习者有一定的能力要求，比如，学习者需具有良好的观察学习的能力，具备从示范中学习掌握技能的能力。

（三）针对语言行为的干预特点

孤独症的儿童存在语言发育迟缓的表现，他们讲话迟缓于他人甚至一部分孤独症儿童不会说话。即使部分儿童发育初期发展出了语言，但是随着年龄的增长，部分儿童会出现语言倒退、自言自语、语言刻板、代词混乱以及在与人交流的过程中持续以自我为中心的话题的情况。因此针对语言行为的干预是孤独症干预的重点，常用的干预方法如扩大与替代沟通系统中的图片交换系统。

针对语言行为的干预是个别化的，个体差异性明显的。因为在语言发展中，儿童出现的问题差别性较大，有的儿童发音种类少、清晰度不高，言语治疗师

会扩展儿童发音种类，塑造发音清晰度等，针对一些有发音的儿童，会加强语言表达、语用方面的练习。针对一些没有语言或者在语言发展之前需要替代性沟通方式的儿童，会使用图片交换系统来教授儿童提要求的能力。即使是同样使用图片交换系统的儿童，由于动机不同，沟通需求的不同，每个人的 PECS 本中的内容也是个别化的。

（四）针对学业技能的干预特点

因为孤独症的干预目前以早期干预为主，在学龄期的孤独症干预主要是以特教学校、随班就读等为主的。以日本目前学龄期的孤独症干预来讲，文部省会统一发展障碍儿童的教学大纲，会降低课程目标难度，匹配儿童的发展年龄。学龄阶段的教育目的是让每一个学生自立，克服和改善因为障碍造成的学习和生活上的困难，学习必要的知识、技能和习惯。因为孤独症儿童的干预目标是以适应、融入社会以及独立自主为目的的，所以针对学业技能的循证干预方法比较少。目前针对学业技能，比较常见的有等同关系教学（EBI）、矩阵教学。

因为孤独症儿童和成人在技能泛化、知识泛化上存在一定的困难，但是逐一的直接教学耗时较大，所以上述两种教学方法，都是教授一部分关键技能或关系，看学生是否掌握未经教授的内容。比如，矩阵教学中，教学者会将想要教授的内容汇总，教授对角线上的关键性内容，之后会测试学生是否可以表现出未经教授的内容，如果没有展现则继续教授对角线两侧的内容，直到学生习得目标技能。在等同关系教学中，同样是只教授学生关键性的关系，学生衍生出剩余的关系，减少习得技能的时间。

整体上，除了上述针对不同的核心症状的干预特点以外，孤独症的干预还有早期干预、早期治疗、个别化、科学化、家庭化和社区化的特点。因为每一个儿童的症状表现都是个体化的，所以在家长和教育者选择干预方法的时候，需要选择适应该儿童的干预模式。同时在选择干预模式的时候也需要选择有循证支持的干预方法，关于循证方法可以参考美国孤独症中心（National Autism Center）的评估，或者在 www.researchautism.net 查阅了解不同的干预方法，相关方法也在本章的第二节中进行了介绍。

二、孤独症干预面临的主要挑战

（一）致病因素不明确，药物干预疗效差

孤独症的干预问题是医学和教育界的热点关注问题，截至目前，生物医学尚未提供孤独症谱系障碍明确的病因学结论，更无针对性的药物治疗手段。随着学者们对孤独症患者研究的深入，曾经的“冰箱妈妈”理论已经被全盘否定，研究者们对孤独症的成因也开始有了内外因的讨论。从内因来看，主要概括为3点：基因、神经生物学、孕期及围产期的可能影响说。肯纳（Kanner）在描述这一障碍时认为，孤独症归根结底可能是由先天的生理缺陷导致的（陈丝越，2021）。可这并不能解释孤独症的真正成因。基因学家普遍认同一个观点，即“不存在单一的‘孤独症谱系障碍基因’，孤独症谱系障碍只能是多种基因共同作用的结果”（武文佼、张鹏，2016）。而神经生物学者则认为脑神经发育异常导致了孤独症患者的发展障碍，认为孤独症是神经连接网络发育异常导致的行为综合征。在免疫方面，孕期感染常被认为是孤独症发生的重要因素之一，研究发现免疫功能差的患儿在婴儿期易受病毒感染，造成中枢神经系统永久性损害，增加孤独症发生率（谭晶晶、高雪屏、苏林雁，2013）。

目前学界多数研究者普遍支持孤独症谱系障碍是一种由外部环境因素作用于有孤独症谱系障碍遗传易感性的个体所致的神经发育综合征，具体病因尚不明确。关于孤独症病因问题，现代科学技术水平尚未具备概括总结它的能力，对孤独症的发病机制也不能一概而论，未来是否存在更为贴切的理论和临床模型来解释孤独症的发病机制还需要研究者们进一步探索。在药品服用方面，医生会给孤独症患者开药，但药物并非针对孤独症的核心症状，其主要是抗精神病药物，用于治疗焦虑、抑郁或强迫性精神障碍等，同时这些药物的有效性也低于其他类疾病，且都具有一定的副作用，在儿童用药方面缺乏足够的临床经验，存在较大风险（段云峰、吴晓丽、金锋，2015）。

（二）早期筛查难度大、早期干预问题多

孤独症的早期筛查和干预的研究是孤独症研究领域的首要课题。孤独症患者的预后好坏与早期筛查和诊断早晚、障碍程度大小、早期干预状况、认知状况等多种因素有关，如果能尽早发现，尽早诊断，及早持续干预，无疑会对预后产生

积极且有效的影响。近年来对孤独症的早期筛查和诊断取得了一定进展，对于2岁的幼儿进行诊断已逐步成为可能，部分筛查工具得到了广泛认可，对及早检测出有风险的孤独症儿童并实施早期干预提供了工具支持（赵丽琴，2014）。但同时在筛查过程中存在的困难也随之出现。首先，在孤独症儿童筛查和评估工具的使用方面，不同工具对孤独症儿童筛查的侧重点不同，在操作方法、使用成本、适用年龄、测量指标等方面存在差异，使得施策者需具备更高水平的知识储备以选择最适合患儿的评估工具，同时避免筛查结果的分歧与混乱。其次，目前我国治疗机构中所使用的孤独症儿童评估工具多以引进为主，翻译版为主，缺乏适合本国国情及本土文化与语言特色的评估工具。最后，尽管早期筛查的年龄由以前的3岁逐步提前为2岁，但随着诊断年龄的提前，孤独症儿童的误诊和漏诊的可能性上升。因此，早期筛查问卷编制的本土性、科学性、推广的可能性及行业认可度、诊断的稳定性及可靠性成为后续研究的新挑战。

尽早筛查过后离不开及早干预，越来越多的相关从业者认识到孤独症儿童早期干预的重要性，开始投身于孤独症儿童的早期干预事业。市面上越来越多的孤独症干预机构、五花八门的干预方法使得家长无从下手，究竟什么才是真正有效且适合孤独症儿童的早期干预方法成为困扰孤独症儿童的家长及教师的最大难题。有研究发现采用综合的早期干预治疗方法具有一定的临床推广价值（杨文峰，2014）。采用多种具体干预技术对孤独症儿童进行全面、综合和系统的干预也是美国特殊教育界研究和实践的趋势（王坚、秦燕青、朱晓玲，2018）。尽管有这样的数据支持，但对早期孤独症的干预研究依旧存在争议。孤独症儿童自身所具备的特殊性，使得医学研究强调的大样本、严格控制、标准化的测量指标，注重整齐一致的理论概括难以实施。对数据抽样的量化处理过程，可能湮没许多琐细具体却又对孤独症儿童而言十分重要的信息（王坚、秦燕青、朱晓玲，2018）。因此，鉴于孤独症儿童群体的特殊性，在自然背景下（如家庭、学校）针对个案进行长期的研究，具有更加实际的理论意义和实践价值。如何充分利用多种干预技术进行形式更灵活、更有效的发展性和综合性干预，应该引起孤独症儿童早期干预领域的重视。

（三）专业人员培养难，干预机构监管乱

专业人员是行业发展质量的关键保障，对于孤独症干预领域而言，既需要掌握特殊教育理论、基本知识和方法，从事特殊儿童教育、康复、科研管理等研究型创新型工作的人才（王雁、李欢、莫春梅等，2013），也需要各式各类从事特殊儿童教育教学、开展康复训练的应用型人才。与此同时，科研与实际教学又是无法割裂开来的，科研类人员需要足够丰富的教学经验以支持研究方向的合理性，而应用型的一线工作人员也需要通过不断学习将新的研究成果与自己原有教学经验相结合，以投入实际教学工作当中。

研究者采用问卷调查法对特殊儿童康复机构教师的主观幸福感进行调查，结果发现康复机构教师的幸福感接近但未达到常模水平，即接近但未达到中等水平。同时，机构教师的主观幸福感在各年龄组存在极其显著的差异，25岁以下、26 ~ 35岁、46岁以上呈现出主观幸福感随着年龄的增长而有所提高，36 ~ 45岁的主观幸福感得分最低（秦春婷、黎莉，2020）。目前大部分从事特殊教育儿童康复工作的老师第一专业与特殊教育没有关系，更多地以普通教育理念进行康复指导、教学，导致康复工作面临重重困难。机构亟须特殊教育、儿童康复等相关专业的毕业生加入，专业教师缺口大。尽管近年来不少学校开设特殊教育专业，但由于薪资待遇、工作量、职业认同感等方面的问题，各学校的特殊教育专业输出的学生毕业后踏入特殊儿童教育行业的并不多，专业人才大量流失，且刚毕业的学生实践经验不足，缺乏专家型教师带领，教育效果尚未达到最优水平。如何培养优质特殊教育师资，如何减少师资流动性，将人才留在本行业，成为解决特殊教育人才短缺，提升干预质量所面临的新挑战。

在机构开设方面，我国有康复需求的残疾人群体数量巨大，每年有康复需求的特殊儿童比例远大于实际接受服务的比例（赵曼、王国英、王树林，2015）。康复需求的缺口使得民办机构如“雨后春笋”般崛起，民办机构大量拥入特殊儿童康复行业成为刺向特殊儿童及其家人的一把双刃剑，优点在于更多的机构加入给了孤独症家长更多的选择权利，使得有需要的家庭可以“货比三家”多维选择。但同时缺点也随之而来，机构数量激增的同时质量却无法保证，部分无良机构凭借虚假宣传、恶意诱导等商业运作模式使得孤独症康复行业陷入良莠不齐的泥潭。如何将符合规范的民办机构纳入民政、残联系统并接受定期的检查和评估，如何取缔不符合办学规范的“小作坊”成为行业乱象治

理的重中之重。同时，对符合要求的在营机构应引入监督机制，落实监督程序，要使机构办学以儿童康复为目的，而非以盈利为导向，评估环节制度化，评估走访常态化，建立相关量化指标，对儿童康复进行全方位保护，以免使儿童错过康复的黄金期，也是孤独症干预领域所面临的巨大挑战。

三、孤独症干预的发展趋势

（一）放宽干预研究对象的年龄限制，干预对象年龄由中间向两端延伸

以往针对孤独症的干预研究大多关注学龄期的孤独症儿童，对小龄及大龄孤独症谱系障碍患者的研究相对较少。随着残疾人事业的发展，各年龄段的残疾人的需求逐步被社会大众所重视。《中华人民共和国残疾人保障法》第十五条规定，国家保障残疾人享有康复服务的权利（新华社，2008）。各年龄段的残疾人都应该具有接受相关康复服务的权利。对于孤独症领域而言，早期干预的重要性得到了科学支持，成为特殊教育界的普遍共识。孤独症的病因是综合多种因素作用的结果。对孤独症进行早期干预和在社交环境中干预被证明是可以促进脑的发育和行为的改善。已有研究表明，对孤独症儿童越早进行干预，效果越显著（李艳、邹慧玲、何黎等，2018）。随着诊断年龄的提前，越来越多的家长开始重视孤独症儿童早期干预，干预机构当中的小龄患者也越来越多，相关干预手段也随即出现。

与此同时，随着孤独症人群的日益扩大和年龄增长，大龄孤独症患者职业康复与技能训练需求日益扩大。针对大龄孤独症人士的康复干预重点从抢救性康复干预转到职业干预，将职业技能教学作为干预重点。以某机构为例，针对大龄孤独症人士提供烘焙主题干预训练课程，提出“教—产—销”模式，将教学训练、生产操作、宣传销售这3个环节进行整合，只有这样，才能让接受干预课程的大龄孤独症人士将学到的技术用于实际的生产之中，而机构也能够从生产、销售环节获得收益，以弥补教学中所带来的场地、原料、设备以及人力成本的费用（邓学易、郭德华、于鑫洋，2015）。以上只是列举了大龄孤独症人士职业干预路径，除职业技能外，大龄孤独症养护模式、就业、社会支持、循证干预模式等已成为孤独症干预的新趋势。

（二）重视自然情景或模拟情景中的干预，注重增强儿童参与干预的主动

性动机

在 20 世纪 80 年代，对孤独症儿童的干预强调需在封闭环境中进行，当时有效的干预都是在免去干扰物的房间中进行，是一种非常临床化和反复操练的模式。直至现在部分治疗师对孤独症儿童的干预仍以这种模式进行，对那些不会说话的孤独症儿童，使用卡片进行教学，从获得他们的眼神接触开始（例如，“看着我”），甚至会设立单独时间，只为教眼神接触。对儿童从一个音开始教，到两个音，再到将两个音合并，让学生反复模仿。因此整个过程并没有那么有趣，甚至有些枯燥，过程中儿童出现的以回避、逃避为目的的问题行为极为常见，但他们确实是在学习。虽然儿童在进步，但过程缓慢，同时很多儿童无法将在干预室中习得的技能泛化到干预室外的其他环境中。因此，对孤独症儿童的干预越来越倾向于在自然情景中或者在模拟情景中进行训练，有利于孤独症儿童行为的习得及泛化。同时，从事特殊儿童干预研究的研究者们意识到动机在学习中的重要性，当儿童有动机时，学习是最有可能出现的。研究者们开始尝试将动机进行量化，通过对孤独症儿童行为上的测量以求建立改善孤独症儿童动机的程序。

（三）重视团体训练或融合环境中的干预，协调个体训练与团体训练之间的比例

社会交往障碍作为孤独症谱系障碍的核心缺陷之一，其表现为缺乏与他人的交流意愿和交流技巧。社会交往活动的不可预期、动态等特征决定了它是一种需要灵活性和社会交往理解能力的多重感官体验。这对孤独症儿童单调重复的，组织化、具体化的学习偏好而言是十分困难的，社会交往障碍严重影响孤独症儿童回归社会，参与正常的社会生活。而团体训练可以提供一个接近自然的社会交往环境，有利于儿童在过程中不断试错，以调整其社会适应能力，为其后续的社交做准备（蔡娟娥、李晓乐、李家妮，2021）。融合类干预方法也成为孤独症干预的新趋势，以融合团体箱庭为例，孤独症儿童与普通儿童共同参与箱庭游戏，在普通儿童的示范、引导和帮助下，孤独症儿童的社会沟通情况、自发性模仿行为、象征性与假装游戏能力获得提升与发展（林彩云、陈顺森、叶桂青，2016）。在开展孤独症儿童融合活动干预时，需充分考虑团体组成的特殊性，结合孤独症儿童和普通儿童的发展特点制定相应的规则设置，促进孤

独症儿童获得助益性成长的同时帮助普通儿童树立正确的融合社会观。

（四）注重孤独症儿童运动康复，开展孤独症儿童运动干预研究

作为康复医学的一个重要分支，运动康复在特殊儿童缺陷补偿与身心全面协调发展方面作用显著。运动康复不仅具有缺陷补偿的生理功能，还能对特殊儿童的心理和社会功能产生积极的影响。因此，通过设计实施运动康复干预，不仅可以改善和提高特殊儿童动作能力与体适能水平，也能提高他们的心理及社会适应能力，使他们更好地融入班级、家庭、社区等环境（陈军、闫洁、康玉江，2017）。运动干预作为一种运用体育运动辅助疾病治疗的行为干预方法，与传统孤独症干预方法相比，运动干预所花费的人力、物力、财力更少，更容易操作，干预过程更具趣味性。

从文献来看，现有运动干预方法中运用最多的是体育游戏干预，体育游戏主要对孤独症儿童的社会交往能力、重复刻板行为、运动能力和心理健康等方面进行了干预，它强调在自然的身体活动情境下为儿童提供一种安全、有趣、富有支持的环境，以此实施干预活动（魏欣，2019）。体育游戏能有效改善孤独症儿童的社会交往障碍，主要表现为可增进其主动沟通和口语沟通行为，提升交往技能。对促进儿童的社会交往能力、运动能力、情绪和心理的发展及减少问题行为等方面都有积极作用（杨想、詹晓梅，2021）。

（五）借助新时代技术和发明作为辅助干预的手段，日益得到运用

随着时代的发展，科技的进步逐步渗透至孤独症康复领域，孤独症干预辅助类产品的发明与制造有利于满足孤独症儿童及其家庭的真实需求。研究显示，同人与人之间的交流相比，孤独症儿童更倾向于接受电子产品（张新新、王芳、杨广学，2018），对计算机产品表现出较强的敏感性，计算机训练结合人工干预可以减轻治疗师压力，有效避免治疗师人为的主观因素，例如疲劳感、职业倦怠等。计算机训练的加入一定程度上放宽了对孤独症儿童干预的时间限制，使得学生在家庭环境下即可接受反复训练，以获得更好的干预效果。

以基于计算机辅助技术的孤独症儿童表情认知干预软件为例，软件设置学习资源和干预应用两个模块，学习资源是由被试及其家人拍摄而生成的表情资源库及日常生活社交情境；干预应用即软件所提供的选择题、连线和拼图等游戏化干预形式。通过认知干预软件，可以实现孤独症儿童对高兴、难过、害怕、

惊讶、生气和厌恶6种基本表情认知的干预，并且软件可以记录干预过程中的数据用以干预效果分析（陈畅，2018）。这证明计算机辅助技术在孤独症儿童教育干预方面具有广阔的应用前景，新时代技术和发明为孤独症儿童的教育干预提供了更多途径和新思路，未来将有更多研究者致力于计算机辅助技术与孤独症儿童教育干预的深度融合研究，为孤独症儿童的教育干预提供理论和技术支持。

（六）强调家长的合作，注重发挥治疗师与家长之间合作及支持的优势

家庭和学校是孤独症儿童生活和学习的两个主要场所，学校教育和家庭教育的一致性与连贯性是孤独症儿童习得技能走入社会的重要保障，与普通儿童相比，孤独症儿童将在学校习得的技能泛化于校外环境更是存在巨大困难。在康复中心，由于专业人员数量限制，治疗师无法完全对患儿进行一对一训练，在干预过程中难免遗漏训练中的部分细节。相比之下，家庭环境中的干预，在专业指导下家长直接作用于患儿的康复训练，既有利于亲子关系的发展，减轻高额训练费用给家庭带来的经济压力，同时也适用于疫情防控下居家干预的常态化要求。

与此同时，孤独症儿童家长的心理援助已经成为孤独症干预研究的新趋势，孤独症儿童的家长更易存在焦虑、抑郁、冷僻、孤傲、猜忌等心理问题，从而导致干预者与其沟通时出现沟通困难，家长的配合度欠佳，干预效果大打折扣的问题。研究发现，在对儿童进行干预训练的同时对家长进行培训，给予家长心理层面的支持，提高其对患儿康复的信心，使其能够以积极的心态与干预师共同参与治疗，让家长习得正确的训练方法，有利于孤独症儿童将康复机构所学迅速泛化于不同的生活情景当中（曾可、常燕群、张荣花，2011）。

（七）建立跨学科合作，形成多学科训练方法相结合的综合干预模式

当前，孤独症干预研究的学科领域主要集中在教育学和心理学方面，医疗领域虽有所涉及，但占比较小。从文献分析来看，当前孤独症儿童的康复更多是在教育环境中开展和实施。近年来，对特殊教育师资医疗康复理念的建立和康复技术的培养也越发受到重视，但特殊儿童教育康复模式的发展还需要多领域、跨学科的整合机制，而教育体系下孤独症儿童康复模式建构的探索还比较匮乏，已有的干预方法往往以心理教育或行为训练方法为主，如何将学校、

家庭、医院、社区，乃至政府的效用相结合形成一套整合性支持方案，这将有助于孤独症儿童的教育与康复。

孤独症的干预，除了存在理论技术方法本身有效性和适用性的问题，干预方法的推广和更新、干预机构的设立和监管、专业人员的培养、政策法规的指引、社会大众的理解、家庭尤其是社会环境的支持也在孤独症干预的实践中起重要作用，与孤独症干预质量密切相关。今后的研究除了亟须关注孤独症干预方法本身，也应该较多地关注孤独症干预实践中存在的其他问题。

参考文献

McGee, G. G., Morrier, M. J., and Daly, T. (1999). An incidental teaching approach to early intervention for toddlers with autism. Journal of the association for persons with severe handicaps, 24(3), 133-146.

蔡娟娥，李晓乐，李家妮．团体语言训练、团体感觉统合游戏及图片交换沟通系统对孤独症儿童行为及康复效果的影响［J］．医学理论与实践，2021，34（2）：340−342.

曾可，常燕群，张荣花，等．家庭训练对儿童孤独症辅助治疗的影响［J］．广东医学，2011，32（23）：3078−3080.

陈畅．计算机辅助的自闭症儿童表情认知干预研究［D］．武汉：华中师范大学，2018.

陈军，闫洁，康玉江，等．学前特殊儿童运动康复课程实践研究［J］．现代特殊教育，2017（1）：39−41.

陈丝越．刍议辩证统一的自闭症成因［J］．才智，2021（1）：60−62.

邓学易，郭德华，于鑫洋．大龄孤独症人士职业技能培训模式探索——以北京康纳洲雨人烘焙为例［J］．残疾人研究，2015（4）：64−67.

段云峰，吴晓丽，金锋．自闭症的病因和治疗方法研究进展［J］．中国科学：生命科学，2015，45（9）：820−844.

郭德华，杨广学．环境因素与自闭症［J］．中国慢性病预防与控制，2012，20（5）：599−603.

李艳，邹慧玲，何黎，等．自闭症儿童早期干预丹佛模式研究综述［J］．乐山师范学院学报，2018，33（10）：126-133.

林彩云，陈顺森，叶桂青 . 融合团体箱庭在儿童自闭症康复训练中的应用［J］. 牡丹江师范学院学报（哲学社会科学版），2016（1）：127-129.

卢晓洁，田琳，张婕，等 . 美国自闭症综合干预模式概述及其发展趋势［J］. 中国特殊教育，2021（10）：44-51.

秦春婷，黎莉 . 广西特殊儿童康复机构教师主观幸福感调查研究［J］. 广西教育，2020（31）：35-38.

谭晶晶，高雪屏，苏林雁 . 儿童孤独症病因学研究进展［J］. 中国实用儿科杂志，2013，28（2）：143-146.

王坚，秦燕青，朱晓玲 . 中国大陆自闭症干预方法研究综述［J］. 南昌师范学院学报，2018，39（1）：66-69+80.

王雁，李欢，莫春梅，等 . 当前我国高等院校特殊教育专业人才培养现状分析及其启示［J］. 教师教育研究，2013，25（1）：28-34.

魏欣 . 自闭症儿童运动能力研究文献的计量分析［J］. 绥化学院学报，2019，39（7）：75-78.

五彩鹿自闭症研究院. 中国自闭症教育康复行业发展状况报告Ⅱ［M］. 北京：华夏出版社，2017.

武文佼，张鹏 . 自闭症谱系障碍的生物基础［J］. 心理科学进展，2016，24（5）：739-752.

新华社 . 中华人民共和国残疾人保障法 [EB/OL].http：//www.gov.cn/test/2008-12/11/content_1174760_2.htm

杨光学，王芳 . 自闭症整合干预［M］. 上海：复旦大学出版社，2015.

杨文峰 . 自闭症儿童的社会缺陷及其早期干预研究［J］. 大家健康（学术版），2014，8（18）：171.

杨想，詹晓梅 . 体育游戏对自闭症儿童康复效果的研究述评［J］. 现代特殊教育，2021（8）：58-62.

张新新，王芳，杨广学 . 机器人技术在自闭症儿童教育中的应用研究进展［J］. 中国特殊教育，2018（11）：24-32.

赵丽琴 . 自闭症儿童的早期筛查与诊断［J］. 中国特殊教育，2014（2）：49-55.

赵曼，王国英，王树林 . 保定市特殊儿童民办康复机构建设现状调查［J］. 保定学院学报，2015，28（2）：127-132.

中华医学会儿科学分会发育行为学组，中国医师协会儿科分会儿童保健专业委员会，儿童孤独症诊断与防治技术和标准研究项目专家组．自闭症儿童早期识别筛查和早期干预专家共识［J］．中华儿科协会杂志，2017，55（12）：890-897.

第五章　对学龄前孤独症儿童课程设计的探索

◎王培实　刘　美

前　言

美国纽约城市大学皇后学院与北京五彩鹿儿童行为矫正中心合作历史悠久，双方本着双赢和互利的原则，于2009年年底正式签署了合作协议。合作项目主要集中在人才交流和信息交流两方面。

信息交流：2010年6月，两名皇后学院特殊教育专业的教授去北京五彩鹿做了“机构需求调查和干预技术评估”，其间双方对人才交流又做了更富深度的探讨。2014年1月，五彩鹿五人团队到皇后学院进行访问交流。

人才交流：从2011年至今，五彩鹿陆续有3位老师到皇后学院进行学习（其中一位已经完成研究生课程并取得BCBA执照，一位正在研究生课程学习中，一位访问学习3个月）；此期间，有20名皇后学院的特殊教育专业的硕士生分4批到北京五彩鹿进行6周的实习（每两年一批）。

美国学生与五彩鹿老师们经过10年的共同探索和实践，制订出一套以主题为本（theme-based curriculum）的教学课程计划，课程设计内容充分融入了中国文化、风土人情和习俗，以满足中国家长与孤独症儿童的需求，并结合有效干预策略和方法的使用，通过“独立班”式的课程教学，促进孤独症儿童更全面、长远地得到发展。本章将对教学课程设计的过程和相关特点做详细的介绍。

第一节　主题教学课程简介

一、什么是以主题为本的课程设计

这是一套由皇后学院的特殊教育专业研究生和五彩鹿的老师们共同创造和编写的课程设计，它以循证实践（evidence-based practices）为基础，整合了发展适宜实践（Developmentally Appropriate Practice，DAP）的原理（Bredekamp; 2011，Copple and Bredekamp，2009）和应用行为分析（Applied Behavior Analysis）的科学原理（Cooper et al.，2020；Alberto and Troutman，2013）设计出的主题教学内容，根据孤独症儿童不同能力和兴趣，通过亲身体验（hands on experiences）和活动为主（activity-based learning）的教学形式，充分利用自然情节中的教学机会（naturalistic learning opportunities），增强同伴之间的互动（social interactions among peers），在教学内容和教学形式中适当融入区别性教学（differentiated instruction）来满足孤独症儿童的个别化需求。

以主题为本的课程设计，是围绕儿童感兴趣的、较广泛的一个话题（比如交通工具、天气和季节的变化，或者蝴蝶的生命周期等），把教学内容统一起来，以此为基础，给学生们建立适当的学习目标。例如，以常见的交通工具作为主题，老师可以用几周甚至更长的时间，通过阅读、写作、数学、科学或其他学科领域的活动设计，引导儿童对该主题进行深入探索、了解和体验（Bransford et al.，2000）。

二、主题教学对促进孤独症儿童的学习有诸多优势

首先，它有助于增强孤独症儿童对所学内容的理解。对孤独症儿童来说，理解一个宽泛、抽象的概念会有一定的挑战，而主题教学把教学关键内容分解成小部分，通过月主题、周主题和每日主题的方式，循序渐进、一点一点地呈现给儿童。比如，8月的主题是“夏天”，每周设计一个紧密相关的小主题——“炎热的夏天”“水”“去海边”“去度假”，然后每天再突出一个重点来设计与儿童的生活和兴趣紧密联结的活动（更容易调动他们的学习兴趣和动力），帮助儿童对“夏天”这个抽象概念形成连贯和完整的认识，能对“夏天”这个概念的理解更深入

一些，认知储存和保留的时间也更长久一些。其次，它有助于老师在有限的教学时间内完成众多学科领域学习目标的挑战。举例来说，孤独症儿童可以一边练习认汉字和阅读，一边动手参与科学试验（如果把黄色颜料和红色颜料混合在一起，会变成什么颜色？），而不是把时间分别用于认字、阅读或科学试验，达到事半功倍的效果。另外，主题教学还可以帮助老师满足学生的不同学习风格进行教学，将区别性教学融入每日教学中，能够更好地满足孤独症儿童的个别化需求。总之，主题教学可以帮助儿童调动整个大脑学习的积极性（Chalufour and Worth，2004；Schickendanz，2008；Bredekamp，2011）。

根据皇后学院特教研究生们和五彩鹿老师们的实践经验总结，共同设计出 11 个教学主题（每月一个主题，每周一个主题，每天又有不同的学习活动来锻炼孤独症儿童在不同发展领域里的技能）。下面是一个月主题与周主题相关联的课程设计实例：

月主题：夏天

第一周的主题：炎热的夏天

第二周的主题：水

第三周的主题：去海边

第四周的主题：去度假

每日教学活动：

第一周主题	星期一	星期二	星期三	星期四	星期五
炎热的夏天	天热的时候怎么防晒	夏天吃什么解渴	夏天的时候怎样消暑	天气特别热的时候玩什么游戏	周主题的总结
阅读 / 讲故事时间	绘本《夏季冒险》				
学习区域中心活动	手工区：制作 防晒帽 认知区：防晒工具的分类	感知区：冰棍的制作 认知区：西瓜里有多少颗子	手工区：制作扇子 游戏区：热—热—凉	感知区：给娃娃洗澡 美术区：用冰块画画	社区活动：今天我们去超市买冰激凌

在以主题为本的课程设计中，课程可以集中在某一个学科领域（如数学、美术或自然科学），针对儿童特定年龄或年级的学习目标，课程设计也可以关注不同的发展领域（如认知、精细动作、语言交流和社交情感的发展）。从上面的月主题和周主题的例子可以看出，课程可以同时涉及多个学科领域的学习目标（Schichkedanz，2008）。此外，每天都有读故事书的环节，通过阅读/讲故事时间，让孤独症儿童有充足的机会学习新词汇，用完整的话重述故事书里的情节。 老师也可以借助绘本/故事书向小朋友们传授相关社交技能：如何交朋友、如何与他人分享玩具或游戏等。

三、如何创建主题单元（Curriculum Unit）

在创建主题单元时，老师可以围绕一本故事书（如《好饿好饿的毛毛虫》），或者根据季节与天气变化的基本概念或基本技能（如颜色或者字母排列）进行规划。根据主题的广泛程度，每周或每个月计划一个主题。主题的另一个来源是学生和家长。通过对儿童的仔细观察和对儿童家长的问卷调查，找到孩子的兴趣点所在，并围绕着这些兴趣点来规划几个单元。一旦确定了主题单元，老师需要设立适当的学习区域中心和实践活动来实施教学。

研究表明，主题课程不仅能激发儿童们的学习动机，还能为儿童提供更多的学习与实践的机会，让他们能够在自然情景中，对新的概念有更深层次（more depth and breath）和更广泛的理解（Bransford et al.，2000）。熟悉幼儿教育的老师都知道，很多3~5岁的儿童比较喜欢玩的游戏是搭积木、盖房子。老师也可以围绕“建筑”这个主题，设计出一整套课程内容，从中引导儿童掌握各种建筑方面的概念和技能，如计数、测量、记录和建筑材料分类等（Chalufour and Worth，2004）。这样孤独症儿童对所学的知识内容的理解是完整的、连贯的， 而不是断断续续、支离破碎的。

第二节　独立班里的主题教学——以五彩鹿为例

一、教学方式的改革

在教学方式上，以主题为本的教学也做了大胆的尝试，开创了“独立班”

式的集体课。在中国孤独症儿童早期干预机构里，接受训练的小朋友都是和家长在一起上集体课（每个班有一位任课教师，领着家长和孤独症儿童一起训练，家长在课堂上起到辅助的作用）。为了更有效地开展以主题为本的集体教学课程，同时解放家长，每个班级由 3 位教师协同承担所有教学、3 位教师轮流负责一个学习区域中心（learning center），其中一位是班主任（lead teacher），但是大家一起备课，目的是让孤独症儿童最大限度独立参与和完成课上的任务。每天放学后，班级教师与家长沟通，向家长及时反馈儿童在集体课上的表现。这样的设计，给家长一个“喘息”的机会，对孤独症儿童来说也是一个锻炼独立性的机会——能够脱离家长的辅助，尽可能自己独立完成课上的任务。“独立班”式集体课的重点不是结果，是过程——孩子参与的过程和独立完成任务的过程。而且，不管是过程还是结果都不要求孩子做到完美。每个孩子的起点不一样，教师注重于记录每个学生自身的进步，而不是和其他孩子对比。每个学生独立完成的任务和作品都被贴在墙上，展示给学生和家长。

这种“独立班”式的集体课相对于个训课和亲子集体课更有利于促进孤独症儿童的学习。有些孤独症儿童虽然在个训课上表现很好，但在个训课上已经掌握了的技能却不能在集体课上都应用出来。集体课从整体上来说，对孤独症儿童多方面的能力要求比较高，需要儿童能够有一定注意力、能听懂简单的指令、能独立完成全部 / 部分任务。很多儿童在亲子集体课上形成依赖家长辅助的心理和行为习惯，一旦脱离家长就出现注意力不集中、不知道该做什么、很吃力、跟不上的表现。在“独立班”式的集体课上，孩子能在专业教师的协同教导下，有效提高对知识和技能的泛化，并且有更多机会锻炼独立性。其次，在“独立班”式的集体课上，教师会创造更多小朋友之间互动的机会，对提高孤独症儿童的社交能力和语言表达能力有很大的帮助（Ledford and Wehby，2015）。

学生分班的原则遵循学生的年龄、能力和之前是否有上过集体课的经验。越高功能的孩子，班级孩子数量就越多一些（一个班可以有 12 个学生、3 位老师），这样的安排确保自闭儿童有充足的机会接受挑战，为今后能够顺利地融入普通幼儿园打下良好的基础；功能低一点的孩子可以上人数少一点的班，比如，一个班最多有 6 个学生、3 位老师，确保课堂上有足够的老师可以照顾到每个孩子的需要，帮助他们参与和尝试各种学习区域中心的活动。

二、对教室环境的改革

另一方面是对教学环境的改造——充分利用视觉提示（visual supports），把教室环境装饰得更吸引人，比如，每天的活动日程（daily schedule）、季节、天气、出勤等（如图 5-1）。视觉提示都被摆放在孩子视觉范围内，而且通常放在适宜的高度——儿童可以自己动手摘取和移动图片符号以便参与。比如说“出勤表”，所有出勤的小朋友都可以把自己的照片从“家”的区域放到“学校”的区域上，已经认字的小朋友则可以把写有自己名字的汉字卡片放到“学校”的区域。

图 5-1　例程墙

班规的视觉提示和文字：

把班规用文字和图片相结合的方式展现给全班同学（如图 5-2），并且作为每天的例程内容之一，老师领着全体学生熟悉班规都有哪些要求。班规的内容一般简单易懂，而且是从正面积极地引导儿童在课堂上应该怎么做。

图 5-2　班规

建立学习区域中心（Learning Centers）：

学习区域中心是“独立班”教室中一个独立的区域，包含围绕学科领域或主题内容的各种玩具和材料（如图 5-3）。精心设计的学习区域中心尊重儿童的学习风格和兴趣，允许他们选择，从而培养他们的自尊、自信和决策能力。所有儿童，尤其是那些有问题行为的儿童，由于他们可以选择自己喜欢的区域中心和活动，更具有自我导向性（self-directed learning），因此问题行为出现率比较低，他们反而会更主动地参与活动任务（Dunlap et al.，1994）。

“独立班”的教室里，根据特定用途通常有以下几个学习区域中心：集体活动区、建构区、音乐区、认知区、美术区、数学区、假想游戏区、感知区、图书区，等等。在一个设计得井井有条的教室环境里，儿童知道所有物品放置的位置，每天进到教室以后，会自动放好书包、饭盒、水杯等日常用品。学习区域中心促进儿童集中注意力，鼓励小朋友之间互动，每个学习区域中心都会帮助学生发展独特的知识内容、技能和性格，同时促进不同的社交技能和养成好的工作习惯。例如，假想游戏区和建构区可能会鼓励同伴之间的合作跟互动，而自然科学区可能更多地鼓励个人尝试和研究。创设一个高质量的学习区域中心，目的是具有吸引力和美感，包含大量相关、有趣并且适合儿童发展和互动的玩具跟材料，鼓励发展儿童的独立自主性。

图 5-3　学习区域中心活动时间

下面是一个“独立班”教室环境布置的例子：

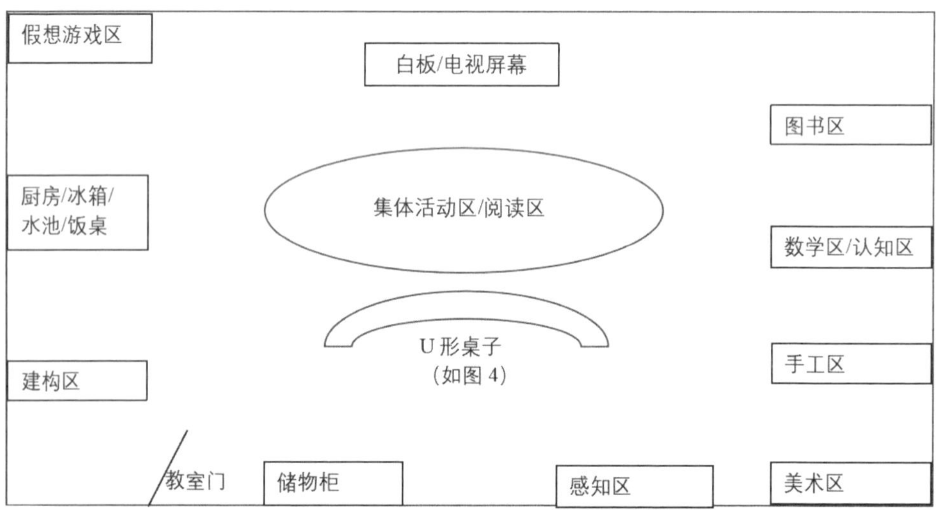

图 5-4 阅读 / 讲故事时间，全体同学围坐在 U 形桌子前，听老师讲与主题相关的绘本故事

研究表明，在范围明确的学习区域里，儿童更容易把注意力集中在参与活动的过程中或者更容易完成任务，同伴之间会有更积极的互动、合作和大胆的探索（Epstein，2007）。孩子们都忙着参与活动和游戏，老师就不需要对课堂秩序把控得太严格。这个时候，老师可以抽出时间针对每个儿童的不同需求进行区别性教学，或者是积极地参与儿童自发性的活动，以便帮助儿童提升他们的独立性。

老师可以利用低书架、不透明窗帘或其他家具将教室里各个活动区域隔离开。如果有可能，尽量把隔离板或家具做成可移动式的，从而方便灵活调整房间布置——随着孩子兴趣的变化，老师可以随时改变学习区域的设置和布置。

每一个区域活动中心都有它自己的教学目标，教学目标和每个孤独症儿童的个别化教学计划（IEP）是紧密相关的。老师每天都要收集每个孩子的参与度、独立性和与他人互动的数据，以便记录和分析每个儿童进步的程度（如图 5-5 和图 5-6）。

图 5-5　教师用纸和笔随堂记录每个孩子的干预数据

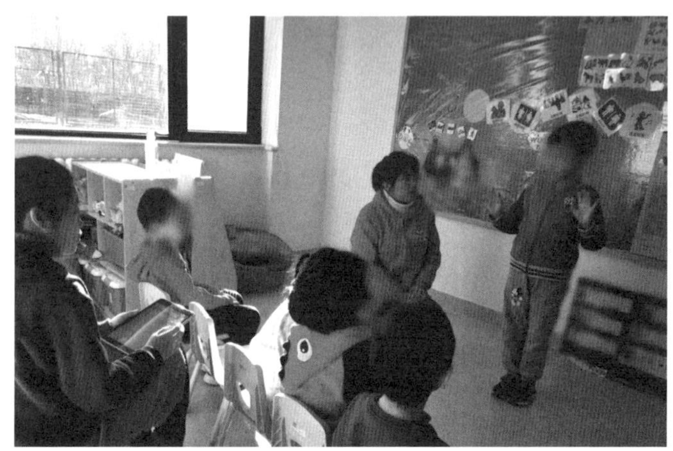

图 5-6　教师用平板电脑随堂记录每个孩子的干预数据

管理课堂和影响孩子行为最重要的方面之一就是有效地计划和利用时间。人们通常认为幼儿的注意力持续时间很短，然而，一旦他们参与了自己所选择的小组活动，他们的注意力往往比成年人预期的要长得多。一般情况下，每个学习区域中心的活动时间为 20 分钟左右（年龄越小、功能越低的孩子在参与区域活动时的注意力通常越有限），老师要根据每个儿童不同的需求，为每个儿童分配不同的任务。

三、游戏对孤独症儿童的重要性

研究表明，游戏有助于提高儿童语言发展、自我调节、注意力、创造力、解决问题以及社交和情感技能（Berk et al.，2006；Bodrova and Leong，2003；Smilansky and Shefatya，1990）。也有研究发现游戏有助于孩子们为上学做好准备（Bowman et al.，2001；Shonkoff and Phillips，2000）。还有研究将游戏与儿童的识字能力和数学技能联系起来（Ginsburg，2006；Zigler and Bishop-Josef，2004）。

游戏是儿童成长过程中必不可少的经验累积部分，有助于儿童发展重要技能。虽然大多数普通儿童天生就喜欢参与游戏，但患有孤独症谱系障碍的儿童并不遵循游戏发展的典型模式和曲线，并且经常表现出游戏技能发展迟缓的现象（Wong and Kasari，2012；Marcus Autism Center，2021）。

除了游戏自身带来的纯粹乐趣外，儿童还可以通过游戏提高社交、语言和认知技能。多年来，很多幼儿教育的理论家和学者们都强调游戏在儿童成长过程中的重要性和不可忽视的优势，然而，孤独症儿童往往缺乏游戏技能，有些儿童还存在着社交互动能力发展延迟的问题。

孤独症谱系障碍是一种复杂的神经发育障碍，其特征主要包括社交和沟通技能的缺陷以及限制性和重复性的兴趣和行为（Chester et al.，2019）。孤独症儿童与典型的同龄人互动时，会面临很多社交技能方面的挑战。孤独症儿童通常缺乏目光交流、缺乏主动与他人或同伴分享的意识，与同伴对话时缺乏礼尚往来的意识，谈话时会自管自顾，自己滔滔不绝，没有和他人轮流对话的意识，因此很难与他人一起玩耍（Barnett，2018）。有些孤独症儿童虽然有一些基本的功能性游戏技能，但这些技能往往是死记硬背、千篇一律的。在游戏方面，孤独症儿童需要有结构化跟系统化的支持和辅助。除此之外，还需要在自然情景中有充分的机会来尝试和练习高水平的游戏技能（Mastrangelo，2009）。

Carrero 等人（2004）将游戏定义为“为了享受而主动地、有目的地与物体或其他人接触”。学习游戏有助于儿童发展社交、语言和认知技能，儿童通过与同龄人和成人的交流，在游戏过程中学习社交技能。此外，他们还学习如何在游戏、合作和解决问题的过程中向他人表达自己的想法。在游戏中与他人的互动可以锻炼儿童早期的语言功能。同时，儿童在游戏中可以尝试如何理解他人的意图。

游戏可以分成 3 类：功能性、象征性和有规则的游戏（Jung and Sainato，2013）。功能性游戏是儿童最早开始尝试的游戏，相对来说也是水平最低的游戏。儿童知道如何适当地使用某个物体的功能（比如，给布娃娃喂牛奶和果汁）。象征性游戏是指儿童通过物体替代来进行的游戏形式（例如，在游戏过程中用积木来代替汽车）。有规则的游戏是一种更高级形式的游戏，要求儿童遵守既定的游戏规则。这种游戏比较常见于体育比赛当中（篮球比赛的时候，大家都要遵守篮球赛的规则）。

大多数孤独症儿童都能掌握一些基本的功能性游戏技能，但是这些游戏技能比较简单、单一（没有普通儿童的游戏那么复杂和细致），再与孤独症诊断的核心症状交织在一起，游戏内容过于单一、重复。因此，在以主题为本的课程设计中，更着重于为孤独症儿童创造充足的游戏机会。在每周的课程设计里面都会有 2~3 次玩游戏的机会。根据情况，有的时候游戏是在教室里完成的，也有的时候会去户外做游戏。在户外做游戏时还能遇到社区里的普通儿童，促进孤独症儿童和普通同伴的互动。

几个常见的游戏：老鹰捉小鸡，一网不捞鱼，打保龄球，音乐椅子，丢手绢，给小熊贴尾巴，跳格子，糖果王国（Candy Land，如图 5-7），等等。

图 5-7　棋盘游戏——糖果王国，不需要认字也可以玩的游戏，只要小朋友能够识别颜色，可以自己数到 5

四、教学时间表的安排（Planning the Schedule）

孩子每天的生活应该是有规律的——固定的时间有固定的安排，这些固定的时间安排给孩子安全感。尤其是对有孤独症的儿童来说，他们更需要“循规蹈矩”，因为他们对突然或者临时变动的适应能力比较差，甚至有可能引发挑战性行为或攻击性行为。如果每天的活动和时间安排计划得当，可以为儿童提供良好的学习体验机会，比如，儿童可以通过阅读 / 讲故事、音乐、美术和游戏时间练习新技能和锻炼语言与社交能力的发展。“独立班”每天的例程时间，通过让孩子到前面来向大家问好、说今天的年月日和星期几、报出勤、选儿歌等活动，让孩子们在规律的活动流程中以稳定的情绪进行学习（如图 5–8 和图 5–9）。

图 5–8　例程时间的视觉提示：现在是阅读时间，韩老师要给大家讲一个《好饿好饿的毛毛虫》的故事

图 5–9　孩子到前面来向同伴问好、报日期和天气等

五、生活自理能力的培养

生活自理类的能力培养主要是通过在自然情景中让孩子们自己动手进行锻炼。比如，中午吃饭时间，请家长给孩子带饭，老师跟学生围坐在桌边一起吃饭，老师给孩子起到示范的作用，也能减少家长辅助形成的习惯性依赖，也是聊天和互动的好机会（如图 5-10）。

图 5-10　午饭时间——教孩子自己吃午饭，锻炼生活自理能力

六、学习小组（Small Groups）

小组通常由 3~4 个孩子组成，老师可以用小组的形式介绍新概念或新知识，是一个特别有价值的学习环境（尤其运用在学习区域中心的活动设计中，如图 5-11）。首先，老师可以针对每个孤独症儿童的个别化教育计划（IEP）进行个性化教学。其次，小组为孤独症儿童提供了与同龄人互动的机会。小组互动的最大好处之一是儿童彼此之间的来回交流。它为儿童提供了积极参与学习体验的机会。老师可以根据儿童各领域不同能力和水平进行分组，儿童应该轮流参与多个小组，锻炼怎样与不同的同伴合作或者怎样与不同水平或能力的同龄人一起完成任务。

图 5-11　在学习区域中心，孩子们分小组进行活动

七、户外活动时间

在天气允许的情况下，“独立班”式的课程中也会安排孩子们去户外游戏(如图 5-12)。让社区里的居民了解我们这个特殊的群体，有时候社区里的孩子看到我们玩得那么开心，他们也想加入游戏当中，这是老师和家长们非常欢迎也鼓励的自然情景下的互动。

图 5-12　有机会和社区里的小朋友一起玩游戏，对孩子们来说是难得的惊喜，他们与普通儿童接触的机会太少了

八、转换时间（Transitions）

转换是从一个活动或地点到另一个活动或地点的变化。尽管这种转变不可避免，但对于那些不太善于等待或不能很好地适应变化的孤独症儿童来说，这种转变可能是困难的。在转换时，孤独症儿童往往会表现出挑战性行为甚至是攻击性问题行为。老师要尽量减少孩子们等待的时间，提前准备好下一个活动，这样孩子们就不会花太多时间等待。例如，从学习区域中心时间转换到点心时间，在转换之前，最好先给孩子们提个醒——以视觉图片的形式让他们知道接下来要做什么。可以告诉孩子们“区域中心的任务完成了，把材料收拾好，接下来是点心时间，我们排队去洗手间洗手”。也可以在转换发生前给孩子们 5 分钟的预告，或者给他们一定视觉或听觉方面的提示（“当闹钟响的时候，我们就要进行下一个程序了”）。

九、代币的使用

班级里的每个孩子都有自己的代币板，老师随时随地就可以强化儿童正确的行为表现，代币的制作可以参考孩子们喜欢的卡通人物、因人而异，儿童在拿到一定数量的代币以后，可以选择一个自己喜欢的玩具，玩 2~3 分钟。

十、总结

课程设计是一个不断更新的领域。虽然这些年我们做了一定的实践、总结了几点经验，但是未来的路还很长，需要中国的早期干预机构再接再厉，开拓更多能与普通儿童进行互动和融合的机会，通过以主题为本的“独立班”课程，增强孤独症儿童在集体环境中学习和互动的独立意识和能力，让更多的孤独症儿童能够有机会去普通幼儿园或小学接受融合教育，让他们能够被全社会接纳、支持和理解。

在暑假实习结束以前，每个美国学生都要写一篇感想，总结自己在北京五彩鹿生活和工作 6 个星期后的感受，在这里把几位学生的感受分享给大家：

· 我从这次北京实习中学到很多东西……我亲身体验了中国文化，了解了中国的教育体系和中国特殊儿童家庭所要面临的挑战，使我更加珍惜我现在拥有的一切。

·我觉得我自己成长了很多……我们5个人从陌生人变成好朋友，一起生活、一起工作。我本来是个喜欢独来独往的人，但这次实习让我尝到团队合作也可以是一件令人愉快的事情。那些每天一起工作的五彩鹿的老师和孤独症儿童深深地打动了我，他们让我认识到这就是我要为之而奋斗终身的事业——帮助那些特殊儿童及他们的家庭。这次实习体验将是我今后工作上的动力。

五彩鹿老师们对美国实习生的印象和感受：

·很开心有这样的机会可以互相交流、合作，非常感谢美国同行们无私地分享他们在教学中的经验，大家合作得很愉快。新的课程设计很吸引人，小朋友的参与度也比以前更高。

·感谢美国学生带给我们很多国外前沿的东西——他们的课程设计很有创造性，生动新颖，逻辑性强，让我们学到很多东西。

·国外有很多资源，希望中国将来也能像国外那样有更多让老师们分享资源的平台。

参考文献

Alberto, P. A, and Troutman, A., C. (2013). (9th Ed.) Applied behavior analysis for teachers. Upper Saddle River, NJ: Pearson.

Barnett, J. H. (2018). Three evidence-based strategies that support social skills and play among young children with autism spectrum disorders. Early Childhood Education Journal, 46, 665-672. http://dx.doi.org/10.1007/s10643-018-0911-0.

Berk, L. E., Mann, T., D., and Ogan, A. T. (2006). Make-believe play: Wellspring for development of self-regulation. In D.G., Singer, R. M., Golinkoff, and K. Hirsh-Pasek (Ed.). Play=learning: How play motivates and enhances children’s cognitive and social emotional growth. New York: Oxford University Press.

Bodrova, E., and Leong, D. J. (2003). The importance of being playful. Educational Leadership, 63(1), 50-53.

Bowman, B., Donovan, M. S., and Burns, S. (Eds.) (2001). Eager to learn: Educating our preschoolers (National Council, Committee on Early Childhood Pedagogy Report). Washington, D.C: National Academies Press.

Bransford, J. D., Brown, A. L., and Cocking R. R. (Eds.) (2000). How people learn: Brain, mind, experience, and school. Washington, DC: National Academics Press.

Bredekamp, S. (2011). Effective practices in early childhood education: Building a foundation. Upper Saddle River, NJ: Pearson.

Bullard, J. (2010). Creating environments for learning: Birth to age eight. Upper Saddle River, NJ: Merrill.

Carrero, K.M., Lewis, C. G., Zolkoski, S., and Lusk, M. E. (2014). Research-based strategies for teaching play skills to children with autism. Beyond Behavior, 23(3), 17-25.

Chalufour, I., and Worth, K. (2004). Building structures with young children (Young Scientist Series.) St. Paul, MN: Redleaf Press.

Chester, M., Richdale, A. L., and McGillivray, J. (2019). Group-based social skills training with play for children on the autism spectrum. Journal of Autism and Developmental Disorders, 49, 2231-2242. doi:10.1007/s10803-019-03892-7.

Cooper, J. O., Heron, T. E., and Heward, W. L. (2020). Applied Behavior Analysis (3rd. Ed.). Hoboken, NJ: Pearson Education.

Copple, C., and Bredekamp, S. (Eds.) (2009). Developmentally appropriate practice in early childhood programs serving children from birth through age 8. Washington, D.C.: National Association for the Education of Young Children.

Dunlap, G., DePerczel, M., Clarke, S., Wilson, D., Wright, S., White, R., and Gomez, A. (1994). Choice making to promote adaptive behavior for students with emotional and behavioral challenges. Journal of Applied Behavior Analysis. 27(3), 505-518.

Ginsburg, H.P. (2006). Mathematical play and playful mathematics: A guide for early education. In D. Singer, R. M. Golinkoff, and K. Hirsh-Pasek (Eds.).

Play=learning: How play motivates and enhances children's cognitive and social-emotional growth (pp.145-165). New York: Oxford University Press.

Jung, S., and Sainato, D. M. (2013). Teaching play skills to young children with autism. Journal of Intellectual and Developmental Disability, 38(1), 74-90. https://doi.org/10.3109/13668250.2012.732220.

Marcus Autism Center (2021). Promoting play with others. Retrieved from https://marcus.org/autism-resources/autism-tips-and-resources/promoting-play-with-others.

Mastrangelo, S. (2009). Play and the child with autism spectrum disorder: From possibilities to practice. International Journal of Play Therapy, 18(1), 13-30.

Redford, J. R., and Wehby, J. H. (2015). Teaching children with autism in small groups with students who are at-risk for academic problems: Effects on academic and social behaviors. Journal of Autism and Developmental Disorders, 45(6), 1624-1635. doi: 10.1007/s10803-014-2317-1.

Schickendanz, J. A. (2008). Increasing the power of instruction: Integration of language, literacy, and math across the preschool day. Washington, D.C.: National Association for the Education of Young Children.

Shonkoff, J.S., and Phillips, (2000). From neurons to neighborhoods: The science of early childhood development. Washington, D.C.: National Academies Press.

Smilansky, S., and Shefatya, L. (1990). Facilitating play: A medium for promoting cognitive, socio-emotional, and academic development in young children. Gaithersburg, MD: Psychological and Educational Publications.

Wong, C., and Kasari, C. (2012). Play and joint attention with autism in the preschool special education classroom. Journal of Autism and Developmental Disorders, 42(10), 2152-2161. doi: 10.1007/s10803-012-1467-2.

Zigler, E. E., Bishop-Josef, S. J. (2004). Play under siege: A historical overview. In E. E. Zigler, D. G. Singer, and S. J. Bishop-Josef (Eds.). Children's Play: The roots of reading. Washington, D.C. Zero to Three Press.

第六章 孤独症谱系障碍婴儿家庭本位早期干预实践

◎杨 溢

前 言

孤独症谱系障碍（Autism Spectrum Disorder）是以社会交往缺陷、兴趣局限、行为重复刻板为主要特征的神经发育性障碍（APA，2013）。其障碍特征与程度因个体发育水平、生理年龄而不同，又因是否伴随智力障碍、语言障碍、遗传因素、环境因素、精神或行为障碍等而迥异（Zager，Cihak and MacDonald，2017）。在过去的 10 年中，美国、英国、加拿大、冰岛和韩国等多个国家报告了孤独症谱系障碍持续增加的发病率（Center for Disease Control and Prevention，2012、2014、2016；Fombonne，2010；Kim et al.，2011；Ouellette-Kuntz et al.，2014；Russell et al.，2013；Saemundsen et al.，2013；Zablotsky et al.，2015）。2021 年，美国疾病控制中心 （CDC）一项最新调查显示 44 名儿童中就有 1 名是孤独症儿童，发病率高达 2.3%（CDC，2021）。因此，孤独症谱系障碍已经被认为是一种高发性儿童期神经系统障碍。

障碍的早期诊断的重要性为大众所认知。在美国，作为一项政策，要求定期对婴儿进行健康检查，以便尽早发现儿童孤独症症状（Johnson and Myers，2007）。随着对孤独症谱系障碍核心特征的认知，以及障碍早期筛查工具的开发和普及，孤独症谱系障碍在 2 岁左右可被识别（Charman and Baird，2002；Lrod and Richker，2006）。最近的一些研究显示，早在婴儿 6~12 月时，已经可以观察到孤独症谱系障碍的典型特征（Landa et al.，2012；Ozonoff et al.，2010；Pierce et al.，2011；Rogers et al.，2014；Turner-Brown et al.，2013）。这使得孤独症谱系障碍早期干预时间被提前到婴儿期。

婴儿期是人类发展的关键期和敏感期，也是认知、语言、社交技能以及运动能力爆炸性发展时期。最近的大脑发育研究结果证实了婴儿期的经历在发展中的重要作用（Center for Developing Child on the Havard University，2010）。第一，在生命最初的 3 年里，大脑连接着作为日后学习、行为和健康基础的神经突触，具有极强的灵活性和可塑性。第二，适当的早期经历（稳定的母子关系、支持性的成长环境，以及适当的营养）可促进大脑发育。第三，早期的社会情感发展以及身体健康是认知和语言发展的基础。第四，早期干预可以改变儿童发展的方向，给儿童、家庭和社区带来理想的成效。此外，早期干预对障碍儿童又具有普遍意义。第一，它可以最大限度减少发育迟缓程度，对婴儿期后的发育预期产生积极影响（Sohyun Lee，2004、2009；Volkmar，Lord et al.，2004)。第二，它可以提前预防二次障碍的出现（Dawson，2008）。证明孤独症儿童的早期干预效果性的研究也比比皆是（Dawson et al.，2010；Remington et al.，2007；Smith et al.，2000）。比如，Rogers 等人（2012）的研究结果表明，与后期干预相比，早期干预在促进婴儿发育和减少孤独症倾向方面更为有效。也就是说，孤独症谱系障碍早期干预的有效性已经被研究所证实（National Research Council，2001），“是否要早期干预”已经无须多论，目前的焦点应该是“如何提供有效的早期干预”（Zager，Cihak and Stone-MacDonald，2017）。

第一节　孤独症谱系障碍婴儿的特征

社交技能缺陷是孤独症谱系障碍的典型特征（Laushey，2008；Vickerstaff et al.，2007），在婴儿期就已经很明显地表现出来（Jones and Klin，2013；Mundy，2016）。因此，社交技能缺陷补偿是孤独症谱系障碍早期干预时要考虑的一个关键方面（Schertz et al.，2018）。研究人员通过回顾性研究、自然观察研究、比较研究（孤独症谱系障碍高危婴儿和典型发育或其他障碍婴儿的比较），发现孤独症谱系障碍婴儿具有以下发展特征。

首先，孤独症谱系障碍婴儿表现出对社会性刺激（social stimuli）缺乏兴趣。对社会性刺激的偏好是社会技能的最基本要素，它能促进婴儿与周围人的社会互动，是形成社会关系的基石，直接影响协调性共同参与（coordinated joint engagement）的形成（Adamson et al.，2012）。典型发育婴儿在出生后就表现出对社会性刺激的偏好（Freeman and Kasari，2013；Jones and Klin，2013），然而，孤独症谱系障碍婴儿从出生开始就表现出社会取向的缺陷，在 6 个月大时表现出对与他人的社交互动不感兴趣甚至回避（Jones and Klin，2013）。并且在社会性反应中极少出现微笑、凝视和互动语言行为（Kim，2011）。与人相比，孤独症谱系障碍婴儿对玩具和物体表现出更大的兴趣（Adamson et al.，2012）。此外，孤独症谱系障碍婴儿在社交过程中表现出更多的被动情绪反应（Casenhiser et al.，2015），主动给互动伙伴的情绪或情绪相关信号较少（Yirmiya et al.，1989；Jones and Klin，2013）。

其次，孤独症谱系障碍婴儿缺乏交互性行为。孤独症谱系障碍婴儿从 12 个月大时开始，在社会性发展关键领域出现明显偏离典型发展轨道的行为（Casenhiser et al.，2015；Ingersoll and Gergans，2007）。主要表现在呼名不应，明显少于同龄典型发展儿童的模仿、要求、轮换等行为。尤其是模仿能力缺陷是孤独症谱系障碍婴儿的典型特征之一。模仿是指在看到另一个人做出动作或表情后，按照原样重新再现动作或表情（Jeon and Lee，2014）。在模仿他人行为的同时，必须理解对方通过行为向自己发出的沟通信号，还必须能够认识到对自己行为的影响（Vivanti and Hanmliton，2014）。模仿能力是婴儿理解自己与他人的关系，开始进行沟通的基础（MuDuffie et al.，2007），是未来获得各种技能的手段。在典型发育婴儿中，基本的模仿行为（例如，模仿成人伸舌头行为）最早在出生 3 周之后的婴儿身上就会出现（Meltzoff and Moore，1997），12 个月大后模仿行为逐渐增加，并在 2 ~ 3 岁变得非常频繁而复杂（Ingersoll and Gergans，2007）。一项孤独症谱系障碍婴儿模仿行为特征的研究（Jeon and Lee，2015）显示，孤独症谱系障碍婴儿在面部表情模仿和与物体相关模仿方面的表现低于其他发育障碍婴儿和典型发展婴儿。

再次，孤独症谱系障碍婴儿表现出共同注意行为能力的缺乏。共同注意指婴儿在日常生活中与他人一起关注第三个对象，并围绕第三个外部对象与他人互动的能力，是一种非常重要的社交技能。共同注意能力是预测未来语言、社交、认知能力和孤独症程度的重要变量之一（Van der Paelt et al.，2014；Mundy，2016）。典型发育婴儿的共同注意能力开始出现于 6~15 个月时，大部分在 18

个月时完全习得（Beurkens et al.，2013）。研究显示，与典型发育婴儿相比，孤独症谱系障碍婴儿共同注意行为出现得更晚或以异常模式出现（Park and Park，2010），发生频率也明显少于智力障碍，语言发育迟缓婴儿（Park and Jeon，2010；Jeon and Lee，2014；Adamson et al.，2009）。

最后，孤独症谱系障碍婴儿在语言和非语言交流方面表现出缺陷。在沃斯顿（Watson）及其同事（2013）的一项回顾性研究中，与典型的发育迟缓婴儿相比，孤独症谱系障碍婴儿在 9 ~ 18 个月大时，在与父母一起玩耍的过程中较少使用沟通功能的手势。特别是在使用一些与互动关键技能相关的手势（如展示、指向）方面存在严重缺陷（Beurkens et al.，2013）。马斯特罗吉塞佩（Mastorgiuseppe） 和他的同事 （2015）分析了 3 组 2 岁的婴儿（孤独症谱系障碍、典型发育和唐氏综合征婴儿）在母婴游戏视频片段中非语言交流领域的差异。 研究发现孤独症谱系障碍婴儿的手势使用频率明显低于其他组，所使用的手势类型也有差异。比如，孤独症谱系障碍婴儿更多地使用工具式（instrument）手势（如让妈妈关门时，把妈妈的手放在门把手上），而很少使用表示“请求”“展示”“指”等象征类型的手势。芒迪（Mundy）等（1990）也研究了孤独症谱系障碍婴儿的特定手势，发现在互动过程中，在使用凝视、发起和回应共同注意，以及使用有解释或分享功能的“指向”手势方面存在严重困难。此外，孤独症谱系障碍婴儿的语言交流发展也明显低于典型发展婴儿。在 2 岁时，典型发展婴儿已经能够与父母口头交流，并能用简短的短语表达他们的需求，而大多数同龄的孤独症谱系婴儿在使用语言方面存在很大困难（曹翠丽，2017）。即使他们使用语言，在语言的语用部分也表现出明显的缺陷（Capps，et al.，1998）。比如，很少用语言行为开启互动，常常自言自语或无法回应他人。

综上所述，婴儿期是人类发展最本质、最基础的阶段，这一时期，孤独症谱系障碍婴儿的社会性方面的异常特质不仅对他们自身发展，对他们的家庭产生负面影响。因此，专家们建议与其等待正式诊断，不如在发现早期行为迹象时立即开始干预（Dawson，2008），即通过有效的早期干预帮助处于人生关键期的孤独症谱系障碍婴儿或高危婴儿可以积极进入更具反应性的、更合适的环境，获得发展，防止障碍程度的加深。

第二节 孤独症谱系障碍婴儿早期干预

早期干预是指为3岁以下的障碍或发育迟缓婴儿所提供的特殊教育或相关服务的过程。早期干预发生在儿童发展可塑性时期，它既要兼顾预防，又要减轻障碍的严重程度。因此，早期干预目的、服务强度和类型明显区别于幼儿期和学龄期（Boyd et al.，2010；Dawson，2008；Odom et al.，2007）。例如，对婴儿使用高强度的、高结构化的、成人主导的、以技能为导向的干预方法存在着局限性。并且，与幼儿不同，婴儿大部分时间都在家庭环境中，与主要照顾者在一起，因此在制订干预计划时充分考虑婴儿的特征及其家庭的需求是十分重要的（Lee and Cho，2004；Cho，2013；Meadan et al.，2009）。

美国残疾人教育法（IDEA，2004）第三部分、美国特殊儿童委员会（Council Exceptional Children，CEC）早期教育分会（Division for Early Childhood，DEC）和全国幼儿教育协会（NAEYC，National Association for the Education of Young Children）共同提出了有效早期干预孤独症谱系障碍婴儿的几个主要原则（Schertz et al.，2011）。

第一，应以家庭为本位。早期干预不仅应包括婴儿本人，还应包括其父母和家人在内。因为婴儿与父母间的依恋，父母提供的自然刺激等都在儿童早期发展方面起着决定性的作用。尤其是障碍婴儿，更需要大量的、有效促进其发展的外部刺激，所以，提高和加强父母养育能力十分必要。

第二，应在自然环境中进行干预。桑德尔（Sandall）和奥斯特洛斯基（Ostrosky）（2011）强调，应该在家庭的自然环境中提供适合婴儿发展的、与家庭生活密切相关的服务，唯有这样的支持和服务才是最有效的。自然环境是美国残疾人教育法（IDEA，1997）Part C 中提及0~3岁婴儿的融合环境时使用的语汇，被定义为“与障碍婴幼儿同龄的非障碍儿童生活的典型环境”。根据该法，美国各州政府在为障碍婴儿提供适性的早期干预服务时，要在与同龄的非障碍婴儿生活情境相同的环境下进行。伍兹（Woods，2003）和韦瑟比（Wetherby，2003）对自然环境又做了进一步说明，它是指障碍儿童在白天的大部分时间里，与家人或熟悉的人在一起生活的所有环境。也就是说，自然环境既可以是家庭、幼儿园、游乐场、社区等场所，也可以是与家人的一日三餐、外出购物、走访亲戚、与同龄伙伴玩耍等活动。由此可见，自然环境并不仅仅是物理场所，它更是一种生活情境。所以，即使是在家庭环境中进行的支持（如父母像治疗师一样，按照完全结构化的程序训练孩子的某一技能），如果脱离了家庭的日常生活情境，也不能被称为自然环境下的干预方式。

第三，婴幼儿的主动参与。婴儿的内在动机，以及婴儿在自然环境或情境里与熟悉的人共同探索和学习的需求是早期干预中必须考虑的因素（Schertz et al.，2011）。因此，早期干预要既能支持婴儿主导学习（child-initated learning），又能诱发婴儿学习动机。在早期干预的研究中，随机教学（Incidental Teaching）、环境教学（Milieu Teaching）、关键反应训练、（Pivotal Response Treatment）、反应性训练（Responsive Teaching）、嵌入式教学（Embedded Instruction）等干预策略都是基于促进儿童主动学习的考量而设计的。

第四，要提供功能性和系统性的干预措施。这意味着要了解婴儿发展现状，以及通过系统性规划，在自然情景中提供干预。

另一方面，从孤独症谱系障碍婴儿早期干预的特征来看，干预目标更集中在父母参与和改善孤独症谱系障碍的核心特征——社会互动缺陷两大方面（卢晓洁，田琳，张婕等，2021；Zwaigenbaum and Penner，2018）。2000年之后，研究对象为孤独症谱系障碍婴儿（19~36个月）的随机取样小组研究特征来看，大部分研究都是以发展主义和行为主义为理论基础，使用多种干预要素（multi-component），其中对父母干预技能的训练和支持是多种干预要素的主要构成部分（French and Kennedy，2018）。

怀根鲍姆（Zwaigenbaum，2018）等在一项文献综述中，对孤独症谱系障碍婴儿早期干预的最佳实践进行了总结。第一，早期干预应尽早进行，而且要发展主义理论和行为主义理论相结合。第二，早期干预应包括促进家人或主要养育者积极参与的内容。第三，早期干预的核心内容应是针对孤独症谱系障碍的核心缺陷——社会沟通、情绪和行动调节、适应行动等相关功能的改善和提高。第四，早期干预不仅要考虑各个家庭的文化特性、经济情况，还要考虑对家庭成员间互动的支持。

综上所述，以家庭为本位，由家庭成员积极参与的干预模式是孤独症谱系障碍婴儿早期干预发展的趋势，是获得最佳早期干预效果的必备条件。

第三节 孤独症谱系障碍婴儿家庭本位干预实践

家庭本位实践聚焦于家庭参与，关注家庭力量，尊重家庭文化，对家庭成员进行赋权增能（申仁洪，2007）。如果家长在孤独症谱系障碍婴儿早期干预中充当执行者，教学就可以在家庭这一最自然的环境、最熟悉的家庭文化中进行。并且，婴儿大部分时间和父母待在一起，这使家长有机会为子女提供大量的、更深入的教育或技能泛化指导。所以，对孤独症婴儿家长进行赋权增能，使其成为有效的干预者十分迫切和重要。许多研究表明，家庭参与在孤独症儿童的教育中起着决定性作用（Lee，2009）。当家长作为执行者参与干预，孩子的社交及沟通技巧都会得到改善（Mahoney and Perales，2003；McConachie and Diggle，2007），并且干预结果得到了维持和泛化（Ingersoll and Diggle，2007）。

家庭参与是指父母或其他家庭成员共同分担孩子教育责任的过程（Lee，1999、2003），其形式多样，根据个人家庭的情况和需要而有所不同。家长教育是家庭参与的一种形式，它是指专业人士系统地为家长或其他主要照顾者提供特定知识和培养育儿技能的过程（Mahoney et al.，1999），是家庭本位实践的一个基本策略。广义上的家长教育是指向家长提供信息或教授育儿和干预技能（Schultz et al., 2011）。狭义上的家长教育可以分成两类。一类是向家长传递育儿所需信息和知识的教育模式（Bearss et al.，2015）。这种家长教育是一种以家长为中心的心理教育方法，即只为家长提供知识、信息和技能，并没有直接培训家长实际使用育儿技能。因此，这类的家长教育并不是对障碍儿童家长提供直接的干预，而是提供间接的帮助。家长教育的另一类型是以孩子为中心的培训形式，即家长作为育儿技能的执行者，与障碍子女共同参与干预， 在专业人员的系统指导下，家长直接将技能应用到孩子身上，在此过程中习得育儿方法（Preece and Trajkovski，2017）。

孤独症谱系障碍婴儿家长教育（仅限家长是技能执行者）相关研究中主要涉及两种模式。一种是在综合干预模式（Comprehensive Treatment Model；CTM）

中纳入家长介入的干预要素，这被称为综合性家长执行干预（comprehensive parent-mediated intervention）。另一种是培训家长某个个别的、特定的策略，这被称为聚焦性家长执行干预（focused parent-mediated intervention）。

一、综合性家长执行干预

综合干预模式是指改善孤独症谱系障碍的核心困难或实现儿童整体发展的一套教育实践（Smith，2013）。在综合干预模式中涉及家长干预实践的有家长早期丹佛模式（Parent-Early Start Denver Model，P-ESDM）、HMTW（Hanen's More Than Words program）、ESI（Early Social Interaction）、Home TEACCHing。

在早期丹佛模式（ESDM）中有一项针对孤独症谱系障碍婴儿家长的综合计划，即 P-ESDM。该计划是根据家长实际干预的需要而开发的。ESDM 营造一个刺激丰富的教育环境，它旨在促进儿童与社会沟通对象在教育中建立积极关系，强调促进包括非语言和语言的互动技能的发展。P-ESDM 教给家长在日常活动中与孩子互动的基本原则及策略。如吸引孩子的注意，行为改变的原则，促进孩子言语和手势的使用等。罗杰斯（Rogers，2012）等人在验证了 P-ESDM 的实施效果之后，比较了接受相对低强度家长训练（1 小时）的实验组和对照组的差异。研究结果表明，家长训练的强度对婴儿的互动行为没有影响，但与对照组相比，实验组的家长与治疗师的合作程度更高。埃斯蒂斯（Estes）等人（2014）特别研究了 12 周的家长培训对母亲亲职压力和育儿效能感的影响。结果显示，与对照组相比，实验组母亲的育儿压力有显著下降，但两组母亲育儿效能感的变化无差异。这些研究证明了孤独症谱系障碍早期干预不但对婴儿的行为带来积极影响，也可以促进家庭与专业人员的合作，以及改善家长的某方面的心理环境。

哈宁机构的“超越说话”项目（Hanen's More Than Words program，HMTW）中也包括一项家长培训课程，即为家长提供教育和实践技能的支持，以提高孤独症谱系障碍婴儿的沟通技巧（Carter et al.，2011）。家长培训课程分为 8 节小组课和 3 节个人课，旨在增加家长与子女在亲子游戏情境中的互动，从而促进婴儿的社会互动能力发展。课程内容包括了许多用来增加婴儿的注意和交互式反应的策略。如回应婴儿尝试性的互动行为，跟随婴儿的注意，和婴儿参与共同感兴趣的日常活动，使用视觉辅助，支持与同龄人的互动，等等。在个人课程中，以视频反馈的形式帮助家长正确使用已学策略。研究显示，HMTW 对父母反应行为和婴儿的沟通能力没有显著影响。但是干预效果依婴儿特征的不同而异，即沟通能力越低的孩子，干预效果越好。

Home TEACCHing 是为孤独症谱系障碍婴幼儿及其家人提供的支持服务，干预者直接培训家长使用结构化教学法（Treatment and Education of Autistic and Communication handicapped Children，TEACCH）。沃尔特林（Walterlin）等（2011）以 20 名 2~3 岁婴儿及其家人为对象研究了 Home TEACCHing 的干预效果。研究者共进行了 12 次干预，即在家庭环境中教授家长指导子女的沟通能力、自理能力的技巧。结果显示，婴儿在表达性语言方面比对照组有所提高，母亲的亲职压力有所降低，但在干预结束一段时间后，略有增加。

早期社会互动（Early Social Interaction，ESI）是根据美国《残疾人教育法》（PL 108-446）的 Part C 中早期干预指南开发而成的。Wetherby 和 Woods（2006）比较了个体 ESI 和团体 ESI 父母干预的效果。研究参与者是 16 ~20 个月大的孤独症谱系障碍婴儿和其家长，家长们分别接受为期 9 个月的个体 ESI 指导和团体 ESI 指导。团体 ESI 组的家长们每周一次在治疗室的常规活动中学习如何采用嵌入式策略来支持孩子社会性互动的方法。个体 ESI 组的家长们每周在家里或社区进行 2~3 次个人培训。结果，与团体 ESI 组相比，个体 ESI 组的婴儿在社会互动和接受语言方面发生了积极的变化，并且父母报告说子女在沟通、日常生活技能和社交技能方面表现出明显的改善。这项研究强调了在自然环境中对家长进行个别化指导的重要性。

二、聚焦性家长执行干预

聚焦性家长执行干预是指使用个别化教学方法对家长进行某一特定技能教授的过程。代表性的教授目标技能有 JASPER（Joint Attention，Symbolicplay，Engagement and Rgulation）、JMAL（Joint Attenion-Medidated Learning）、FPI（Focused Playtime Intervention）。

JASPER 是干预者和家长一起使用自然行为策略来帮助孤独症儿童习得社

交、沟通技巧，以及控制情绪行为的课程。 一项以 JASPER 内容为核心进行的家长干预研究中，Kasari 等（2010）将平均 21.6 个月大的孤独症谱系障碍婴儿和家长分为实验组和对照组，通过直接指导、示范和练习的教学法教给实验组家长培养孩子共同注意技能。如跟随孩子的主导、对行为给予及时反应、扩展语言等技能。结果，实验组婴儿的发起共同注意和回应共同注意行为都有所改善。之后，Kasari 等人（2015 年）比较了为期 10 周的 JASPER 家长技能培训和家长心理辅导课程的效果。结果显示，接受父母技能训练的实验组婴儿的共同注意技能得到改善，而接受父母心理辅导的对照组家长在减轻父母压力方面更有效。

JMAL 侧重于通过帮助母婴互动来培养孤独症谱系障碍婴儿在言语前阶段的社交沟通技巧（Schertz et al.，2013；Schertz and Odom，2007）。通过在家中的游戏环节促进家长和婴儿之间的互动。教学活动包括聚焦面孔（Focusing on faces）、轮流活动（Turn –taking）、反应和发起共同注意（Responding to joint，Initiating joint attention）。父母选择并执行日常中的某一活动，并计划每天约 1 小时的亲子互动。父母要简要记录婴儿的表现，并在每周与研究人员会面时接收反馈。 然后，一起对亲子互动情况记录内容、视频片段进行数据分析，并拟订下周的计划。研究结果表明，共同注意反应行为和聚焦面孔的行为有所改善， 但发起共同注意行为和轮流活动方面没有显著变化（Schertz et al.，2013）。

FPI 也是一项家长教育课程。母亲每周在家庭里接受一次由专业人员提供的一对一培训，共计 12 周，课程涉及 8 个主题。 8 个主题包括了解婴儿的沟通技巧和教授游戏策略两大内容。这个教育课程的主要目标是促进婴儿及其父母使用玩具游戏的能力。FPI 干预每节分为两部分，前 45 分钟由专业人员根据每次主题演示给母亲一个游戏互动技巧，并对母亲和婴儿游戏互动给予反馈。后 45 分钟包括完成练习册、视频反馈、再教授、检查作业。卡萨丽（Kasari）等（2014）研究了 FPI 对 36 个月以下婴儿的干预效果。结果显示，父母的反应性表现出显著差异，但没能持续保持。然而，对婴儿语言发展和共同注意技能并没有表现出明显的干预效果。

通过对前期国外家庭本位实践研究的整理，不难发现以家长互动策略教学为主的教育模式已经成了促进家庭参与、实现家长赋权增能的有效方式。有家长参与的孤独症谱系障碍婴儿早期干预对婴儿共同注意技能、模仿技巧、互动技巧的提升都有不同程度的贡献。

第四节　我国孤独症谱系障碍婴幼儿家庭本位干预实践现状

2010 年，中华人民共和国卫生部发布《儿童孤独症诊疗康复指南》，将“家长参与”列为孤独症谱系障碍教育干预的原则之一（中华人民共和国卫生部，2010）。国内早期干预相关基础研究也强调了家庭本位的重要性，并为如何建立支持系统提供了理论基础（卢晓洁、田琳、张婕等，2021），系统地回顾了外国早期干预服务，强调在我国目前孤独症干预专业人员不足，支持体系不完善的现状下，更要重视家长在早期干预中的作用，提高家长的参与程度。 最近，孤独症谱系障碍婴幼儿早期干预相关研究主要包括以下内容：了解父母在早期干预中遭遇的困难以及所需支援的调查研究（隗苗苗，2021；赵楠、潘威，2020；Yang and Lee，2016），介绍国外家长执行干预的有效策略（韦天祺、李文冉、魏寿洪，2021；曾松添、胡晓毅，2015），远程父母培训核心要素的综述性研究（董佩、刘洁、李莲等，2021），探讨影响家长参与干预的因素的研究（刘丽萍、张玉敏，2021），探索专业人员入户实施父母教育的可行性及效果的实证研究（杨溢、李素贤，2020；Yang and Lee，2019）。相比基础研究，我国在对家庭本位实践方面的实证性研究相对薄弱，特别是针对 3 岁以下孤独症谱系障碍婴儿干预效果的研究较为罕见。最近，杨溢和李素贤（2019、2020）设计了一套入户式家长教育课程并对其效果进行了研究。研究参与者为 26~33 个月的孤独症谱系障碍婴儿及其母亲。在随机分组后，实验组母亲在家庭中每周接受一次由专业人员提供的社交互动技能训练，共计 10 周。父母训练使用美国国家孤独症谱系疾病专业发展中心（National Professional Development Center on Autism Spectrum Disorder，NPDC）在父母执行干预（Parent-Implemented Intervention）培训中推荐的“示范”“角色剧及练习”“反馈及训练”“视频分析”等方法。研究结果显示，实验组比对照组母亲的亲职压力有显著减少，育儿效能感有显著提高，同时母婴互动行为也有明显增加。

目前，家庭本位、家庭参与、家长执行干预是孤独症谱系障碍婴幼儿早期干预的最佳循证实践。但是，家庭本身具有多样性、独特性、文化性的特点，所以，即使在国外有效的策略，在国内具体实施过程中也会在方法论方面存在反复试错的可能性。所以，目前国内应该通过大量的早期干预实证研究，探索符合中国国情、中国家庭特征的、中国式的家庭本位早期干预循证实践。

参考文献

曹翠丽．社区可疑孤独症儿童语言发育迟缓分析［J］．中外女性健康研究，2017（7）：73-76.

董佩，刘洁，李莲，等．国外自闭症儿童家长远程培训的研究综述［J］．现代特殊教育，2021（10）：32-38.

刘丽萍，张玉敏．自闭症儿童家长参与课题研究——影响因素和改进策略［J］．林区教学，2021，286（1）:118-121.

卢晓洁，田琳，张婕，等．美国自闭症综合干预模式概述及其发展趋势［J］．中国特殊教育，2021，256（10）：44-51.

申仁洪．家庭本位实践：特殊儿童早期干预的最佳实践［J］．学前教育研究，2007，273（9）：14-24.

隗苗苗．自闭症儿童家庭需求调查报告——基于 29 名自闭症儿童家长问卷调查数据分析［J］．社会福利，2021（5）：52-57.

韦天祺，李文冉，魏寿洪．家长执行式干预法干预自闭症儿童社交技能研究综述［J］．现代特殊教育，2021（8）：51-57.

杨溢，李素贤．入户式母婴互动策略教育对自闭症谱系障碍婴幼儿母亲亲职压力和育儿效能感的干预研究［J］．现代特殊教育（高等教育研究），2020（24）：59-66.

曾松添，胡晓毅．美国自闭症幼儿家长执行式干预法研究综述［J］．中国特殊教育，2015，180（6）：62-70.

赵楠，潘威．自闭症儿童早期干预中家长介入的优势、困境及应对策略［J］．中国特殊教育，2020，244（10）：22-26.

中华人民共和国卫生部.儿童孤独症诊疗康复指南(卫办医政发〔2010〕123 号)［J］. 中国儿童保健杂志，2011，19（3）：289-294.

Adamson, L. B., Bakeman, R., Deckner, D. F., and Nelson, P. B. (2012). Rating parent-child interactions: Joint engagement, communication dynamic, and shared topics in autism, Down Syndrome, and typical development. Journal of Autism and Developmental Disorders, 42, 2622–2635.

Adamson, L. B., Bakeman, R., Deckner, D. F., and Romski, M. (2009). Joint Engagement and the Emergence of Language in Children with Autism and Down Syndrome. Journal of Autism and Developmental Disorders, 39(1), 89-96.

American Psychiatric Association. (2013). Diagnostic and statistical manual of mental disorders (5th ed.). Arlington, VA: American Psychiatric Publishing.

Beurkens, N. M., Hobson, J. A., and Hobson, R. P. (2013). Autism Severity and Qualities of Parent–Child Relations. Journal of Autism and Developmental Disorders. 43(1), 168-178.

Boyd, B. A., Odom, S. L., Humphreys, B. P., and Sam, A. M. (2010). Infants and Toddlers with Autism Spectrum Disorder: Early Identification and Early Intervention. Journal of Early Intervention , 32(2), 75-98.

Bearss, K., Burrell, T. L., Stewart, L., and Scahill, L. (2015). Parent training in autism spectrum disorder: What's in a name? Clinical Child and Family Psychology Review, 18(2), 170-182.

Capps, L., Kehres, J., and Sigman, M. (1998). Conversational abilities among children with autism and childre with developmental delay. Autism, (2), 325-344.

Carter, A. S., Messinger, D. S., Stone, W. L., Celimli, S., Nahmias, A. S., and Yoder, P. A. (2011). Randomized controlled trial of Hanen's "more than words" in toddlers with early autism symptoms. Journal of Child Psychology and Psychiatry and Allied Disciplines, 52, 741–752.

Casenhiser, D. M., Binns, A., McGill, F., Morderer, O., and Shanker, S. G. (2015). Measuring and supporting language function for children with autism: evidence from a randomized control trial of a social-interaction-based therapy. Autism Development Disorder, 45(3), 846-857.

Centers for Disease Control and Prevention. (2012). Autism prevalence rise to 1:88.

Retrieved from https://www.autismspeaks.org/science/science-news/autism-prevalence-rises-1-88.

Centers for Disease Control and Prevention. (2014). CDC estimates 1 in 68 children has been identified with autism spectrum disorder. Retrieved from http://www.cdc.gov/media/releases.

Centers for Disease Control and Prevention. (2016). New Data on Autism: five important facts to know. Retrieved from https:// www.cdc.gov/features/new-autism-data/community-report-autism-key-findings.pdf.

Center for Disease Control and Prevention. (2018). Prevalence of autism spectrum disorder among children aged 8 years — autism and developmental disabilities monitoring network, 11 sites, United States, 2014. Surveillance Summaries, 67(6), 1-23. Retrieved from https://www.cdc.gov/mmwr/volumes/67/ss/ss6706a1.htm.

Center for Disease Control and Prevention. (2021) .Prevalence and characteristics of autism spectrum disorder among children aged 8 years — autism and developmental disabilities monitoring network, 11 sites, United States, 2018. Surveillance Summaries, December 3, 70(11), 1-16. Retrieved from https://www.cdc.gov/mmwr/volumes/70/ss/ss7011a1.htm.

Center on the Developing Child at Harvard University. (2010). The foundations of lifelong health are built in early childhood. Cambridge, MA: Author.

Charman, T., and Baird, G. (2002). Practitioner review: diagnosis of autism spectrum disorder in 2-and 3-year-old children. Journal of Child Psychology and Psychiatry. 43(3), 289-305.

Cho, Y. K. (2013). Connective Procedure of Disability Finding, Diagnosis and Early Intervention Service and Support Needs of Parents of Children with Special Needs Under 3 Year Old. Health and Social Welfare Review, 33(1), 300-326.

Dawson, G. (2008). Early behavioral intervention, brain plasticity, and the prevention of autism spectrum disorder. Development and Psychopathology, 20, 775-803.

Dawson, G., Rogers, S., Munson, J., Smith, M., Winter, J., Greenson, J., Donaldson, A., and Varley, J. (2010). Randomized, controlled trial of an intervention for toddlers with autism: the Early Start Denver Model. Pediatrics, 125(1), 17-23.

Estes, A., Vismara, L., Mercado, C., Fitzpatrick, A., Elder, L., Greenson, J., et al. (2014). The impact of parent-delivered intervention on parents of very young children with autism. Journal of Autism and Developmental Disorders, 44(2), 353-365.

Fombonne, E. (2010). Estimated prevalence of autism spectrum conditions in Cambridgeshire is over 1%. Evidence-based mental health, 13(1), 32-45.

Freeman, S., and Kasari, C. (2013). Parent-child interactions in autism: characteristics of play. Autism, 17(2), 147-161.

French, L., and Kennedy, E. M. M. (2018). Annual research review: Early intervention for infants and young children with, or at risk of, autism spectrum disorder: a systematic review. The Journal of Child Psychology and Psychiatry, 59(4), 444-456.

Ingersoll, B., and Dvortcsak, A. (2006). Including parent training in the early childhood special education curriculum for children with autism spectrum disorders. Journal of Positive Behavior Interventions. 2(8), 79-87.

Ingersoll, B., and Gergans, S. (2007). The effect of a parent-implemented imitation intervention on spontaneous imitation skills in young children with autism. Research in Developmental Disabilities, 28, 163-175.

Jeon, J. A., and Lee, Y. K. (2014). Nonverbal imitation performance between toddlers with suspected autism spectrum disorder and developmental language delay and their relations to language abilities. Journal of the Korean Association for Persons with Autism, 15(3). 51-68.

Johnson, C. P., Myers, S. M., and the American Academy of Pediatrics Council on Children with Disabilities. (2007). Identification and Evaluation of Children with Autism Spectrum Disorders. Pediatrics, 120(5), 1183-1215.

Jeon, H. I., and Lee, M. H. (2014). The Current Situation and Needs of Parent Education Programs for Parents of Children with Disabilities. The Journal of Developmental Disabilities, 18(1), 1-23.

Jones, W., and Klin, A. (2013). Attention to eyes is present but in decline in 2-6-month-old infants later diagnosed with autism. Nature, 504(7480), 427-431.

Kasari, C., Gulsrud, A. C., Wong, C., Kwon, S., and Locke, J. (2010). Randomizedcontrolled caregiver mediated joint engagement intervention for toddlers with autism. Journal of Autism and Developmental Disorders, 40(9), 1045–056.

Kasari, C., Gulsrud, A., Paparella, T., Hellemann, G., and Berry, K. (2015). Randomized comparative efficacy study of parent-mediated interventions for toddlers with autism. Journal of Consulting and Clinical Psychology, 83(3), 554-563.

Kasari, C., Siller, M., Huynh, L. N., Shih, W., Swanson, M., Hellemann, G. S., Sugar, C. A. (2014). Randomized controlled trial of parental responsiveness intervention for toddlers at high risk for autism. Infant Behavior and Development, 37(4), 711–721.

Kim, E. K. (2011). Early Social Communication Development of Toddlers who are at Risk of Autism Spectrum Disorder before 30 months. Journal of the Korean Association for Persons with Autism, 11(2), 25-47.

Laushey, K. M. (2008). Practical Solutions for Educating Young Children With High-Functioning Autism and Asperger Syndrome. Focus on Autism and Other Developmental Disabilities, 23(4), 253-254.

Landa, R. J., Glahn, T. J., and Bauman, M. (2012). Latent class analysis of early developmental trajectory in baby siblings of children with autism. Journal of Child Psychology and Psychiatry, 53(9), 986-996.

Lee, S. H. (2004). Early Intervention Service Eligibility and Support System for Infants and Toddlers with Special Needs. Korean Journal of Special Education, 38(4), 95-122.

Lee, S. H. (2009). The Role and Implications of Early Detection and Early Intervention of Autism Spectrum Disorders. The Korean Journal of Early Childhood Special Education, 9(1), 103-133.

Lee, S. H., and Cho, Y. K.(2004). Connective Procedure of Disability Finding, Diagnosis and Early Intervention Service and Support Needs of Parents of Children with Special Needs Under 3 Year Old. Communication Sciences and Disorders , 9(1), 130-151.

Lord, C., and Richler, J. (2006). Early diagnosis of children with autism spectrum disorders, In T. Charman and W. Stone (Eds.), Early social-communicative in autism spectrum disorders: Relevance to early diagnosis, identification and intervention (pp. 35-59). New York: Guilford.

Mahoney, G., Kaiser, A., Girlametto, L., MacDonald, J., Robinson, C., Safford, P., Spiker, D. (1999). Parent education in early intervention: a call for a renewed focus. Topics in Early Childhood Special Education, 19(3), 130-141.

Mahoney, G., and Perales, F. (2003). Using relationship-focused intervention to enhance the social-emotional functioning of young children with autism spectrum disorders. Topics in Early Childhood Special Education, 23(2), 74-86.

Mastorgiuseppe, M., Capirci, O., Cuva, S., and Venuti, P. (2015). Gestural communication in children with autism spectrum disorders during mother-child interaction. Autism, 19(4), 469-481.

McConachie, H., and Diggle, T. (2007). Parent implemented early intervention for young children with autism spectrum disorder: A systematic review. Journal of Evaluation in Clinical Practice, 13(1), 120-129.

Meadan, H., Ostrosky, M. M., Zaghlawan, H. Y., and Yu, S. Y. (2009). Promoting the social and communicative behavior of young children with autism spectrum disorders. Topics in Early Childhood Special Education, 29(2), 90-104.

Meltzoff, A. N., and Moore, M. K. (1997). Explaining facial imitation: a theoretical model. Early Development and Parenting, 6(3-4), 179.

Mundy, P. (2016). Autism and joint attention: developmental, neuroscience, and clinical fundamentals. New York: Guilford Pub. Inc.

Mundy, P., Sigman, M., and Kasari, C. (1990). A longitudinal study of joint attention and language development in autistic children. Journal of Autism and Developmental Disorders, 20(1), 115-128.

National Professional Development Center on Autism Spectrum Disorder. (2011). Parent-Implemented-Intervention. Retrieved from http://autismpdc.fpg.unc.edu/evidence-based-practices.

Odom, R. L. Horner, M. E. Snell, and J. Blacher (Eds.), Handbook of developmental disabilities (pp.199-223). New York: Guilford Press.

Odom, S. L., Rogers, S., McDougle, C. J., Hume, K., and McGee, G. (2007). Early intervention for children with autism spectrum disorder, In, S. L.

Ouellette-Kuntz, H., Coo, H., Lam, M., Breitenbach, M. M., Hennessey, P. E.,Jackman, P. D., Lewis, S.M.E., Dewey, D., Bernier, F., and Chung, A. M. (2014).

The changing prevalence of autism in three regions of Canada. Autism Development disorder. 44(1), 120-136.

Ozonoff, S., Losif, A. M., Baguio, F., Cook, L. C., Hill, M. M., Hutman, T., Rogers, S.J., Rozga, A., Sangha, S., Sigman, M., Steinfeld, M.B., and Young, G. S. (2010). A prospective study of the emergence of early behavioral signs of autism. Journal of the American Academy Child and Adolescent Psychiatry, 49(3), 256-266.

Park, H. J., and Jeon, B. U. (2010). A Comparative study on the Joint Attention Behavior characteristic of Infant without disabilities and Young Children with Developmental disabilities. The Journal of Special Children Education, 12(3), 325-350.

Park, N. H., and Park, Y. S. (2010). A Comparison of Autistic and Normal Children`s Joint Attention and Behavioral Requests. Journal of Emotional and Behavioral Disorders, 26(3), 45-62.

Pierce, K., Conant, D., Hazin, R., Stoner, R., and Desmond, J. (2011). Preference for geometric patterns early in life as a risk factor for autism. Archives of General Psychiatry, 68(1), 101-109.

Preece, D., and Trajkovski, V. (2017). Parent education in autism spectrum disorder – a review of the literature. Hrvatska revija za rehabilitacijska istraživanja, 53(1), 128-138

Rogers, S. J., Estes, A., Lord, C., Vismara, L., Winter, J., Fitzpatrick, A., Mengye, G., and Dawson, G. (2012). Effects of a brief early start denver model(ESDM)-based parent intervention on toddlers at risk for autism spectrum disorders: a randomized controlled trial. Journal of the American Academy of Child and Adolescent Psychiatry, 51(10), 1052-1065.

Rogers, S. J., Vismara, L., Wagner, C., McCormick, C., Young, G., and Ozonoff, S. (2014). Autism treatment in the first year of life: a pilot study of infant start, a parent-implemented intervention for symptomatic infants. Journal of Autism and Development Disorders. 44(12), 2981-2995.

Russell, G., Rodgers, L., R., Ukoumunne, O. C., and Ford, T. (2013). Prevalence of parent-reported ASD and ADHD in UK: findings from he millennium cohort study. Autism Development Disorder. 44(1), 31-40.

Saemundsen, E., Magnusson, P., Georgsdottir, I., Egilsson, E., and Rafnsson, V.

(2013). Prevalence of autism spectrum disorders in an Icelandic birth cohort. BMJ Open 3, 1-6.

Schertz, H. H., Baker, C., Hurwitz, S., and Benner, L. (2011). Principles of early intervention reflected in toddler research in autism spectrum disorders. Topics in Early Childhood Special Education, 31(1), 4-21

Schertz, H. H., and Odom, S. L. (2007). Promoting joint attention in toddlers with autism: a parent-medicated developmental model. Journal Autism Developmental disorders, 37, 1562-1575.

Schertz, H. H., Odom, S. L., Baggett, K. M., and Sideris, J. H. (2013). Effects of join attention mediated learning for toddlers with autism spectrum disorders: an initial randomized controlled study. Early Childhood Research Quarterly, 28, 249-258.

Schertz, H. H., Odom, S. L., Baggett, K. M., and Sideris, J. H. (2018). Mediating parent learning to promote social communication for toddlers with autism: effects from a randomized controlled trial. Journal of Autism and Developmental Disorders, 48, 853-867.

Schultz, T. R., Schmidt, C. T., and Stichter, J. P. (2011). Parent Education Programs for Parents of Children With Autism Spectrum Disorders. Focus on Autism and Other Developmental Disabilities, 26(2), 96-104.

Smith, T. (2013). What is evidence-based behavior analysis? Behavior Analyst, 36(1), 7-33.

Smith, T., Groen, A. D., and Wynn, J. W. (2000). Randomized trial of intensive early intervention for children with pervasive developmental disorder. American Journal on Mental Retardation. 105(4), 269-285.

Turner-Brown, L. M., Baranek, G. T., Reznick, J. S., Waston, L. R., and Crail, E. R. (2013). The First Year Inventory: a longitudinal follow-up of 12-month-old to 3-year-old children. Autism, 17(5) 527-540.

Van der Paelt, S., Warreyn, P., and Roeyers, H. (2014). Social-communicative abilities and language in preschoolers with autism spectrum disorders: associations differ depending on language age. Research in Autism Spectrum Disorders, 8(5), 518-528.

Volkmar, F. R., Lord, C., Bailey, A., Schultz, R. T., and Klin, A. (2007). Autism and pervasive developmental disorders. Journal of Child Psychology and Psychiatry, 45, 135-186.

Vickerstaff. S., Heriot, S., Wong, M., Lopes, A., and Dossetor, D. (2007). Intellectual ability, self-perceived social competence, and depressive symptomatology in children with high-functioning autistic spectrum disorders. Journal of Autism and Developmental Disorders. 37(9), 1647-1664.

Vivanti, G., and Hamilton, A. (2014). Imitation in autism spectrum disorders. In F. R. Volkmar, S. J. Rosger, R. Paul, and K. A. Pelphery (Eds.), Handbook of autism and pervasive developmental disorders (pp. 278-302). Hoboken, New Jersey: John Wiley and Sons, Inc.

Wetherby, A. M., and Wood, J. J. (2006). Early social interaction project for children with autism spectrum disorders beginning in the second year of life: a preliminary study. Topics in Early Childhood Special Education, 26(2), 67-82.

Woods, J. J., and Wetherby, A. M. (2003). Early Identification of and Intervention for Infants and Toddlers Who Are at Risk for Autism Spectrum Disorder. Language, Speech, and Hearing Services in Schools, 34, 180-193.

Yirmiya, N., Kasari, C., Sigman, M., and Mundy, P. (1989). Facial expressions of affect in autistic, mentally retarded and normal children. Journal of Child Psychology and Psychiatry and Allied Disciplines 30(89), 725-735.

Yang, Y., and Lee, S. H. (2016). A qualitative research on the parenting experiences and needs of families of children with autism spectrum disorders in China. Journal of the Korean Association for Persons with Autism, 16(2), 29-55.

Yang, Y., and Lee, S. H. (2019). The Effects of Home Visit Parent Education Program on Mother-Infant Interaction in Families of Infants with Autism Spectrum Disorder in China. Journal of the Korean Association for Persons with Autism,19(2),85-110.

Zablotsky, B., Black, L. I., Maenner, M. J., Schieve, L. A., and Blumberg, S. J. (2015). Estimated prevalence of autism and other developmental disabilities following questionnaire changes in the 2014 national health interview survey. National Health Statistics Reports, 87, 1-21.

Zager, D., Cihak, D., and Stone-MacDonald, A. K. (Eds.). (2017). Autism spectrum disorders: Identification, education, and treatment. New York, NY: Routledge.

Zwaigenbaum, L., and Penner, M. (2018). Autism spectrum disorder: advances in diagnosis and evaluation. British Medical Journal, 361, 16. doi:10.1136/bmj.k1674.

第七章　日常生活中的成长与融入：从生命历程视角看孤独症人士及家庭成长中的挑战及相关策略

◎徐　岩　舒耀贤

第一节　研究背景

孤独症（也称自闭症）严格来说是由在儿童早期出现，具有交互性社交交流和社会互动的持续损伤，因行为问题而导致日常社会功能受限的一系列谱系障碍所组成，其中包括儿童孤独症、肯纳孤独症、高功能孤独症、非典型孤独症和阿斯伯格综合征等障碍类型（美国精神医学学会，2015）。在美国精神医学学会编著的《精神障碍诊断与统计手册（第 5 版）》中，孤独症被归为神经发育障碍。在我国，孤独症一般在残疾分类中被归为精神残疾类别。据 2019 年发布的《中国自闭症教育康复行业发展状况报告（Ⅲ）》数据显示，中国孤独症人口超过了 1000 万（科学网，2020）。

孤独症人士表现出的典型症状对其日常社会交往与社会融入造成了很大的挑战。一方面，由于社交交流方面的障碍，他们难以通过语言或肢体语言等方式来与人沟通，表达自己的想法和情绪。孤独症人士缺乏社交能力，从而导致社会人际交往受限。例如，学龄期，他们看起来不想或不知如何与他人互动交往，很少主动与他人沟通，难以融入正常的校园学习生活。与此同时，孤独症人士的语言交流能力也相对较弱，不擅长理解情绪表达，不擅长通过面部表情来表达自己的情绪。一些重症人士甚至基本丧失语言能力，容易采用哭、尖叫，甚至掀桌子等不恰当的行为方式来表达自己的想法或宣泄情绪。除了沟通和社交上的障碍，他们还可能有共患症，面临其他问题的困扰，如智力障碍和认知障碍（香港安安国际自闭症教育基金会，2016）。对相对轻症的孤独症人士，虽然他们的某些行为或问题，例如，情绪波动大、失眠和刻板行为等，可以通过药物或者行为干预训练来进行缓解，但是，目前还没有有效的治疗方法能“根治”孤独症人士的社交障碍（香港特别行政区卫生署，2017）；另一方面，社会环境往往是为了社会中的多数群体的便利而营造的，也极少兼顾孤独症群体对环境的适应要求。

近10年来，国内孤独症康复服务日渐发展。根据“中国自闭症教育康复行业发展状况报告”数据，民办机构占康复训练机构的大多数，而这些机构又多由孤独症儿童家长们发起（新华网，2020）。有关孤独症社会服务的发展，离不开精英家长们的努力。这些精英家长往往拥有较高的社会经济地位，也拥有较多的社会资源和更好的个人能力，可以说是这类民间机构发展中的“能人”（罗家德、孙瑜、谢朝霞等，2013）。也正是这些能人家长，成为在孤独症儿童社会融入道路上的重要开拓者与引领者。

目前国内的民办机构，从成立到成长，经过了近20年的探索尝试与经验积淀，在孤独症人士及其家庭的社会服务提供上，取得了长足的进步。虽然一些资深优质机构陆续进行了一些针对大龄孤独症人士的服务试点，但从教育与就业这两个密切相连的领域来看，普通学校对孤独症儿童随班就读的整体效果仍须提升，尤其是义务教育之外的高中教育或职业教育，大龄孤独症儿童更是难以获得优质的教育服务。大龄孤独症家庭面临的教育难题也进一步影响到大龄孤独症人士的社会融入之路，职业获得与养老保障都面临重重困难。总体上，国内孤独症家庭面临社会康复资源匮乏、资源区域分布不平衡和干预成本极高的困境。

面对教育、就业和养老的难题，国家也相继出台了一系列的政策。可以说，政策完善的过程离不开家庭、民间力量与政府多方的协作努力。2017年5月新修订的《残疾人教育条例》（中华人民共和国教育部，2017），和2020年6月教育部发布的《教育部关于加强残疾儿童少年义务教育阶段随班就读工作的指导意见》（中华人民共和国国务院，2020），意在破解残疾人入学难的困境，要求加大随班就读的支持力度和加强对特殊教育专业工作人员的培养。同时，上海、云南、海南等地的政协也不断为此提案，完善特殊教育服务。2020年以来，政协委员不断提案，以增加对谱系障碍人士家庭及相关机构的政策支持（新华网，2021）。部分民间机构也通过多种形式与政府合作，在政府引领下为成年孤独症人士的安置提供适当支持。虽然政策从提出到落实需要一定的时间，但这无疑是孤独症人士家庭的福音。并且，随着共同富裕成为国家的重要战略目标，脱贫工作也取得了极大成效，相对来说包括西部地区在内的经济欠发达地区的民生福祉提升迅速，社会服务也日益壮大，更加关注这类区域中的孤独症人士及其家庭的成长，关注孤独症群体的社会融入情况与生活福祉的实现。

近年来，国内学界开展了很多关于孤独症的研究，但从社会学视角去分析孤独症人士及其家庭的社会融入历程的研究较少。很少有研究着眼于已成年孤独症人士的生命历程。再者，许多已有的研究多将目光投向社会资源相对丰富、社会服务相对成熟的经济发达地区和沿海大城市，而对西部地区的情况着墨较少。由于孤独症人士病症的特殊性，其家庭要比普通家庭付出更多，去帮助他们在相应的人生阶段能够获得相应的社会化结果，即能够“按时成长”。

要能够“按时成长”，在生命历程中的不同阶段，孤独症家庭面临着不同的挑战，家庭对孤独症儿童也会产生不同的社会期待，这些期待如果放在普通孩子身上，是相对容易实现的。但是，孤独症儿童的发展目标会因各种社会因素而变得较难实现，往往面临着诸多成长中的困境。面对这样的困境，家长们，尤其是那些精英家长，他们并非被动地承受，向“命运”妥协，而是会在挫折中激发出潜能，发挥主动性，在克服困难的过程中发展出相应的应对策略。本研究的目的在于，采用质性研究的方法，借鉴生命历程的视角，来呈现家庭照顾者们在孤独症儿童成长过程中的生命轨迹、生命经历和主观体验，分析他们的应对策略。另外，本研究着眼于西部二线城市孤独症人士，期望能够在一定程度上展现西部城市中孤独症家庭的生命历程，为如何提升孤独症个体及其家庭的社会福祉带来一定的启发。具体研究问题有：第一，孤独症家庭在孤独症个体“按时成长”过程中有哪些重要挑战，面临着怎样的生活困境？第二，孤独症家庭是如何面对这些挑战的，如何克服甚至是超越困境的，有着怎样的应对经历？

第二节　文献综述

一、残障社会学的研究范式与理论视角

（一）常用研究范式

在最初的残障研究中，帕森斯、戈夫曼和福柯的理论常被引用。帕森斯（1951）的功能主义理论认为，残障是一种社会偏差，残障者难以对社会造成影响，承担其社会责任，发挥正常个体应该有的社会功能。与正常人相比，残障者只能扮演“病人”这个不寻常的社会角色。这种社会偏差造成了社会结构解体（social disorganization）（鲍雨、黄莹莹，2015）。戈夫曼（2009）认为，疾病与残障是一种“污名”，病人会被贴上“残障”的标签，这会使他们陷入自己是“残障人士”的自我认知中，从而影响到他们的日常活动、社会交往和社会化。福柯（2010）的“疯癫”研究认为，何为残障是被当权者定义的。身患疾病之人不仅没有话语权，还受到当权者和社会系统的规训。

20世纪中后期，学者们开始强调宏观层面的社会压迫对残障者的影响，宏观层面的研究强调历史和政策的视角，着眼于制度和社会结构对残障者及其家庭的影响和限制，认为制度、政策和公共设施无法保障残障者与常人一样融入社会（Oliver，1990）。同一时期，有的学者也从日常经验出发进行了分析。他们认为，残障者是具有主观能动性的个体，他们的感受、经验和对这些感受与经验的陈述与表达应该被研究。残障者不仅能找到策略来应对残疾与病症给日常生活带来的影响（Strauss，1984），还能适应自己的残疾，融入正常的社会生活（Bury，1982）。残障者的主体性和日常经验叙事值得被强调，他们作为残障人士的生命历程值得被研究（Priestley，2003；李学会，2019）。

（二）生命历程视角

20世纪中后期，埃尔德（2002）提出了生命历程理论，其最原始的定义为，个体在不同的人生阶段，会在社会规范、宏观历史背景和自身条件等因素的影响下，成为各种各样的社会角色。年龄成为“自变量”，而个体扮演的社会角色、参与的社会事件、所建立的社会关系会随着年龄的增长而改变。之后，埃尔德进一步扩充生命历程理论，将毕生发展理论与之结合，强调个体在宏观社会结

构和自身生命历程中的主体性（包蕾萍，2005）。

选择生命历程视角，有利于将残障社会学中的多个传统研究范式的优势相结合。生命历程理论通过对个体的生命生涯进行纵向分析，勾勒出其生命轨迹（trajectory）。轨迹也可以理解为一段较长时间内个体的生命模式，或者其需要扮演的社会角色（李强、邓建伟、晓筝，1999）。轨迹可能在短期内变化，在某一转折点转变（transition），也可能在较长一段时间内延续。轨迹的转变和延续不仅受到个体主体性的影响，也受到社会时间和历史因素的影响（Elder，1998）。

本研究主要用“按时成长”这一概念来体现孤独症人士及其家庭的生命历程面临的挑战。“按时成长”主要体现了三层含意。第一层含意是，根据年龄层级来对个体人生轨迹中所需要承担的社会角色和经历的社会事件进行安排。此处的“按时成长”代表着人们的社会期望，人们被期望着在恰当的年龄做出相应的举措，如上学、工作、结婚、生育、退休等。可以说，根据社会规范，个体的生命轨迹被安排了标准时间表（Elder，1998；王阳、马小雷，2009）。另外，重大历史事件也会影响个体的生命历程，可能造成个体生命轨迹的变化。第二层含意是，个体具有主观能动性，其生命轨迹并不完全由社会期望和历史因素决定，个体有可能会偏离社会期望下的标准时间表（Elder，1998），来创造自己的历史进程。例如，虽然社会或政策规定了适婚年龄，但是部分个体并不在该年龄段婚育。第三层含意是，个体与环境之间是相匹配的，在个体主观能动性和社会历史时间的共同作用下，个体生命历程可能发生转变。基于社会网络，个体之间的生命轨迹相互影响（包蕾萍，2005）。基于家庭内部的关系网络和互助性的家长自组织网络，个体之间的生命历程会相互关联。

二、社会学领域的孤独症研究

社会学视角下的孤独症研究关注造成孤独症群体各项障碍的社会原因，也着重分析影响孤独症群体福祉的社会环境。早期着眼于孤独症诊断率的影响因素的研究显示，父母的教育水平与社会经济地位影响了患者得到诊断的可能性。对于高教育水平与高社会经济地位的父母，其患病子女得到诊断的可能性也相对更高。另外，社区诊断率的增加与所在社区本身的社会经济资源关系密切，

社会网络作用于孤独症儿童的确诊，与孤独症儿童家庭有较紧密的社会关系，会增进对孤独症的认识，也会导致相应家庭中对孤独症儿童早期确诊率的提高（Liu，2010）。

在确诊后，孤独症家庭要如何应对至关重要。此时，宏观社会环境和家庭成员对孤独症的态度会对家庭中照顾者的心理与其应对方式产生重要影响，也随之影响着孤独症儿童的社会康复与社会融入之路。一项美日对比研究显示，日本和美国的母亲都承受着育儿压力以及身体和情绪上的疲劳，她们很少能得到家庭以外的支持。相比美国母亲，有更多日本母亲遭受到了污名与社会排斥，在建立社会关系方面遇到了更多困难（Kamei，2013）。而美国相较日本来说，社会环境对孤独症儿童较为包容，美国部分家庭会与外界交流病症的相关知识，以帮助其他人了解孤独症，以此在家庭生活的内部和外部都建立了一套属于自己的话语体系。在此过程中，家人们表现出对家庭的保护，并向外界展示其家庭生活与普通家庭没有什么不同，孤独症融入为家庭生活常态的一部分（Hays and Colaner，2016）。另一项对英国索马里移民社区孤独症人士家庭的研究发现，由于社区内部相比现代医学更接受索马里宗教规训，所以他们的父母们受到较多污名化的指责，他们大多选择把孩子藏在家中，隔绝其社交（Selman et al., 2018）。

从社会学的视角，在孤独症的相关研究中，家庭可以作为微观层面的基本单位去分析。为了获得对普通人来说习以为常的正常生活，拥有孤独症人士的家庭要比普通家庭付出更多。黄辛隐和张悦（2009）的定量研究显示，孤独症家庭承受了较多的经济压力，其研究中超过一半的家庭经济困难，他们急需医疗资源支持和经济补贴。倪赤丹和苏敏（2012）的研究表明，家庭是为孤独症个体提供诊疗与康复等各类资源的最主要单位，但仅凭借家庭本身，并不能给孤独症儿童的生活照顾和康复培训提供足够的支持。因此，该学者基于社会关系网提出一个又一个理想模型，即家庭内部网络、亲朋网络、社区网络和家庭核心成员的社会关系网，这 4 个网络同时为孤独症患者提供社会资本。从家庭外部看，中国现有的政策和医疗机构所提供的社会支持并不能满足孤独症患者家庭的需求（郭德华、邓学易、赵琦等，2014）。当涉及家庭内部分工时，患者父亲和母亲的角色和责任非常不同。患者超过一半的教育时间都有母亲的参与，父亲却未必。即使为其自愿选择，照顾患儿也会给母亲造成不成比例的负担。不过，每个父母都有自己独特的接受和应对孩子孤独症的方式，去减轻这种负担（Padilla-Petry and Saladrigas-Tuà，2020）。因此，透过鲜活的家庭个案，从他们的日常生活出发，去了解家庭在孤独症儿童社会融入之路中的期望和应对方式，实际上具有很强的研究意义。

家庭中的孤独症儿童的社会化过程与社会融入的历程可以从多个维度去分析，在个体成长的过程中，最主要的两个维度或阶段就是求学和就业。在教育和介入方面，包括特殊学校与普通学校，处在较为关键的位置，能够为孤独症谱系障碍中的不同类型与不同程度的个体提供知识技能输送。但是，这些学校往往缺乏足够的专业人才，学校本身能够提供的干预、培训等特教资源也较为匮乏（宿淑华、赵航、刘巧云等，2017；徐岩，2020）。对于成年孤独症人士，在他们对应的人生阶段，是继续被照顾还是能够独立生活？他们面临着普通成年人所不可能经历的社会融入困境，这些困境更具挑战性。根据格雷兹（Graetz，2010）对成年孤独症人士的研究，尽管社会越来越关注孤独症，但不幸的是，孤独症仍然被视为精神障碍中的一类，即使有能力的个体也难以获得就业的机会，在工作场合中面临歧视，难以融入社区生活。就国内的情况而言，成年孤独症人士主要面临父母无法继续照顾他们、就业机会匮乏、专业看护人员匮乏和专业看护机构匮乏等社会福利层面的问题（雷显梅、刘艳虹，2017）。这些问题也反映了孤独症人士发展需求的实现面临更大的挑战。在现实生活中，孤独症的家庭照顾者们都希望自己的孤独症儿童能够依照个体生命发展的阶段顺利社会化，可以“按时成长”。而要达成这一期望，孤独症家庭需要付出更多的努力。

第三节　研究方法

本研究聚焦孤独症家庭生命发展中的日常生活呈现，采取质性研究的方法，主要通过对孤独症家庭个案的深度访谈，了解孤独症人士及其家庭成长发展的生命过程，尤其是通过其生命历程中与社会融入息息相关的那些生命节点与生命事件，来分析孤独症人士“按时成长”期望下所面临的困境，以及孤独症家庭面临这些挑战时所衍生出来的相应对策。

一、研究对象

本研究首先依据研究的主题，将研究对象聚焦在拥有成年孤独症儿童的家庭上。这些家庭中的孤独症儿童已经经历了从儿童期到成年期的人生阶段发展过程，这中间也经历过从确诊到治疗，从能否接受教育到是否可以就业等一些重大人生事件。选择处于成年期的孤独症人士家庭有助于我们一起来回顾这些家庭的生命历程。

本研究在依照研究目的确定了抽样地点和抽样家庭的社会地位后，采用了便利抽样的方法，通过滚雪球的方式，采取饱和性原则，访谈了 5 年内长居于云南省昆明市及其所在辖区，18~30 岁之间的 8 名孤独症人士家庭。采取便利性抽样的主要原因在于，孤独症家庭样本相对于普通家庭样本，接触难度大，需要更好地考虑研究的伦理道德问题，在知情同意的原则下确保研究对象的权益不被侵犯，隐私不被泄露。本研究中的家庭主要是核心家庭，包括父亲、母亲和孤独症儿童。笔者访谈的父母们，社会经济地位都相对较高，他们的父亲和母亲的学历都为本科及以上。其中，母亲多为全职太太，因此笔者主要测量了父亲从事的职业。8 人的职业分布于以下 5 种：医生、高级工程师、大学教授、大中型企业 CEO 和公务员。笔者访谈的家庭中没有生二胎的家庭。

访谈对象的具体信息如表 7–1 所示。

表 7–1　访谈对象编码表

编号	年龄	性别	学历	患者分类	受访者	父亲职业
A001	24	男	初中肄业	低功能	母亲	高级工程师
A002	21	男	职高（特殊学校）在读	低功能	母亲	大中型企业高管
A003	23	男	初中毕业	低功能	母亲	医生
A004	19	男	初中（特殊学校）在读	低功能	母亲	大学教授
A005	18	男	小学毕业	低功能	父亲	公务员
B001	26	男	硕士毕业	高功能	母亲	国企高管
B002	29	男	硕士毕业	高功能	母亲	公务员
C001	30	女	民办大学毕业	低功能	母亲	大中型企业高管

二、资料收集方法

无结构式访谈和半结构式访谈结合：研究的重点是获取一手数据，通过线上视频与线下访谈相结合的方式对受访者进行无结构式和半结构式的访谈，尽可能获取真实详细的一手资料，便于后续的研究分析。

访谈初期主要是开放性访谈，没有完整的访谈提纲，从而启发受访者自由探讨自己的想法。这一阶段，访谈的目的是了解访谈对象在意的问题、他们思考问题的出发点、对事件的叙述等。

研究后期逐渐转向半结构式访谈，深入探讨部分重要问题，提升资料收集的完整性。这样，既可以收集到访谈者需要的信息，又可以了解访谈对象的观点、态度，补充信息，对研究问题可以有更深入的了解（陈向明，2000）。

第四节　孤独症人士“按时成长”所面临的挑战

一、“一波三折”的确诊与生命轨迹的改变

孤独症作为一种精神障碍，是在20世纪60年代才被西方学者发现并明确诊断的。在中国，医学界对该疾病的明确诊断始于20世纪80年代，距今也不过40年。一直以来，社会大众对孤独症的认知并不完善，很多父母并不知道什么是孤独症，孤独症能不能治。与此同时，孤独症的诊疗与干预资源也主要集中在北上广这样的大城市和沿海经济发达地区。资源分布的不均衡也导致了中西部地区或者经济欠发达地区的家庭更难获得及时的各项支持。

对于笔者的研究对象来说，当时云南省孤独症相关医学研究并不发达，确诊和治疗手段也不完善，这常常使得儿童个体确诊较晚。现在我们知道，孤独症的早期诊断和早期干预非常重要，症状一般在幼儿期就已经显现，一般在生命的第二年（12~24个月）就可以确诊。但是，本研究中的多数个案都确诊时间较晚，且可能经历了多次的求医过程，在上小学或幼儿园的时候才被确诊。

“我家孩子十多岁才确诊的。以前只是以为他性格过于内向。小的时候带去昆明的医院，医生没检查出来。后来他实在是有些严重，换了好多家医院，直到去北京的医院才检查出他是自闭症。”（A001）

“第一次（怀疑是自闭症），我带小李去儿童医院挂了一个心理科的专家门诊。当时的诊断方式太简陋了，大家对孤独症的认识不像现在那么到位。医院用那种行为量表来做诊断，他就给了我一些表格，然后我就钩了一下。他说量表不是太全，说建议我到精神病院，专门找儿科的主任，更权威一点。”（A002）

确诊的困扰不仅源于十多年前医疗系统对孤独症这一谱系障碍的临床诊疗经验匮乏，也源于父母对自己孩子症状特点的不自知，对正常发展的社会期待。面对着似乎不是那么专业的诊断过程，以及仍有疑问的诊断结果，他们抱着期望，希望自己的孩子能够完全治愈，更愿意期待着孩子能够正常成长，而不是从儿童时期就成为一个长期病患。这样的心理状态给确诊和伴随而来的干预康复带来了不小的挑战。不成熟的诊断方法再加上家长们相对消极的态度，导致了当时这些家庭中的孤独症儿童错失了孤独症早期干预的宝贵时间。

“我一个科室的同事老公就是精神病院的医生，他很快就帮我联系了主任。我们又带着小李去了之后，主任就拿出一堆量表来，让父母去沟通做题，判断这个孩子有没有这种那种的行为。然后钩完这些行为量表之后就打了个分，那个分数我们做完之后不到390分，就不诊断为自闭症。这些行为量表，一个是很局限，还有一个可能当时我们觉得他没问题，那些行为也许是我们一厢情愿的，也许是旁观者来钩的话，就会钩出来。但是我们觉得他没有这种行为。我们做父母的肯定也是有点掩耳盗铃的，就愿意相信好的结果。精神病院的主任都说（不是自闭症），那就不是了。我们也就只是多带他出去玩，多带他跟人接触，挺自欺欺人的。而且反正都找了两个医院的医生看了，都说不是（自闭症）了，自己也就没有去了解什么叫自闭症。其实这是我们自己的一个回避，不愿意去了解，反正医生说就不是了，就都没去查过这自闭症到底是咋回事。”（A002）

笔者所访问的大部分案例确诊的过程都较为曲折，且最后都要去到沿海一线城市才能拿到明确的确诊结果。一开始确诊的时候所有父母都无法接受孩子是孤独症的事实，他们大多期待自己的孩子“有一天会变正常”。由于当时相关药物的研发和投放还在探索阶段，缺乏针对性和标准化的治疗手段，父母在确诊后感到迷茫和无助。父母意识到孩子的生命历程即将与他人不同，他们的人生将会偏离传统社会规范下的生命时间表。另外，虽然当时的计划生育政策允许家庭因一胎残疾而再生二胎，并且大部分家庭也具有要二胎的经济实力，但是由于要忙于照顾且抱有让孩子尽早康复的心愿，再加上可能有着诸如是否会遗传，是否会加重其他子女将来的照顾负担等多方面的顾虑，一些家庭放弃了要二胎。

“当时国内的家长对自闭症了解太少了，医院的医生也说没药，我们当时怎么也没想到是这个结果，也不愿意接受。”（A001）

“没什么方法，心里边很迷茫，这是可能到这些新的诊断的家长，可能是每个家长都要经历的一个心路历程。诊断了之后对这个病就很盲目，然后也不知道该怎么做，很迷茫。”（A005）

“到了快 5 岁，我们带小李去做感统训练，那里有个老师就跟我讲，你这个孩子是个典型的自闭症。然后我就说什么叫自闭症，他就说自闭症治不好，终身残疾。当时就吓着了，那天就赶快回家就上电脑去查了什么叫自闭症，去查了一下怎么治疗，才觉得崩溃。哭了一晚上，我哭到天亮，才知道自闭症是什么事情。第二天，我们家亲戚凌晨4点就给我们去挂了北京六院的专家门诊号，它是一个精神病院，专门看这一类的病。我跟老公带小李从昆明到北京，看了病之后，医生就说是典型的自闭症。那会儿 2005 年，他 5 岁，我们问医生有什么治疗方法，医生说没有，啥都没有，药也没有，就很迷茫。”（A002）

“当时心里还抱着一丝侥幸，那时候对自闭症了解得也不够透彻，所以就觉得，未来总有一天孩子会好的，会康复。我们也不觉得这种是残疾，我们相信她未来有一天还能正常，连二胎都没想过要生。”（C001）

“虽然也知道要个二胎可能更好一点，以后可以照顾我儿子。但是又觉得这么做并不人道，要让孩子出生就承担照顾患者的责任。万一这病一辈子都好不了，孩子终生都要照顾他。”（A003）

得到了明确的确诊结果，只是这些家庭“万里长征”的第一步。确诊之后的治疗过程也很曲折，后续的康复训练更是艰难。父母的生命历程自然不可避免地受到了孩子确诊的影响，他们的人生轨迹往往会因此而发生巨大的改变。他们中的一部分会离开自己所在的城市，去到孤独症医疗资源较为充足的城市求医和学习，但这也会花费更多的“治疗”成本。笔者所访谈的对象，其很多“治疗”都在属于非营利性质的机构之内进行，康复治疗的项目也几乎没有医保覆

盖。在当时，孤独症一定程度上是“富贵病”，其康复培训成本是普通家庭难以负担的。在孤独症相关机构并不发达的地区，父母们为了给孩子提供更好的医疗环境，可能需要搬家、跨省市治疗、请专业的住家带教老师制订干预方案等。基于在医疗系统中的福利空白，诊疗与康复所需要花费的成本巨大，只有那些经济社会地位较高的家庭才能为孤独症儿童提供较优质的康复条件。

“我们那边（攀枝花）根本就没有什么机构，条件太差了。所以我和我儿子现在基本上是搬到了昆明，好歹还有个蒙多贝（自闭症机构）。这边还有家长群，有亲友会，我老家这些东西就比较少。”（A001）

“小李确诊那会儿（2005 年）昆明没有专门的自闭症机构，我们唯一的康复训练就是感统训练。老师教了一段时间反映很吃力，怕给小李给耽误了，然后就推荐我们去青岛以琳（自闭症康教展能中心）。这还只是个开始哦。我们去了青岛半年，过了几年又去了四川广元的机构，甚至去了波士顿。我们还花钱让他的陪读老师也一起去这些机构上课了。疫情之前我和他父亲还一直坚持在北京的机构上课。我和我老公每个星期都要飞一次北京，去机构学社会性教育，这种教育方式就是针对自闭症患儿的，教他们生活自理能力。

“至于昆明的机构，是近几年才有的。而且那些比较先进的理念，包括怎么随班教学啊、怎么陪读、以后工作怎么办，这些还是要去北京和青岛那边学到得多。我们最近还请了带教老师从北京过来给小李量身定制教学和医疗方案。一天（一个月）肯定是超过 1 万块钱了。”（A002）

可以说，孤独症的终身性不仅使得他们自身的生命标准时间表不同于常人，也影响了父母们的生命历程。他们从确诊起就已经看到了要照顾孩子一辈子、无法在晚年安享孩子照顾的可能性。他们也会花比平常父母超出几倍的精力，去照顾孩子及寻访医疗和康复资源。他们放弃了很多本该属于自己的，用来工作、学习和娱乐的时间，倾心投入于孩子的治疗。

二、教育中的双难：入学难和融入难

在小学的阶段，笔者的访谈对象们大多选择进入普通小学。特殊教育与普通教育的分流大多在中学阶段出现，高功能的孤独症人士由于有较高甚至超乎常人的智力，可以一直念书，甚至有能力考上大学；而低功能的人士由于学习能力较弱，家长们一部分选择让孩子辍学在家，一部分选择让他们去特殊学校。

无论是进入普通学校还是进入特殊学校，家长们都受到了很多阻挠。他们需要动用很多社会关系，才能解决上学难题。上学的过程当中，一部分家长被拒绝陪读，被允许陪读的孩子会在陪读上花费较大的成本。由于当时孤独症相关知识还尚未在大众中普及开来，大部分的学校都对孤独症儿童不了解。当时的政策也并没有孤独症儿童随班就读的相关规定，所以学校大多怕担责任，对孤独症儿童们的入学和陪读抱有排斥的态度。即使是对孤独症有所了解，但是由于缺乏专业的带教老师来应对这些学生的社交障碍和情绪问题，在当时，即使是特殊学校也不愿意接收孤独症的孩子就学。

“很难找到一所服务自闭症儿童的学校。即使找到了一些专门服务残障儿童的学校，也很难进去。人家那时候，有的（学校）没有听说过自闭症，有的觉得自闭症的孩子难相处，有社交障碍，也不想收。”（A003）

“我去小学去咨询了，由于孩子情况特殊，我就跟校长提出来说我要陪读，然后就被他一口就否决了。他说：‘我们学校收不了这样的孩子。’挺令人生气的。”（A004）

“一开始这所小学是不允许陪读的，他们也不了解自闭症。他们返聘了一个高级教师，就说：看这个孩子挺好的，自闭症是你们家长想出来的问题，根本就不需要陪读，你们就是在娇惯他。后来实在说不通，我们也只好答应不陪读。”（B001）

“初中在培智学校，最后校长和班主任都不同意陪读，说学校都是特殊孩子，为什么小李就搞特殊要陪读，他们就不允许。因为他们当时对自闭症很不了解。特殊学校也不是很喜欢收自闭症的孩子，他们对自闭症是最头疼的。他们喜欢收哪种小孩呢？轻度脑瘫、轻度智障、轻度唐氏综合征，虽然他们智力不高，但是很听话，老师叫干什么就干什么。自闭症的小孩就不一样，他们智力会高于其他的那些孩子，但是他们情商很低。他们和人交往有障碍。其他的小孩虽然可能存在智力障碍，但是他们和人交往没有障碍，甚至更喜欢和人交往。只要你对他好，他也会对你好。自闭症的小孩不一样：第一，他与人交往有障碍；第二，他的情绪和行为问题很多，不是那么听话，会发脾气，甚至有很多自残行为。小李也有轻度自残行为，他一不高兴，发脾气的时候，会打自己的嘴巴，会捂嘴。到了培智学校以后，他进入了青春期，情绪的问题就更多了。原来小的时候在小学，发脾气的时候最多也就是哭和尖叫。”（A002）

普通孩子的家长们对孤独症的了解并不深入。有时，部分家长对孤独症家庭持有污名化的态度，认为是家长没有教养好，这些孩子是“坏孩子”“疯孩子”，不理解为什么孤独症儿童有的时候难以控制自己的行为或情绪，排斥他们在班集体中的存在。笔者的访谈对象几乎都在小学或中学的求学阶段遭遇过家长的联名抵制，家长们一开始都不希望他们的孩子和孤独症儿童同班。

“有的家长第一次听说自闭症。有的虽然听说过，但是并不了解，甚至觉得自闭症就是智障。”（C001）

“他们有人认为，孩子出现这些症状，是我们家长的问题，是我们没管好、小时候没照顾好孩子，但实际上是基因的问题。”（A004）

“有的家长会很不理解为什么我的孩子做不到正常孩子那样子，乖乖听课，上课不闹，下课和同学好好处。他们只是笼统地认为我孩子有问题，不应该和他们孩子那样的正常人待在一起。”（A003）

从普通家长的角度来看，对孤独症学生的排斥也具有一定的现实性。面对一个常常尖叫、撕书、掀桌子和情绪不稳定的孩子，大部分人无法应对，课堂纪律与教学进度可能会受到影响，家长们大多都希望这个孩子远离自己的小孩。这种情况也不仅发生在普通学校，特殊教育学校也可能由于孤独症的行为情绪特点而影响正常的教学。

“到了培智学校，学校不给陪读，他就自己在学校念书。那是个陌生的环境，没有那么包容，因为大家都是特殊的小孩，老师也比较严厉，经常因为行为问题批评小李，不像小学大家有的时候很照顾他。小李不习惯这样，再加上青春期，他的脾气就越来越暴躁，发脾气的时候就把桌子掀翻。学校一人一张桌子，他掀翻桌子，就会把桌子弄坏。我们去学校修理桌子都修了好多次了。最后为了让他不掀翻桌子，我们就和学校商量后，把他的课桌用螺丝钉在了地上。但后来他还是要发泄情绪，他就去抢别人的书然后撕掉。最恶劣的一次是，我那天上班的时候，老师就打电话说让我赶紧去学校一趟，说是小李打了老师，把老师的手也弄破了。那次就是最严重的了。老师把监控调出来，证明他们没有对小李做出格的事情。那个监控我看了，小李并不是故意攻击他们。小李发脾气之后，老师担心得很，因为学校里都是特殊孩子，老师怕小李伤害到他们，这样的话老师就不好和家长交代。老师就请了两个男老师，把他控制在一个角落。小李当时就躺在地上，把眼镜砸掉，鞋子也脱掉，又哭又喊地大叫。老师也怕他躺在地上凉了，男老师就上前去拉他。小李当时在发脾气，他就以为男老师要攻击他，所以他就还了手。其实老师伤得也不是很重。”（A002）

在不清楚原因和无法应对的情况下，家长们的这种排斥心态也很正常，是出于对自己孩子的保护之情。此外，也源于学校、家长和学生们对社会规范的维护。正常与不正常的表现是由社会规范所构建的：上课安安静静听课是正常的，上课因为情绪问题而撕书、尖叫甚至掀桌子被视为越轨，是违反课堂纪律和不正常。同学之间相互交友是正常的，而孤僻地不说话，融入不了班集体被视为不正常的。这种不正常为学校、家长和同学们所不理解，被排斥也就成为孤独症人士及其家庭在学校所常常遇到的困境。

要克服这些求学中的困难，就需要家长们的互相理解。这种理解也不会凭空产生，需要社会的宣传倡导和学校对孤独症知识的普及教育，也需要普通家庭和孤独症家庭之间多接触、多沟通，当双方能够互相理解和共情的时候，就可以达到社会接纳。

“他的能力本就达不到上学的能力，再加上没有人在旁辅助，他进去之后就会很紧张、很恐惧，有时候就会尖叫，会撕书。这就导致有几个家长联合起来跟学校提，不允许他在那儿上学，说他在那儿，他们的孩子都学到他的不好的一些行为，影响到他们的孩子。甚至有一个家长还说不让他坐在他的儿子的前面。他们串联了2/3的家长签名，联名抵制我们。太夸张了！校长就给我打电话，说让我去一下学校处理这事儿。当时我觉得太生气了，好气愤，然后又委屈，去学校之前我就给我老公打了个电话。我就说，他们凭什么不让小李上学？9年义务制教育，国家并没说特殊孩子或者有问题的孩子就不能上学，我说他们没有这个权力不让他上学。还是我老公让我冷静下来的，他说你也别激动，说你换位思考一下，如果小李是个正常的孩子，他们班出现一个这样的情况，你会怎么想？你肯定也会担心这个孩子会影响到自己的孩子，所以我们还是也要站在别人的角度要考虑的。当时才开学一个月呢。”（A002）

除了来自学校和学生家长的阻力，孤独症儿童在求学中也容易受到同伴的

排斥。由于社交障碍，孤独症的孩子在学校无法与其他孩子正常交流。特别是对于那些没有人在旁协助交流的孩子来说，他们难以融入集体，成为“边缘人”，甚至可能受到同龄人的欺负。

“以前他很聪明的，小学二年级以前总是考100分的，后来不知道为什么，就跟不上了，怎么都学不会。小的时候孩子们都挺善良的，虽然他很内向，也不说话，倒也不会欺负他。他上学上到初中快毕业才辍学的。初中的孩子们青春期，就有些可恶了，天天欺负他。我们那时候还没确诊，没来昆明的机构，也不知道要请陪读老师。6年前他父亲工作调动，本来想着跟他父亲去新疆，重新换个环境，让他重新上学。但是去了新疆他更适应不了当地的人文环境，少数民族的话我们也听不懂，他的情况更糟了。”（A001）

三、充满挑战的成年期：日常生活、工作与婚育难题

当孤独症人士成年后，他们很难找到能接收自己的相关福利机构。在他们成年后，父母大多步入了中老年期，他们开始思考自己未来如何安顿孩子。笔者发现，在孤独症刚确诊的阶段，父母抱着期待，认为未来他们能康复，但成年后，这种期望很可能落空。孤独症人士实现“按时成长”，难以实现家庭、社区、学校和工作单位对他们的社会期望。这主要是由他们的社交障碍以及部分人士的智力障碍所导致的。普通家庭的孩子所承担的社会期望大多会包括正常毕业、找一份工作、结婚生子等。孤独症人士在这些方面很难实现与同龄人的同步发展。特别是低功能孤独症人士很难以同龄人的速度学会课本和生活中的知识与经验，即使学习的内容非常简单。

“教他洗衣服、煮饭洗碗、算个简单的算术等，都教了他超过2年了。现在我不在旁边，他还是不会。他在上课的时候也意识不到自己需要守规矩，总是想干吗就干吗，必须陪读老师在旁边协助。”（A005）

“教他买东西，他只知道机械性地模仿其他人付钱。但是他不知道要付多少钱，也不知道付钱的意义。有好几次，他付了钱都不知道把买的东西拿走，或者，他付错了钱的数额。他对货币是几乎没有概念的，也不知道用钱买东西是一种交换。他很难领略卖家和买家这种简单的社会关系。”（A004）

由于社交障碍，他们缺乏社会意识，很难与他人相处。他们难以理解社会

规范，也难以洞察社交活动中他人的意图。当缺乏他人协助，情绪得不到及时安抚的时候，他们很容易做出令常人觉得不可思议的行为。甚至有的时候，他们与自己的家人都无法实现和睦相处。可以说，孤独症的社交障碍再加上情绪问题让他们异于常人，很难在不同的社交场域中，扮演社会所期待的角色，也就更难以实现社会融入。

“我家孩子比其他家的都要让人头疼。他 1 米 9 的个子，还特别暴躁。自闭症的情绪问题真的很难解决啊。可能他还是有点社会意识的，发起脾气来只敢打家里人，不敢打外人。但是这一点真的很头疼啊，我媳妇儿已经因为受不了他的打骂，自己搬出家里住了。平时只有我敢在家，只要我一回家就要挨他打，我也控制不住他，毕竟我也老了。”（A005）

即使一些高功能孤独症人士有着超乎常人的能力，他们做到了从学校毕业，在找工作的时候也屡屡碰壁。一个很重要的原因是，工作单位对员工的期望并不仅局限于完成工作。在工作的场域下，员工被期待着融入公司文化，和自己的同事、上下级和睦相处，接受工作场域的明暗规则。但是由于孤独症人士的社交障碍，他们难以在工作场域中准确理解他人的话语与意图，更难维持社会关系。在工作场域中，组织和个人都很难容忍在社交上无法融入集体的员工。甚至一部分人士难以内化工作的意义。

“病友接触多了就知道，有好多自闭症儿童，学一个技能很快，不成问题，但还是不能工作。为什么？因为他们没有办法很好地处理人际关系，他们没有工作意识。像我们，我就是生病了，即使请不了假，我身体再不舒服，为了不被扣工资，再不想去上班也还是要去上班，因为你要承担后果，而且不能丢工作，要养家糊口，才坚持下去的。但是对于这些孩子而言，他们没有这个工作意识，他不想做不做了，想做点别的就直接走了。有好多就是没有办法，不是说不会做工作，而是没有工作的意识和动机。所以培养这些也是很重要。”（C001）

“孩子今年已经 26 岁了，他是高功能自闭症。前几年上了本科，后来还去香港读了硕士呢。他写的论文挺深奥的，大部分同龄人我觉得都达不到那么深入。但他现在也是难找工作，一听是自闭症，没有什么企业愿意要他。”（B001）

“我家是个男孩子，是高功能的自闭症。他前几年靠自己努力保送进大学，我陪着他念书念到毕业，也顺利毕业了。而且他还在学校学术比赛里面拿过好多奖呢！他毕业后去应聘当地的一所很出名的重点中学，人家看他拿过那么多奖，就收了。结果他才待了不到3个月，就被辞退了。一是他不知道怎么和老师们、同事和上级交往，大家看他都很怪。二是人家反映说他上课总是说些有的没的，有的东西不能和孩子们说，他也不注意。可以说他能力是在的，但社交这方面是他永远无法克服的障碍，是他的天花板。”（B002）

孤独症人士是很难被规训的一群人，他们很难意识到“守规矩”能为自己带来收益和规避风险，也难以通过正常的人际交往来理解他人或组织对自己的规训，更别说工作场域中与他人共谋。某些孤独症人士缺乏自我意识和社会意识，有的时候，他们意识不到自己是作为社会的一员而存在着。

除了日常生活和工作上的挑战，对于成年人来说，还面临着婚姻的问题。如果说，“按时工作”是每一个孤独症成年个体所面临的共性挑战，那么，在婚姻方面，男女孤独症人士则面临着不同的境遇。

“坦白讲，自闭症的女孩结婚比起男孩儿容易。我接触病友们20多年，见过很多自闭症女孩结婚的案例，但是男孩子我没见过。毕竟这个社会对女性的要求和对男性的要求不同。男人没有事业是不行的，但是女孩儿嘛，别人看重的主要就是结婚生育。”（A001）

虽然成年男性与女性都会面临结婚生子的社会期望，但是在中国的传统文化中，男性的事业很重要。“男主外，女主内”的观念影响了这一代适婚年龄青年的父母们。缺乏稳定的事业，更无法实现正常的社交，恋爱与结婚对孤独症男孩们是一件非常难以实现的事情。但传统观念下，女孩“传宗接代”为第一要义，即使存在社交障碍，无法与男方进行精神交流，只要能“生”，她们的父母依然可能为她们找对象。甚至，让她们生小孩也是为了让她们“老有所依”。但是，对那些实现了结婚生子的孤独症女孩儿，她们的家庭却要面临家庭教育中缺失母亲这一角色的困境。

“我家的自闭症儿童是个女孩，今年30了。她已经结婚了，还给我生了个小孙女。小孙女6岁了，（身体情况）是正常的，现在小孙女就是我自己在带着。平时她经常很难过地问我：‘为什么妈妈不像我其他同学的妈妈一样去上班呀？她没有工作吗？她为什么不像其他妈妈那样去抱抱自己的孩子？为什么她不理我？’我感到难以回答这些问题，我只能一点一点给她解释什么是自

闭症。”（C001）

当了母亲的孤独症人士，她们可能意识不到“母职”，也无法与下一代进行正常的交流。虽然她们实现了形式上的“按时成长”，以结婚生子的方式实现了家庭和社会对她们的期待，但她们无法承担“母亲”这一社会角色，这很容易给其下一代的成长造成困扰。在与下一代的生命历程发生交互的时候，下一代的人生中缺失了传统意义上的母亲角色，缺失了母亲的经济支持、日常照顾、沟通与交流，甚至还要担负起照顾自己的孤独症母亲这一责任。

第五节　面对挑战：重塑生命历程

一、“按时成长”需要“有学上”

21 世纪初的孤独症家庭，面对孤独症这一“新生事物”，还无法享受到当今社会政策对孤独症儿童教育上的保障和支持。那个时代，还没有从政策层面重视普通学校“随班就读”的融合教育，特殊教育学校也鲜有孤独症儿童入学，几乎没有依据孤独症儿童特点而开展的具有针对性的教育模式。为了突破宏观层面教育系统的限制，让孩子有学上，当时的孤独症儿童的父母们付出了超出常人的艰辛。在这一过程中，十几年前的父母，他们有一些类似的经历，例如，孩子上学要托关系，无论是进普通学校还是特殊学校，他们多半都动用了自己的社会关系网，晓之以理动之以情，帮助孩子找到愿意接收的学校。与此同时，家长们还要兼顾学习陪读和自己的工作。

“我亲戚介绍了 H 小学的校长，虽然是朋友，但是他一直都不见我们。我们说请他出来吃顿饭，想送点东西，他都一直没答应，都说忙。我们都求了好几个月，一直到招生快结束了，他才见我们。原来他们第一年招生，他们那个班没招够 30 个孩子，才拉我们这个熟人介绍的来补位。”（A003）

“小学毕业，进培智学校（特殊学校），跟小学一样，到处花功夫，到处找人，终于进去了。”（A002）

“我同学帮我们联系了西山区的学校，带他去面试了一下。那边觉得，虽然是个特殊孩子，但表面上看上去还是挺正常的，反正人家就接纳了他。”（A004）

在孤独症儿童就学的过程中，普通学校缺少特殊教育的相应师资，而孤独症儿童的行为情绪特点又导致儿童自身在学校环境中难以适应，为了应对这些孩子可能受到的来自其他家长、学生，甚至老师的排斥、指责和欺负，往往需要家长陪同入校学习。孩子如果没有父母或专门的老师陪读，就很难融入班集体。所以，他们会牺牲自己的工作，去和老师、家长等相关人员一对一沟通交流。同时，花费很多精力去陪读或者花费很多成本去请陪读人员。在做了这些努力之后，孤独症的孩子大多能为班集体所接纳。

一般来讲，“陪读”主要由母亲来负责。这一分工也源于孤独症人士家庭中的主要照顾分工模式。在中国，受到传统观念的影响，大部分父母还是会坚持“男主外，女主内”的家庭分工模式。在这些家庭中，在孩子确诊后，由于父亲往往有较高的社会经济地位，便选择由母亲来负责日常生活的照料，父亲则主要承担起经济重担。孤独症儿童的日常照顾任务繁重，在学习之余，很多西南地区的家庭由于受限于本地机构的稀少和不专业，只能跨省寻求康复机会。这就往往需要照顾者牺牲自己的工作时间，甚至中断自己的职业道路，打破原来的职业规划。从职业发展的角度出发，母亲的人生轨迹几乎被彻底改变。笔者访谈的母亲们，大部分都会因为照顾责任而放弃自己原有的工作，或者选择调岗到轻松的岗位，或者成为“全职妈妈”。否则，她们可能没有足够的时间照顾孩子。

在我们的调研中，大多数的母亲并没有对此特别抱怨，她们心甘情愿地做出了自我牺牲，认为自己应该承担起日常照顾的“母职”，自然也包括陪读。

“我和我老公就都搬进了这所住宿制的学校的宿舍，去住着陪读。那一年基本是我陪读，我老公的工作影响不大，我就不一样了，托关系申请了休一年的假。”（A004）

“为了陪读，我从三甲医院调去校医院。我很多同学都不理解，我当时都副高了。他们觉得太可惜了，如果我在医院，再熬熬就可以晋升主任医师（最高职称）了，但是我在校医院这辈子也就只能是副高（副主任医师）了。调过去收入也不一样，只是医院的零头，业务水平也不一样，接触的病种也是。牺牲是牺牲了，但怎么活都是一辈子，有利有弊。如果我在医院的话肯定会很辛苦，我睡眠也不好，有高血压，在医院压力会很大，睡眠不会像现在这么好。我现在在校医院很轻松，有假期，可以陪孩子。我调职之前，休假时间很短，哪里

都去不了，一年 1~2 天，调职之后去各种旅游。”（A002）

“孩子教育和医疗都是以我为主，我老公只是一个辅助。工作基本上可以协议好，夫妻俩牺牲一个，保另一个就好，他要提供我们生活来源嘛。”（A003）

那些如愿进入了普通学校进行随班就读的孤独症儿童，即使有家长陪读，他们的在校学习之路也并非一帆风顺。对这些孩子的社会排斥还是时有发生的。在被访家庭的学校经历中，就曾经出现孩子所就读的普通学校的家长们联名抵制的情况。当时，普通学校里的家长们都不知道孤独症是什么，头脑里也充斥着关于孤独症的偏见，觉得这些孩子有“精神病”，很危险。

面对这样的一些歧视与排斥，被访孤独症儿童的父母都曾与学校进行多次细心沟通，依赖邻里亲友组成的社会关系网络来搭建沟通理解的桥梁，做普通孩子家长们的工作，向他们讲解孤独症的知识，帮助他们理解孤独症是怎样的。笔者发现，那些被接纳的家长，他们都付出了许多的努力，会积极主动地与每一家的家长接触和沟通。这些接触与沟通，让家长们、老师们和同班的孩子们逐渐了解了孤独症，并且逐渐接受了孤独症儿童。同时，为了让孩子更好地融入，父母自身也会积极地参与学校和班集体的活动。这种积极的社会参与也塑造了孤独症学生与家庭的正向形象，让学校与普通家长认识到孤独症儿童与家长们不仅不会拖学校和班级的后腿，还会有所贡献，创造价值。

“去到学校之后，校长还是挺好的，就问我的意见，当时我还是很坚决的，我说第一，校长，我们没有隐瞒孩子的情况，在报名之前我就跟校长说了孩子的情况，我说你们实际上也是考虑了很长时间才接纳孩子的。现在才刚开学一个月，连正常孩子都还没有适应这所学校的环境，何况一个特殊的孩子？你们应该至少要给我们一年的时间。如果一年后，这个孩子仍然不能适应这所学校，你们让我们在这所学校，我也不会在这所学校。校长听完直接说，你不用管了，这件事情我来处理。后来校长跟那些家长开会，他就态度很强硬地就跟这些家长讲说这孩子我们是收定了，你们要是觉得怕影响你们的孩子，你们可以转学。我也趁机就跟校长提出来，这样的孩子真的需要陪读，另外，班主任老师也不用分心，可以减轻老师的负担。陪读的老师还可以协助班主任管理班上的一些事情。磨了很久，他们终于同意陪读，但是家长在有压力，他们不同意我陪读。我们就请了陪读老师。”（A005）

“我儿子当时上学遭到家长们的反对，不让我儿子同班。我当时就是一个家长接一个家长地去走访，然后才一个一个说通让他们接纳我儿子的。然后就剩最后一个妈妈，死活都说不通。最后我也变得很厉害的，我想，你说不通，我就找孩子爸爸，我就去堵了这个孩子的爸爸。这个爸爸就非常通情达理，他就说，交给我，做人怎么会那么怪，怎么是做母亲的人都不能感同身受了？最后这一家的工作，是通过家里爸爸把妈妈的工作给做通的。”（B001）

家长们的积极参与，起到了对孤独症的“祛魅”和去污名化的作用，让家长和同学们逐渐了解并接受了孤独症儿童。在克服求学中的种种困难的同时，这些孤独症儿童通过融合教育的途径实现了义务教育阶段一定程度上的社会融入。

融合教育也打开了普通孩子与家长的视野，让他们更了解世界的多元和障碍的社会环境根源。往往在有多年“随班就读”经验的班集体和学校中，形成了“共情与互助”的习惯，采取正确的方法去应对孤独症儿童们的“不正常”行为，例如，对他们的尖叫激动避免强化，给予更多包容，耐心等待孤独症学生自己冷静下来，帮助他们更好地调控自己的行为和情绪。

“有一天我送小李上学的时候，那些家长主动把我拦下来了，说他们不了解小李的情况，主要想听我讲讲小李到底是怎么回事儿。我详细说了说，他们也就对自闭症有个了解了。其实上那些家长也不坏，大家都是做妈的，大多数人都还是善良的。我也意识到他们中有几个全职妈妈，每天早上送完孩子都会在我们足球场走路，锻炼一下身体。正好那段时间我还在休假，所以我就也有意识地跟着他们一起走路吹牛。一开始挑事的不给小李上学这两个家长，后来还是处得最好的。他们的孩子过生日，还邀请小李去家里过生日了。我们一共有 6 家人，周末就会约着一起带孩子出去玩。总之到了后来，学校的接纳程度，还有班级同学的接纳程度都特别好。有时候小李还是在耐不住的时候上课尖叫，有时候哭，你就发现对那些孩子几乎都没有什么太大影响了。他们老师同学该上课就上课，小李尖叫大哭失控，小云（保姆）从后门就带他出去了，好像对那些孩子也没什么影响。他们也都习惯了，也都了解小李，不管他叫不叫的，总之就那种很包容的一个集体。当然了我们也付出了很多。原来班上要处理什么事情或者有什么活动，我们都很积极，比其他家长更积极、参与更多、做得

更多。比如，要求家长进校园，我都是抢着上，讲课最多的那一个。”（A002）

正是因为有了孤独症患者成功随班就读的案例，部分患者曾就读的学校，甚至又加收了新的孤独症患者随班就读。从这些例子中，可以看到，孤独症家庭是如何通过自己日常生活中的微小努力，推动了环境的改变。他们的自主性和主观能动性，不仅让自己的孩子实现了一定程度的“按时成长”，也积少成多，慢慢地让宏观环境变得更包容和友好。这些孤独症家庭在孩子求学的人生轨迹上的一次次跨越障碍，获得的成功，都成为榜样。这些榜样不断地累积在一起，融合教育的成功经验鼓舞着后来的孤独症家庭，也作为范例，对普通学校接纳孤独症儿童起到了促进作用，更是激发了政策的推动和落实。正是在前期精英家长们的开拓下，随着时间的推移，越来越多的孤独症儿童得以进入普通学校进行融合教育，越来越多的普通学校的师生与家长，更加了解孤独症，将融合教育看作一种教育的常态方式，也接纳了孤独症儿童的随班就读。回顾这些经历，我们可以看到，个体的经历汇聚成了群体的历程。在孤独症家庭的日常生活抗争中，人与环境发生了交互，个体的生命历程不再是被动地受到环境的影响，个体自身也能够影响环境，甚至通过改变环境，从而影响了其他个体的生命历程。

二、突破传统的社会期待

在普通人的生命历程中，父母对个体的期待受到传统社会观念的影响。父母往往希望他们在不同的阶段承担不同的社会角色，例如，学生、打工人和父母等。但是由于孤独症患者病症的特殊性，这些社会角色，他们可能会止步于学生。或者，他们在被视为某种社会角色的时候，只能完成该角色被期望承担的社会责任的一部分。在多年的养育实践摸索中，为了适应孩子的成长节奏，孤独症儿童的父母们逐渐转变了原本的期望。他们降低了自己的期望值，渐渐接受了孩子无法按时成长、无法社会化的现实。即使孩子已经成年，他们仍旧陪同孩子“滞后地成长”，完成着那些普通孩子在小学阶段就能完成的活动。

“他从学校出来，我们就教他坐公交车。以前是车接车送的，后来我们学了社会性教育（自闭症康复训练的一种），就发现不行，以前我们真的是什么都给他包办，太舒适了。要让他学习，去深度体验。我们一开始是陪着他，后来我们也试过就提前下车，他自己坐在车上，就也知道要坐到自己的那个站，然后就下车回家了。现在还没有敢完全放手，因为学校到家中间要换一趟车。”（A004）

“他一年之后，从职高毕业以后吧，我们最理想的就是，他早上可以上 2~3 小时的班，早上需要工作，半天要自己赚钱。下午休闲娱乐，锻炼身体，游泳、骑自行车、看电影等，我们可能就这样。晚上和家人在一起，自己做饭、散散步。具体那半天做啥，我们没想好。我们现在也想再努力，把他生活能力提高点。”（A002）

不同的父母对自己孩子的期待值不同。一部分还是希望他们康复，另一部分已经把孤独症当成了他们的家庭日常，他们已经习惯了与孤独症共存。

“现在虽然他已经 20 多了，我也知道不可能了，但我还是抱着那种渺茫的期待，期待他可以回去上学，毕业，正常工作。”（A001）

“一些年龄比较小的家长。他们特别积极，不断地寻求办法。但其实他们还没认清一个现实，自闭症没办法康复痊愈。这就是自闭症的真相，他们终身都摆脱不了。即使有高功能、能力超群、智力超群的孩子，他们再努力，以后也只能达到简单的社会人这个水平，有一些怪癖没办法摆脱，社交障碍永远存在。”（C001）

“我儿子那么帅气，文化程度很高，有超常功能。但他还是有他自己的怪癖，或者说特质。这些我都已经习惯了。”（B002）

“我现在对他只有一个期望，将来我总有一天要走，没有人管他之后，我希望他能够在社区里面活动自如。比如，去小区便利店买个日用品，或者去买个菜，自己做个饭、在家洗个衣服，自己能在社区里面照顾好自己，这就够了。他（生活）这方面能独立起来就好了。我总有一天要老的，可能还需要他的照顾。他能意识到要照顾我，摆脱对我和他妈妈的依赖，这就够了。”（A005）

“小李是重度典型自闭症。真相是，他康复得再好，也是需要有人在旁边辅助支持，我们多努力一点，将来给照顾他的人带来的麻烦就少一点，这就是我老公的目标。将来可能他在机构也可以帮助那些机构工作人员，但他还是需要辅助和支持。包括工作，他也需要有人（如辅导员）协助，新的东西协助多一些，他熟悉的东西就可以适当放手。他需要的支持，是多和少的区别，但终

身他都需要支持。”（A002）

笔者发现，家长们的态度取决于对孩子患有孤独症这一事实的接受程度以及与机构接触的深入程度。由于现在大部分机构都引进了应对孤独症的新兴理念，以及在该领域出现了摸索多年的专家，家长们通过接触机构，通常都能形成对孤独症的一个较为全面的理解。这样，他们也就不会抱着让孩子完全治愈这样不切实际的希望了。

另外，对孩子社会期待的改变也影响了父母本身的日常生活。当父母依旧相信自己的孩子可能治愈，就可能会全情投入于孩子的医治，从而更多地牺牲了自己工作、生活和社交的时间，付出了更多的成本。但是，部分父母已经接受了孤独症终身性的现实，他们反而能与孤独症更好地相处。他们能够更好地接受孩子的缺陷，不逼迫他去“按时成长”。对于父母自身，他们也能够有更多的社交，用更平和的心态去面对现状。

“我们以前就像那些小龄家长，逼着他去上学，逼到他都厌学了。还不是想着努力一下他就能正常，融入社会和群体。现在分 3 个时代的家长。第三代家长是还在做梦，希望孩子能够完全康复。我们是第二代，虽然已经不再做梦，但和第一代家长还是不一样。第一代，孩子 30~40 岁，更不会强求什么，只要孩子相对正常生活就好。第一代家长没有自我，我们这一代，我们自己就要生活好，有这个意识，有自己的社交，我们还是会和朋友出去逛一下、买个衣服、健个身、做个美容，我们还有自我。第一代没有自我，隔绝了所有社会交往，什么都舍不得花钱。新一代的更自我了，相当一部分觉得孩子可以康复，他们很容易上当受骗，什么都想试一下。但我现在就是很佛系，我都懒得去研究有没有什么最新的研究进展和治疗方法。会觉得，康复已经不可能了。”（A004）

三、通过社会参与来超越“按时成长”

进入 21 世纪，互联网技术迅速发展起来，智能移动通信设备推陈出新，科技发展改变着人们的生活方式与社交联结。依托全国各地的医疗机构和社交网络，孤独症家长们建立起了多个“孤独症家长”网络。这些家长自组织网络让内陆城市的家长们接触一线城市甚至国外的更多资源。因此，服务机构、相关康复课程和精确的医疗诊断等各类信息和资源逐渐渗透到网络中的家庭。

“我有一次在机构，就认识了康康妈妈。她住的酒店在我家旁边，我就在上课之前顺便捎上她。她儿子比小李大两岁，我就问她儿子现在怎么安排，她就说觉得北京甄老师帮助太大了，我就问怎么接触到老师，能不能请她来讲课。后来我又报了她的班，当时我去的时候有点吃惊，小李是年纪最大的。班里面家长的小孩，基本上都是3~4岁，最大的就是上小学的年纪。那些家长基本是广州之类的沿海发达地区的，他们有一些自己之前就建起来的微信群，资讯非常丰富。然后他们又离香港很近，国外国内的资源都非常充足。当时大家在北京上课，为了省钱，就拼住，比如说30平方米的房子住3个人，我们处得也挺好的，有什么消息资讯就会互相分享。”（A002）

“当时在青岛以琳也是享受到了这些家长的资源，有国外资源的家长，组织这边抽血，然后样本带去美国（对自闭症的研究要领先一些）给小李做过免疫学的检查、重金属微量元素的检查、过敏检查。他们相当于是自己人家那边有资源，然后你自己出钱，然后在那边组织了抽血之后用联邦快递还有标本这些寄过去的也做了检查。”（A002）

自组织网络提供给孤独症家庭的信息与资源，均是依托于孤独症家长的需求而来。对于大龄孤独症人士家庭来说，他们的最大需求就是孩子的社会融入与养老保障。孤独症儿童的父母们时常担心自己未来老去之后，无法再照顾孩子，孩子的生活应该怎么安排。

“没办法，我们孩子可能未来精神病院不收，去不了好的福利院，那些机构也不是专门针对自闭症的，有很大缺陷的，真的很怕出事。我们有遗产可以给他，但问题是他监护人怎么安排呢？我们父母总有一天要走的。”（A003）

在云南昆明，通过家长网络，一些精英家长陆续参与了一些孤独症互助项目，他们会依托互联网的发展，与北上广深的孤独症精英家长们建立联系，甚至会去到那些比较成熟的孤独症机构学习，取长补短，然后摸索着提出可行的方案。家长们期望通过这样的方式，为孩子的将来做打算，使他们在不能独立生活的前提下也能够衣食无忧。

“我们那些家长都很厉害的……小李这种自闭症患者，很容易上当受骗，这些钱就被监管着，每个月拨款一定量给他们。已经有家长在做这些事情了，和信托、基金、银行这种金融机构联系着，确保要有监督的。”（A002）

这些参与过发达地区相关项目的家长，他们也期望，能在昆明或者西南片区有相对成熟的照顾机构，可以打破“按时成长”的条条框框，给予孤独症人士更自由的发展空间和更好的日常照顾。可是，在内陆地区发展，资源的匮乏、经验的不足，以及观念上的陈旧，使得政策层面的重视和实践领域的尝试相对滞后。

“我们这些自闭症孩子的家长，只能自己联合起来。我们西南地区真的不比北上广的机构那么完善。我们在富民买了一个山头，想自己做一个自闭症的机构，或者说社区，专门针对成年的自闭症儿童的。这样他们以后也能老有所依。以前我们去找残联批这个项目，他们怕出事担责就不给批，毕竟都是残障的孩子，太容易出事了。我们早晚有一天要走的，但是孩子始终需要有人照顾，所以现在（机构的建设）只能靠自己、靠大家联合在一起了。”（A003）

可喜的是，近年来，孤独症家长组织发展日益成熟，依托家长自组织网络而发展起来的照顾服务，体现了孤独症个体与家庭的社会参与，在参与的过程中，自然会产生个体、家庭与环境之间的交互作用。孤独症家庭中有先驱，也有受到先驱们影响从而一同投身于建设孤独症照顾事业的普通父母们。除了自组织网络本身，政府也越来越重视残障群体的社会保障与社会福利，未来也会继续通过政府购买服务等多种模式来进一步提供支持。更重要的是，无论是过去还是现在，参与进孤独症照顾项目中的那些家庭，其生命历程也被改变了。可以说，在这一社会参与的过程中孤独症家庭和政府共同创造了“孤独症的历史”。社会参与为孤独症家庭创造了新的生命时间表。根据社会规范下的正常人时间表，个体在恰当的年龄上学、工作、结婚生育这样的“按时成长”模式才是正常的。但是，在孤独症个体成长的生命时间表中，由于社会保障体系的日趋完善和日益增多的社会服务项目的支持，孤独症个体不依照常规“按时成长”则成为可能。目前，正是在家长们的努力参与下，政府的支持下，这样的愿景有了实现的基础。相信随着孤独症群体社会保障体系的完善和社会福利的提升，孤独症个体的成长可以超越“按时成长”，在孤独症个体的教育，尤其是成年后的生活、工作、婚姻以及养老等多方面，能够依照孤独症个体的情况而灵活安排。

结　语

孤独症人士从被确诊的那一刻，他们和自己父母的生命轨迹就已经与普通家庭不同。由于社交障碍和部分患者的智力障碍，他们难以“按时成长”。与普通人相比，他们难以在不同的生命阶段实现对应的社会期待和承担相应的社会责任。环境的限制让他们难以融入社会，实现自身的社会化。换言之，他们在大部分的人生阶段中，都是一个需要被照顾和有人在旁辅助的个体，难以完成经济和精神独立。与此同时，孤独症患者的父母们也被赋予了终身照顾自己孩子的社会期待。

西部地区的医疗、教育等福利体系中，对于孤独症患者相关规定的缺失、普通群众对孤独症的不熟悉甚至污名化，都给患者父母造成了很大的挑战。即使是社会经济地位较高的父母，他们的孩子依然面临上学难、被同学家长排挤、为学校老师所不理解的困境。而社交障碍和情绪问题更让孤独症儿童们在上学期间难以融入班集体。虽然部分高功能孤独症患者智力超群，能够顺利毕业，甚至可以在学业方面比普通孩子更优秀，但是，他们依然面临就业难的问题。由于在工作场域中，完成工作只是基本要求。及时传达信息、与同事和上司保持良好的人际关系、遵循工作场域中的明暗规则、和大家形成类似的习惯，这些都是很重要的。而孤独症患者，他们难以与他人正常沟通交流，所以即使他们费尽万难找到工作，也很难融入同事的圈子。更重要的是，患者当中有很大一部分无法意识到自己在工作中扮演的“打工人”这一社会角色，他们缺乏社会意识，更无法意识到自己的社会责任，意识不到钱和工作的意义。

即使不能按时成长，父母们依旧不会放弃让自己孩子的生命轨迹贴近普通的孩子。他们会充分发挥自己的主观能动性，花费比普通父母翻倍的努力，来实现孩子“滞后的成长”。与宏观环境和孩子自身病症相对抗已经成为这些家庭的日常体验。从一开始的无法接受和逃避现实，到接纳自己的孩子与他人不同和无法治愈的现实，再到积极地为孩子规划未来，孤独症患者父母的内心感受随着时间而变化。最终，伴随着孩子步入成年，他们接受了孩子无法“按时成长”的现实，也不再对他们抱着普通的社会期望。一定程度上，他们通过自组织网络等渠道获得慰藉。其中一些“能人”家长，依托家长自组织网络，自己成为先驱，通过在社区照顾模式上的创新探索，他们一定程度上为孤独症群体脱离传统社会的生命轨迹，形成这个群体专属的生命历程做出了铺垫。一定程度上，他们重塑了孤独症家庭的生命轨迹，给予了孤独症家庭一个崭新的、超越了社会规范正常意义的生命时间表。

孤独症家庭和家长自组织网络之间的生命历程都是交互影响的。从我们研究中的被访家庭可以看到，当孤独症儿童在一所小学成功随班就读后，学校便招收了更多的孤独症儿童。当一个较为成功的孤独症服务项目被建立起来时，不仅参与项目的家庭得到了帮助与支持，这些“试点”项目的成功也作为典范为后续的服务开展做了表率。在人与环境的交互中，孤独症家庭，特别是其中具有先驱性的“能人”家长们，成为“创造历史”的一代人。他们不再是单向度地被环境所影响和限制，他们通过自组织网络为其他有需要的家庭提供了支持，让他们的正向影响不断被扩大。当他们发挥主观能动性改变了自己和家人的生命轨迹时，他们也为其他孤独症家庭创造了更多的资源，改造了他们的生命历程。

参考文献

Bury, M. (1982). Chronic Illness as Biographical Disruption. Sociology of health and illness. 4, 167-82.

Elder, G. (1998). The Life Course as Developmental Theory. Child Development, 69(1), 1-12. doi:10.2307/1132065.

Gee, E. M., and Elder, G. H. (1986). Review of Life Course Dynamics: Trajectories and Transitions, 1968-1980. Social Indicators Research, 18(4), 425–428. http://www.jstor.org/stable/27520686.

Graetz, J.E. (2010) Autism grows up: opportunities for adults with autism, Disability and Society, 25:1, 33-47. doi: 10.1080/09687590903363324.

Hays, A. and Colaner, C. (2016) Discursively Constructing a Family Identity After an Autism Diagnosis: Trials, Tribulations, and Triumphs, Journal of Family

Communication, 16(2), 143-159. doi: 10.1080/15267431.2016.1146722.

Kamei, A. (2013). Perceptions and experiences of mothers who have children with autism spectrum disorders: Cross-cultural studies from the US and Japan (Doctoral dissertation, The University of North Carolina at Greensboro). Retrieved from https://eric.ed.gov/?id=ED559831.

King, M., and Bearman, P. (2011). Socioeconomic Status and the Increased Prevalence of Autism in California. American Sociological Review, 76(2), 320-346. doi:10.2307/23018947.

Liu, K., King, M., and Bearman, P. (2010). Social Influence and the Autism Epidemic. American Journal of Sociology, 115(5), 1387-1434. doi:10.1086/651448.

Oliver, M. (1990). The politics of disablement: Critical texts in social work and the welfare state. London: MacMillan.

Padilla-Petry, P, and Saladrigas-Tuà, M. (2020). Autism in Spain: parents between the medical model and social misunderstanding, Disability and Society. doi: 10.1080/09687599.2020.1828043.

Parsons, T. (1951). Illness and the role of the physician: A sociological perspective. American Journal of Orthopsychiatry, 21(3), 452–460.

Priestley, M. (Ed.). (2001). Disability and the Life Course: Global Perspectives. Cambridge: Cambridge University Press. doi:10.1017/CBO9780511520914.

Selman, L.E., Fox, F., Aabe, N., Turner, K., Rai, D. and Redwood, S. (2018). 'You are labelled by your children's disability' – A community-based, participatory study of stigma among Somali parents of children with autism living in the United Kingdom, Ethnicity and Health, 23(7), 781-796. doi: 10.1080/13557858.2017.1294663.

Strauss, A.L., Corbin, J., Fagerhaugh, S., et al. (1984). Chronic illness and the quality of life. St Louis: Mosby.

阿瑟·克莱曼．疾痛的故事：苦难、治愈与人的境况［M］．方筱丽，译．上海：上海译文出版社，2010.

G.H. 埃尔德．大萧条的孩子们［M］．田禾，马春华，译．南京：译林出版社，2002.

包蕾萍．生命历程理论的时间观探析［J］．社会学研究，2005（4）：120-133，244-245.

鲍雨，黄盈盈 . 从偏差到“体现”：对“残障”意义的社会学理解［J］. 北京社会科学，2015（5）：57–64.

陈向明 . 质的研究方法与社会科学研究［M］. 北京：教育科学出版社，2000.

郭德华，邓学易，赵琦，等 . 孤独症家长需求分析与对策建议［J］. 残疾人研究，2014（2）：43–48.

黄辛隐，张锐，邢延清 .71 例自闭症儿童的家庭需求及发展支持调查［J］. 中国特殊教育，2009（11）：43–47.

科学网 . 自闭症儿童为何“失衡”[EB/OL].（2020）[2020]https：//news.sciencenet.cn/htmlnews/2020/12/450587.shtm.

雷显梅，刘艳虹 . 美国自闭症谱系障碍成人就业和养护的特点及启示［J］. 残疾人研究，2016（2）：30–34.

李强，邓建伟，晓筝 . 社会变迁与个人发展：生命历程研究的范式与方法［J］. 社会学研究，1999（6）：1–18.

李学会 . 社会学中的残障研究：强弱范式及历史发展——兼论对中国残障研究的启示［J］. 残障权利研究，2018，5（1）：32–55+210.

罗家德，孙瑜，谢朝霞，等 . 自组织运作过程中的能人现象［J］. 中国社会科学，2013（10）：86–101+206.

美国精神医学学会，张道龙 . 精神障碍诊断与统计手册［M］. 北京：北京大学出版社，2016.

米歇尔・福柯 . 不正常的人［M］. 钱翰，译 . 上海：上海人民出版社，2010.

倪赤丹，苏敏 . 自闭症儿童家庭支持网的“理想模型”及其构建——对深圳 120 个自闭症儿童家庭的实证分析［J］. 社会工作，2012（9）：44–48.

欧文・戈夫曼 . 污名——受损身份管理札记［M］. 宋立宏，译 . 北京：商务印书馆，2009.

宿淑华，赵航，刘巧云，等 . 特殊教育学校自闭症儿童教育康复现状调查［J］. 中国特殊教育，2017（4）：60–65.

王阳，马小雷 . 催婚：现代社会家庭再生产的困境及其代际冲突——基于一位待婚女青年的生命历程研究［J］. 华东理工大学学报（社会科学版），2019，34（4）：26–34.

香港安安国际自闭症教育基金会 . 自闭症症状 .[EB/OL]（2016）http：//www.ananedu.org.hk/%E8%87%AA%E9%96%89%E7%97%87%E7%97%87%E7%

8B%80/.

香港特别行政区卫生署．自闭症.[EB/OL]（2017）https：//www.dhcas.gov.hk/tc_chi/health_pro/files/SeriesII_ASD_Chi.pdf.

新华网.当我老了，孩子咋办.[EB/OL].（2021）[2020]http：//www.xinhuanet.com/politics/2020-04/11/c_1125840375.htm.

新华网.中共中央政治局召开专题民主生活会，习近平主持会议并发言.[EB/OL]（2021）[2021]http：//www.sh.xinhuanet.com/2020-05/23/c_139081507.htm.

徐岩.日常生活视角下孤独症儿童教育困境分析与启示［J］.残疾人研究，2020（3）：39-47.

中华人民共和国教育部.李克强签署国务院令，新修订《残疾人教育条例》公布：为残疾人接受非义务教育提供更多机会[EB/OL]（2021）[2017].http：//www.moe.gov.cn/jyb_xwfb/s6052/moe_838/201702/t20170224_297211.html.

中华人民共和国国务院.关于加强残疾儿童少年义务教育阶段随班就读工作的指导意见[EB/OL]（2021）[2020]http：//www.gov.cn/zhengce/zhengceku/2020-06/28/content_5522396.htm.

第八章　孤独症教育康复干预机构现状

◎刘　勇　刘兆慧　于　纳　李艳茜

2013年筹划，2014年撰写，2015年五彩鹿孤独症研究院出版首部“中国自闭症教育康复行业发展状况报告”（后面简称“行业报告”），到现在编写第Ⅳ版行业报告，至今已有8年了。随着孤独症干预在我国的实践，有关孤独症（自闭症）教育康复干预机构的发展，这些年发生着怎样的变化？有什么样的进步？或存在什么问题与挑战？需要全社会在哪些方面进行更多的努力？在此期间，有各种调查研究、文献综述，从不同视角做各种探讨。

温故而知新，本章采用比较研究方法，纵向回顾了Ⅰ～Ⅲ版行业报告有关机构的内容，用横向同时期和纵向近期文献内容加以补充，主要围绕机构数据更新、前3版行业报告未过多展开的大龄孤独症安置机构以及机构面对的困难和挑战及对策分别阐述，期待借此促进读者对行业发展状况的了解，也希望能为相关机构的未来发展提供参考。

在过去的几年间，随着政府管理职能的深化和介入，尤其各级残联对定点机构准入标准的把控，对行业规范化起到了非常大的风向标作用。各级残联服务意识的增强，所做统计数据和信息披露也为行业状况研究提供了很多可供参考和依赖的数据。

近些年非常凸显的一个阶段性变化是社会资金开始大量拥入孤独症教育康复行业，资本推手导致机构竞争加剧，“头部化”发展、机构数量、体量扩大、教职人员流动、专业人员培养、机构运作管理等方面发生了巨大的变化。“乱花渐欲迷人眼”，如何坚守初心，更好地为孤独症群体和他们的家庭服务，是全行业面临的巨大挑战。

2019年年末以来世界范围的新冠肺炎疫情百年未遇，改变了世界格局，也对行业机构有极大冲击，既是生存大考，又是危情下的机遇，有人把疫情大暴发的2020年称作线上教育的“井喷”之年（北青网，2021-03-29），这样的历史性变化，本章也略有述及。

随着我国20世纪80年代初陶国泰先生首诊孤独症，当年的儿童已经逐渐长大成人，大龄孤独症患者安置越来越受到社会关注，为弥补以往行业报告这方面数据的不足，我们用专节对一些机构情况做了一点数据梳理。与通常问卷调查和访谈不同，限于研究时间和人力，大龄机构的数据主要呈现了2020年“99自闭症网”上的一些机构内容，这个网站上面的机构介绍相对集中一些，而且是一家公益性网站，为掌握网上信息的可靠性和完整性，过程中我们核对和分析了网站披露内容，筛选并对一些所缺数据做了补充。但很多机构信息披露不完整，也说不上规范，我们尽量谨慎使用。

第一节 Ⅰ、Ⅱ、Ⅲ版行业报告关于机构的比较性研究

行业报告第Ⅰ版对机构的介绍非常简洁概括，放在了“第二章 自闭症儿童的教育”下面的一节专门介绍了“自闭症儿童教育机构”（五彩鹿孤独症研究院，2015）。比较突出的点在于这是首版行业报告的介绍，指出了具有中国特色的不同服务模式，注重从“公办机构”和“民办机构”两个维度分析机构状况，反映了行业机构一些典型的现象。比如，公办服务机构有增加趋势，学前教育、学龄教育、职业教育以及大龄托养相继被提上议事日程；不仅教育训练，还有其他服务类型的各种机构相继出现。这一版指出了民办机构发展中遇到的普遍性难题，登记混乱、管理不规范、师资队伍流动性大等，为后面的研究提供了可供深入的点。限于报告编写时的一些考量和实际困难，这一版报告给出的机构数据还是非常有限的，对融合教育等热点话题也没有展开。

行业报告第Ⅱ版和第Ⅲ版都做了比较充分、很有代表性且细致的机构调查。第Ⅱ版报告用“特殊教育学校安置形式”和“普通学校安置形式”概括了孤独症儿童学校教育现状（肖非、傅王倩，2017），对第Ⅰ版的研究内容做了非常好的补充。这个研究突出的特点是详细地介绍了学龄期的“学校教育”机构；

指出了传统特教学校里面孤独症儿童学生数量的增长，在有些学校甚至达到了人数的一半；公立专门的孤独症学校的出现；普通学校中的随班就读、融合教育问题；特殊班、普通班 + 资源教室、普通班的不同安置模式。最后概括指出：我国孤独症儿童学校教育的这些安置方式，各有优势与局限。不论孤独症儿童的教育安置方式为何，重要的是在安置的教育环境中，为他们提供一套持续性的支持系统，随着儿童的成长而不断地调整内容（盛永进，2015），包括个别化教育、转衔服务、职业教育、生涯发展。这样的论述，直指问题实质，是十分深刻的。

第Ⅱ版报告中苏雪云、朱霖丽的研究则更多侧重学前“教育干预机构”，以“孤独症儿童教育干预机构现状”为题，数据来源为 2015 年 7 月对参加北京第四期全国孤独症儿童康复学科带头人研修班的来自全国 29 个省份的 47 个单位的自编问卷调查和各个机构提供的相关资料，涉及机构的历史沿革和现状（完成设定表格的数据，包括机构儿童数量和教师数量、教师情况等）、机构理念和干预方法的发展、反思遇到的困难与挑战、机构发展的需求、机构的意义和价值、机构展望和整个行业的展望（苏雪云、朱霖丽，2017），由于参与调查的机构代表范围广，参与人员素质比较高，调查内容系统且全面，其间又反复审核，所得数据还是比较有代表性的。第Ⅱ版的许多内容比如有关孤独症教育机构理念和干预方法的发展的数据分析等，也是对之前行业报告的有力补充，研究还依序列出了专业化发展、经济资源、家长工作、职业地位压力等机构遇到的最大困难和挑战，并给出机构和行业展望。

在行业报告第Ⅲ版中，吴春艳、谢钰涵、葛琛、周宇等的文章内容基于 2018 年 12 月四川师范大学特殊教育研究中心对全国 18 个省份的 57 个孤独症儿童教育干预机构开展的问卷调查和访谈获得的资料（吴春艳、谢钰涵、葛琛等，2019），详细调查了机构的沿革和现状、服务对象及内容、干预方法及有效性、发展的困难和挑战、需求与展望，给出了许多宝贵数据，做了比较全面的分析并提出建议。本章的调查对象机构属性的多样化也非常具有特色和概括性，包括了民办非企、工商注册的企业单位、医疗机构、事业单位、社会团体（如研究院、家长组织等），其中民办非企属性的机构最多（占 77.19%），大幅度超过其他属性的机构。研究中的许多分析、结论和建议都非常具有启发性，比如，对政府政策和财政指挥棒作用的分析，对生源和经费来源的影响，对民办非企机构的影响。调查显示孤独症机构当前面临的困难和挑战与发展过程中最难解决的困难基本一致，主要体现在教师专业化水平（52.63%，45.61%），经济来源（40.35%，35.09%），社会认同、接纳（31.58%，24.56%），机构管理（36.84%，22.81%），设施设备等资源（35.09%，21.05%），政策机制（36.84%，19.3%），行业规范化（33.33%，19.3%）等问题，前几个困难的排序与第Ⅱ版行业报告数据非常具有吻合度。

中国关于孤独症医疗卫生服务的数据非常稀少（Sun et al.，2013），即便已有一些机构统计数据，往往也是难窥全貌。"中国自闭症人士服务现状调查——华南地区"也提到目前未开展全国孤独症谱系障碍的人口普查，仅有的抽样调查也只是近年来在某些省市零星进行过（深圳市自闭症研究会，2013）。Ⅰ、Ⅱ、Ⅲ版行业报告的持续面世，对改变这样的窘况，推动人们从更大的视角看行业发展、看行业机构变化，毋庸置疑是难能可贵并值得称赞的。当然，机构的发展需要政府和社会各界的共同努力完成。在行业报告同时期或者前后，一些学者、相关政府部门等对我国机构状况、区域机构状况——例如，对上海、安徽、济南、重庆、佛山顺德、乌鲁木齐等地区的机构状况展开的综合性或专门性的调查研究，逐渐拓展了人们的视野，越来越丰富人们的认知，如同拼图逐渐引导人们走向对机构整体状况的了解（王丽英、张艳梅、任福会等，2013；深圳市自闭症研究会，2013；王波，2013；张明平、江小英、李燕等，2015；顺德区自闭症儿童情况调研课题组，2015；许洁霜、梁霁、诸臻颖，2016；徐国荣，2017；颜廷燕，2017；阿则古丽·麦麦提托合提、阿尔祖古丽·牙合甫、马平等，2017；陈夏尧、程军，2020；特茨纳、苏雪云、肖非，2021；孙梦麟、陈薇薇、宋静淼等，2021; 中残联官方网站，2019；2021；……）。但是，就整体而言，全国级别系统化的大规模数据普查仍然有待于各界未来的进一步努力。

比较前3版行业报告，有的概念在几版分别有不同描述（如机构数量和关联的机构属性划分），提法不太一样，在未来的行业报告中是否在概念上需要统一，从而易于同一尺度下的比较，也值得更多探讨。

以机构数量为例，在行业报告出版之前，2009年的有关调研指出我国各类"民间"孤独症服务机构超过400家（李敬，2009），行业报告第Ⅰ版采用了"民营”“民办”机构的提法与“公办机构”相区别，行业报告第Ⅱ版用了“实名制康复教育机构”的概念，第Ⅲ版则提“提供康复服务的机构”，第Ⅱ版和第Ⅲ版的数据来源都提到了中残联的相关信息，主要是残联定点机构的数据。

统计机构数量的时候，还要给予“非定点机构”或者归其他部门管理的机构足够关注，否则所得机构数量不够完整。难点在于，获得更加完整的机构数据，仅仅依赖残联是不够的，很多机构因为注册主管部门的不同，有归教育部门的、民政部门的、医疗部门的，还有大量归工商部门或者其他部门的，把所有数据按行业系统分门别类地收集起来本身就是巨大的社会系统工程。在人们期待出现全国级别系统化的大规模普查数据的同时，我们也应该认识到任务有多艰巨。

业界统一一下提法，会便于识别数据延续性的变化。比如，是按照公办机构和民办机构两分法，还是按照所归部门的多重分法？研究者可以根据手头资源和研究目的进行选择。

入选残联定点机构是有门槛的，由于定点机构选定权在各省（区、市）残联，需要了解各省（区、市）残联的具体规定（见本书第八章后附二维码信息：（1）中残联 2019 年孤独症儿童康复救助定点服务机构信息表；（2）北京市民办残疾儿童康复定点机构准入标准；（3）山东省残疾儿童定点康复机构评分细则）。相信经历过残联定点标准审核的机构都会颇有感触，这是一个走向规范化、标准化的过程。

吴春艳、谢钰涵、葛琛、周宇等的报告指出她们调研的这些机构，绝大部分都属于在民政部门注册的民办非企业机构。这类属性的机构注册门槛也较高，监管力度较大，当然，好处是更有可能争取到各项政府补贴及扶持项目，对机构的生存和发展至关重要。

试图向融合教育发展的机构也会发现，注册教育康复机构依然门槛不低，甚至一些要求更高，想做医疗资质发展医教结合的机构注册门槛亦然，其他还有事业单位属性、社会团体（如研究院、家长组织等）属性的情况。

现实中会有大量的机构还没有跨过种种门槛，特别是较新的小型机构甚至还有小作坊式的机构不具备标准化条件，但这类机构的数量并不一定少，甚至有可能多于达标机构数量。它们中有的场地规模不够、招生人数不够、师资能力不够、管理不规范……在干预方法上也是鱼龙混杂，有非常不正规甚至伪科学混淆大众视听的，有围绕着大机构生存被称作“挖墙脚”做不正当竞争的，但确实也有中规中矩、处于机构发展早期有待于成长加入达标机构行列的，我们不能笼而统之、千篇一律地否定它们。它们的存在有点像宇宙中的“暗物质”，人们对它们缺乏认知，自然也难于监管和统计，说明业界需要加强相关研究，管理部门也需要区别对待。

另外，在大力提倡融合教育或者全纳教育（Inclusive Education）的今天，教育安置机构的数据统计受重视的程度是远远不够的，不利于相关政策的落实。在普通教育学校中，隐藏着很多程度轻的具有社交沟通障碍或者兴趣狭窄、行为刻板的孤独症谱系障碍人群或者疑似人群。目前看，很多接纳学龄孤独症儿童就学的学校并没有统计在册，这些学龄儿童并没有得到个别化发展所需的必要的特殊资源支持，虽然获得了一定的受教育权利，但无法真正融入教育环境，“随班就读”变成了“随班混读”，必然会对他们的学习生活造成不利影响。

第二节　孤独症教育康复机构数据更新相关性研究

孤独症教育康复机构的数据会被人们经常引用来说明行业整体状况，因此显得非常重要。在机构数量的变化方面，虽然很多数据不完整，早期数据聊胜于无，但如今在各界共同努力下正在朝好的方向改变，以残联系统为代表的数据信息服务的改善起了引领作用。

从 2015 年出版的行业报告第Ⅰ版提到的“民营的自闭症儿童训练机构已由 20 世纪 90 年代初的一家发展到现在的几百家”（马忆南、马凤芝，2015），到行业报告第Ⅱ版的时候，据中国残联信息中心的不完全统计，截至 2014 年，全国范围内承担各级残联孤独症儿童康复工作任务的实名制康复教育机构已达 1345 个（苏雪云、朱霖丽，2017）。中国康复研究中心做的调查给出的数据是截至 2015 年年底，全国 31 个省（自治区、直辖市）有 1215 家康复定点机构承担孤独症儿童康复救助项目（陈夏尧、程军，2020）。行业报告第Ⅲ版据中残联的报告统计，截至 2017 年年底，我国为孤独症儿童提供康复服务的机构已多达 1611 个（吴春艳、谢钰涵、葛琛，等，2019）。

2019 年 8 月 1 日，中国残疾人联合会公开发布全国残疾儿童康复救助定点机构信息指出，为了贯彻落实《国务院关于建立残疾儿童康复救助制度的意见》，按照深化“放管服”改革，切实提高便民服务水平的有关要求，汇总了全国各省（区、市）残疾儿童康复救助定点机构信息，以方便残疾儿童家长查询并就近就便选择相应康复机构。定点机构选定权在各省（区、市）残联，中国残联定期做汇总并向社会发布信息。信息附件包含 6 类残疾儿童康复救助定点机构信息表，第一类就是孤独症儿童康复救助定点服务机构信息表（其他 5 类分别是视力残疾、听力残疾、肢体残疾、智力残疾、言语残疾的）。根据这个信息表，2019 年我国 31 个省、市、自治区及新疆生产建设兵团，孤独症儿童康复救助定点服务机构总数是 2304 家，比 2017 年多了 693 家。定点机构前三名的省份是广东（311 家）、河南（172 家）、福建（146 家），排第四的是江苏（143 家），仅比福建少 3 家。最少的是西藏，只有 1 家，次之是新疆生产建设兵团 10 家，再次之是海南 15 家，其他数量少的如宁夏（20 家），新疆（21 家），青海（22 家），均在西部地区。

参照行业报告第Ⅱ版采用的区域划分依据是中国四大经济区域划分方法，分为东部地区、中部地区、西部地区、东北地区（中华人民共和国国家统计局，2011）（苏雪云、朱霖丽，2017）。从定点机构数看，东部：北京 43、天津 31、河北 80、上海 66、江苏 143、浙江 66、福建 146、山东 97、广东 311 和海南 15；中部：山西 61、安徽 129、江西 50、河南 172、湖北 59 和湖南 99；西部包括：内蒙古 71、广西 121、重庆 28、四川 107、贵州 30、云南 49、西藏 1、陕西 30、甘肃 90、青海 22、宁夏 20 和新疆 21（外加新疆兵团 10）；东北包括：辽宁 70、吉林 34 和黑龙江 32。东部定点机构合计 998 家，在 2304 家机构占比 43.32%；中部 570 家，占 24.74%；西部（含新疆兵团）600 家，占 26.04%。东北 136 家，占 5.90%。对比的时候当然要考虑区域所覆盖人口、所包含的省市自治区数、发展历史文化背景等因素，整体看，定点机构区域性全覆盖取得了不小的成就。如果考虑孤独症发生率 1%，按照国际水准人口覆盖所需理想定点机构数，或者考虑国家“十四五”规划新发展以及新的特殊教育提升计划要求，残联引领性机构数量的平均覆盖率仍然有很大提高需求。

表 8–1　2019 年中国孤独症儿童康复定点机构区域分布表

区域	省份	数量		百分比
		省份	区域	
东部地区	北京	43	998	43.32%
	天津	31		
	河北	80		
	上海	66		
	江苏	143		
	浙江	66		
	福建	146		
	山东	97		
	广东	311		
	海南	15		
中部地区	山西	61	570	24.74%
	安徽	129		
	江西	50		
	河南	172		
	湖北	59		
	湖南	99		
西部地区	内蒙古	71	600	26.04%
	广西	121		
	重庆	28		
	四川	107		
	贵州	30		
	云南	49		
	西藏	1		
	陕西	30		
	甘肃	90		
	青海	22		
	宁夏	20		
	新疆（含新疆兵团）	31		
东北地区	辽宁	70	136	5.90%
	吉林	34		
	黑龙江	32		
总计	2304			100%

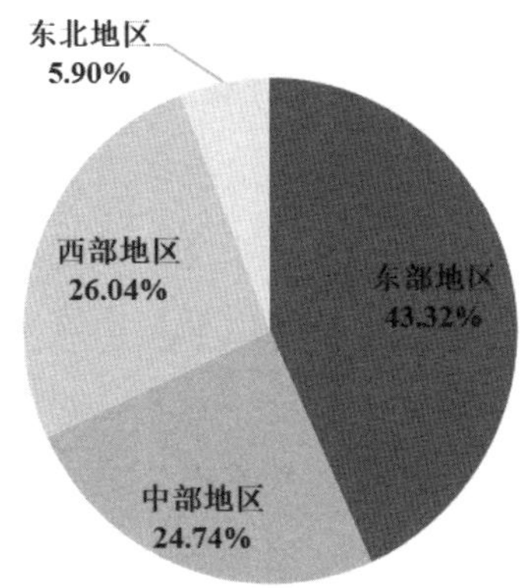

图 8-1　2019 年中国孤独症儿童康复定点机构区域分布占比图

2021 年 10 月 9 日，中国残联为加强“我为群众办实事”实践活动，第三次更新了全国残疾儿童康复救助经办机构信息、全国残疾儿童康复救助定点服务机构信息，并附有：（1）全国残疾儿童康复救助经办机构信息（2021 年）；（2）全国残疾儿童康复救助定点服务机构信息（2021 年），不过更新的数据没有 2019 年那样专门的孤独症儿童康复救助定点服务机构信息表，很多以前的定点机构没有包括进来，特别是民办定点机构，所以，人们已经开始期待新的完整数据出台。

第三次更新的全国残疾儿童康复救助定点服务机构信息显示：总数 7927 家机构，从机构名称看，里面医疗类机构如公立医院 / 民办医院，包括中医药大学医院、中医院、妇幼保健院、眼科医院、口腔医院、精神病院、听力语言康复中心、特色医学中心等，占据了定点机构很大比率。教育类或其他类的名称如残疾人康复指导中心、盲人学校、培智学校、特殊教育学校、特教中心、听力语言康复中心、幼儿园、幼教中心、儿童发展中心、实验学校等。从服务项目看，很多只显示了做康复医疗，也有显示做康复训练的，或者综合显示除了其他残疾类型也做孤独症康复培训。还有精神卫生中心区别孤独症康复医疗和康复训练的。如果需要得到专门的孤独症儿童的康复救助定点机构数据，还需要仔细甄别统计。

值得思考的是，业界尤其特教行业一直有流行的观点认为孤独症人群的教育康复，本质上首先是教育干预，除去共病的情况，孤独症谱系障碍虽然是医

生们诊断出来的，但它不是病，而是以社交障碍、兴趣狭窄行为刻板为核心的发育障碍，把康复型教育场所设置在医疗的大环境里的恰当性值得反思。业界近些年推崇的自然情境教学，在机构场景选择方面，也会建议优先考虑更加社区化的自然教育康复环境，而不是医疗环境。浙江嘉兴平湖市爱益人才培育中心，在几种选址可能的情况下选址嘉兴市平湖市新华书店大楼，虽然增加了机构成本，但是给在园学习的小朋友和前去的家长带去的是非常健康的机构环境心理暗示。不可否认，选择的背后有多重原因导致，机构能够获得国家财政补贴、家长带孩子培训能够获得医疗保险和其他补贴是重要因素；医疗环境下设置的机构也必须力争与时俱进，提升服务水平；社会福利经济资源如何配置更加合理的背后还有专业认知方面的多重背景。

第三节　大龄孤独症人士安置机构

一、大龄概念话题

大龄本身是个值得探讨的话题，没有一刀切的标准，但为了一定的研究目的，需要有所界定。

我国原《民法通则》第十一条、第十二条规定：① 18 周岁以上的公民是成年人，具有完全民事行为能力，可以独立进行民事活动，是完全民事行为能力人。② 16 周岁以上不满 18 周岁的公民，以自己的劳动收入为主要生活来源的，视为完全民事行为能力人。③ 10 周岁以上的未成年人是限制民事行为能力人，可以进行与他的年龄、智力相适应的民事活动；其他民事活动由他的法定代理人代理，或者征得他的法定代理人的同意。④不满 10 周岁的未成年人是无民事行为能力人，由他的法定代理人代理民事活动。这里有一些年龄界限点——18 岁、16 岁、10 岁，哪一个适合做大龄的起算点呢？

我国《义务教育法》第一章总则第二条规定：国家实行九年义务教育制度。第五条规定：凡年满 6 周岁的儿童，其父母或者其他法定监护人应当送其入学接受并完成义务教育；条件不具备的地区的儿童，可以推迟到 7 周岁。如果 6 岁上学，九年义务教育后就是 15 岁；如果 7 岁上学，则 9 年后就是 16 岁。

很多孤独症儿童家长会选择让孩子晚一点上学，多在康复机构中准备一些技能，或者孩子 6 岁入学后，又因种种原因被迫退学，不得已延迟入学时间，以 16 岁作为大龄的起算点相对于以 15 岁起算，对孤独症群体而言，在教育权利保障方面会更有利些。

如果以九年义务教育年龄来测算“大龄”也要引起注意的是，早有特殊教育领先的地方把残疾人的义务教育前推了 3 年和后推了 3 年，变成十五年义务教育，比如“佛山顺德调研”提到的情况：2012 年出台《佛山市实行残疾儿童少年十五年免费教育实施方案》，从 2012 年秋季学期起实施，佛山市残疾儿童少年在开学后即可享受 15 年免费教育。在佛山市内外就读、具有本市户籍的残疾学生，学前教育阶段免保教费，高中阶段免学杂费。佛山市由此在广东全省率先将特殊教育由义务教育向“学前教育”和“高中阶段教育”两头延伸。如今已经有更多省份在做这样的推进，如山东、福建等。把大龄后推到 19 岁是不是有些过晚？除了 18 岁成年的法定年龄，事实上，很多孤独症青少年在普通教育机构里面待不了那么久，他们更早地面临了未来独立生活的挑战，“自闭症人士 16 岁以后，一般离开了康复机构和学校就无处可去了。由于缺乏专门的机构安排生活、养护、就业，生活质量普遍下降，有的孩子甚至出现退化现象，情绪行为问题非常严重”（满满妈妈余华，2019），亟须有相应的大龄保障机构支持他们的特殊生活和教育康复需求。当然，如果把特殊残障人士的义务教育年龄延长至高中或者职高阶段，可以带有强制性地要求教育机构接纳谱系大龄青年，首先保障他们受教育的基本权利，其次，才是选择适合他们的教育模式和教学内容，为他们更加长远、有品质的生活铺路。我国《残疾人保障法》要求“残疾人教育保障义务教育，着重发展职业教育”，实践中这方面还任重道远。

随着对孤独症群体生命全程支持理念的加深和现代终身学习、终身教育思想的提倡，为大龄（包括成年）孤独症人士搭建的教育康复机构组织体系、保障体系应该是无缝衔接的完整社会支持系统。

国家统计局计算总抚养比（指人口总体中非劳动年龄人口数与劳动年龄人口数之比）的时候，P0~14 为 0~14 岁少年儿童人口数；P15~64 为 15~64 岁劳动年龄人口数，这里提到了劳动年龄人口数，从 15 岁起算。

2021 年《福州市落实孤独症儿童康复帮扶若干措施工作方案》在确定提高

残疾儿童康复补助标准的同时，把帮扶对象界定在："本市户籍或持有本市居住证的未满18周岁自闭症儿童。"18岁以下还被称作儿童，把年龄定宽是对帮扶对象更好的保护，但同时带来的疑惑是儿童的概念与青少年、青年的概念模糊不清了。共青团的入团年龄是14岁，这个时候再用"儿童"会显得不妥。

从综合角度看，本章在梳理数据的时候，采用了大龄从16岁起算的做法，兼顾了有利于孤独症群体的保护，又与一般概念或者共识接轨。大龄和小龄是相对的，同时又是接续的，也如同一个孤独症患儿逐渐从小龄发育成为大龄，从未成年发展到成年（包括老年）。原则上，对孤独症群体权益的保障不能是割裂的，必须是一个社会大系统，是对他们生命全程的呵护与支持。

二、大龄孤独症干预机构分析

下面所统计的机构信息来源为99自闭症网，收集的时候网上显示共845家，限于我们能够参与的人力和时间，仅随机筛选了其中半数机构做梳理。由于发现机构服务对象有16岁以上的明显不多，于是我们扩大了数据收集范围，把早期干预之后的义务教育期7岁到不满16岁的情况也包括进来，这样筛选后一共有112家的数据。从7岁发展到16岁，正好是义务教育年龄期间，是少年儿童变为青年、从小龄走向大龄的重要过渡期。本次研究暂以这112家机构情况做统计分析，它们不全是真正意义上的大龄机构，但都在做早教以后的教育康复工作，很多孤独症青少年实际上进不了融合环境的学校，或者进了又被退出，只能在社会上其他类型机构中做教育康复，属于上述过渡期的情况。有关全国大龄机构情况，我们希望以后有更大且一手样本的梳理，目前属于聊胜于无，如果能够启发大家的关注和进一步的研究与思考，促进相关实践，已经是对我们的莫大鼓励。

（一）各地机构概况

以下对112家机构将从分布情况、成立时间、网站呈现面积、服务对象年龄、机构属性等几个维度介绍。

1. 各地机构数量及分布情况

表 8-2 取样机构在四大经济区域分布情况

区域	省份	数量		百分比
		省份	区域	
东部地区	北京	25	90	80.36%
	天津	6		
	河北	4		
	上海	13		
	江苏	12		
	浙江	7		
	福建	2		
	山东	3		
	广东	18		
	海南	0		
中部地区	山西	2	7	6.25%
	安徽	3		
	江西	1		
	湖北	1		
	河南	0		
	湖南	0		
西部地区	内蒙古	2	8	7.14%
	广西	2		
	甘肃	2		
	四川	1		
	陕西	1		
	云南	0		
	西藏	0		
	贵州	0		
	重庆	0		
	青海	0		
	宁夏	0		
	新疆	0		
东北地区	辽宁	5	7	6.25%
	吉林	1		
	黑龙江	1		
总计	112			100%

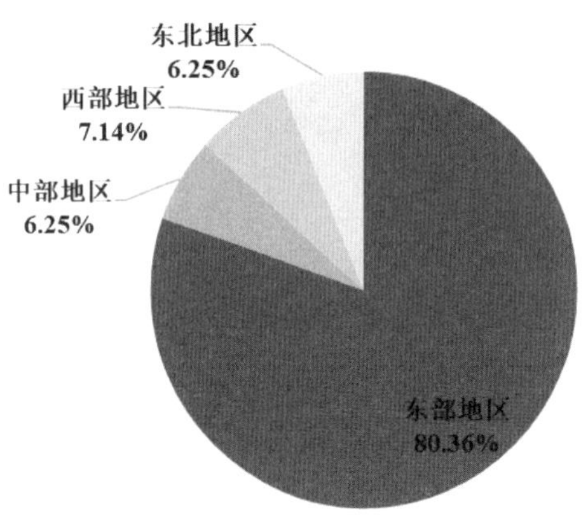

图 8-2　取样机构在四大经济区域分布图

目前统计的机构，已覆盖了全国过半的省 ——21 个（全国共 34 个省级行政区）。从数据看，以北上广三地数量为最多，占整体数量 50%，其次为江苏，占比 10.71%，天津、河北在北京周边，合计起来有区域性优势 31.25%。整体看来，取样机构所在地偏东部地区，并以一线城市及其周边城市为主。

2. 各机构成立时间

表 8-3　各机构创办年限（n=89）

创办年限	数量	百分比
10 年以下	42	47.19%
10~20 年	43	48.31%
10 年以上	4	4.50%
总计	89	100%

仅统计到 89 家机构的成立时间，2000 年之前成立的机构只有 4 家，分别是刘氏视动听儿童发展中心（1979 年）、北京星星雨教育研究所（1993 年）、上海徐汇区博爱儿童康健园（1996 年）、中山市小榄博华特殊教育学校（1998 年），2010 年以前与以后成立机构数量相差不大，分别为 43 家、42 家。根据目前统计数据，2020 年后没有新的大龄机构出现。

3. 各机构网站呈现面积

表 8-4　各机构网站呈现面积（n=50）

占地面积	数量	百分比
10000 平方米以上	6	12.00%
1000~10000 平方米	31	62.00%
1000 平方米以下	13	26.00%
总计	50	100%

仅统计到 50 家机构的面积情况，大部分机构都在 1000 平方米至 10000 平方米之间，少数机构超过 10000 平方米或小于 1000 平方米。此处的面积由网站公示数据采集所得，未明确是建筑面积还是使用面积，也没有提示在有分校的情况下，是否所有分校总面积？所以无法进行区分。

4. 各机构服务对象年龄情况

表 8-5　各机构服务对象年龄（n=50）

服务对象年龄	数量	百分比
7~16 岁	85	75.89%
16~18 岁	19	16.96%
18 岁以上	8	7.15%
总计	112	100%

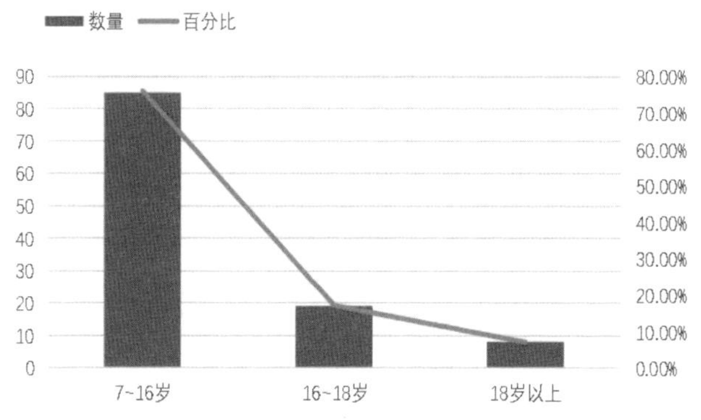

图 8-3　各机构服务对象年龄情况

大部分机构（75.89%）服务对象为 16 岁以下，服务 16 岁以上的占 24.11%，其中服务于 18 岁以上的机构只有 8 家（占比 7.15%），呈“断崖式”减少。

5. 机构属性

表 8-6　各机构归口性质（n=112）

服务对象年龄	数量	百分比
公办机构	2	1.79%
民办机构	110	98.21%
总计	112	100%

民办机构占比 98.21%，说明社会民办力量起着十分重要的作用。

关于师生比仅统计到 13 家机构的师生情况，由于样本量太小也许不便于作为代表性数据引用。13 家中机构师生比基本在 1:2~1:4 之间，仅一家机构为 1:8。

（二）各地机构情况分析总结

1. 机构性质

（1） 公办机构

个别机构为公办机构，或有政府财政拨款，如广州市康纳学校为公立学校，咸阳华侨儿童智能培训中心有国家民政部中央财政支持。

（2）民办机构

绝大部分为民办机构，有的在当地残联或基金会支持下成立，可获残联 / 基金会补助。其中一部分以公益机构的形式（政府购买项目、基金会项目等，以及社会捐赠、公众筹款、志愿服务）开展工作，一部分为“商业公司 + 民非”的形式开展业务。

2. 机构基本情况

（2）成立时间

2000 年之前成立的机构只有 4 家，2010 年以前与以后成立机构数量相差不大，分别为 43 家、42 家。根据目前统计数据，2020 年后没有新的大龄机构出现。这段时间正好是新冠肺炎疫情大范围发生期间，很多机构面临严重生存问题，两者之间有否存在一定的联系值得思索。

（2）覆盖范围

所调查的干预机构各地均有设立，以一线城市为主，一线城市周边地区也相对较多。

（3）面积

大部分机构呈现在了 1000 平方米以上，少数机构（6 家，占比 14%）超过 10000 平方米，从一个侧面反映即便采样数不大，仍然有不少机构面积可观，能否反映近几年机构的发展规模？有兴趣的读者可以进一步探讨。

3. 服务对象和类别

（1）年龄

从目前统计到的机构数据来看，大部分机构（75.89%）服务对象为 16 岁以下，服务 16 岁以上的真正意义上的大龄机构占 24.11%，其中服务于 18 岁以上的机构只有 8 家（占比 7.15%），呈“断崖状”减少。鉴于走向大龄的孤独症患者越来越多，如何满足他们的需求迫在眉睫，需要引起有关方面的高度重视。

（2）类别

大部分机构服务对象是综合多样化的，以孤独症、脑瘫、多动症、智力障碍、发育迟缓、唐氏综合征人群为主，少部分机构以有语言训练需求的儿童、青少年为主。

4. 服务形式

（1）干预 + 融合 + 职教

绝大部分机构以干预、康复训练为主，根据不同年龄段提供服务：学龄前干预、学龄期融合及康复教育、14 岁以上职业教育及指导。

部分机构会在提供职业教育的同时，为学生寻找实习和工作的机会，主要是通过与公司或工厂达成合作，售卖孩子的手工产品（如绘画及用其制作的帆布袋、T 恤等），或让孩子从事一些流程化、简单的工作内容（整理货架 / 图书、检查标签等）。

（2）寄宿 / 托养

日间照料 / 白班：日托或半托，仅在白天时间，走读制。其间会有干预课程、生活自理训练或职业训练等。如北京市丰台区育慈儿童疗育中心、广州市启明社会工作服务中心。

全托 / 寄宿：周托、月托、年托等形式或住校制，其间会有生活技能、职业教育等训练。部分机构会要求住校学生有一定的生活自理能力，如大庆市让

胡路区馨语特殊教育学校、江苏省泰州市VKF自闭症寄宿全托管托养中心；部分学校除收取学费、治疗费等，还会对寄宿学生收取医疗押金、护理费等费用，如北京市朝阳区启蕊康复中心；广州市白云区星智少儿心理成长服务中心可提供住宿，但要求家长陪同，不接受孩子单独住宿。

5. 其他

符合条件的孤独症儿童家长可申请一定额度的补助，需所在机构为定点机构，主要包括康复训练补助和残疾人生活补助。

（三）大龄机构发展建议

随着孤独症患者日渐长大，父母日渐衰老，很难再有体力、精力更好地照顾孩子，越来越急迫地需要提升大龄孤独症人群的基本独立生活技能，有能力者的职业技能，对能力弱者要有更多的社会支持。这个时候，需要更加关注孩子未来生活的准备。为满足社会需求，机构也要做与时俱进的业务调整。

（1）已有机构有能力者可拓展业务，从早期干预到学龄期和大龄期支持。已经有的机构的有利条件是已有资源，但大龄机构与早期干预机构在多方面有不同，需要机构的不断学习和调整。

（2）增加大龄生活技能、职业教育训练。针对16岁以上的孤独症患者，需以生活技能训练为主，帮助其独立、自主地生活；对于有条件的，可进行职业教育训练，并为其衔接相应公司、工厂等资源，促进达成就业，实现自力更生。

（3）发展托养服务。对16岁以上以及虽然不足16岁但程度较重的孤独症患者，提供托养服务，减轻家长的生活负担，并让托养者拥有良好的生活质量。

（4）提供家庭护理。对不方便外出，或有特殊需求的家庭，提供上门照护服务，可仅白天进行简单照顾（一日三餐、生活起居），也可住家提供全天照顾，以周、月、季度等为单位，满足不同家庭的需求。

综上所述，目前综合性的大龄干预机构常用模式，如学龄前干预、学龄期康复+融合、14岁以上托养+生活技能或职业教育，如何平衡收支是极具挑战性的，一般成本中，房租占了较大支出，形成很多机构的沉重负担，人员成本随着行业竞争也会逐渐凸显，需要机构积极应对。

机构需要评估可能存在的风险及提前准备预案找到应对方式涉及的方面很多，比如，满足机构资质要求，校区安全，卫生与食品安全，寄宿学员往返安全，大龄、小龄同用场地带来的不确定性事件预防，大龄学员不稳定情绪的管理，掌握学生身体健康状况，大龄学员可能会有攻击或自伤行为，夜间住宿时的意外状况，住多人间的学员可能会有不和或矛盾，大龄学员青春期带来的挑战。

第四节　孤独症教育康复机构面对的困难、挑战及对策

行业报告Ⅰ、Ⅱ、Ⅲ版对机构干预法状况的研究、对师资状况的研究、对大龄人士的安置，本书在不同章节均有不同视角的阐述，比如，第四章“我国孤独症儿童干预的方法、成效与趋势”（傅王倩、柳月、李艳茜等），第九章“中国孤独症谱系障碍教育康复教师职业发展状况”（曲长祥、董丹凤、黄佳），第十二章“大龄（成年）孤独症人士的现状与未来”（付秀银、刘增荣），读者可以结合本章内容一起参考，作为对前几版行业报告机构延伸内容的补充，限于篇幅和调研资料本章难以一一概述。

比较和概括 3 版行业报告提到的机构困难和挑战，主要集中在：①教师的专业化发展水平；②经济资源；③规范化管理运营；④社会接纳与认同，或者职业地位与压力。下面综合这几方面，同时结合近几年机构发展面临的历史性挑战、大的环境和趋势变化，探讨孤独症教育康复机构面对困难和挑战时的对策建议。

一、机构必须自强自立，迎接世纪大挑战

一般而言，机构发展的每一步都是要克服困难、迎接挑战的，沉沉浮浮，步履艰辛，都属正常。然而，过去的两年间，所有机构，和我们的国家，和整个世界一起面对了百年不遇的大疫之年——新冠肺炎疫情世界大流行，面临了前所未有的生死存亡大挑战。疫情的来来去去、起起落落正在走向与人们生活相伴的“常态化”，时不时地发生“管涌”，还在拨动人们包括机构的敏感神经。疫情最严重的时候，有相当长一段时间，所有机构都不能进行正常线下教学，没有准备的机构纷纷倒闭关门；有一定积累、能够维续的许多机构也举步维艰，有的甚至命悬一线。这时对机构来说，“存活下去就是胜利”，没有足够的经济资源、基本的现金流水，在巨大危情下困难凸显，关系到维续机构生命的基本保障。也许公办机构有财政支持略好，最具挑战性的是缺乏其他资金来源的

民办机构，必须支付的工资、社保、租金……压力接踵而至。“防患于未然”，“等靠要”是危险的，机构自身需要加强疫情特殊时期的“免疫能力”，虽然需要政府的政策大力支持，比如，税务减免、公办机构场地租金减免、政府购买服务项目，政府也会需要社会力量支持共度时艰，社会机构更要有自身的自立自强，从最基本的满足孤独症患者家庭需求着手，从改善自身服务水平和质量的点点滴滴着手，积累自身能量。这样的时刻，考验的是机构方方面面的整体综合实力，更加专业化的人才、教师队伍，一定的抗风险资金积累，规范化、标准化的科学管理，不忘初心、砥砺前行的创业精神。

面对危机，不论是公办机构还是民办机构，都必须多方谋求生存之路，比如，均衡发展线下和线上业务。危情下面带来的也有新的机遇，线上教学模式、远程指导课程等应运而兴，甚至呈“井喷”之势。不过，热闹过去，“一地鸡毛”，为了应对“常态化”，这些模式也好、课程也好，还要回归初心，形成真正科学有效的干预，不然无法持久，无人买单。尤其是孤独症人士具有神经多样性，有道是“一个孩子一个样”，需要个别化地对待；同时，为解决他们社会性沟通障碍、交流障碍，他们又非常需要集体化的教学活动，在自然情境中发展社交能力，泛化个训所得，这些在线上是非常不容易实现的，和线下面对面有温度的教学比，有它的短板需要克服。

现代智能化技术和大脑科学的发展为传统教育康复模式带来了新的可能性，生活学习情境模拟、云端存储、大数据分析、网络社区互动平台……技术的进步催生各种创新。传统机构和新兴机构都需要具有创新精神去迎接挑战。

二、机构人才队伍专业化建设是机构发展的重中之重

孤独症发生率的增长对机构数逐年增多会产生影响。发生率数据增长的背后，人们的社会认知和医疗诊断能力的提升被认为是重要原因；没有这样的提升就不可能发生社会资金顺应趋势大规模介入的情况。更多社会资金的介入一方面会推动行业发展，缓解机构资金难题，另一方面也会带来大的冲击，机构间竞争加剧，促使行业整合。

民办机构的成立和运营一开始均是社会资金介入的结果，近几年成为热议话题是由于行业中的一些知名机构如东方启音、五彩鹿、大米和小米、恩启、

ALSOLIFE 等均在近几年先后得到了规模化的社会融资，有的是多轮融资，有的数额达到几千万元甚至上亿元，对行业未来发展将产生深远影响：大型机构的分校越办越多，形成连锁服务；线上线下机构覆盖人群更多更远；头部化走向；专业化人才的流动与竞争明显加剧；教师自身职业素养的提升从机构到教师本人都更加重视了。

机构扩大运营规模、拉长战线的同时，如何保障教育康复质量？事情是需要人去做的。说到底，机构在 21 世纪发展的关键仍然是专业人才建设。前几版行业报告把机构专业化发展放在头条位置，还是非常有眼光的。

机构专业化发展比较突出的一点变化是，近几年国内经过资质认证的专业人员比过去多了。经过国际行为分析师认证委员会（BACB）认证的人数逐年增加，截至 2021 年 1 月，官方报告持证人数数据：中国 BCBA-D：8 人；BCBA：136 人；BCaBA：168 人；大陆执业的 BCBA 人数 70 人左右（张苗苗，2021）。截至 2021 年 12 月 6 日，BACB 官方网站目前的数据对比年初：中国 BCBA-D：7 人（减少 1 人）；BCBA：291 人（增加 2.14 倍）；BCaBA：602 人（增加 3.58 倍）。见图 8-4 所示。

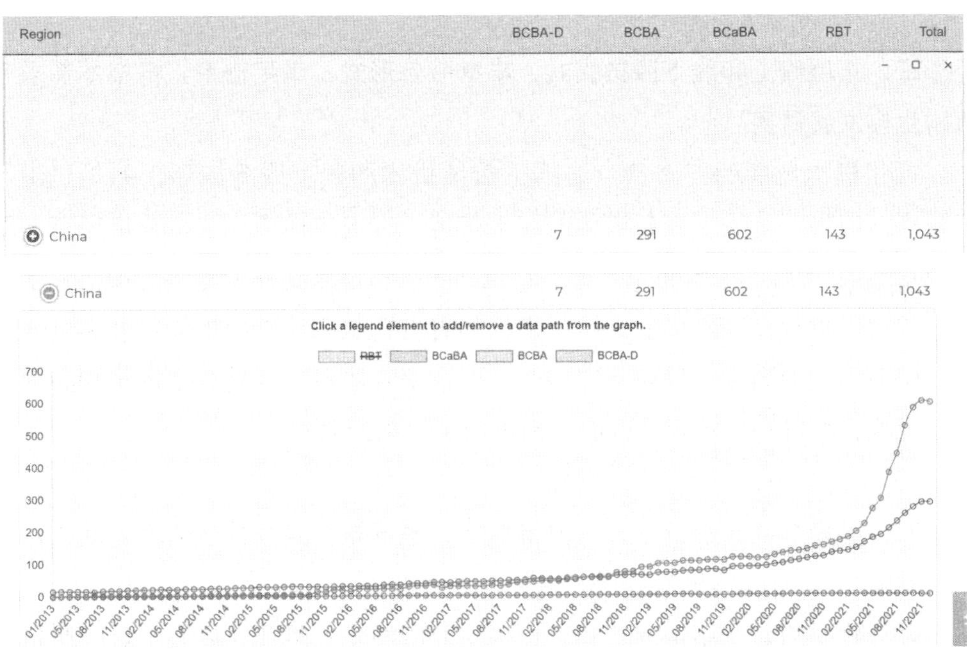

图 8-4　来自网站 https://www.bacb.com/services/o.php?page=101135 的相关信息

除了国内对行为分析师人才需求旺盛，另外也有国外原因的催化，BACB准备调整有关规定，从2023年1月1日起，将不再接受美国和加拿大以外的个人认证申请；2022年1月1日起，BACB的所有考试仅提供英文版本；BACB将重新分配资源，协助其他国家、地区的行为分析组织制订自己本土的认证计划。上述变化，对促使其他国家和地区发展它们的本土认证计划其实是好事，在这方面，中国残疾人康复协会应用行为分析专业委员会成立之初提出的“专精”“专普”“科普”人才梯队建设思路（郭延庆，2020）有所呼应，应该发挥积极作用。很多国内机构，在不断对标国际水准做技术引进的同时也总结经验，做本土化创新。五彩鹿联合美国专业机构创新适用于孤独症儿童语言沟通障碍的ELSII言语语言习得干预模式和言语语言治疗师资质认证体系，并获得国家知识产权保护，这对中国言语语言领域具有里程碑意义，为孤独症儿童的语言康复做出了本土化的努力（傅王倩、柳月、李艳茜，本书），首批获得资质认证的言语语言治疗师有20位。干预模式创新方面，大米和小米也发布了自主研发的RICE干预康复体系。从多方报道看，很多机构都在积极尝试创新。

三、拓展线上和线下服务模式，丰富服务形式，满足谱系人群根本需求和机构生存发展需要

近年机构发展的一个特点是线下传统机构的线上服务拓展，如星星雨、五彩鹿、以琳等；线上服务机构的线下落地，推进实体中心、示范店经营，如ALSOLIFE、恩启、大米和小米等。新冠肺炎疫情以来这样的趋势更加明显了，也是机构谋求生存和发展的必然举措。随着机构服务的范围扩大，分支机构增加，服务形式多样化，如何坚守初心、保证服务质量？这是各个机构都必须面对的挑战，在机构的软硬件方面，都提出了更高的要求。

四、探索有效大龄谱系人群安置模式，是近年一直受关注的焦点之一，需要大力发展，勇于创新

较早建立的北京康纳洲日间学校“主要做的是大龄孤独症人士日间照料方面的探索和实践”。“主要针对学龄期无法入学和无处可去的大龄孤独症人士

开设菜单式的日间课程”（满满妈妈余华，2019）。余华作为孤独症患者的家长是创始人之一，2017 年又参与发起令人瞩目的安徽“金寨小镇项目”，运营机构是民非注册，目的是以要有恒产恒业为前提，为孩子们打造一个稳定和永久的家。项目得到地方相关组织大力支持，总建筑面积约 2.4 万平方米，由家长投资建设，按照家长和成年孤独症“双养”模式，集康复、教育、托养、养老等综合性服务于一体，形成孤独症人群生命全程的支持（弈云天，2019）。类似的创新举措，“吃螃蟹”精神是值得称赞的，但可以预见过程的艰辛，真正适合中国国情本土化的谱系大龄人群支持体系不是一蹴而就的，需要全社会的共同努力。

也有机构正在促进其他全生命周期支持方案，比如信托、保险服务。

五、民办机构做科研应当得到大力提倡，既能提升机构教师素质，促进科学教育康复，又能更有力地唤醒社会意识

不论机构归属哪个部门管，它们都应当在行业发展中发挥不可或缺的作用。很多知名机构或者尚不知名的机构，不只是关注机构内的孩子，它们的目标还在于服务更多的孤独症人群，提升社会认知，促进国家从政策到立法到实施各个层面的积极变化，尤其每年 4 月 2 日的世界孤独症关爱日（The World Awareness Day of Autism），人们可以看到各类机构组织各种各样的活动，使越来越多的人了解孤独症，加入关爱行列。从本文提到的深圳自闭症研究会（2013）做的“中国孤独症人士服务现状调查调查——华南地区”，到中国精神残疾人及亲友协会（2014）出版的“中国自闭症家庭需求蓝皮书”，到五彩鹿出版的“中国自闭症教育康复行业发展状况报告”（五彩鹿孤独症研究院，2015、2017、2019），还有聚集了 30 位世界行业专家 10 余位国内专家学者共同撰写的，由斯蒂芬·冯·特茨纳、苏雪云、肖非主编的《儿童期自闭谱系障碍的发展、评估与干预：国际和中国视角》（2021）一书，说明处于教育康复一线的教师也可以在行业科研领域中发挥积极作用，成为行业内的专家。民办机构做科研，往往会有资金不足、专业人员紧张、数据收集资源限制等方面的困难，之前已经有政府购买服务等举措去缓解这方面的状况，在以后的机构发展中，我们希望得到政府层面更大力度的支持。

国家的民生项目由国家和社会力量共同参与，是我国社会发展历史阶段的要求。

六、机构在“引进来”的同时也可以“走出去”，中国人有能力屹立于世界民族之林

从21世纪初起，我国在国外行业技术引进方面一直在发力。到如今，一些机构开始总结经验，开展创新，甚至立下雄心反哺国际社会。随着国家的繁荣昌盛，中国机构的发展也正在影响世界。一些机构开始参与国际论坛，分享中国经验，甚至有机构组织召开了区域性国际会议（如2017年五彩鹿在京举办了第一届东亚扩大替代沟通大会，有10余个国家和地区的专业人士参加；2019年的第二届会议在台湾地区举办；第三届会议计划到韩国举办）。

2021年被称作中国数字疗法元年，在孤独症教育康复领域也有影响。数字疗法产品基于应用程序或人工智能平台，可与可穿戴设备或医疗器械结合，用于预防、管理或治疗精神、心理和认知疾病等各类疾病。ALSOLIFE创办人张之光介绍了发展中的数字疗法，指出其本质是一个载体，充分连接线下的每一个部分，包括研究型医院，也包括服务类机构，并坚信：“如同应用级互联网业务的发展一样，中国最终会在数字疗法上，走在全世界的前列。”（动脉网，2021-08-04）在把孤独症干预划归教育本质的前提下，“数字疗法”提法也许在概念上提“数据平台”更符合本质含意？无论如何，人们更好地利用大数据平台去进行科学干预确实值得业界深入探讨，中国人一向不乏聪明智慧。

七、有关行业利好政策和措施需要向深度和广度延伸，切实落实

一个立法建议是希望15年的残疾人义务教育权利纳入我国义务教育法保护。一些地方省市已经在行动。

2021年8月，福州市政府发布《福州市自闭症儿童康复帮扶若干措施（试行）》，提出将加大孤独症康复机构的学位供给。一是增设公办孤独症儿童学校，福州将新建1所公办新型特殊教育学校，涵盖学前融合教育、义务教育、职业教育；二是实行机构服务量化补助，对定点民办孤独症康复机构（含营利性和非营利性）以服务儿童数量为基数进行资金补助，每服务1名孤独症儿童

满 1 个月给予 300 元补助，并鼓励更多社会力量参与服务。

山东省政府 2021 年 9 月 8 日发布《山东省残疾人事业发展“十四五”规划》并准备制定实施《山东省第三期特殊教育提升计划（2021—2025 年）》。加快发展医教、康教结合的残疾儿童学前教育。建立完善以随班就读为主体、特殊教育学校为骨干、送教上门和远程教育为补充的义务教育办学体系，提高义务教育质量。大力发展以职业教育为重点的残疾人高中阶段教育。积极推进残疾人高等教育，支持和规范高校面向残疾考生开展单考单招。……扶持符合条件的儿童福利机构、残疾儿童定点康复机构单独设立特殊教育幼儿园（学前部、班）、特殊教育学校（特殊教育部、班）。落实特殊教育生均公用经费政策和残疾人学生资助政策，全面落实残疾儿童少年 15 年免费教育。建立完善送教（医、康）上门服务机制，提高上门服务质量。……全面推进融合教育，健全普通学校随班就读支持保障体系，支持高校开展残疾人高等融合教育。

总体来看，首版行业报告编写以来的 8 年间，我国孤独症教育康复机构整体状况有了长足的进步与发展，专业化水平得到提高，但仍然远远不能满足孤独症人群和其家庭的需求。政府主管部门通过一些准入门槛和标准，越来越发挥监管和引导作用，同时需要兼顾机构历史发展状况以及实际生存状况，在坚持政策原则性的同时，保持足够的合理性和灵活性。特别是民营机构需要政府的切实大力扶植，在当前疫情没有结束的状况下，更要关注民办机构的生存条件，支持它们首先能够存活，其次发挥优秀民办机构的社会作用，使之成为保障民生的积极社会力量。服务于大龄孤独症人群的机构“断崖式”缺失情况仍然严重，需要全社会的更大关注，积极采取措施加以解决。

结　语

在中国知网资料查找过程中，随机以 2021 年 10 月 31 日查找主题为例，注意到：查找“自闭症康复机构”，显示“总库”313，学术期刊 126，学位论文 129，会议 2，报纸 31，特色期刊 25；而查找主题“孤独症康复机构”，显示“总库”216，学术期刊 93，学位论文 66，会议 8，报纸 24，特色期刊 25。“自闭症康复机构”的“总库”数据是“孤独症康复机构”总库数据的 1.45

倍，学术期刊的 1.35 倍，学位论文的 1.95 倍，命名的会议数量少了一点，报纸的 1.29 倍，特色期刊数量相同都是 25。

2021 年 11 月 14 日再查看，发现“自闭症康复机构”和“孤独症康复机构”的数据对比略有浮动，但不影响整体上“自闭症康复机构”文献多于“孤独症康复机构”。持续观察两周，相对稳定的数据同样支持前面的对比，倍数浮动于 1.35~1.45 之间。依此也许可以假设未来一段时间社会上使用“自闭症康复机构”提法的会更为普遍？

附　录

（1）中残联 2019 年孤独症儿童康复救助定点服务机构信息表

（请扫码查看）

（2）北京市民办残疾儿童康复定点机构准入标准

（请扫码查看）

（3）山东省残疾儿童定点康复机构评分细则

（请扫码查看）

参考文献

Centers for Disease Control and Prevention. (2021, December 3). Prevalence and Characteristics of Autism Spectrum Disorder Among Children Aged 8 Years — Autism and Developmental Disabilities Monitoring Network, 11 Sites, United States, 2018. https://www.cdc.gov/mmwr/volumes/70/ss/ss7011a1.htm?.

Sun, X., Allison, C., Auyeung, B., Matthews, F. E., Baron-Cohen, S., and Brayne, C. (2013). Service provision for autism in mainland China: Preliminary mapping of service pathways. Social Science and Medicine, 98, 87-94.

动脉网.ALSOLIFE对话蛋壳研究院：一场关于自闭症数字疗法的深度长谈[EB/OL].（2021）[2021]https：//baijiahao.baidu.com/s?id=1707131880618060590&wfr=spider&for=pc.

阿则古丽·麦麦提托合提，阿尔祖古丽·牙合甫，马平，等.乌鲁木齐市维吾尔族、汉族孤独症儿童教育需求及社会支持调查[J].中国妇幼保健，2017，32(13)：3000−3004.

陈夏尧，程军.我国孤独症儿童康复定点机构干预方法使用现状的调查.中国康复医学杂志，2020（5）：590−594

搜狐网.用AI应战孤独症！中国首个自主研发的干预康复体系——RICE面世[EB/OL]（2021）[2019].https：//www.sohu.com/a/348419740_648590.

马忆南，马凤芝.序二[C]//五彩鹿自闭症研究院.中国自闭症教育康复行业发展状况报告（Ⅰ）[M].北京：北京师范大学出版社，2015.

山东省政府.山东省残疾人事业发展“十四五”规划[EB/OL].（2021）[2021]http：//www.shandong.gov.cn/art/2021/9/8/art_107861_114104.html.

深圳市自闭症研究会.中国自闭症人士服务现状调查[M].北京：华夏出版社，2013.

时一憨.谈中国残疾人康复协会应用行为专业委员会的“专精”“专普”和“科普”之道[EB/OL].（2016）http：//blog.sina.com.cn/s/blog_a1c6e75e0102w43m.html.

顺德区自闭症儿童情况调研课题组.佛山市顺德区自闭症儿童情况调研课题[M].北京：华夏出版社，2015.

斯蒂芬·冯·特茨纳，苏雪云，肖非.儿童期自闭谱系障碍的发展、评估与干

预：国际和中国视角［M］. 北京：光明日报出版社，2021.

苏雪云，朱霖丽 . 自闭症儿童教育干预机构现状 [C]// 五彩鹿自闭症研究院 . 中国自闭症教育康复行业发展状况报告（Ⅱ）［M］. 北京：华夏出版社，2017.

孙梦麟，陈薇薇，宋静淼，等 . 自闭症谱系障碍与干预在中国的历史发展及现状［C］// 斯蒂芬·冯·特茨纳，苏雪云，肖非 . 儿童期自闭谱系障碍的发展、评估与干预：国际和中国视角［M］. 北京：光明日报出版社，2021：14–35.

王波 . 中国内地孤独症研究 30 年回眸：发展，问题与对策［J］. 教育导刊：上半月，2013（4）：4.

王丽英，张艳梅，任福会，等 . 国内孤独症康复服务机构现状调查［J］. 中国康复理论与实践，2013，19（11）：2.

吴春艳，谢钰涵，葛琛，等 . 自闭症儿童教育干预机构现状［C］// 五彩鹿自闭症研究院 . 中国自闭症教育康复行业发展状况报告（Ⅲ）［M］. 天津：天津教育出版社，2019：126–159.

五彩鹿自闭症研究院 . 自闭症儿童的教育［C］// 五彩鹿自闭症研究院 . 中国自闭症教育康复行业发展状况报告（Ⅰ）［M］. 北京：北京师范大学出版社，2015.

小满妈妈（余华）. 第一批去星星小镇生活的孩子们现在怎么样了？ [EB/OL].（2021）[2019]https：//zhuanlan.zhihu.com/p/92634352.

肖非，傅王倩 . 自闭症儿童学校教育现状［C］// 五彩鹿自闭症研究院 . 中国自闭症教育康复行业发展状况报告（Ⅱ）［M］. 北京：华夏出版社，2017.

徐国荣 . 安徽省孤独症定点康复服务机构现状调查及对策［D］. 长春：吉林大学，2017.

许洁霜，梁霁，诸臻颖 . 上海市儿童孤独症康复机构现状研究［J］. 中国妇幼健康研究，2016，27（10）：1221–1224.

颜廷燕 . 我国自闭症儿童康复教育现状分析及建议——以济南的康复机构为例［J］. 绥化学院学报，2017，37（10）：1–7.

张苗苗 . 报名 BCBA 与 BCaBA 认证考试前必知 10 大 [EB/OL].（2021）[2021] https：//www.xiaohongshu.com/discovery/item/608264b0000000002103e2c1.

张明平，江小英，李燕，等 . 重庆市孤独症儿童教育与康复机构现状调查研究［J］. 现代特殊教育，2015（2）：50–55.

第九章　中国孤独症谱系障碍教育康复教师职业发展状况

◎曲长祥　董丹凤　黄　佳

新中国成立以来，我国残疾人事业在康复、教育、社会保障、服务设施建设、信息化建设等方面取得了显著成绩。特别是党的十八大以来，党中央、国务院高度重视残疾人事业发展，对残疾人格外关心、格外关注。《残疾人事业“十三五”规划（2016—2020）》提出，给予残疾人群体更多的社会保障和发展机会，为他们提供更加完备的公共服务，使残疾人群体能够与健全人共同步入全面小康社会，共享经济社会发展成果。“十三五”时期，残疾人事业取得了重大成就。2021 年 7 月国务院下发了《“十四五”残疾人保障和发展规划（2021—2025）》，再次强调：“保障残疾人平等权利，增进残疾人民生福祉，增强残疾人自我发展能力，推动残疾人事业向着现代化迈进，不断满足残疾人美好生活需要。”

近年来，党和政府同时出台了一系列关心与支持特殊教育发展的政策措施，其中大力培养特殊教育师资就是一项重要内容（杜晓新、刘巧云、黄昭鸣等，2013）。关于孤独症儿童康复教育问题，更是被写进了《第二期特殊教育提升计划（2017—2020）》中。我国孤独症儿童（简称谱系儿童、孤独症儿童或自闭症儿童）的康复教育虽然得到了快速的发展，但是，制约孤独症儿童教育康复行业健康发展的因素依然存在。科学有效、系统完善、成熟先进的模式仍处于探索阶段，特别是影响教育康复教师职业发展的问题。提升教育康复教师整体的业务素养和能力是保证孤独症儿童康复效果、促进儿童身心健康发展的关键。因此，充分了解我国孤独症谱系障碍教育康复教师职业发展状况，可帮助公众、教育从业者、高校、科研机构及政府机关更好地关注孤独症儿童康复教师群体的发展状况与需求。从而可以凝聚共识，举全社会之力，为康复教师身心健康提供多元化支持，确保康复教师职业健康发展，从而促进我国孤独症康复教育事业的全面进步。

第一节　教育康复教师的职业发展现状

一、基本情况

（一）教师数量

根据中华人民共和国教育部的相关统计，“十三五”期间（2016—2020），全国孤独症康复机构教师数量增加了1.3万人，截至2020年年底，已达6.62万人，增加了约24%。女性教师高达5.7万人，占比高达86%；男性教师严重短缺，而且逐年下降的趋势很难改变，男女教师性别比例严重失衡。2019年，王雪梅对宁夏孤独症教育康复行业从业者进行研究发现，宁夏的康复教师以青年女性为主，占总人数的85%，男教师占15%。2020年，冉娜娜、王辉和阳泽对全国21个省（直辖市、自治区）的290名康复教师调查的结果显示：女性教师215人，占被调查人数的74.10%。前些年，其他的调查数据也反映出类似状况，如北京地区20家孤独症康复机构中女性教师占73%（张海丛、李启隆、毛荣建等，2012）。笔者对重庆市南岸区9家定点机构的调查结果显示：截至2021年10月底，3家机构没有男教师，4家机构只有1名男教师，1家机构有2名男教师，最多的也只有3名男教师。9家机构的男教师占比平均不到5%。同时，孤独症教育康复教师的年龄，比普通幼儿教育机构的教师年龄还要低。相关统计数据表明：30岁以下占比65%，30岁以上占比35%。2020年，冉娜娜等人的调查结果显示：290名被调查者中，20~30岁的143人，占被调查人数的49.30%。由此可见，孤独症教育康复领域教师队伍呈现出年轻化特征，而且明显“女多男少”。

（二）学历（学位）结构

近年来，我国孤独症教育康复机构师资队伍的整体学历水平不断提升。2017年，陈淑梅、杨林华和曹静对邯郸市孤独症康复机构展开调查研究，结果显示：康复教师的学历在高中及以下的占10.71%，专科占51.79%，本科占37.5%。2019年，王雪梅对宁夏康复机构中教师的学历情况进行调查，结果显示：学历以本科和专科为主，其中本科占53.75%，专科占46.25%。可见，不同区域的调查结果，没有明显差异。总的趋势是拥有本、专科学历的教师是主体，高中及以下和硕士及以上高学历者比例都很低。

（三）专业结构

目前，我国孤独症康复机构中教师的学科专业，主要分布在教育学、医学、理学等一级学科。其中，特殊教育、学前教育及康复医学等专业占比较高。2017年，陈淑梅等人对邯郸市孤独症康复机构展开调查研究，结果显示：特殊教育专业的占总数的28.57%，学前教育的占总数的16.07%，康复专业的占总数的12.5%，其他专业的占总数的42.86%。2019年，王雪梅对宁夏康复机构中教师的专业情况进行调查，结果显示：特殊教育专业（含儿童康复专业）教师占70%，普通师范类专业教师占22.5%。整体看，我国孤独症康复机构中教师的专业背景与孤独症儿童教育康复的专业要求、匹配度尚需提高，特别是孤独症康复专业教师奇缺。

（四）学缘结构

目前，我国孤独症康复机构中教师，最高学历的授予学校主要是师范类院校和有教育学等学科类专业背景的综合性院校。毕业于医学类院校的教师也有一定比例，其他非师范类院校的比例较低，有调查显示非师范类专业教师占7.5%（王雪梅，2019）。

（五）职称结构

目前，孤独症儿童康复教育主要分布在各级残联直属的康复机构、民办康复机构和公立特教学校。其中，民办康复机构是孤独症儿童康复机构的主体，公立学校占比很少。民办康复机构已经成为孤独症儿童康复事业发展的主要力量，是孤独症儿童康复教育行业重要的组成部分。但是，绝大多数民办机构的教师职称评定，没有纳入国家职称评定的范围。国家也没有出台单独的孤独症教育康复教师职称评定的标准，当然，也就没有相应的具体职称。公立的孤独症教育康复机构的教师职称评定，也只能参照其他类（相关、相近）教师职称评定的标准。公立学校的康复教师中，多为初级和中级职称，高级

职称的很少。即便如此，也没有实现全覆盖，由于公立学校内的教师，并不完全都有体制内的正式编制，没有评定职称的教师仍然占有一定比例。近年来，一些残联定点的较大规模的民办孤独症教育康复机构，实现了跨越式发展，随着办学标准化、管理科学化及师资队伍建设规范化水平的不断提升，都出台了自己的职称评定标准，评价体系也在不断完善。一般将职称等级设为 3 级，即初级、中级和高级；也有的将职称等级设为 4 级，即在高级上面设特级，在各个大的级别内又细分为若干层级。但是，大多数民办机构教师中，也是初级和中级占绝大多数，拥有高级职称的教师很少，甚至没有。笔者对重庆市南岸区 9 家定点机构（不含设在医疗机构内的康复机构）的调查结果显示：截至 2021 年 10 月底，只有一家机构有高级教师，而且仅仅一名，中级教师比例也很低，大部分是初级教师。民办机构的职称评定标准不一，导致机构间职称互认很难。同时，民办康复教育机构中的康复教师，都是聘用制，没有正式事业编身份，即使取得了相应的职称，只是本机构内任用及确定薪资待遇的标准，基本都不会被国家承认。

（六）编制

目前，孤独症教育康复机构的主体是民办机构（前文已述），这些机构的教师均为合同聘任制，当然也就没有一般意义上的正式“编制”。早在 2015 年，曾晓筠等人的研究指出，在我国，孤独症教育康复教师中大部分人并没有被纳入国家教师编制中；相比之下，特教学校的大多数教师都有编制并享受特教津贴和政府奖励性绩效，师资队伍比较稳定。各级残联直属的孤独症教育康复机构及国有医疗机构的教育康复教师，也大多为聘任制，除了个别管理人员外，有正式事业编制的教师人数很少。重庆市残联直属的残疾人综合服务中心，虽然是全民所有制的事业单位，但是，30 名专职教师中，也只有 12 人拥有事业编制，占比仅仅 40%。其他公立医院的专职孤独症康复师，有正式事业编制的比例也都不高。

没有编制，加之身份不明确，既不是教师，也不是医生，职业晋升途径不畅通，导致教师普遍没有归属感。因此，包括各级残联直属的康复中心在内，康复教育机构的教师队伍都不稳定，民办机构尤为严重，流动性更强。这也是导致孤独症教育康复教师容易流失的原因之一。

二、职业发展现状

（一）教师数量逐年增加

近年来，孤独症儿童发病率持续增高，同时，医疗机构的诊断率、社会关注度都在提升；儿童家长主动寻求干预的愿望也普遍强烈，导致对康复教师的需求逐年增多。快速增长的社会需求，不断催生新的孤独症康复机构产出和资本的涌入，孤独症康复机构每年都以几何级数在增长，这必然导致包括教师在内的行业从业人员数量逐年增加。虽然，整体上康复教师的数量在增加（前文已述），但是一直有缺口，需大于供的矛盾依然存在。

（二）整体学历不断提升

相关学者的调查数据（前文已述）也显示，康复教师的本科学历占比在不断提升。特别是近几年，孤独症教育康复行业涌现出一批具有研究生学历的教师，甚至是博士级别的专家型教师。整体学历水平的提升，特别是硕士、博士高学历教师的加入，提高了整个孤独症康复教育行业教师的整体素质和业务能力。特别是在引进、消化和吸收发达国家先进的孤独症干预理念、方法和手段，开展前沿性相关科学研究及教师专业培训等方面都发挥了重要作用。这也是孤独症康复机构师资队伍建设的关键，是加快整个孤独症康复教育行业可持续发展的重要保障。

（三）专业背景多元化

随着孤独症康复教师需求的快速增加，教师的专业背景呈现出明显的多元化趋势。虽然具有特殊教育、教育康复、幼儿教育等专业背景的教师仍然占比较高，但是康复医学、心理学等专业背景的教师的比例也有增加的趋势。同时，其他师范类专业、非师范专业及医学类专业背景的教师也有一定占比。

专业背景多元化的原因是多方面的，根本原因是快速增加的需求，导致供需之间不平衡，教育康复机构不得不在更宽的专业领域选择教师，因为最适合从事孤独症教育康复的特殊教育、教育康复等专业的毕业生，根本无法满足需求。

应该辩证地看“专业背景多元化”的趋势。当然，让“专业的人做专业的事”是大多数人认为的理想状态；但是适度的专业背景多元化也未必是坏事，不同专业背景的教师，可以相互启发，互相促进，对拓宽教师的知识领域、丰富教学内容有一定积极作用。另外，专业背景多元化的师资队伍，更有利于开展多学科协作，运用综合手段和方法，为儿童提供多元化的训练。例如，一些医学类专业背景的人员参与到孤独症儿童康复教育中来，形成的“医教结合”康复教育模式值得推广和借鉴。

（四）女性比例长期过高

长期以来，儿童孤独症康复机构男女教师比例严重失衡（前文已述），而这种趋势短期内很难有所改变。

女性教师比例高的原因是多方面的：一是上游学校培养的相关专业毕业生中，女生比例就高，特别是在师范类院校，文科类相关专业的男生少之又少，可谓凤毛麟角；二是教师的工作性质对女性更有吸引力，因此，女性对教师职业的求职欲望远远高于男性；三是孤独症教育康复教师的收入不高，可能对在就业市场上有相对竞争优势的男性来说吸引力不强。

女性教师具备一定的优势，女性会更加温柔，做事情会更细心有耐心，更能细致地发现儿童的微小变化给予关怀，容易让人产生亲近感，更容易被家长信任。但弊端也是有的，孤独症儿童康复教育不仅需要全面专业的知识技能，还需要有体力上的付出，孤独症儿童男孩多于女孩，在照顾方面男性教师会更加方便。同时，有一些课程的教学，男教师更有优势，如运动课、感统课等。总之，虽然女教师的优势明显，但男教师不可或缺，孤独症儿童康复教师的队伍里，增加男性教师的比例是有必要的。男女教师比例过度失调，已成为孤独症康复教育机构普遍面临的问题，甚至是中国教育面临的严峻问题。如果不能有所改变，将对受教育人群成长进步、学校（机构）的发展乃至中国教育的长期发展产生影响。

（五）年轻化趋势明显

中国绝大多数儿童孤独症教育康复机构是在 2000 年以后成立的，相对于普通幼儿教育机构和其他类残疾儿童康复机构，儿童孤独症教育康复机构教师的年轻化趋势更为明显（前文已述）。有媒体报道儿童孤独症教育康复机构教师平均工作年限低于 3 年。

教师年轻化的原因是多方面的，根本原因还是收入低，工作压力过大。对于多数机构，特别是民办机构，想把有一定经验、年龄相对较大的教师留下来，绝非易事。这也是导致教师流动性强的原因之一。

应该辩证地看待“年轻化趋势明显”的现实。年轻是青年教师最大的优势，他们青春飞扬，思维活跃，精力充沛，充满活力；他们更容易和孩子沟通交流；同时，他们对新的干预手段和方法的接受能力较强；特别是在运用互联网、多媒体、新媒体等手段开展教育教学，更具有较强的优势。但是，过度年轻化的师资队伍，整体缺乏教学经验，专业技能不熟练，教学水平和能力与中年老师比也有差距。这对整体的干预质量的提升和机构的发展都会产生一定的不利影响。

（六）社会地位不高

广义的社会地位是指个体在一定社会关系中所处的位置，反映个体与社会整体的关系及在社会整体互动关系中的社会身份，现代社会的社会地位主要是由社会分工决定。教师的社会地位是由教师职业在整个社会职业体系中所处的位置、具体作用和所占有的地位资源所决定。孤独症康复教师的社会地位可以从其专业地位、经济地位、政治地位、法律地位等方面来考量，其中，经济地位是社会地位的基础和直接表现。

孤独症康复教师的薪资待遇普遍偏低，决定了其经济地位不高。虽然教师的身份受到全社会的尊重，国家多次出台相关文件，反复强调要“提高人民教师的政治地位和社会地位”，并通过制定《中华人民共和国教师法》，明确教师应享有的权利和待遇。但是，由于其经济地位不高，决定了其社会地位实质上并不高。由于孤独症群体表现的特殊性，很多人对从事孤独症教育康复行业的人也有一定的偏见。整体社会地位不高的现实及不理想的职业声望等使特殊教育教师产生强烈的失落感（刘婧、王会，2018）。由于康复教师没有国家编制，不享受相应的津贴和福利，社会对这个职业的认可度也比较低，难以吸引更多的优秀人才，严重制约了孤独症康复教育行业的健康发展。

第二节　教育康复教师职业发展存在的问题及成因分析

一、教育康复教师职业发展存在的问题

孤独症的教育康复教师是有较高标准的职业，不仅要具备教师的基本素养，

还要具备特殊教育和康复方面的专业素质和实践能力，这给孤独症康复教师带来了许多挑战，不仅需要具备更多的爱心、耐心和责任心，还需要具备应对不同突发事件的能力，同时对身体和心理造成双重压力。近年来，随着国家对特殊教育的重视，孤独症儿童康复教育行业也得到了快速发展，作为决定这个行业可持续发展关键的康复教师群体，在学历层次、综合素养、教学水平及干预能力等方面都在提升，同时，也凸显一些影响教育康复教师职业发展的问题。

（一）专业素养不高，难以适应社会需求

专业素养就是指专业技术人员应具备的与所从事的相关专业的知识、理论、技能，以及组织协调、综合管理能力等方面的专业素质和综合修养。专业素养是职业素养的核心，也是专业地位高低的基础。孤独症康复教师必须具备较高的专业素养，才能提升孤独症儿童干预效果和康复质量。优秀的孤独症康复教师应全面掌握儿童心理学、教育学等相关理论和知识；充分了解孤独症儿童的基本特征及相关诊断的标准和方法；能正确运用行为干预技术，熟练掌握孤独症儿童康复训练的系统方法和综合技术。

近年来，虽然我国孤独症康复教师的整体学历水平不断提升，但整体专业素养不高的问题依然存在。有学者调查显示：孤独症康复教师自身对“专业技能”的评价，“满意”项只有17.9%，“基本满意”以上的整体评价也只有55%。国家孤独症康复研究中心主任张通认为，“机构老师学历和水平良莠不齐，还有不少孤独症儿童家长转行当老师，缺乏系统培训”。大多数师范类院校培养的（综合性大学相关学科）特殊教育、教育康复及幼儿教育等相关学科和专业的毕业生，孤独症康复的相关理论和专业知识的功底也不够深厚，必然导致孤独症教育康复教师专业素养不高，也就难以适应社会需求。突出问题有以下几方面：一是孤独症教育康复教师的整体文化素质和个人修养，相对于全社会教师群体有明显差距；二是孤独症教育康复教师对相关理论知识的掌握不够扎实；三是孤独症教育康复教师综合运用干预手段、技术、方法的能力不强；四是组织协调、综合管理和服务家长的能力欠缺。

总之，凸显的孤独症康复教师专业素质不高的现实，已经很难满足全社会日益提高的对孤独症儿童康复的社会需求。

（二）薪资待遇偏低，难以吸引优秀人才

我国从事儿童孤独症教育的教师，只有很少部分在国家公立培智学校或其他公立事业单位供职，由国家财政拨款支持教师工资和其他福利保证，这部分人员的薪资待遇比较稳定，和供职于普通学校的教师的薪资待遇水平基本一致。但是，大部分的一线康复教师都集中在民办康复机构中，没有政府补贴，工资完全受民办机构经营状况制约，工资普遍不高，薪资待遇与全社会职工平均收入比，普遍偏低。据 www.zbz.com 网站显示：2020 年，我国孤独症教育康复教师的月工资收入大部分低于 5000 元，其中超过一半不足 4000 元。64.9% 的教师表示收入不能满足需求，只有 34.51% 的人表示收入能基本满足需求。同时，孤独症康复教师享受的社会保障水平也不高，近 25% 的人没有任何保障，享受养老保险的只有 52.96%，医疗保险的只有 58.26%，失业保险的只有 24.61%，工伤保险的只有 30.84%，生育保险的只有 24.30%，住房公积金的只有 6.85%。薪资待遇普遍偏低的同时，不同区域间差距也比较大。珠三角、长三角、环渤海等经济发达地区平均水平明显高于中西部地区。当然，发达地区孤独症教育康复教师的薪资待遇普遍低于同区域的平均水平。《深圳市人力资源市场工资指导价位》中显示：孤独症康复机构的从业人员工资水平与幼儿教师的平均水平接近，明显低于其他教育阶段老师的工资水平。

薪资待遇是决定教师职业是否有吸引力，能否吸引高素质人才的基础，也是提升教师幸福感和提升教育教学质量的关键。儿童孤独症教育康复教师的薪资待遇偏低，导致行业人员流失比较重，必然会制约孤独症行业的健康发展。

（三）人才流失严重，难以形成稳定团队

孤独症行业人员的流动性非常强，人才流失也比较严重，远远超出了人才合理流动的程度。有调查显示：半数以上人员的工作年限，集中在 1 年之内，工作年限在 3 年以上的人员很少。留人难、留住人才更难，几乎已经成为所有相关机构面临的问题。频繁的人员流动和人才流失，不仅提高了机构的用人成本（招聘、前期培训等），而且严重影响了师资队伍的稳定。原本就有缺口的师资队伍，人才流失进一步加剧了孤独症机构人才严重短缺的局面。人才过度流失还导致师资队伍的结构失衡，专业性强的男性教师、年富力强有经验的老师、职称级别高的教师更容易流失。而新补充的教师往往是专业性不强，从教经验短缺，这样还会提高培养的成本和管理的难度。

总之，人才过度流失已导致孤独症康复机构难以形成稳定的师资队伍，这也成为影响孤独症康复教育行业持续健康发展的不利因素。

（四）工作压力较大，难以提升职业幸福感

孤独症康复教师是一个特殊的职业，这是由他们面对的是没有完整逻辑思维能力的孤独症儿童这一特殊群体决定的。自身的工作、生活上的压力与孤独症儿童带来的各种负面影响并存，使孤独症康复教师，时时承受着心理上的折磨和挑战。由于孤独症儿童的康复往往是缓慢的，这会造成康复教师工作成就感低，同时还要面对家长的满怀期望或不理解、质疑，双重压力导致教师心理上容易出现消极压抑的情绪，难以提升职业幸福感。

有学者调查显示：17% 的人认为压力很大，没有很好的处理方法；72% 的人认为压力较大，但能及时有效处理；只有 11% 的人认为压力不大，能较好地应对工作上的问题。认为压力很大和压力较大的占比接近 90%（杨广学、郭德华、钱旭强，2011）。足以说明，孤独症康复教师是一个高压力的职业，特别是那些没有好的方法来缓解压力的教师，很容易出现心理健康问题。同时，由于各种突发事件，使孤独症康复教师长期处于紧张状态，往往会出现各种身体上的不适，如心脏、肠胃、内分泌等生理反应，对身体健康也会产生不利影响。总之，孤独症康复教师工作压力大，身心健康状况极其不乐观。难以提升广大孤独症康复教师的职业幸福感，这也是人才流失的重要原因。

二、教育康复教师职业发展存在问题的成因分析

上述问题并非影响教育康复教师职业发展的全部，这些问题也不是孤立的，有些问题之间就存在着内在联系，甚至是互为因果的关系，比如，薪资待遇偏低就是导致人才流失的重要原因，教师个体专业素养不高也可能是其薪资待遇偏低的原因。这些问题形成的原因也十分复杂，有康复教师个体的因素，也有群体方面的原因；有历史的原因，也有现实的因素；有宏观层面的政策和体制的原因，也有微观层次机制和管理的因素。从理论和实践相结合的角度分析，深层次的原因主要有以下两方面。

（一）系统完善的孤独症教育康复教师人才培养的体系尚未建立

我国孤独症儿童教育康复教师的基础性培养途径和来源，主要是师范类院校（综合性大学相关学科）特殊教育，教育康复及幼儿教育等相关学科和专业的毕业生。由于相关专业的培养目标、规格及课程体系设置，有针对性考虑儿童孤独症教育康复的特色的并不多，所以，这种纵向体系培养的特殊教育等专业的学生，虽然都有较强的专业性，但大多都是通用型。要成为儿童孤独症教育康复教师，还需要系统地培训才能达到上岗的要求。另外，国内师范类院校开设专业的比例并不高，黑龙江本科师范院校没有一家开设特殊教育专业，综合类有师范背景的院校，也只有绥化学院开设了特教专业。可见，即便是特殊教育等专业的学生，也是需要通过系统培训才可以达到上岗要求，那么，按现有的培养体系培养的学生质量和数量都很难满足需求。

目前，全国开设孤独症康复专业（方向）的学校，只有南京特殊教育职业技术学院，其培养的学生专业性很强，专业素养也比较高，但是一所学校培养的学生既满足不了数量上的要求，也改变不了整体孤独症教育康复教师的培养体系不完善的局面。也有一些师范类的院校在特殊教育等相关专业开设了儿童孤独症教育康复的相关课程，但是，由于受学制、学时数的限制，所开课程也很难全面系统。所以，无论质量和数量，都不能满足市场对孤独症教育康复教师的需求。

总体看，上述主渠道培养的毕业生，虽然都有一定的专业性，但数量上很难满足需要，质量上看，针对性也不强。所以，对大多数孤独症康复机构来说，只能降低学历层次，扩大专业领域去选择教师，这样必然导致群体的专业素养偏低。

孤独症教育康复教师在职培养的体系也没有完善。目前，大多数康复机构新入职的教师，基本是入职后在本机构内接受短期培训，学习相关理论和专业知识，基本都是“快餐式”，入门级的碎片化的内容很难形成完整的体系，尤其缺乏实操技能的系统培训。针对孤独症教育康复机构在职教师的培训，残联办的康复中心为主的是省级培训较多，而民办机构的教师培训的机会是很少的，主要是机构负责人外出培训，回来后对机构教师进行二次培训，培训中也是以

理论为主，操作方面的内容较少。有的机构邀请相关培训主体进行的培训，大多都是专题性的，基本没有后续的跟踪督导。可见，缺乏理论与实践相结合的、科学的、针对性较强的系统培训，必然导致孤独症教育康复教师专业素养不高，也就难以适应社会需求。

（二）统一公平的孤独症教育康复教师社会保障与社会支持体系不够完善

近年来，我国社会保障体系建设取得了巨大成就，覆盖全民、可持续的多层次社会保障体系已经初步建立。但是，不同群体间社会保障待遇差距依然较大。我国孤独症教育康复教师，按其身份可分为体制内和体制外两大群体，也就是有没有正式的事业编制（前文已述），其中，体制外这一群体的数量远远大于体制内的数量，历史和现实的多种因素决定了体制内外的社会保障体系具有典型的“二元结构”。体制内的孤独症教师的社会保障体系及社会福利已经基本完善；而体制外占大多数的民办机构的孤独症教育康复教师的社会保障还不够完善，个别机构的孤独症教育康复教师甚至没有享受到任何社会保障和社会福利。

国家对公办和民办孤独症教育康复机构的支持，也没有完全实现统一。公立培智学校或其他公立学校受国家支持和扶持力度较大，在教育资源的配置、科研经费、师资队伍建设等方面都得到政府的倾斜。这些机构中任职的孤独症教育康复教师的工资和其他福利待遇，都由国家行政拨款予以保证。而对民办机构的支持和扶持力度远远不够。民办教育机构主要运营方式为自主经营自负盈亏，尽管国家政策通过补贴、政府购买服务等方式对机构进行一定的政策扶持，但是力度远远低于机构的运营成本。机构在考虑自己所承担的社会职责的同时必须兼顾自身的生存，因此机构自身的经营效益决定了能够给到教师的薪资和待遇水平不能得到有效和稳定的保障，机构谱系儿童康复教师的薪资和待遇要受到机构自身运营情况的影响，目前没有统一的制度性保障。

全社会对孤独症教育康复行业的认可度比较低，教育康复师的职业吸引力不强。孤独症教育康复行业本身的相对封闭的特点，决定了教育康复教师与外界交往范围有限，因此，很难得到外界的帮助和支持，其占有的教育教学资源也很有限。

总之，无论是来自政府的政策性的扶持，还是社会各界的支持，民办机构的孤独症康复教师获得的都比较少。日常工作当中遇到一些挫折，就很容易产生“孤立无援”的“挫败感”，进而 降低了自身的职业认同，必然导致孤独症康复教师流向那些更容易获得社会支持的领域和工作岗位。

第三节　促进孤独症教育康复教师职业健康发展的对策

早在 2010 年 7 月下发的《国家中长期教育改革发展规划纲要（2010—2020 年）》中就提出了“加强特殊教育师资队伍建设，采取措施落实特殊教育教师待遇”；2017 年 7 月，教育部等七部门印发《第二期特殊教育提升计划（2017—2020 年）》的通知中，进一步强调：“关心特教教师的身心健康，改善特教教师的工作和生活环境。”可见，国家和政府高度重视特殊教育事业的发展，特别是对特殊教育教师给予了更多的关注。这足以说明，特殊教育教师在促进特殊教育事业健康发展中起着十分重要的作用。

孤独症教育康复教师是特殊教育教师群体的重要组成部分，其自身职业能否健康发展，是稳定师资队伍的基础，也是加快师资队伍建设的关键，直接关乎孤独症康复事业的发展，乃至对整个特殊教育事业产生影响。因此，促进孤独症教育康复教师职业健康发展，具有重要的现实意义和深远的历史意义。

一、加快教育康复教师专业化进程，提高其专业素养

《国家教育中长期发展规划纲要（2010—2020 年）》明确提出了“努力造就一支师德高尚、业务精湛、结构合理、充满活力的高素质专业化教师队伍”的战略目标。教师专业化是社会分工的必然结果，也是教育发展的必然趋势。所谓教师专业化，就是指教师在整个职业生涯中，通过专门训练和终身学习，逐步习得教育专业的知识与技能，并在教育专业实践中不断提高自身的专业素质，从而成为一名合格的专业教师工作者的过程。

孤独症儿童的教育康复是一项非常复杂的系统工程，教育的难度大、康复的时间长以及干预过程的复杂程度高，都对孤独症教育康复教师的专业素养提出了更高要求，因此，必须加快教育康复教师专业化进程。

孤独症教师的专业化，就是使其有深厚的文化底蕴、夯实的理论功底、丰

富的知识体系、科学的教学方法、过硬的教学能力、熟练的实操技巧、勤勉的教学态度，成为能够胜任孤独症儿童教育康复工作的专业教师的过程。

加快教育康复教师专业化进程，首先，要加强师德师风建设。要从源头抓起，即从师范类院校的在校学生开始，就进行思想引领，鼓励学生积极投身祖国的特殊教育事业；充分利用思想品德课等途径，引导学生树立正确的道德观，为广大学生未来成为“师德高尚”的特教老师奠定坚实的思想基础。更重要的是，要把师德师风建设贯穿孤独症教育康复教师职业发展的全过程，要让更多的孤独症教育康复教师具备：不忘初心的理想信念、尚德之心的职业操守、仁爱之心的温暖情怀、事业之心的辛勤耕耘、责任之心的勇于担当和保持耐心的永不放弃的思想品质和修养，造就一大批师德高尚的专业化孤独症教育康复教师队伍。

其次，要提高对加快教育康复教师专业化进程的认识。加快孤独症康复教师专业化进程是教师自身职业发展的迫切需要，也是孤独症教育康复行业走向科学化、国际化的时代要求。因此，政府相关部门，教育康复机构的管理者及一线教师，甚至全社会都应该提高对孤独症康复教师专业化、必要性和紧迫性的认识。特别是一线康复教师更要树立全新的教育理念，增强专业发展自觉性，制定自我专业发展规划，大胆开展教育教学实践，不断创新，逐步提升专业发展水平，积极参与、推动专业化进程。

再次，要进一步完善“资格准入制度”。2015 年 8 月，教育部下发了《特殊教育教师专业标准（试行）》的通知，明确要求“制定特殊教育教师专业证书制度和准入标准，严把教师入口关；制定特殊教育教师聘任（聘用）、考核、退出等管理制度，保障教师合法权益，形成科学有效的特殊教育教师队伍管理和督导机制”。2017 年 5 月 1 日起施行的国务院《残疾人教育条例》第四十二条，要求专门从事残疾人教育工作的教师，应当是特殊教育专业毕业或者经省、自治区、直辖市人民政府教育行政部门组织的特殊教育专业培训并考核。2017 年 7 月，教育部等七部门印发《第二期特殊教育提升计划（2017—2020 年）》的通知中，进一步强调：“到 2020 年，所有从事特殊教育的专任教师均应取得教师资格证，非特殊教育专业毕业的教师还应经过省级教育行政部门组织的特殊教育专业培训并考核合格。”这些密集出台的相关条例、通知等，都充分说明国家和政府都非常重视包括孤独症教育康复教师在内的特殊教育教师的资格准入制度的建立与完善工作。

完善孤独症教育康复教师资格准入制度是孤独症教育康复事业规范化的有效途径，更是提高教师专业水平的重要保证。由于种种原因，目前还没有完善的专门关于孤独症教育康复教师的资格认证体系和完善的准入制度。同时，由于孤独症教育康复教师长期供不应求，导致国家《第二期特殊教育提升计划（2017—2020年）》中确定的个别目标，没有如期完成。因此，应尽快制定包括民办孤独症康复教师在内的，全行业教师资格认证制度体系和职称评定晋升的标准，进一步完善准入制度。适当提高新教师入职的学历“门槛”，这样，可以倒逼潜在教师群体提升自身的学历水平，也就会不断提升新教师群体的综合素质和专业素养。人才需求端要求提高的信号，也一定会传导到上游师范类等相关高等院校，这些高校就会调整办学思路和人才培养方向（目标、规格），有针对性地为孤独症教育康复及相关科学研究培养更多人才，从而全面提升孤独症教育康复行业从业者的专业素养。

最后，要加大对孤独症康复教师的培训和进修学习的力度。早在2017年7月，教育部等七部门印发《第二期特殊教育提升计划（2017—2020年）》的通知中，就明确要求“加大培训力度，对特殊教育教师实行5年一周期不少于360学时的全员培训”。“国培计划”加强特殊教育学校校长和骨干教师的培训。省一级承担特殊教育学校教师培训，县一级承担普通学校随班就读教师、资源教师和送教上门教师培训，增强培训的针对性和实效性。2020年8月，中国康复研究中心国家孤独症康复研究中心主任张通，在接受专访时指出，“推行规范化的康复技术、康复模式，（通过培训）培养一支专业、合格的孤独症康复队伍”。

孤独症教育康复工作的复杂性、特殊性，对孤独症教育康复教师提出了更高要求。仅仅靠教师自身学习和通过教学实践积累经验来提升能力和专业素养，短时间内很难达到行业发展的客观要求。因此，必须加大对孤独症教育康复教师培训和进修学习的力度。政府有关部门，相关高等院校、专业培训机构和康复机构自身都要为孤独症教育康复教师创造良好的接受培训和进修学习的条件。政府应进行顶层设计，包括建立制度、制订规划、经费保障等，尽早出台特殊教育学校康复教师的职业或专业标准，从源头规范康复教师的成长路径（冉娜娜、王辉、阳泽，2020）。康复机构应尽到主体责任，积极组织对教师进行

定期不定期的专业培训，兼顾教师的岗前培训和入职后的培训。建立培训激励机制，调动教师参加培训和外出进修学习的积极性和主动性，同时要积极倡导终身学习的理念。高等院校和专业培训机构，要把培训孤独症教师和接受进修，作为服务社会的重要内容来抓。本着科学性、规范性、针对性和实用性相结合的原则，制订教学计划，确定培训内容，优化课程体系，完善配套教材，推行“点菜制”。注重理论与实践相结合，不断创新培训方式，充分利用现代互联网平台，形成线上线下相结合、理论学习与案例分析相结合、课堂讲授与专题讨论相结合的灵活培训模式。

总之，多方联动，多措并举，持续开展孤独症教育康复教师的规范性培训和有序进修学习，既可以补短板，提升少部分专业水平较低教师的技能，避免或减少这部分教师的流失；更重要的是，可以全面提升孤独症教育康复教师的整体专业素养，加快其专业化进程。

二、加快教育康复教师薪资待遇保障机制建立与完善，提高其收入水平

《国家中长期教育改革发展规划纲要（2010—2020年）》中提出“加强特殊教育师资队伍建设，采取措施落实特殊教育教师待遇”，这说明早在10年前，国家就已经开始重视教育康复教师薪资待遇保障机制建立与完善。近年来，社会各界也在呼吁提高孤独症教育康复教师收入水平和福利待遇。2018年“两会”期间，人大代表黄秀花就提出建议：提高民办孤独症康复机构教师待遇。但是，民办机构孤独症教育康复教师薪资偏低的问题依然没有得到彻底解决（前文已述）。因此，加快教育康复教师薪资待遇保障机制的建立与完善，既是长效之举，也是治本之策。

对绝大多数孤独症儿童康复教师来说，追逐经济利益和福利待遇肯定不是他们的最高价值取向；但是，孤独症教育康复教师职业，和其他任何一个成熟的职业一样，都需要有相应的经济回报来支撑，必须保证其稳定合理的收入水平和相应的福利待遇。只有这样，才能吸引大量的优秀人才从事孤独症康复行业，才能形成稳定的师资队伍；并促进孤独症教育康复教师致力于提高自身专业水准，进而建立严格的职业伦理规范，才能不断提高孤独症教育康复教师社会地位。

提高孤独症教育康复教师薪资待遇，政府、社会和孤独症康复机构都责无旁贷，而且任重道远。加快教育康复教师薪资待遇保障机制的建立与完善，第一，政府要加大财政投入的力度，设置专项资金，扶持民办孤独症康复机构发展，同时，鼓励社会力量积极参与、支持孤独症康复行业的发展，通过社会捐赠、志愿者服务及义工介入等方式，降低康复机构的运营成本，确保提高教师的工资水平。第二，要从政策制定和制度设计层面，保证民办康复机构从业人员和公办机构从业人员同等待遇，并给予特殊津贴。第三，通过政府购买服务的方式，减轻孤独症儿童家庭的负担和降低康复机构运营成本。第四，给予中小微孤独症康复机构在社保缴费方面一定的政策性优惠。第五，引导监督民办机构制定相关的绩效考核及工资制度，防止克扣、拖欠教师工资现象的发生，维护一线教师的合法权益。

总之，有政府的高度重视、社会各界的持续关注、行业本身的不断规范及康复机构自身的不懈努力，广大孤独症教育康复教师的薪资待遇保障机制一定会得以完善，教师收入水平和福利待遇也将不断提升。

三、加快教育康复教师从教良好环境营造，提升其职业幸福感

2018 年 9 月 10 日，习近平总书记在全国教育大会上发表的重要讲话中指出："全党全社会要弘扬尊师重教的社会风尚，努力提高教师政治地位、社会地位、职业地位，让广大教师享有应有的社会声望，在教书育人岗位上为党和人民事业做出新的更大的贡献。"教育部等七部门印发《第二期特殊教育提升计划（2017—2020 年）》的通知中，也明确要求"关心特教教师的身心健康，改善特教教师的工作和生活环境"。可见，党和国家高度重视包括特教教师在内的广大教师的从教环境改善和社会地位提升。

孤独症教育康复教师的从教环境，包括具体的工作环境和生活环境，也包括更广泛意义上的社会环境。其中，良好的工作环境和生活环境，是教师顺利开展教学活动和全心全意投入孤独症教育康复事业中来的基本前提，是提升其职业幸福感的基础。而良好的社会环境，是教师获得尊重、实现自身价值的有力保障，是提升教师幸福感的关键。

孤独症教育康复教师对其从事的特殊教育事业的幸福感，事关自身的职业

状态和生存意义，对提升儿童孤独症的康复教育及训练效果有着重要的影响，进而对整个孤独症康复行业的健康发展产生影响。孤独症康复教师的幸福感是指其在对孤独症儿童的教育干预过程中，通过自身不懈努力，实现职业发展目标和身心和谐发展而产生的一种自我满足感和自我愉悦感。幸福感具有付出与回报的精神属性、给予与被给予的关系属性以及幸福感受的时空无限属性。

孤独症康复教师群体的幸福感，主要受外界客观环境的影响，因此，提升教师的幸福感，关键是要营造良好的教师从教的外部环境。首先，从社会层面看，要弘扬尊师重教的社会风尚，提升教师的社会地位，让广大教师享有更高的社会声望。其次，从政府管理部门和行业管理的层面看，要树立为一线教师服务的理念，把尊师重教落到实处，为教师提供优质的教育教学服务。在职称评定、培训进修、津贴发放等方面向一线教师倾斜；同时，也要减轻一线教师工作的负担，给教师“松绑”，让教师专注于教育教学工作。最后，从康复机构（学校）层面看，要为教师学习、工作和生活营造温馨和谐的氛围，要充分了解教师的心理需求，关注康复教师的心理动态，及时疏导不良的负面情绪，找准提升教师幸福感的切入点，让教师时时刻刻感到温暖。高尔基说：“工作愉快，人生便是天堂；工作痛苦，人生便是地狱。”要让每个教师都能在愉快的环境下工作，在工作的过程中感到愉快。要关注教师身心健康，减轻教师的工作压力和心理压力。同时在内部管理、绩效考核、职称（职务）聘任等方面，要充分尊重教师的意愿，以激励为主，采取更多的人性化的管理手段和方法，为教师营造出宽松的管理氛围，提高教师的幸福指数。通过建立合理的考核及职称（职务）晋级机制，畅通教师职业成长的途径，同时对表现优秀的教师应给予嘉奖，让教师感受到自己工作的价值和意义所在，让每个人都感到有“奔头”。

在既定的外部环境下，教师个体的幸福感高低，一定程度上受自身主观的影响，幸福感往往来自平和的心态。要引导广大教师用积极、乐观、向上的心态看待生活和工作，面对世界，面对人生。要让教师保持良好的心态，在现实工作和生活中去寻找幸福，感受幸福。

总之，社会、政府、康复机构和教师个人各方面共同努力，教师的职业幸福感就会提升，孤独症教育康复教师职业，就能真正成为受人尊敬、人人向往的幸福职业！

第四节　几点建议

一、师范类高校设立相关专业或开设相关课程

教育部等七部门印发《第二期特殊教育提升计划（2017—2020 年）》的通知中，明确要求："支持师范类院校和其他高校扩大特殊教育专业招生规模，提高培养质量。普通师范院校和综合性院校的师范专业普遍开设特教课程。"目前，据不完全统计，我国师范类高校和其他高校开设特殊教育专业的大学有 62 所，开设教育康复学专业的大学有 70 所。其中，大多数特殊教育专业的核心课程，以教育学和心理学为主，与教育康复有关的课程比较少；而且重理论、轻实践的问题依然存在，医教结合也是流于表面。而大多数教育康复专业的培养方案设计，更加重视实验、实践等教学环节，学生的培养更偏向实践。相关调查研究发现，大多数高校的教育康复专业的人才培养目标是：培养集教育和康复两种技能于一身的"双师"工作者以及能从事教育康复工作的应用型专业人才（王辉、李镇译、王玉，2019）。相关调查显示，教育康复学专业毕业的教师的专业素养高于其他专业教育背景的教师。

建议师范类院校和其他高校，加强相关专业建设，调整培养目标，注重理论与实践、医学与教育相结合，增加孤独症教育康复课程的比重，注重人才培养的针对性和实用性。各级政府应支持相关高校，扩大特殊教育等相关专业招生规模，以满足孤独症教育康复师资的需求。同时，鼓励条件成熟的部分高校，增设孤独症教育康复专业（专业方向），优化专业布局和课程体系，全面提升相关专业的人才培养质量。"双一流"师范类院校加大特殊教育专业硕士、博士研究生的培养力度，为孤独症教育康复及相关科学研究培养更多高级人才，全面提升孤独症教育康复行业从业者的专业素养，促进行业健康持续发展。

二、公平民办机构从业人员与编制内人员待遇

国家对公办和民办孤独症教育康复机构的支持和扶持，还没有完全实现统一，相关教师之间的福利待遇也不够公平。鉴于绝大多数的教育康复教师为聘用人员，均不享受特教津贴和政府奖励性绩效，教师薪资待遇低等，建议将残

联办的康复中心及民办康复机构内具备特殊教育资质的教师全部纳入特教津贴享受范围，改善他们的待遇，制定相应的鼓励机制（王雪梅，2019）。提高孤独症康复教师的整体工资，对优秀人员进行相应的物质奖励和精神奖励，落实孤独症康复教师的社会福利。

三、设立专项孤独症教育康复教师职业发展基金

目前，针对特殊教育发展和孤独症儿童救助的专项基金，如壹基金、晓更助残基金会等，大多都由公益基金会、社会福利基金会和儿童少年基金会等社会公益组织发起，在支持特殊教育发展和孤独症儿童救助等方面发挥着积极作用。但是，专门针对孤独症教育康复教师发展，影响力大的基金几乎没有。建议，在政府主导下，积极引导社会公益组织尽快设立孤独症教育康复教师职业发展基金，用于资助孤独症教育康复教师学历提升、业务培训、进修学习及开展相关科学研究，奖励对孤独症教育康复事业做出突出贡献的一线教师。

参考文献

曾晓筠，杨惠芳．自闭症康复教育机构师资困境的对策建议［J］．劳动保障世界，2015（36）：25−26.

陈淑梅，杨林华，曹静．自闭症儿童康复训练的实证研究［J］．邯郸职业技术学院学报，2017，30（3）：87—93.

杜晓新，刘巧云，黄昭鸣，等．试论教育康复学专业建设［J］．中国特殊教育，2013（6）：25—28，40.

百度百科．残疾人事业“十三五”规划（2016−2020）[EB/OL]. (2021)[2016] https://baike.baidu.com/item/%E6%AE%8B%E7%96%BE%E4%BA%BA%E4%BA%8B%E4%B8%9A%E5%8D%81%E4%B8%89%E4%BA%94%E8%A7%84%E5%88%92/19419084?fr=aladdin

人民网．国务院印发《“十四五”残疾人保障和发展规划》[EB/OL].(2021)[2021] https://baijiahao.baidu.com/s?id=1706111452498719670&wfr=spider&for=pc.

中山教育信息港.《残疾人教育条例》(中华人民共和国国务院令第674号)[EB/OL]. (2021)[2019]http://www.zsedu.cn/info/730531.jspx.

教育部，《第二期特殊教育提升计划（2017—2020 年）》启动实施 [EB/OL]. (2021)[2017]http://www.moe.gov.cn/jyb_xwfb/xw_fbh/moe_2069/xwfbh_2017n/xwfb_20170728/170728_sfcl/201707/t20170728_310275.html.

教育部，教育部关于印发《特殊教育教师专业标准（试行）》的通知 [EB/OL]. (2021) [2015]http://www.moe.gov.cn/srcsite/A10/s6991/201509/t20150901_204894.html.

刘婧，王会 . 特殊教育教师职业压力的调查研究——以贵阳市为例［J］. 黔南民族师范学院学报，2018，38（3）：67–70.

刘礼兰 . 特殊教育教师流失的现状、成因与对策研究［J］. 教师教育论坛，2017，30（3）：32–37.

冉娜娜，王辉，阳泽 . 特殊教育康复教师专业素养现状与提升对策［J］. 现代特殊教育，2020（14）：26–32.

王辉，李镇译，王玉 . 教育康复学专业人才培养规格标准的探索与思考［J］. 现代特殊教育，2019（4）：12–17.

王雪梅 . 宁夏自闭症教育康复师资队伍现状调查与分析［J］. 绥化学院学报，2019，39（1）：95–99.

五彩鹿孤独症研究院 . 中国自闭症教育康复行业发展状况报告［M］. 天津：天津教育出版社，2019.

肖雪 . 合肥市民办自闭症儿童康复机构的发展困境和对策研究［D］. 合肥：安徽大学，2020.

杨广学，郭德华，钱旭强 . 自闭症康复机构教师职业现状调查与分析［J］. 中国特殊教育，2011（11）：66—71.

张海丛，李启隆，毛荣建，等 . 北京市民办康复机构孤独症康复教师现状调查［J］. 中国康复理论与实践，2012，18（12）：1190—1193.

第十章　中国孤独症谱系障碍家庭需求与支持现状

◎彭　程　孙兆秋

孤独症又称孤独症谱系障碍，是一种起病于婴幼儿期并且持续终身的发育障碍疾病，主要表现为社会交往、语言交流困难以及行为偏异，孤独症谱系障碍人群的矫治康复乃至重归社会是一个复杂艰难的漫长过程。

由于孤独症儿童在社会交往、人际沟通、语言交流、兴趣及活动方式等多方面存在困难，行为表现较为特殊，在进行社会交往时容易遭受排挤，难以以正常的方式参与社会，家庭成员便成为孤独症儿童日常交往与相处的主要对象，家庭成为孤独症儿童社会支持系统的核心部分。但是，儿童被诊断为具有孤独症谱系障碍，这对于每个家庭而言都是重大的、长时间的危机事件，会从多个维度与层面改变家庭原先的维系模式与生活重心。从初期确诊、日常照料、康复训练、教育培养到孤独症儿童成年后的社会角色安排，家庭在孤独症儿童的整个抚养过程中持续面临着经济负担、负面认知、慢性悲伤等多方面的心理与社会压力及实际困难。而另一方面，家长作为孤独症儿童的直接监护人，决定着孤独症儿童的日常照料与养育方式，也决定了孤独症儿童是否能够接受合适的康复训练与教育培养，直接影响了孤独症儿童的生存质量与发展机会。

本章聚焦孤独症儿童家庭的现实压力与实际需求，分析孤独症谱系障碍家庭应如何通过自我心理调适与系统改善以实现更好地对孤独症儿童的抚育功能；社会支持系统如何从支持家庭角度为孤独症儿童营造良好的成长环境，促进其康复与成长，并为家庭功能的发挥与实现提供具体的指导指引与社会政策支持建议。

第一节 家庭功能与家庭支持

一、孤独症谱系障碍人群的家庭特殊性和家庭支持的重要性

家庭是社会的基本单元，是个体社会化的最早场所与基本场所，更是儿童赖以生存和发展的最重要的社会系统，这使得家庭负有重要的对儿童的照护职责。儿童的成长依赖于家庭，从家庭中获得衣食住行以及社交教育活动，父母为孩子提供爱、安全感等情感供给以及促进儿童智识发展的经济支持，保护子女免于受到生理、情绪、社会的伤害。

孤独症儿童无法与正常儿童一样进行社会交往，此时家庭便天然成为孤独症儿童能够依赖并依靠的核心交互系统，与孤独症儿童形成了紧密的利益共同体。在孤独症儿童的康复与照护过程中，社会因素中的家庭教养因素占据了最重要的地位，目前以家庭为中心的早期训练教育亦被认为是孤独症儿童训练的首推方案。

对于包括孤独症儿童在内的生理上具有残障或情绪存在重大困扰的儿童而言，其在社会交往、语言交流、情感沟通等多方面的行为表现与正常儿童的行为反应与成长方式均具有显著的不同。在心理科学上，这种特殊的行为表现被称作“社交缺陷”，是社会动机不足所致的孤独症谱系障碍的核心症状（王磊、贺荟中、毕小彬等，2021）。具有社交缺陷的孤独症儿童会对父母做出不同于正常儿童的照护与抚养要求，大到学习教育、康复治疗，小到每日的一餐一饭与生活沟通，孤独症儿童特殊的生理与心理需要均使得家庭中的父母及养育者需要承担更多的照顾责任。照顾此类儿童需要更多特殊的知识、额外的耐心以及较正常情况下更高度的情绪控制能力。同时，由于社交障碍的存在，孤独症儿童常常无法符合来自父母亲的行为期待，难以对父母亲的期许与沟通予以有效回应，无法满足父母的情绪需要。正向反馈的欠缺往往使得父母亲感到巨大的挫败感，难以继续维系额外的耐心以及较正常情况下更高度的情绪控制能力。在这种情况下，孤独症儿童的父母亲需要得到及时科学的养育指导与社会支持，以继续在家庭中承担对患儿的养护责任，表现出适当的角色行为，对孤独症儿童予以长期、稳定的照护与抚育。

二、影响家庭发挥支持功能的因素

家庭作为孤独症儿童赖以生存和发展的最重要的社会系统，对孤独症儿童的生存发展而言均意义重大。面对儿童被诊断为孤独症谱系障碍的生活危机事件，一个普通家庭原先的生活模式与生活重心很可能会遭到彻底性的颠覆，在多个维度与层面上受到冲击。只有经过调整适应、生成抗逆力，家庭系统才能够形成强大且有效的长时间抵御危机的能力。

学术界通常以父母教养效能与家庭韧性（又称家庭抗逆力）等理论框架刻画家庭面对此类危机时能够表现出或调整后形成的应对能力，下面将分别从父母教养效能与家庭韧性两个角度展开分析。

（一）高父母教养效能感能够提高患者的康复效果

父母教养效能是指个体对自己是否能成为成功的父母从而促进子女积极发展的能力信念。教养效能是一种父母对自我教养能力的评估性感受，父母的身份、学历、收入、性格、情绪以及对儿童的抚养方式选择均会影响父母对自我教养效能的感受与评估。

父母的教养效能对儿童的社会化发展至关重要，具有高教养效能感的父母能够在教养孤独症患儿的过程中持续地表现出积极、理性与自信的情绪，这种情绪虽然短期内可能无法获得孤独症儿童的正向反馈等回应，但在长时间内依然能够对孤独症儿童的康复治疗、教养效果与情绪引导产生明显的正面效果。

有研究结果表明，家长的父母教养效能感与孤独症儿童的康复之间存在明显的相关性，高父母教养效能感能够提高患儿的康复效果（雷秀雅、杨振、刘愫，2010）。父母教养效能的重要性意味着，在对孤独症儿童的援助与治疗中，对家长的支持、引导与培训举足轻重，父母能够表现出良好的自我效能是孤独症患儿顺利康复并获得自我发展的重要条件。具有成熟型教养效能感的父母虽然同样不可避免地经历迷茫阶段与悲观失望阶段，但仍然能够不断地端正教养理念，正面现实，积极地探索合理的教养孤独症儿童的方法，进而形成较为成熟自信的育儿态度，而不是在迷茫失望后逃避对孩子的养育，或是“只养不教”。据研究，高教养效能通常与父母的受教育程度息息相关，且由于家庭角色分工、传统观念影响以及女性在韧性上的优势，女性在孤独症教养过程中的教养效能感普遍高于家庭中的男性。

（二）培养家庭韧性和家庭抗逆力应对长期持续的照料压力

另一种被普遍采用的分析方式为“家庭韧性 / 家庭抗逆力”，即分析家庭如何作为一个整体应对危机、克服逆境。其中，家庭韧性是指在经历危机的过程当中，帮助家庭抵抗压力或危机并从中恢复的力量，具有韧性的家庭不仅能够管理压力事件在逆境中生存，而且家庭成员也能够运用逆境塑造自己，促进个人的成长（Walsh，1996）。

而与之相似的另一个概念“家庭抗逆力”则是指家庭利用其行为模式、功能能力等协调、应对甚至在历经困苦危机之后茁壮成长的能力，这包括家庭在不同情景下的功能、价值观、结构、资源和生命挑战等（纪文晓，2019）。在应对抚养、照料确诊为孤独症儿童此类的危机事件中，家庭需要综合调动、运用人力、物力等多方面的资源，并对家庭结构和家庭系统予以迅速调整，在家庭成员内部合理分工，对孤独症儿童的照料职责与外出工作、获取收入的职责进行分配，并不断向外求助获取相关的抚养、治疗知识，才能更好地发挥家庭抗逆力。

孤独症谱系障碍的治疗与养护具有持续性、长久性、发展性特征。在家庭中的儿童被确诊为具有孤独症谱系障碍之后，仅凭外界的短期支持往往难以为继，真正的照护抚养过程仍然是发生在家庭内部的一点一滴当中，只有家庭及时从悲伤中走出，并对原先的生活模式与家庭分配予以调整，自身源源不断生成行为动力，才能克服或创造性地转化这一危机，长期应对照料压力。“家庭韧性 / 家庭抗逆力”对孤独症谱系障碍家庭的自我调整与社会支持均能够提供有益的思路与参考，除了作为一种理论之外，更是一种发展性的应对策略，能够指导处于危机中的家庭和面临持续逆境的家庭的具体实践。从家庭抗逆力延伸出的一种干预模式则被称为“家庭抗逆力干预”，这种干预手段建立在“个人和家庭的适应、恢复和成长都可以通过合作予以实现”的信念之上，目的是促进家庭力量。该家庭抗逆力理论可以与多种实践模式相结合，并且运用于多样化的人群（华红琴、曹炎，2019）。

对于家庭内部结构而言，当面对孤独症谱系障碍此类疾病时，家庭往往需要做出结构性调整以应对。有时会需要母系家庭与父系家庭根据需要而参与进

来，由同一代际的亲属或不同代际的亲属共同进行孤独症儿童的养育与照顾，如父母负责外出劳动获得收入，承担孤独症儿童的康复与养育在经济上的开销，并进行医疗、康复信息的收集；而其他亲属或长辈则实际承担儿童的日常照料工作。这种互惠与互助基础之上的富有弹性的亲属关系和家庭延展性往往使得家庭能够具有强大的协作能力与适应性，扩大的亲属关系之间形成经济利益纽带以及有效互惠的合作，合理配置时间和财富，提升家庭凝聚力，增强抗逆力。

在应对孤独症谱系障碍这样的重大风险过程中，一个家庭往往需要综合考虑人力、物力、资源的分配与重组，进行家庭角色与职责的合理分工，并从扩大亲属关系中获得支持，发挥家庭延展性的优势，以实现家庭内部的结构性平衡。而家庭内部两性的平等发展和男女在各自比较优势基础上共同承担责任，合理配置时间和财富是达到家庭效用最大化，发挥家庭抗逆力的关键；另外国家和社会给予家庭的支持政策也是影响家庭抗逆力与家庭韧性发展的比较显著的因素。

第二节　孤独症谱系障碍家庭需求解析

中国精神残疾人及亲友协会于 2013 年进行了全国范围的大规模孤独症家长需求的调查。调查结果显示，家长的需求主要集中在 11 方面：社会和社区支持需求，孩子社会保障需求，孩子康复教育需求，心理支持需求，专业培训和获取资讯需求，孩子职业康复及就业需求，家庭维权需求，孩子托养安置需求，家长社交生活需求，家庭特殊支持需求，家庭财产信托需求。社会发展至今，就整体而言，家长的基本需求仍然存在，满足大龄孩子家长需求的社会服务尤显薄弱（中国精神残疾人及亲友协会，2014）。

从不同的向度归纳孤独症儿童家庭需求主要可分为：第一，经济的需求，包括孤独症儿童康复费用补贴、医疗器材补助以及交通费用补助等相关经济援助；第二，精神的需求，家人与亲友的支持与理解，社会大众对孤独症儿童的正确看法与接纳，心理情绪困扰的处理，向他人解释的需求，家庭休闲娱乐的需求，自尊需求等；第三，服务的需求，包括喘息日服务与志愿服务等社区服务，进行康复教育的相关医疗单位，社会工作者的介入，适当的工作机会提供等；

第四，专业的需求，即对家庭成员照料孤独症儿童的指导，进行儿童发展评估，制订家庭康复方案和融合教育方案等，以及对家庭成员教养技能等相关内容的培训和提高；第五，资源的需求，包括有关孤独症儿童知识普及教养技巧的宣传，申请福利以及融合学校等相关信息，以及孤独症儿童未来生活规划的相关信息（孙玉梅，2015）。

一、对孤独症谱系障碍患者的治疗照护需求

孤独症谱系障碍对孤独症谱系障碍家庭通常会造成很大压力，与此同时，孤独症谱系障碍家庭对该事件的应对方式与心理健康状况、能够为孤独症儿童营造有利的家庭环境，对孤独症儿童的康复治疗具有重要作用。本节将从心理压力、经济负担等角度分别对孤独症谱系障碍家庭所面对的困境展开分析，并结合孤独症儿童在不同阶段的生理与社会需求，为孤独症谱系障碍家庭提供自我评估方式与自我优化建议。

在对孤独症儿童的康复与照护上，处于不同阶段的孤独症儿童在生理与心理需求方面存在着明显的差异。首先，儿童期是孤独症儿童康复的关键时期，在这一阶段父母的主要职责在于学龄前照顾。孤独症谱系障碍作为一种疾病具有特殊的动态发展性与可塑性，儿童期是孤独症谱系障碍发现与确诊的关键时期，也是康复与发展的敏感关键期，若能对处于这一阶段的儿童予以科学、有效、系统化的教养与治疗，把握最佳干预时机，能够对孤独症儿童产生最佳的康复效果。与普通儿童相似的是，处于儿童期的孤独症儿童同样会表现出多种器官机能发展、个体身心快速发展状况，具有潜在的肌体康复与代偿能力，但这一时期同时也是个体各种心理机能发展的敏感期，对父母的养护提出了更高的要求，需要父母更多的关注与引导。

当孤独症儿童成长到青少年阶段，此时则需要更多接受系统性的教育与培养，在这一阶段，孤独症患儿特殊学校与机构则相应地能够分走一部分原先由家庭承担的照护职责，父母的心理压力有所减轻，但依然可能面临较大的经济负担。这一时期对孤独症儿童的照护与抚养，家庭应当更多地关注对特殊教育学校与机构的选择，并关注孤独症儿童在校表现以及康复进展，以便及时处理儿童在学校学习中发生的不同状况，为孤独症儿童创造良好的学习氛围与康复

环境。

在特殊时期的儿童情绪引导方面，有学者研究了2020年年初新冠肺炎疫情时期特殊儿童的正负情绪处理与家庭干预状况，调查疫情期间各类特殊儿童居家的情绪、行为表现及父母等监护人所采用的干预措施（麻敏洁、敖勇前、申承林等，2020）。由于孤独症儿童的监护人在长期求医问诊、康复治疗的过程中，对特殊儿童具体的生理心理障碍有深刻的认识，也在朝夕相处、悉心抚育的过程中，逐渐找到了适合自己孩子的家庭干预措施，这种家庭干预措施能够在疫情期间为孤独症儿童的情绪引导与日常照护产生积极作用，通过转移注意力、言语安抚和行为安慰等方式帮助特殊儿童建立良好的情绪状态。

二、孤独症谱系障碍人士家庭照顾者的心理健康需求

孤独症谱系障碍家庭的需要主要分为心理与情绪的需要、教育干预的需要、社会资源与服务的需要，其中心理与情绪的需要往往是最迫切的需求，如社会大众对孤独症者的理解和接纳，如何面对社会中异样的眼光，如何处理家长自身的负面情绪等（倪赤丹、苏敏，2012）。

在心理压力方面，孤独症儿童的父母极易出现心理健康问题。由于孤独症谱系障碍是一种起病于婴幼儿期并且持续终身的发育障碍疾病，在确诊初期，父母通常会因怀疑是自己在受孕与孕期的过程中采取了不当的生活方式导致了孩子的疾病而陷入过分的自我苛责当中，面临严重的负面认知。而在其后的照护抚养过程中，孤独症儿童因具有社交障碍而难以符合来自父母亲的行为期待，不能够对父母亲的期许与沟通予以有效回应，这会造成孤独症儿童父母明显的挫败感，降低其行为耐心，增加心理焦虑情绪。由于孤独症儿童的康复过程较为缓慢，这对父母的耐心程度、情绪的稳定程度与控制能力、持续性的自我鼓励均提出了极大的挑战。

抚养、照护孤独症儿童意味着家庭会承受很大的压力与负担，孤独症儿童父母的心理健康要比一般人群面临更多的不利因素，但如果父母无法保持稳定的情绪与积极的应对方式，则非但不能引导孤独症儿童有效康复，反而会更进一步损害孤独症儿童的身心健康。父母长期的不良心境反而可能加深孤独症儿童的行为异常与社交障碍，直接影响康复治疗的效果，甚至造成家

庭悲剧的发生。

据研究，孤独症儿童父母的心理压力与患儿的行为问题或孤独症状相关。相较健康儿童的父母，孤独症儿童父母更易于产生心理精神障碍，更易出现躯体化强迫状态、人际关系敏感、抑郁、焦虑等精神障碍，极大地影响孤独症儿童的治疗效果（贺莉娜、周长虹、李海燕，2015）。有研究将这种因儿童被确诊为孤独症谱系障碍而导致的父母体验到的持续的悲伤称为慢性悲伤。

无论是从临床治疗还是从社会支持系统的角度，重视对孤独症儿童父母的心理支持、引导与帮助，提升家庭抗逆力与家庭韧性，促进父母积极乐观个性的形成，并对父母们适当组织具有针对性的系统性的教育和训练，都有益于改善孤独症儿童的生理与心理状况，提升整个家庭的精神面貌与生活质量。

三、提供治疗和特殊教育的经济需求

有学者在对 71 名孤独症儿童家长进行调查的过程中发现超过一半的孤独症儿童家庭存在经济困难，需要经济支持以及孩子的发展性支持（黄辛隐、张锐、邢延清，2009）。在经济压力方面，孤独症儿童因为在行为表现上的异质性，通常难以有效融入普通孩子的群体与学校当中，需要寻找专门的孤独症儿童教育特殊学校或相关机构，孤独症儿童的康复训练亦需要较为高昂的费用。

孤独症谱系障碍的确诊会促使家庭对家庭的结构、分工模式做出调整，往往需要单独由一个或多个人主要承担孤独症儿童的日常照护与情绪引导职责，加之孤独症的照护与康复训练均是长期性的持续过程，与普通儿童相比，照顾孤独症儿童、寻求咨询进行医疗康复等与孤独症谱系障碍相关的事务处理均需要花费父母更多的精力和时间。这意味着家庭中能够外出工作以赚钱养家的成员数量降低，总体收入水平降低，相应地落在外出工作的家庭成员身上的经济压力便更大。而对于低收入家庭而言，经济拮据使得这部分家庭中的孤独症儿童无法接受良好的医疗救助，甚至错过最佳的康复时期，从而造成更加严重的失能与障碍。

四、其他社会支持方面的需求

包括孤独症谱系障碍在内的儿童残障会从经济压力、养育压力、心理压力

等多方面对家庭系统产生负面影响，而社会政策与服务通过向家庭提供经济支持、养育知识、心理援助等方式能够有效地减缓家庭压力，调适家庭系统，提升家庭功能，并促进孤独症儿童的成长与康复。

除了上述提及的经济需求、心理援助需要以外，孤独症儿童的家长同样存在对专业养育知识、专业资源咨询的需求。对于普通家庭而言，当孩子被确诊孤独症谱系障碍之后，需要花费大量的时间和精力在专业医护寻找、信息检索、康复知识学习上，但网络上往往各类信息鱼龙混杂，家长难以有效迅速地寻找到有效信息，并需要进行大量的信息筛选与试错，这种信息不对称性为家长在获取专业医护与养育知识方面造成了障碍。孤独症儿童家长在加强教育过程中需求众多且极为迫切，尤其需要较多的专业咨询支持，迫切需要得到康复机构及老师的帮助（林云强、秦旻、张福娟，2007）。

同时，孤独症谱系障碍家庭在日常生活中需要花费大量的时间与精力照顾抚养孤独症儿童，但是这种长期性、持续性的养育活动会对家长造成持续性的身体和心理压力，需要一些短期性社会服务的对接，如免费或付费的社工服务、医疗机构、慈善机构等能够时不时为家长提供在一个长周期内的阶段性喘息服务，在喘息日帮助家长照料孤独症儿童，使家长从长时间的压力照料活动中得到暂时性的喘息与放松。

第三节　孤独症儿童家庭的社会支持现状

孤独症儿童及其家庭作为社会当中的弱势人群，往往需要获得更多的社会支持，才能达成基本权利与发展权利的实现。基于前述分析，关于孤独症儿童的福利政策和社会公共服务的输送应当以家庭为基本单元，更加注重家庭特征，支持及引导家庭抗逆力与家庭韧性的实现，强化家庭功能的发挥。这需要政府与社会的经济、服务、文化、心理等多维度支持，以及社会工作服务介入，建设全面而系统的孤独症儿童及家庭服务体系。

一、社会支持介入的阶段性特征

对于孤独症儿童家庭而言，社会支持的介入主要分为 3 个阶段。

第一阶段为危机干预，核心在于缓解孤独症儿童父母的负面情绪，如过分的自我苛责、负罪感与慢性悲伤，积极调整孤独症儿童父母的情绪，引导他们认知孤独症儿童的康复与养护主要具有哪些障碍，父母应当承担怎样的职责与角色分工。医生、社工与家长应当积极讨论商定对孤独症儿童的教养方案和康复训练方案，具有一定经验的孤独症儿童家长与新确诊孤独症儿童家长应当积极联系沟通，互相支持，予以情绪引导和经验介绍。构建家长情感和信息支持，通过孤独症家长联谊会、志愿服务活动等方式，建立社区各相关部门孤独症联动的协同教育体系，邀请专业人士为家长提供早期孤独症筛查、教育康复、政策咨询等培训（隗苗苗，2021）。

第二阶段则主要在于对孤独症儿童的成长支持，在社会福利方面提供康复补贴、特殊的器械支持等；在教育知识方面，促进特殊学校的发展，组织孤独症儿童成长议题的讨论。在孤独症儿童的日常生活养护过程中，整合社区资源与社工服务，为孤独症谱系障碍家庭提供经济补贴、临时看管以及喘息服务，帮助孤独症谱系障碍家庭能够长期、稳定地为孤独症儿童提供积极的成长环境与有效的康复养护。

第三阶段则在于培养孤独症儿童的自主独立能力，家庭、医生和社工服务对孤独症儿童的个人发展的每个阶段予以准确评估，并适时调整相应的计划与方案，为孩子匹配更加适合的日常生活模式，为孤独症谱系障碍者重新融入社会、独立生活提供基础，政府则通过相关社会政策予以就业支持。

二、我国孤独症谱系障碍支持政策与制度

我国关于残障儿童的福利政策主要有：1990 年全国人大颁布的《中华人民共和国残疾人保障法》（2018 年修正），1991 年颁布的《中华人民共和国未成年人保护法》（2020 年修订），1992 年国务院颁布的《90 年代中国儿童发展规划纲要》，1994 年国务院颁布的《残疾人教育条例》（2017 年修订），2001 年民政部颁布的《残疾人社会福利机构基本规范》和《儿童福利机构基本规范》，2017 年国务院颁布的《残疾预防和残疾人康复条例》（2018 年修正）。

长期以来，中国残障儿童福利政策属于抢救补缺型，而不是支持发展型，

对残障儿童的救助也往往聚焦于个体，有关残障的研究与政策理念以个人模式为主导，家庭没有被纳入政策和服务的视野当中，或者只是强调父母与家庭在抚育残障孩子上的责任，忽略了对孤独症儿童家庭的心理引导、经济支持与社会服务提供。

第四节　关于孤独症家庭支持性福利政策与服务体系建设的建议

社会政策不能局限于缺陷修补，而要以支持和满足社会成员的发展需要为出发点。目前主要的社会支持性政策并没有对孤独症谱系障碍家庭给予及时的关注和有力的支持，且仅有的支持项目中也是以经济援助为主，缺乏替代照顾、照顾津贴等支持内容。

一、支持政策应从救助个体转向支持家庭

我国目前针对残障儿童的社会政策呈现出明显的碎片化状态，缺乏整合性、系统性和协调性，导致社会公共服务也出现碎片化特征，相关资源无法有效整合。

实际上，养育、照护孤独症儿童既是家庭的责任，更是社会与国家的责任，政府应当予以更多的政策引导以及对家庭的福利服务支持。如今中国改革开放已经历了40余年，经济得到高速发展，社会管理也应及时回应社会现实需要，构建残障儿童家庭支持性福利政策与服务体系（华红琴，2015），适时调整儿童福利政策理念，构建合适的残障儿童社会政策和服务体系，为残障儿童及其家庭提供支持与援助。儿童福利服务应当适时发挥其功能，对残障儿童的照顾者提供各种资讯，给予养育指导，改善残障儿童家庭系统、提升家庭功能，为残障儿童提供良好的家庭环境系统。

未来的家庭社会政策需要在替代照顾和照顾津贴等方面给予包括孤独症谱系障碍在内等罕见病儿童家庭更多关注，只有建立在家庭功能及其需要之上的社会政策才能为社会成员提供真实有效的帮助。转型期的中国社会政策赋予了家庭重要的社会保护责任，但对家庭的支持非常有限（张秀兰、徐月宾，2003）。

二、借鉴海外支持和补位家庭的政策思路，改善中国社会支持体系

在比较法层面，英美等诸多国家都已制定了儿童福利法及各类法案，为残障儿童及家庭提供诸多支持与福利服务，促进残障人士参与社会生活。英国是最早对残障儿童立法的国家，1893 年颁布《基本教育法案》，1948 年制定颁布了《儿童法》，2004 年将“每一个孩子都重要”这一理念写进《儿童法案》，成为全社会必须履行的法律责任。美国则于 1973 年通过《残障人康复法》，1975 年通过《全体残疾儿童教育法》，要求各州为所有残疾儿童提供免费的特殊教育和相关服务。美国儿童福利服务特点是有系统有组织地应对和解决社会问题，并以公共发展和最低残补为取向，当家庭系统出现问题，或者出现父母角色职能不足、有缺陷或停顿情况时，儿童福利能够起到支持、补充和替代的功能（华红琴，2015）。据研究，西方福利家庭的家庭支持政策基本呈现分层的金字塔结构，由上到下分为：针对高危家庭的保护式政策、针对特殊需要家庭的特定式政策、针对所有家庭的普惠式政策，从而实现对所有家庭的普遍性支持（徐浙宁，2009）。

大多数发达国家的政府和社会对家庭角色的重视程度逐渐提高，认为用于增强家庭功能的投入是一种对社会未来的投入（梁祖彬，2001）。政府应当对儿童的福利需求与问题予以及时恰当的回应，完善儿童福利法律体系与行政体系，确保儿童福利的及时输送。

近年来我国政府已经关注到处于困境中的儿童及其家庭需要，2011 年国务院颁布了《中国儿童发展纲要（2011—2020 年）》，明确提出“建设适度普惠型儿童福利制度”“拓展儿童福利范围、提升儿童福利水平”。2013 年 6 月，为进一步遵循与推动这一工作任务，民政部下发了《关于开展适度普惠型儿童福利制度建设试点工作的通知》，要求以“儿童利益最大化”为原则，建立“困境儿童分类保障制度”，并在江苏昆山、浙江海宁、河南洛宁和广东深圳进行适度普惠型儿童福利制度建设试点。该通知首次明确将儿童群体分为孤儿、困境儿童、困境家庭儿童、普通儿童 4 个层次。困境儿童包括残障儿童、重病儿童和流浪儿童 3 类，并且成为重点保障对象。这标志着中国适度普惠型儿童福利政策的开启，为我国建设家庭支持性福利服务体系提供

了政策支持和保障。

除了制度层面的支持外，西方国家儿童福利服务能够有效为家庭提供支持的另一个重要原因在于完善的社会工作专业服务，社会工作的价值理念、专业方法与工作程序是为残障儿童及家庭提供服务的必要前提和重要资源。中国共产党的十八大明确提出要加强和创新社会管理，提高社会管理科学化水平，加强社会管理法律、体制机制、能力、人才队伍和信息化建设，改进政府提供公共服务方式，加强基层社会管理和服务体系建设，增强城乡社区服务功能。因此，基层社区应成为社会福利服务最重要的场所。我国社会工作自 20 世纪 80 年代开始恢复和重建，社会工作发展在党和政府的高度重视与社会的广泛支持下快速发展。民政部于 2003 年年初向各省市民政厅局下发了《关于加强社会工作队伍专业化建设的通知》、2004 年劳动和社会保障部颁布了《社会工作者国家职业标准（试行）》、2006 年人事部和民政部颁布了《社会工作者职业水平评价暂行规定》和《助理社会工作师、社会工作师职业水平考试实施办法》，以推进社会工作职业化制度建设，标志着社会工作进入职业化阶段。近 30 年来，我国社会工作职业化、专业化发展，积累了一定的本土化实践经验，尤其是康复社会工作发展，为儿童与家庭服务提供了专业基础和人才储备。

三、政策理念转变与社会支持系统优化进路

对于未来我国孤独症儿童家庭政策与福利服务体系的建设路径，我国孤独症儿童福利政策制定的理念亟须转变，公共政策与福利服务的重点应当从“孤独症儿童个人”中心转向“孤独症儿童家庭”。

家庭与孤独症儿童是紧密不可分割的利益共同体，更是社会支持系统与福利政策作用于孤独症儿童的中介。在现行的补救式福利制度难以根本性改变的情况下，对孤独症儿童家庭进行帮助和支持是最有效率的。

在法律法规上，应尽快制定儿童福利法、残障儿童专门法规以及家庭支持政策，针对我国残障儿童的发展状况与现实需要制定适切的政策，为残障儿童及家庭服务提供制度保障。

在社会支持系统上，政府和社会应为孤独症儿童家庭提供有效的情绪引导、

经济支持，帮助促进家庭功能的发挥，以恢复、提升、挖掘、建设家庭社会功能为导向，调适家庭系统，改善孤独症儿童的生活环境，不但能有效避免孤独症儿童权利受损，积极为孤独症儿童权利实现争取其他社会支持，还能够从整体上提升家庭的生活质量与幸福感。具体而言，除了经济上的支持外，社会服务上的周全同样重要，如向孤独症谱系障碍家庭提供喘息式照料服务，进行康复培训，或者为孤独症谱系障碍家庭提供心理咨询等方面的内容，以缓解家长的照料压力与心理压力。

另外，立足于社区的行政架构与丰富资源，有利于在孤独症谱系障碍家庭的社会支持系统方面构建社会综合服务体系。这种以“公”为基础正式支持的体系，也有利于整合体制资源，便于统一管理。将孤独症康复与教育纳入体制内，可于短期内有效规范市场环境，缓解政府行政部门的监管孤独症压力（陈阿江、刘怡君、吕年青，2021）。

总而言之，孤独症儿童福利制度是一套谋求儿童幸福的方针和行动准则，政府是儿童福利的提供主体。我国孤独症儿童家庭面临诸多困难，我国亟须以积极福利、主动干预的策略推动儿童福利的实现，对孤独症儿童家庭提供切实的社会福利与支持（华红琴，2015）。对能够发挥完整家庭功能的孤独症谱系障碍家庭，应完善以整个孤独症谱系障碍家庭为保护主体的相关法律法规，推进具有操作性与灵活性的保护支持措施的落实，从经济支持、心理援助、医疗康复保障、社会服务支持等多个维度与方面对孤独症谱系障碍家庭提供应有的帮扶与支持，并积极引导民间慈善力量在资金援助与社会服务提供方面更多地向包括孤独症谱系障碍在内的残障儿童及其家庭倾斜。

参考文献

Walsh, F. (1996). The concept of family resilience: Crisis and challenge. Family process, 35(3), 261–281.

陈阿江，刘怡君，吕年青．自闭症儿童正式支持体系建设的探索——以湖市为例 [J/OL]. 中国矿业大学学报（社会科学版）：1–13[2021–12–29]http://kns.cnki.net/kcms/detail/32.1593.C.20210924.1042.002.html. http://kns.cnki.net/kcms/

detail/32.1593.C.20210924.1042.002.html.

贺莉娜，周长虹，李海燕．孤独症儿童家长的应对方式与心理健康的相关性研究［J］．中国儿童保健杂志，2015，23（9）：937-939，946.

华红琴，曹炎．信念，沟通与联结：自闭症儿童家庭抗逆力生成研究［J］．社会工作，2019（3）：28-40，110.

华红琴．论残障儿童家庭支持性福利政策与服务体系建设［J］．社会建设，2015（2）：24-35.

黄辛隐，张锐，邢延清．71例自闭症儿童的家庭需求及发展支持调查［J］．中国特殊教育，2009（11）：43-47.

纪文晓．家庭结构与家庭抗逆力——基于17个罕见病儿童家庭的叙述分析［J］．社会与公益，2019（1）：64-73.

雷秀雅，杨振，刘愫．父母教养效能感对自闭症儿童康复的影响［J］．中国特殊教育，2010（4）：33-36，46.

梁祖彬．家庭服务与儿童福利［J］．民政论坛，2001（3）：31-34.

林云强，秦旻，张福娟．重庆市康复机构中自闭症儿童家长需求的研究［J］．中国特殊教育，2007（12）：51-57，96.

麻敏洁，敖勇前，申承林，等．新型冠状病毒肺炎疫情下特殊儿童正负性情绪及居家干预调查［J］．中国特殊教育，2020（4）：3-12.

倪赤丹，苏敏．自闭症家庭的需求与社会工作介入——来自深圳120个自闭症家庭的报告［J］．广东工业大学学报（社会科学版），2012，12（5）：36-41.

孙玉梅．自闭症儿童家庭支持系统［M］．北京：北京大学出版社，2015.

王磊，贺荟中，毕小彬，等．社会动机理论视角下自闭症谱系障碍者的社交缺陷［J］．心理科学进展，2021，29（12）：2209-2223.

隗苗苗．自闭症儿童家庭需求调查报告——基于29名自闭症儿童家长问卷调查数据分析［J］．社会福利（理论版），2021（5）：52-57.

徐浙宁．我国关于儿童早期发展的家庭政策（1980—2008）——从“家庭支持”到“支持家庭”［J］．青年研究，2009（4）：47-59，95.

张秀兰，徐月宾．建构中国的发展型家庭政策［J］．中国社会科学，2003（6）：84-96，206-207.

中国精神残疾人及亲友协会．中国孤独症家庭需求蓝皮书［M］．北京：华夏出版社，2014.

第十一章　中国孤独症谱系障碍康复教育相关法律法规、文件

◎王一涵　郭金玉

在我国，被誉为“中国儿童精神医学之父”的陶国泰教授最早提出“孤独症”概念，从20世纪90年代后期开始，大批医学研究人员逐步构建起我国孤独症儿童的研究试验与理论框架（杨希洁，2003），再到2015年，由联合国儿童基金会全球创新中心支持，北京大学生命科学院、北京生命科学研究所及北京国承万通科技有限公司（G-Wearables）共同开发的“小雨滴”自闭症儿童移动端应用上线（联合国儿童基金会，2015），在近30年的孤独症儿童的教育康复行业发展中，我们看到行业从病理研究迈向智能化产品研发，从基本人权转向新型数字权益的保护的历程，而行业发展又聚焦起社会关注与人文关怀，进而推动了国家与政府愈来愈重视孤独症儿童及其家庭、孤独症教育康复行业的法律保障问题。

联合国《儿童权利公约》第二十三条围绕残疾儿童权利，强调签署国应当为残疾儿童提供教育与康复服务的援助。中国作为《儿童权利公约》签署国，多年以来也一直积极回应国际号召。从国家规划上看，在2021年3月11日第十三届全国人民代表大会第四次会议批准的《中华人民共和国国民经济和社会发展第十四个五年规划和2035年远景目标纲要》中，设有专章对未成年人与残疾人等弱势群体权利予以保障，强调“推进适龄残疾儿童和少年教育全覆盖，提升特殊教育质量”“建成康复大学，促进康复服务市场化发展，提高康复辅助器具适配率，提升康复服务质量”。与此同时，国家立法层面也积极出台并修正针对未成年残疾人保护与特殊教育的法律法规与相关文件。而受到上位法

与中央政策的影响，各省、直辖市、自治区以及设区的市制定的地方性法规、地方政府规章及相关文件在数量上呈现出逐年增长的趋势。

另一方面，随着人们对孤独症儿童教育与康复研究的深入，我国法律法规及政策制定活动还展现出针对性与精细化特征。详言之，近年来专门为孤独症儿童“量身定制”的法规与政策性文件频繁出现于公众视野。在 2006 年，国务院批转《中国残疾人事业“十一五”发展纲要（2006—2010 年）》及其配套实施方案，正式将孤独症儿童康复训练纳入工作计划之中。2010 年卫生部及时响应国家对孤独症儿童康复工作的号召，印发了《儿童孤独症诊疗康复指南》。2018 年《国务院关于建立残疾儿童康复救助制度的意见》将孤独症儿童纳入救助对象范畴后，《湖南省人民政府关于建立残疾儿童康复救助制度的实施意见》《湘潭市人民政府关于建立残疾儿童康复救助制度的实施意见》《福州市自闭症儿童康复帮扶若干措施（试行）》等多部地方政府文件都将孤独症儿童教育康复工作予以细化，人民政府对孤独症儿童家庭、康复机构、教育机构给予了大力度的政策支持与资金帮扶。

综上所述，本章致力于残疾人与未成年人权益保护，着眼于孤独症儿童教育与康复问题，对我国有关法律法规、文件进行梳理，探求关于孤独症谱系障碍教育康复相关的法律法规、文件的发展脉络。

第一节 关于孤独症儿童基础权利保障的国际公约、法律法规

孤独症谱系障碍译自 Autism Spectrum Disorder，常称为“自闭症”或者“孤独症”，具体是指“在社会性互动与人际交流方面有明显欠缺，并在行为与兴趣上有着固着性与反复性的症候群”（周念丽、方俊明，2009），多发于幼童时期（邓赐平、刘明，2005）。而孤独症儿童权益保护寓于残疾儿童事务之中。一直以来，中国政府积极承担关于残疾儿童权益保护的国际责任，签署有关国际公约，保障我国残疾儿童的生存权、发展权。在我国关于《经济、社会及文化权利国际公约》执行情况报告中，对残疾人特殊群体权利的法律保障、残疾人权利保护的非歧视和平措施的情况做出说明，表明中国政府将特殊群体权益

保护落于实处。

尽管所签署的公约展现出关于残疾儿童权益保护的国际高度，但受制于国际公约更多是原则性规定，内容相对抽象。因而，我国社会主义法律体系建设进一步为残疾儿童基础权益保障工作提供支持。其中，《中华人民共和国宪法》作为具有最高法律效力的根本法，赋予残疾儿童、少年享有各类基础权利。同时，我国又通过《中华人民共和国教育法》《中华人民共和国义务教育法》《中华人民共和国残疾人保障法》《中华人民共和国未成年人保护法》等法律以及《中华人民共和国残疾人教育条例》等行政法规，打造出捍卫残疾儿童基础权利的保护环路。

一、我国签署的国际公约

近年来，中国政府签署了《儿童生存、保护和发展世界宣言》《执行九十年代儿童生存、保护和发展世界宣言行动计划》《儿童权利公约》《残疾人公约》，为残疾儿童提供救扶与帮助。以上国际活动都表现出中国政府为改善残疾儿童生存环境所承担起的大国责任，与中国捍卫儿童基础权利的决心。

（一）关于残疾人的基础权利

1990 年中国政府签署了《儿童生存、保护和发展世界宣言》，该宣言第十一条规定，应该给予残疾儿童和处境非常困难的儿童更多的关心、照顾和支持。

1999 年，第七届全国人民代表大会常务委员会第二十三次会议决定批准 1989 年 11 月 20 日由联合国大会通过的《儿童权利公约》。该公约第二十三条规定了残疾儿童享有生存权与发展权、获得特殊照顾的权利、受教育权、接受康复服务等权利。

《儿童权利公约》第二十三条规定：

1. 缔约国确认身心有残疾的儿童应能在确保其尊严、促进其自立，有利于其积极参与社会生活的条件下享有充实而适当的生活。

2. 缔约国确认残疾儿童有接受特别照顾的权利，应鼓励并确保在现有资源范围内，依据申请斟酌儿童的情况和儿童的父母或其他照料人的情况，对合格儿童及负责照料该儿童的人提供援助。

3. 鉴于残疾儿童的特殊需要，考虑到儿童的父母或其他照料人的经济情况，

在可能时应免费提供按照本条第 2 款给予的援助，这些援助的目的应是确保残疾儿童能有效地获得和接受教育、培训、保健服务、康复服务、就业准备和娱乐机会，其方式应有助于该儿童尽可能充分地参与社会，实现个人发展，包括其文化和精神方面的发展。

4. 缔约国应本着国际合作精神，在预防保健以及残疾儿童的医疗、心理治疗和功能治疗领域促进交换适当资料，包括散播和获得有关康复教育方法及职业服务方面的资料，以使缔约国能够在这些领域提高其能力和技术并扩大其经验。在这方面，应特别考虑到发展中国家的需要。

2008 年第十一届全国人民代表大会常务委员会第三次会议决定批准 2006 年 12 月 13 日由第 61 届联合国大会通过的《残疾人权利公约》。

《残疾人权利公约》序言部分与第七条对残疾儿童相关事宜予以具体规定：

缔约国应当采取一切必要措施，确保残疾儿童在与其他儿童平等的基础上，充分享有一切人权和基本自由。

在一切关于残疾儿童的行动中，应当以儿童的最佳利益为一项首要考虑。

缔约国应当确保，残疾儿童有权在与其他儿童平等的基础上，就一切影响本人的事项自由表达意见，并获得适合其残疾状况和年龄的辅助手段以实现这项权利，残疾儿童的意见应当按其年龄和成熟程度适当予以考虑。

（二）关于残疾人的受教育权

《残疾人权利公约》第二十四条对残疾人的受教育权予以规定：

第一，缔约国确认残疾人享有受教育的权利。为了在不受歧视和机会均等的情况下实现这一权利，缔约国应当确保在各级教育中实行包容性教育制度和终身学习，以便：充分开发人的潜力，培养自尊自重精神，加强对人权、基本自由和人的多样性的尊重；最充分地发展残疾人的个性、才华和创造力以及智能和体能；使所有残疾人都能切实参与一个自由的社会。

第二，为了实现这一权利，缔约国应当确保：残疾人不因残疾而被排拒于普通教育系统之外，残疾儿童不因残疾而被排拒于免费和义务初等教育或中等教育之外；残疾人可以在自己生活的社区内，在与其他人平等的基础上，获得包容性的优质免费初等教育和中等教育；提供合理便利以满足个人的需要；残疾人在普通教育系统中获得必要的支助，便利他们切实获得教育；按照有教无类的包容性目标，在最有利于发展学习和社交能力的环境中，提供适合个人情况的有效支助措施。

第三，缔约国应当使残疾人能够学习生活和社交技能，便利他们充分和平等地参与教育和融入社区。为此目的，缔约国应当采取适当措施，包括：为学习盲文，替代文字，辅助和替代性交流方式、手段和模式，定向和行动技能提供便利，并为残疾人之间的相互支持和指导提供便利；为学习手语和宣传聋人的语言特性提供便利；确保以最适合个人情况的语言及交流方式和手段，在最有利于发展学习和社交能力的环境中，向盲、聋或聋盲人，特别是盲、聋或聋盲儿童提供教育。

第四，为了帮助确保实现这项权利，缔约国应当采取适当措施，聘用有资格以手语和（或）盲文教学的教师，包括残疾教师，并对各级教育的专业人员和工作人员进行培训。这种培训应当包括对残疾的了解和学习使用适当的辅助和替代性交流方式、手段和模式，教育技巧和材料以协助残疾人。

第五，缔约国应当确保，残疾人能够在不受歧视和与其他人平等的基础上，获得普通高等教育、职业培训、成人教育和终身学习。为此目的，缔约国应当确保向残疾人提供合理便利。

（三）关于残疾人的健康权与康复权

《残疾人权利公约》第二十五条对残疾人的健康权予以规定：

缔约国确认，残疾人有权享有可达到的最高健康标准，不受基于残疾的歧视。缔约国应当采取一切适当措施，确保残疾人获得考虑到性别因素的医疗卫生服务，包括与健康有关的康复服务。缔约国尤其应当：

1. 向残疾人提供其他人享有的，在范围、质量和标准方面相同的免费或费用低廉的医疗保健服务和方案，包括在性健康和生殖健康及全民公共卫生方案方面。

2. 向残疾人提供残疾特需医疗卫生服务，包括酌情提供早期诊断和干预，并提供旨在尽量减轻残疾和预防残疾恶化的服务，包括向儿童和老年人提供这些服务。

3. 尽量就近在残疾人所在社区，包括在农村地区，提供这些医疗卫生服务。

4. 要求医护人员，包括在征得残疾人自由表示的知情同意基础上，向残疾

人提供在质量上与其他人所得相同的护理，特别是通过提供培训和颁布公共和私营医疗保健服务职业道德标准，提高对残疾人人权、尊严、自主和需要的认识。

5. 在提供医疗保险和国家法律允许的人寿保险方面禁止歧视残疾人，这些保险应当以公平合理的方式提供。

6. 防止基于残疾而歧视性地拒绝提供医疗保健或医疗卫生服务，或拒绝提供食物和液体。

《残疾人权利公约》第二十六条对残疾人的康复权予以规定：

第一，缔约国应当采取有效和适当的措施，包括通过残疾人相互支持，使残疾人能够实现和保持最大程度的自立，充分发挥和维持体能、智能、社会和职业能力，充分融入和参与生活的各方面。为此目的，缔约国应当组织、加强和推广综合性适应训练及康复服务与方案，尤其是在医疗卫生、就业、教育和社会服务方面，这些服务和方案应当：根据对个人需要和体能的综合评估尽早开始；有助于残疾人参与和融入社区和社会的各方面，属自愿性质，并尽量在残疾人所在社区，包括农村地区就近安排。

第二，缔约国应当促进为从事适应训练和康复服务的专业人员和工作人员制订基础培训和进修培训计划。

第三，在适应训练和康复方面，缔约国应当促进提供为残疾人设计的辅助用具和技术以及对这些用具和技术的了解和使用。

二、宪法

我国宪法对儿童的生命权、生存与发展、健康和保健、家庭和监护、教育均有规定。

《中华人民共和国宪法》对残疾公民的基础权利予以规定：

第四十五条第一款规定，中华人民共和国公民在年老、疾病或者丧失劳动能力的情况下，有从国家和社会获得物质帮助的权利。国家发展为公民享受这些权利所需要的社会保险、社会救济和医疗卫生事业。

第四十五条第三款规定，国家和社会帮助安排盲、聋、哑和其他有残疾的公民的劳动、生活和教育。

第四十六条对我国儿童全方面教育发展予以规定，中华人民共和国公民有受教育的权利和义务。

国家培养青年、少年、儿童在品德、智力、体质等方面全面发展。

三、法律

《中华人民共和国残疾人保障法》对残疾人享有康复、教育权利予以规定：

第十五条第一款对残疾人康复权予以规定，国家保障残疾人享有康复服务的权利。

第二十一条第一款对残疾人教育权予以规定，国家保障残疾人享有平等接受教育的权利。

《中华人民共和国残疾人保障法》对人民政府保障残疾人权利的规定：

第四条规定，国家采取辅助方法和扶持措施，对残疾人给予特别扶助，减轻或者消除残疾影响和外界障碍，保障残疾人权利的实现。

第十五条第二款规定，各级人民政府和有关部门应当采取措施，为残疾人康复创造条件，建立和完善残疾人康复服务体系，并分阶段实施重点康复项目，帮助残疾人恢复或者补偿功能，增强其参与社会生活的能力。

第二十一条规定，国家保障残疾人享有平等接受教育的权利。

各级人民政府应当将残疾人教育作为国家教育事业的组成部分，统一规划，加强领导，为残疾人接受教育创造条件。

政府、社会、学校应当采取有效措施，解决残疾儿童、少年就学存在的实际困难，帮助其完成义务教育。

各级人民政府对接受义务教育的残疾学生、贫困残疾人家庭的学生提供免费教科书，并给予寄宿生活费等费用补助；对接受义务教育以外其他教育的残疾学生、贫困残疾人家庭的学生按照国家有关规定给予资助。

第四十六条规定，国家保障残疾人享有各项社会保障的权利。

政府和社会采取措施，完善对残疾人的社会保障，保障和改善残疾人的生活。

第四十八条第三款规定，各级人民政府对贫困残疾人的基本医疗、康复服务、必要的辅助器具的配置和更换，应当按照规定给予救助。

《中华人民共和国未成年人保护法》对人民政府引导未成年人康复救助工作的规定：

第九十九条规定，地方人民政府应当培育、引导和规范有关社会组织、社会工作者参与未成年人保护工作，开展家庭教育指导服务，为未成年人的心理辅导、康复救助、监护及收养评估等提供专业服务。

四、行政法规

《残疾人教育条例》规定了各责任主体对残疾人教育权利的保障：

第四条规定，县级以上人民政府应当加强对残疾人教育事业的领导，将残疾人教育纳入教育事业发展规划，统筹安排实施，合理配置资源，保障残疾人教育经费投入，改善办学条件。

第五条规定，国务院教育行政部门主管全国的残疾人教育工作，统筹规划、协调管理全国的残疾人教育事业；国务院其他有关部门在国务院规定的职责范围内负责有关的残疾人教育工作。

县级以上地方人民政府教育行政部门主管本行政区域内的残疾人教育工作；县级以上地方人民政府其他有关部门在各自的职责范围内负责有关的残疾人教育工作。

第六条规定，中国残疾人联合会及其地方组织应当积极促进和开展残疾人教育工作，协助相关部门实施残疾人教育，为残疾人接受教育提供支持和帮助。

第七条规定，学前教育机构、各级各类学校及其他教育机构应当依照本条例以及国家有关法律、法规的规定，实施残疾人教育；对符合法律、法规规定条件的残疾人申请入学，不得拒绝招收。

第八条规定，残疾人家庭应当帮助残疾人接受教育。

残疾儿童、少年的父母或者其他监护人应当尊重和保障残疾儿童、少年接受教育的权利，积极开展家庭教育，使残疾儿童、少年及时接受康复训练和教育，并协助、参与有关教育机构的教育教学活动，为残疾儿童、少年接受教育提供支持。

第九条规定，社会各界应当关心和支持残疾人教育事业。残疾人所在社区、相关社会组织和企事业单位，应当支持和帮助残疾人平等接受教育、融入社会。

2021年9月，国务院印发《中国儿童发展纲要（2021—2030年）》，围绕健康、教育等领域，提出对残疾儿童及孤独症儿童相关的策略措施：

1. 加强儿童保健服务和管理。加强儿童保健门诊标准化、规范化建设，提升儿童保健服务质量。推进以视力、听力、肢体、智力及孤独症 5 类残疾为重点的 0~6 岁儿童残疾筛查，完善筛查、诊断、康复、救助相衔接的工作机制。

2. 保障特殊儿童群体受教育权利。完善特殊教育保障机制，推进适龄残疾儿童教育全覆盖，提高特殊教育质量。坚持以普通学校随班就读为主体，以特殊教育学校为骨干，以送教上门和远程教育为补充，全面推进融合教育。大力发展残疾儿童学前教育，进一步提高残疾儿童义务教育巩固水平，加快发展以职业教育为重点的残疾人高中阶段教育。推进孤独症儿童教育工作。

3. 落实残疾儿童康复救助制度。完善儿童残疾筛查、诊断、治疗、康复一体化工作机制，建立残疾报告和信息共享制度。提高残疾儿童康复服务覆盖率，为有需求的残疾儿童提供康复医疗、康复辅助器具、康复训练等基本康复服务，促进康复辅助器具提质升级。完善残疾儿童康复服务标准，增强残疾儿童康复服务供给能力，规范残疾儿童康复机构管理。支持儿童福利机构面向社会残疾儿童开展替代照料、养育教育辅导、康复训练等服务。

4. 加强儿童媒介素养教育。为欠发达地区儿童、残疾儿童、困境儿童安全合理参与网络提供条件。

第二节　关于中国孤独症谱系障碍教育相关法律法规、文件的解读

有研究指出，由于医学界并未明确病因，也没有针对性药物，因此教育干预是改善孤独症儿童生命的主要途径之一（王芳、杨广学，2017）。孤独症儿童自身的特异性，决定了需要对其实施差异化的教育机制。目前，我国围绕残疾人与残疾儿童的教育问题，出台了相关的法律法规与文件，并对残疾人与残疾儿童、少年的教育方针、教师培养、教学资源配置做出规定。

一、关于教育类型采取的路径

（一）关于残疾人教育的方针路线

我国《中华人民共和国教育法》第十条第三款规定，“国家扶持和发展残疾人教育事业”。同时，我国对残疾人教育采取了普通教育方式与特殊教育方

式并行，优先采取普通教育方式的方针路线。

《中华人民共和国教育法》与《中华人民共和国残疾人教育条例》对残疾人教育方针、责任主体的规定：

《中华人民共和国教育法》第三十九条对责任主体予以规定，国家、社会、学校及其他教育机构应当根据残疾人身心特性和需要实施教育，并为其提供帮助和便利。

《中华人民共和国残疾人教育条例》第二条对贯彻国家教育方针予以规定，国家保障残疾人享有平等接受教育的权利，禁止任何基于残疾的教育歧视。

残疾人教育应当贯彻国家的教育方针，并根据残疾人的身心特性和需要，全面提高其素质，为残疾人平等地参与社会生活创造条件。

《中华人民共和国残疾人教育条例》第三条对残疾人教育路线予以规定：残疾人教育是国家教育事业的组成部分。

发展残疾人教育事业，实行普及与提高相结合、以普及为重点的方针，保障义务教育，着重发展职业教育，积极开展学前教育，逐步发展高级中等以上教育。

残疾人教育应当提高教育质量，积极推进融合教育，根据残疾人的残疾类别和接受能力，采取普通教育方式或者特殊教育方式，优先采取普通教育方式。

《中华人民共和国残疾人保障法》对残疾人教育、培训的规定：

该法第二十一条规定：国家保障残疾人享有平等接受教育的权利。

各级人民政府应当将残疾人教育作为国家教育事业的组成部分，统一规划，加强领导，为残疾人接受教育创造条件。

政府、社会、学校应当采取有效措施，解决残疾儿童、少年就学存在的实际困难，帮助其完成义务教育。

各级人民政府对接受义务教育的残疾学生、贫困残疾人家庭的学生提供免费教科书，并给予寄宿生活费等费用补助；对接受义务教育以外其他教育的残疾学生、贫困残疾人家庭的学生按照国家有关规定给予资助。

该法第二十二条规定：残疾人教育，实行普及与提高相结合、以普及为重点的方针，保障义务教育，着重发展职业教育，积极开展学前教育，逐步发展高级中等以上教育。

该法第二十四条规定：县级以上人民政府应当根据残疾人的数量、分布状况和残疾类别等因素，合理设置残疾人教育机构，并鼓励社会力量办学、捐资助学。

该法第二十七条规定：政府有关部门、残疾人所在单位和有关社会组织应当对残疾人开展扫除文盲、职业培训、创业培训和其他成人教育，鼓励残疾人自学成才。

（二）关于普通教育

《中华人民共和国残疾人保障法》对普通教育学校予以规定：

《中华人民共和国残疾人保障法》第二十五条规定：普通教育机构对具有接受普通教育能力的残疾人实施教育，并为其学习提供便利和帮助。

普通小学、初级中等学校，必须招收能适应其学习生活的残疾儿童、少年入学；普通高级中等学校、中等职业学校和高等学校，必须招收符合国家规定的录取要求的残疾考生入学，不得因其残疾而拒绝招收；拒绝招收的，当事人或者其亲属、监护人可以要求有关部门处理，有关部门应当责令该学校招收。

普通幼儿教育机构应当接收能适应其生活的残疾幼儿。

《中华人民共和国残疾人教育条例》对普通学校资源配置予以规定：

第十六条第一款规定，县级人民政府应当根据本行政区域内残疾儿童、少年的数量、类别和分布情况，统筹规划，优先在部分普通学校中建立特殊教育资源教室，配备必要的设备和专门从事残疾人教育的教师及专业人员，指定其招收残疾儿童、少年接受义务教育；并支持其他普通学校根据需要建立特殊教育资源教室，或者安排具备相应资源、条件的学校为招收残疾学生的其他普通学校提供必要的支持。

第十八条规定，在特殊教育学校学习的残疾儿童、少年，经教育、康复训练，能够接受普通教育的，学校可以建议残疾儿童、少年的父母或者其他监护人将其转入或者升入普通学校接受义务教育。

在普通学校学习的残疾儿童、少年，难以适应普通学校学习生活的，学校可以建议残疾儿童、少年的父母或者其他监护人将其转入指定的普通学校或者特殊教育学校接受义务教育。

第二十二条规定，招收残疾学生的普通学校应当将残疾学生合理编入班级；

残疾学生较多的，可以设置专门的特殊教育班级。

招收残疾学生的普通学校应当安排专门从事残疾人教育的教师或者经验丰富的教师承担随班就读或者特殊教育班级的教育教学工作，并适当缩减班级学生数额，为残疾学生入学后的学习、生活提供便利和条件，保障残疾学生平等参与教育教学和学校组织的各项活动。

《中华人民共和国义务教育法》对普通学校随班就读予以规定：

该法第十九条第二款对普通学校随班就读予以规定：普通学校应当接收具有接受普通教育能力的残疾适龄儿童、少年随班就读，并为其学习、康复提供帮助。

（三）关于特殊教育

《中华人民共和国义务教育法》对特殊教育予以规定：

该法第十九条第一款规定：县级以上地方人民政府根据需要设置相应的实施特殊教育的学校（班），对视力残疾、听力语言残疾和智力残疾的适龄儿童、少年实施义务教育。特殊教育学校（班）应当具备适应残疾儿童、少年学习、康复、生活特点的场所和设施。

《中华人民共和国残疾人保障法》对特殊教育予以规定：

该法第二十六条规定，残疾幼儿教育机构、普通幼儿教育机构附设的残疾儿童班、特殊教育机构的学前班、残疾儿童福利机构、残疾儿童家庭，对残疾儿童实施学前教育。

初级中等以下特殊教育机构和普通教育机构附设的特殊教育班，对不具有接受普通教育能力的残疾儿童、少年实施义务教育。

高级中等以上特殊教育机构、普通教育机构附设的特殊教育班和残疾人职业教育机构，对符合条件的残疾人实施高级中等以上文化教育、职业教育。

提供特殊教育的机构应当具备适合残疾人学习、康复、生活特点的场所和设施。

《中华人民共和国残疾人教育条例》对特殊教育学校建设予以规定：

第十六条第二款规定，县级人民政府应当为实施义务教育的特殊教育学校配备必要的残疾人教育教学、康复评估和康复训练等仪器设备，并加强九年一贯制义务教育特殊教育学校建设。

第十七条第三款、第四款分别规定，适龄残疾儿童、少年不能接受普通教育的，由县级人民政府教育行政部门统筹安排进入特殊教育学校接受义务教育。

适龄残疾儿童、少年需要专人护理，不能到学校就读的，由县级人民政府教育行政部门统筹安排，通过提供送教上门或者远程教育等方式实施义务教育，并纳入学籍管理。

第十九条要求，适龄残疾儿童、少年接受教育的能力和适应学校学习生活的能力应当根据其残疾类别、残疾程度、补偿程度以及学校办学条件等因素判断。

第二十四条要求，残疾儿童、少年特殊教育学校（班）应当坚持思想教育、文化教育、劳动技能教育与身心补偿相结合，并根据学生残疾状况和补偿程度，实施分类教学；必要时，应当听取残疾学生父母或者其他监护人的意见，制订符合残疾学生身心特性和需要的个别化教育计划，实施个别教学。

第二十五条要求，残疾儿童、少年特殊教育学校（班）的课程设置方案、课程标准和教材，应当适合残疾儿童、少年的身心特性和需要。

残疾儿童、少年特殊教育学校（班）的课程设置方案、课程标准由国务院教育行政部门制订，教材由省级以上人民政府教育行政部门按照国家有关规定审定。

二、关于教师培养

《中华人民共和国残疾人保障法》对特殊教育师范院校建设以及教师培养的规定：

该法第二十八条规定，国家有计划地举办各级各类特殊教育师范院校、专业，在普通师范院校附设特殊教育班，培养、培训特殊教育师资。普通师范院校开设特殊教育课程或者讲授有关内容，使普通教师掌握必要的特殊教育知识。

特殊教育教师和手语翻译，享受特殊教育津贴。

《中华人民共和国残疾人教育条例》对残疾人教育教师培养、培训工作予以规定：

第四十条规定，县级以上人民政府应当重视从事残疾人教育的教师培养、培训工作，并采取措施逐步提高他们的地位和待遇，改善他们的工作环境和条

件，鼓励教师终身从事残疾人教育事业。

县级以上人民政府可以采取免费教育、学费减免、助学贷款代偿等措施，鼓励具备条件的高等学校毕业生到特殊教育学校或者其他特殊教育机构任教。

三、关于教学资源配置

《中华人民共和国残疾人教育条例》对普通学校资源配置予以规定：

该条例第十六条第一款规定，县级人民政府应当根据本行政区域内残疾儿童、少年的数量、类别和分布情况，统筹规划，优先在部分普通学校中建立特殊教育资源教室，配备必要的设备和专门从事残疾人教育的教师及专业人员，指定其招收残疾儿童、少年接受义务教育；并支持其他普通学校根据需要建立特殊教育资源教室，或者安排具备相应资源、条件的学校为招收残疾学生的其他普通学校提供必要的支持。

该条例第十七条第一款、第二款规定，适龄残疾儿童、少年能够适应普通学校学习生活、接受普通教育的，依照《中华人民共和国义务教育法》的规定就近到普通学校入学接受义务教育。

适龄残疾儿童、少年能够接受普通教育，但是学习生活需要特别支持的，根据身体状况就近到县级人民政府教育行政部门在一定区域内指定的具备相应资源、条件的普通学校入学接受义务教育。

《中华人民共和国残疾人保障法》对残疾人教学用品予以规定：

该法第二十一条第三款规定，各级人民政府对接受义务教育的残疾学生、贫困残疾人家庭的学生提供免费教科书，并给予寄宿生活费等费用补助。

该法第二十九条明确规定，政府有关部门应当组织和扶持盲文、手语的研究和应用，特殊教育教材的编写和出版，特殊教育教学用具及其他辅助用品的研制、生产和供应。

第三节　关于中国孤独症谱系障碍康复相关法律法规、政策的解读

1996年，国务院发布的《中国的儿童状况》白皮书中设有残疾儿童保护的专章，从残疾儿童权益保护、残疾预防与康复等方面，对我国残疾儿童生存、

发展状况予以报告。孤独症儿童的康复工作作为残疾儿童康复工作中的一个重要模块，其康复工作的开展置于残疾儿童康复工作之中。

一、关于残疾人康复工作的部署

我国形成以社区康复为基础，康复机构为骨干，残疾人家庭为依托的康复工作布局。另外，我国还格外重视对残疾儿童实行抢救性治疗和康复工作。

《中华人民共和国残疾人保障法》对我国残疾人康复工作安排做出概括性规定：

该法第十六条规定，康复工作应当从实际出发，将现代康复技术与我国传统康复技术相结合；以社区康复为基础，康复机构为骨干，残疾人家庭为依托；以实用、易行、受益广的康复内容为重点，优先开展残疾儿童抢救性治疗和康复；发展符合康复要求的科学技术，鼓励自主创新，加强康复新技术的研究、开发和应用，为残疾人提供有效的康复服务。

该法第十七条还规定，各级人民政府鼓励和扶持社会力量兴办残疾人康复机构。

地方各级人民政府和有关部门，应当组织和指导城乡社区服务组织、医疗预防保健机构、残疾人组织、残疾人家庭和其他社会力量，开展社区康复工作。

残疾人教育机构、福利性单位和其他为残疾人服务的机构，应当创造条件，开展康复训练活动。

残疾人在专业人员的指导和有关工作人员、志愿工作者及亲属的帮助下，应当努力进行功能、自理能力和劳动技能的训练。

《中华人民共和国残疾预防和残疾人康复条例》对残疾人康复工作做出具体规定：

该条例第二条对残疾人康复予以规定，即本条例所称残疾人康复，是指在残疾发生后综合运用医学、教育、职业、社会、心理和辅助器具等措施，帮助残疾人恢复或者补偿功能，减轻功能障碍，增强生活自理和社会参与能力。

该条例第三条对残疾人康复工作的方针予以规定，残疾预防和残疾人康复工作应当坚持以人为本，从实际出发，实行预防为主、预防与康复相结合的方针。

国家采取措施为残疾人提供基本康复服务，支持和帮助其融入社会。禁止

基于残疾的歧视。

该条例第四条对政府责任予以规定，县级以上人民政府领导残疾预防和残疾人康复工作，将残疾预防和残疾人康复工作纳入国民经济和社会发展规划，完善残疾预防和残疾人康复服务和保障体系，建立政府主导、部门协作、社会参与的工作机制，实行工作责任制，对有关部门承担的残疾预防和残疾人康复工作进行考核和监督。乡镇人民政府和街道办事处根据本地区的实际情况，组织开展残疾预防和残疾人康复工作。

县级以上人民政府负责残疾人工作的机构，负责残疾预防和残疾人康复工作的组织实施与监督。县级以上人民政府有关部门在各自的职责范围内做好残疾预防和残疾人康复有关工作。

该条例第七条规定，社会各界应当关心、支持和参与残疾预防和残疾人康复事业。

新闻媒体应当积极开展残疾预防和残疾人康复的公益宣传。

国家鼓励和支持组织、个人提供残疾预防和残疾人康复服务，捐助残疾预防和残疾人康复事业，兴建相关公益设施。

该条例第十七条规定，县级以上人民政府应当组织卫生、教育、民政等部门和残疾人联合会整合从事残疾人康复服务的机构（以下称康复机构）、设施和人员等资源，合理布局，建立和完善以社区康复为基础、康复机构为骨干、残疾人家庭为依托的残疾人康复服务体系，以实用、易行、受益广的康复内容为重点，为残疾人提供综合性的康复服务。

县级以上人民政府应当优先开展残疾儿童康复工作，实行康复与教育相结合。

《国务院关于建立残疾儿童康复救助制度的意见》对残疾儿童康复救助工作要求做出规定。

（一）加强组织领导

残疾儿童康复救助工作实行地方人民政府负责制。地方各级人民政府要将残疾儿童康复救助工作列入重要议事日程，作为政府目标管理和绩效考核重要内容，对不作为、慢作为、乱作为的单位和个人加大行政问责力度，对违纪违法的严肃追究责任。残联组织与教育、民政、人力资源和社会保障、卫生健康、市场监管等有关部门要履职尽责、协作配合，加强工作衔接和信息共享，深化“放管服”改革，努力实现“最多跑一次”“一站式结算”，切实提高便民服务水平。

（二）加强能力建设

县级以上人民政府根据本行政区域残疾人数量、分布状况、康复需求等情况，制订康复机构设置规划，举办公益性康复机构，将康复机构设置纳入基本公共服务体系规划，支持社会力量投资康复机构建设，鼓励多种形式举办康复机构。社会力量举办的康复机构和政府举办的康复机构在准入、执业、专业技术人员职称评定、非营利组织财税扶持、政府购买服务等方面执行相同的政策。加强康复人才教育培训培养，不断提高康复服务从业人员能力素质。切实加强残疾儿童康复救助工作经办能力，确保事有人做、责有人负。推动建设残疾儿童康复救助服务管理综合信息平台。充分发挥村（居）民委员会、基层医疗卫生机构、公益慈善组织和残疾人专职委员、社会工作者、志愿服务人员等社会力量作用，做好发现告知、协助申请、志愿服务等工作。健全多渠道筹资机制，鼓励、引导社会捐赠。

（三）加强综合监管

教育、民政、卫生健康、市场监管等有关部门要商残联组织完善残疾儿童康复机构管理相关政策，共同做好康复机构监督管理。残联组织要会同有关部门加强定点康复机构准入、退出等监管，建立定期检查、综合评估机制，指导定点康复机构规范内部管理、改善服务质量、加强风险防控，及时查处违法违规行为和安全责任事故，确保残疾儿童人身安全；探索建立科学合理的康复服务定价机制，加强价格监管；建立覆盖康复机构、从业人员和救助对象家庭的诚信评价和失信行为联合惩戒机制，建立黑名单制度，做好公共信用信息记录和归集，加强与全国信用信息共享平台、国家企业信用信息公示系统的信息交换共享；积极培育和发展康复服务行业协会，发挥行业自律作用。财政、审计等部门要加强对残疾儿童康复救助资金管理使用情况的监督检查，防止发生挤占、挪用、套取等违法违规现象。残疾儿童康复救助实施和资金筹集使用情况要定期向社会公开，接受社会监督。

（四）加强宣传动员

地方各级人民政府及有关部门要充分运用传统媒体、新媒体等多种手段大

力开展残疾儿童康复救助制度政策解读和宣传，使社会各界广泛了解党和政府的爱民之心、惠民之举，帮助残疾儿童监护人准确知晓残疾儿童康复救助制度相关内容，了解基本申请程序和要求。积极引导全社会强化残疾预防和康复意识，关心、支持残疾儿童康复工作，营造良好社会环境。

《湖南省人民政府关于建立残疾儿童康复救助制度的实施意见》对残疾儿童康复救助工作要求做出规定。

（一）加强组织领导

省政府残疾人工作委员会统筹协调全省残疾儿童康复救助工作，省委宣传部、省发改委、省教育厅、省民政厅、省财政厅、省人力资源和社会保障厅、省卫生计生委、省安监局、省扶贫办、省残联等省直相关部门按照责任分工和时限要求抓好落实。各市州、县市区人民政府要切实加强本地区残疾儿童康复救助工作的组织领导，并将其纳入本地区经济社会发展和残疾人康复事业发展规划，统筹协调、系统推进。

（二）强化部门协作

各级残联组织负责残疾儿童筛查、救助对象的审核，定点康复机构准入、评估、退出与综合监管，以及康复救助工作的宣传、培训、指导、评估、检查等工作的统筹协调。财政部门负责资金统筹安排及与康复机构结算工作，对康复资金使用进行检查、监督。卫生计生部门负责加强医疗康复机构的管理、监督，加强医疗卫生专业技术人员的康复技术培训。人力资源和社会保障部门负责对纳入医疗保险范围的定点医疗康复机构进行监督，将符合规定的残疾儿童康复项目纳入城乡居民医疗保险报销范围。教育部门负责加强对承担康复救助任务学校的管理，支持特殊教育学校学前班开设康复训练内容，为康复后的残疾儿童进入普通小学或幼儿园提供保障。民政部门负责福利机构残疾儿童康复救助工作，加强对福利机构内设康复点的组织管理和有效监管。安监部门负责康复机构安全生产工作实施综合监管。

（三）提升服务能力

市州、县市区人民政府根据本地区实际，制订康复机构设置规划，将康复机构设置纳入基本公共服务体系规划。支持社会力量投资康复机构建设，鼓励多种形式举办康复机构。社会办康复机构在用水电气、学科建设、人才培养等方面享受与公办康复机构同等政策待遇。加强康复人才培养，提高康复服务人员能力素质。完善残疾儿童康复救助服务管理综合信息平台。充分发挥村（居）民委员会、基层医疗卫生机构和残疾人专职委员、社会工作者、志愿服务人员等社会力量作用，做好发现告知、协助申请、志愿服务等工作。健全多渠道筹资机制，发挥各级残疾人福利基金会、红十字会、慈善总会等公益慈善组织的作用，鼓励、引导社会捐赠。要深化“放管服”改革，努力实现“最多跑一次”“一站式结算”，切实提高便民服务水平。

（四）强化监督管理

加强残疾儿童康复风险防控，建立健全残疾儿童康复机构运营和残疾儿童康复训练意外伤害等风险分担补贴机制。残疾儿童康复救助实施和资金筹集使用情况要定期向社会公开，充分接受社会监督。对出具虚假证明材料骗取康复救助资金的单位和个人要依法严肃处理，并在社会信用体系中予以记录。财政、审计等部门要加强对残疾儿童康复救助资金管理使用情况的监督检查，防止发生挤占、挪用、套取等违法违规现象。对纳入定点的各类康复服务机构，要按照相关服务标准定期开展服务质量评估、考核或检查，对未能按规定提供服务的机构要限期整改直至取消定点资格、纳入黑名单。

（五）做好政策宣传

各地要组织开展学习培训，全面掌握残疾儿童康复救助制度精神和内容，积极组织实施残疾儿童康复救助工作。要充分利用多种媒体宣传残疾儿童康复救助制度，营造良好社会氛围，引导全社会强化残疾预防和康复意识，关心、支持残疾儿童康复工作。要采取灵活多样的形式进行宣传解读，确保残疾儿童监护人准确知晓残疾儿童康复救助制度内容，了解基本申请程序和要求。

二、关于康复救助对象与救助内容

《国务院关于建立残疾儿童康复救助制度的意见》对救助对象的规定：

救助对象为符合条件的0~6岁视力、听力、言语、肢体、智力等残疾儿童和孤独症儿童。包括城乡最低生活保障家庭、建档立卡贫困户家庭的残疾儿童和儿童福利机构收留抚养的残疾儿童；残疾孤儿、纳入特困人员供养范围的残疾儿童；其他经济困难家庭的残疾儿童。其他经济困难家庭的具体认定办法，

由县级以上地方人民政府制定。

有条件的地区，可扩大残疾儿童康复救助年龄范围，也可放宽对救助对象家庭经济条件的限制。

《湘潭市人民政府关于建立残疾儿童康复救助制度的实施意见》对机构康复训练予以规定：

由定点康复机构为0~6岁视力、听力、言语、肢体、智力等残疾儿童和孤独症儿童提供视功能训练，听觉言语功能训练，运动、认知、沟通及适应性训练等基本康复服务。

三、关于康复机构

《中华人民共和国残疾人保障法》对医疗康复机构予以规定：

该法第十八条规定，根据需要有计划地在医疗机构设立康复医学科室，举办残疾人康复机构，开展康复医疗与训练、人员培训、技术指导、科学研究等工作。

《中华人民共和国残疾预防和残疾人康复条例》对康复机构予以规定：

该条例第十八条规定，县级以上人民政府根据本行政区域残疾人数量、分布状况、康复需求等情况，制订康复机构设置规划，举办公益性康复机构，将康复机构设置纳入基本公共服务体系规划。

县级以上人民政府支持社会力量投资康复机构建设，鼓励多种形式举办康复机构。

社会力量举办的康复机构和政府举办的康复机构在准入、执业、专业技术人员职称评定、非营利组织的财税扶持、政府购买服务等方面执行相同的政策。

该条例第十九条规定，康复机构应当具有符合无障碍环境建设要求的服务场所以及与所提供康复服务相适应的专业技术人员、设施设备等条件，建立完善的康复服务管理制度。

康复机构应当依照有关法律、法规和标准、规范的规定，为残疾人提供安全、有效的康复服务。鼓励康复机构为所在区域的社区、学校、家庭提供康复业务指导和技术支持。

康复机构的建设标准、服务规范、管理办法由国务院有关部门商中国残疾人联合会制定。

县级以上人民政府有关部门应当依据各自职责，加强对康复机构的监督管理。残疾人联合会应当及时汇总、发布康复机构信息，为残疾人接受康复服务提供便利，各有关部门应当予以支持。残疾人联合会接受政府委托对康复机构及其服务质量进行监督。

《汕尾市人民政府办公室关于印发汕尾市残疾儿童康复救助实施办法的通知》中对残疾儿童康复机构的概念、工作内容、监管部门予以规定：

实施办法第十三条规定，本办法所称残疾儿童定点康复机构是指国家、社会或个人举办的，依法登记、符合条件并经有关监管部门认定的残疾儿童康复服务机构，主要包括残疾人康复机构、医疗康复机构、妇幼保健机构、特殊教育学校（幼儿园）、儿童福利机构以及非营利性的助残社会组织等。社会力量举办的康复机构和政府举办的康复机构在准入、执业、专业技术人员职称评定、非营利组织财税扶持、政府购买服务等方面执行相同的政策。

各有关部门要加强对各类康复机构的业务指导，加大对社会力量举办康复机构的支持，逐步完善政府购买残疾儿童康复服务的运作模式及监管机制。

实施办法第十四条规定，县级以上人民政府要根据本行政区域残疾人数量、分布状况、康复需求等情况，制订康复机构设置规划，举办公益性康复机构，并将康复机构设置纳入基本公共服务体系规划，支持社会力量投资康复机构建设，鼓励多种形式举办康复机构。

各级儿童福利机构要积极创造条件为机构内的残疾儿童开展康复服务，符合定点康复机构条件的，纳入定点机构管理；暂时不具备开展康复服务条件的，可通过购买（委托）其他定点康复机构服务的方式提供康复服务。

《汕尾市人民政府办公室关于印发汕尾市残疾儿童康复救助实施办法的通知》《邵阳市残疾儿童康复救助制度实施细则》都对残疾儿童康复机构认定、服务资格取消予以规定。

《汕尾市人民政府办公室关于印发汕尾市残疾儿童康复救助实施办法的通知》规定，残疾儿童定点康复机构必须符合以下基本要求：

①本市行政区域内具有法人资质，自愿申请成为市、县级残疾儿童定点康复机构，并履行相应责任和义务，具备承担相关康复救助任务的服务能力。

②符合残疾儿童定点康复机构相关准入标准，按照国家和省现行的残疾儿童康复机构服务规范和服务标准规定的服务内容、服务流程、服务周期和质量要求提供服务。

③遵纪守法，在全国信用信息共享平台、国家企业信用信息公示系统和其他政府监管、执法部门无违法违规等不良记录；没有发生过重大伤亡或责任事故。

该实施办法规定，经中国残联、国家卫生健康部门认定的听力残疾儿童定点康复机构、定点医院和通过广东省残疾儿童康复机构三级（含）以上等级评审的机构，可直接认定为本地定点康复机构。

该实施办法规定，残疾儿童定点康复机构的认定，由县级以上残联组织会同同级教育、民政、卫生健康、人力资源和社会保障、市场监管等部门，组织相关领域专家按照相关准入标准公开评审择优确定。各级残联组织要定期向社会公布本地定点康复机构名单。

该实施办法规定，定点康复机构应与残疾儿童监护人或代理人签订服务协议，并须载明的事项有：

①定点康复机构的名称、地址、法定代表人或重要负责人、联系方式。

②残疾儿童监护人或代理人的姓名、住址、身份证明、联系方式。

③服务内容和服务方式。

④收费标准及费用支付方式。

⑤服务期限和地点。

⑥当事人的权利和义务。

⑦协议变更、解除与终止的条件。

⑧违约责任。

⑨争议解决方式。

⑩当事人协商一致的其他合法内容。

该实施办法规定，定点康复机构应充分利用网站、公告栏等做好康复救助项目公示工作，在机构显眼位置向社会公示接受康复服务的残疾儿童及监护人名单、期限等情况，并定期公布项目进展等情况，自觉接受残疾儿童监护人、媒体及社会公众的监督。

《邵阳市残疾儿童康复救助制度实施细则》规定：

残疾儿童康复救助服务定点康复机构须符合以下基本要求：具有法人资格，自愿申请成为残疾儿童康复救助服务定点康复机构，履行相应责任和义务，具备承担相关康复项目任务的服务能力。符合《湖南省残疾儿童定点康复机构准入标准与业务工作指南》（省里另行制定）条件，能够按照《湖南省残疾儿童康复救助定点服务机构管理办法》（省里另行制定）规定的服务内容、服务流程、服务周期和质量要求提供康复服务。遵纪守法，无违法违规等不良记录；没有发生过重大伤亡或责任事故。

该实施细则规定，县级定点康复机构的认定，由县级残联会同卫生健康、教育、民政、医疗保障等部门，组织相关专业康复专家进行遴选评审，报市残联审定。市级定点康复机构由市残联会同本级卫生健康、教育、民政、医疗保障等部门择优选择。市残联定期统一向社会公布全市残疾儿童定点康复机构名单。

该实施细则规定，定点康复机构须与同级残联签订服务协议，明确目标任务、工作要求及双方责任、权利、义务等。定点康复机构应利用公告栏、网站等做好康复救助公示工作，在机构显眼位置向社会公示享受康复救助的残疾儿童名单、期限等情况，并定期公布康复救助开展等情况，自觉接受残疾儿童家长、媒体及社会公众的监督。各级残联要做好指导和监督工作，确保救助项目公开、透明。

该实施细则规定，定点康复机构违反服务协议约定，如出现额外收取救助对象项目服务范围内不合理费用，未按康复服务范围和康复技术规程提供康复服务，康复服务效果及满意度未达标，存在消防、食品卫生、水电气使用及教学环境等安全隐患，违反康复救助工作要求造成严重后果的其他行为之一，且在规定时间内整改不合格的，取消其定点服务资格。

定点康复机构借助项目名义套取康复救助资金的，直接取消其定点服务资格、纳入黑名单。

四、关于社区康复

《残疾预防和残疾人康复条例》对社区康复予以规定：

该条例第二十条规定，各级人民政府应当将残疾人社区康复纳入社区公共服务体系。

县级以上人民政府有关部门、残疾人联合会应当利用社区资源，根据社区残疾人数量、类型和康复需求等设立康复场所，或者通过政府购买服务方式委托社会组织，组织开展康复指导、日常生活能力训练、康复护理、辅助器具配置、信息咨询、知识普及和转介等社区康复工作。

城乡基层群众性自治组织应当鼓励和支持残疾人及其家庭成员参加社区康复活动，融入社区生活。

五、关于康复服务

《残疾预防和残疾人康复条例》对残疾人康复服务予以规定：

该条例第二十一条规定，提供残疾人康复服务，应当针对残疾人的健康、日常活动、社会参与等需求进行评估，依据评估结果制订个性化康复方案，并根据实施情况对康复方案进行调整优化。制订、实施康复方案，应当充分听取、尊重残疾人及其家属的意见，告知康复措施的详细信息。

提供残疾人康复服务，应当保护残疾人隐私，不得歧视、侮辱残疾人。

《汕尾市人民政府办公室关于印发汕尾市残疾儿童康复救助实施办法的通知》对残疾人康复服务监管主体予以规定：

该实施办法规定，教育、公安、民政、卫生健康、发展改革、人力资源和社会保障、市场监管等有关部门要商同级残联组织完善残疾儿童康复机构管理相关政策，共同做好康复机构监督管理，确保康复救助服务公开、公平、公正、安全、有效。

六、关于康复工作人员

《中华人民共和国残疾人保障法》对康复专业人才培养做出规定：

该法第十九条规定，医学院校和其他有关院校应当有计划地开设康复课程，设置相关专业，培养各类康复专业人才。政府和社会采取多种形式对从事康复工作的人员进行技术培训；向残疾人、残疾人亲属、有关工作人员和志愿工作者普及康复知识，传授康复方法。

《残疾预防和残疾人康复条例》对康复专业人才教育予以规定：

该条例第二十二条要求从事残疾人康复服务的人员应当具有人道主义精神，遵守职业道德，学习掌握必要的专业知识和技能并能够熟练运用；有关法律、行政法规规定需要取得相应资格的，还应当依法取得相应的资格。

该条例第二十八条规定，国家加强残疾预防和残疾人康复专业人才的培养；鼓励和支持高等学校、职业学校设置残疾预防和残疾人康复相关专业或者开设相关课程，培养专业技术人员。

县级以上人民政府卫生、教育等有关部门应当将残疾预防和残疾人康复知识、技能纳入卫生、教育等相关专业技术人员的继续教育。

该条例对康复机构工作人员技能予以规定，要求康复机构应当对其工作人员开展在岗培训，组织学习康复专业知识和技能，提高业务水平和服务能力。

该条例对引导残疾家庭成员学习康复知识与技能予以规定，各级人民政府和县级以上人民政府有关部门、残疾人联合会以及康复机构等应当为残疾人及其家庭成员学习掌握康复知识和技能提供便利条件，引导残疾人主动参与康复活动，残疾人的家庭成员应当予以支持和帮助。

七、关于保障措施

《残疾预防和残疾人康复条例》对康复保障予以规定：

该条例第二十六条规定，国家建立残疾儿童康复救助制度，逐步实现 0~6 岁视力、听力、言语、肢体、智力等残疾儿童和孤独症儿童免费得到手术、辅助器具配置和康复训练等服务；完善重度残疾人护理补贴制度；通过实施重点康复项目为城乡贫困残疾人、重度残疾人提供基本康复服务，按照国家有关规定对基本型辅助器具配置给予补贴。具体办法由国务院有关部门商中国残疾人联合会根据经济社会发展水平和残疾人康复需求等情况制定。

国家多渠道筹集残疾人康复资金，鼓励、引导社会力量通过慈善捐赠等方式帮助残疾人接受康复服务。工伤保险基金、残疾人就业保障金等按照国家有关规定用于残疾人康复。

有条件的地区应当根据本地实际情况提高保障标准，扩大保障范围，实施高于国家规定水平的残疾人康复保障措施。

八、关于法律责任

《残疾预防和残疾人康复条例》对残疾人康复的法律责任予以规定：

该条例规定，地方各级人民政府和县级以上人民政府有关部门未依照本条例规定履行残疾预防和残疾人康复工作职责，或者滥用职权、玩忽职守、徇私舞弊的，依法对负有责任的领导人员和直接责任人员给予处分。

各级残疾人联合会有违反本条例规定的情形的，依法对负有责任的领导人员和直接责任人员给予处分。

该条例规定，医疗卫生机构、康复机构及其工作人员未依照本条例规定开展残疾预防和残疾人康复工作的，由有关主管部门按照各自职责分工责令改正，给予警告；情节严重的，责令暂停相关执业活动，依法对负有责任的领导人员和直接责任人员给予处分。

该条例规定，具有高度致残风险的用人单位未履行本条例第十五条规定的残疾预防义务，违反安全生产、职业病防治等法律、行政法规规定的，依照有关法律、行政法规的规定给予处罚；有关法律、行政法规没有规定的，由有关主管部门按照各自职责分工责令改正，给予警告；拒不改正的，责令停产停业整顿。用人单位还应当依法承担救治、保障等义务。

该条例规定，违反本条例规定，构成犯罪的，依法追究刑事责任；造成人身、财产损失的，依法承担赔偿责任。

第四节　关于中国残疾人与残疾儿童相关法律法规、文件的发展概况[①]

我国当前出台的法律法规及文件中，专门针对孤独症谱系障碍群体权益保障的数量较少。同时，1982 年陶国泰教授在中国确诊第一例孤独症患儿，此时我国才正式提出“孤独症”概念。而直至 2001 年，获得中华精神科学会通过并正式出版的《中国精神障碍分类与诊断标准（第 3 版）》将“儿童孤独症”列入中国精神障碍范畴。而法律政策层面，制定专门针对孤独症谱系障碍群体

① 本节数据引自北大法宝法律法规库，http://www.pkulaw.com。

权益文件更是存在一定时间间隙。但前期关于残疾人与残疾儿童的相关法律法规、文件，对涉孤独症谱系障碍群体权益保障也起到效用。因此，本节将统计口径扩大至残疾人与残疾儿童教育、康复救助等相关工作的法律法规、文件。

下文收集了我国发布残疾人与残疾儿童、涉孤独症谱系障碍教育、康复救助等相关工作的法律法规与文件，分别从法律法规及文件类型、发布机关或者机构、发布年份3个角度阐述，并期望通过统计方式，了解中国残疾人与残疾儿童法律法规、文件的发展概况。

一、我国发布涉残疾儿童法律法规、文件720部，国务院部门规范性文件数量最多

据不完全统计，截至2021年9月1日，我国发布残疾人与残疾儿童、涉孤独症谱系障碍教育、康复救助等相关工作的法律法规与文件共计720部。[①]按照发布数量，国务院部门规范性文件数量最多，发布了232部，占比约32%，如《卫生部办公厅关于印发〈儿童孤独症诊疗康复指南〉的通知》《教育部关于加强残疾儿童少年义务教育阶段随班就读工作的指导意见》《教育部办公厅、中国残联办公厅关于做好残疾儿童少年义务教育招生入学工作的通知》等；其次是地方规范性文件，发布了113部，占比约16%，如《乐山市人民政府关于印发〈乐山市建立残疾儿童康复救助制度实施方案〉的通知》《襄阳市人民政府办公室关于印发〈加快特殊教育事业发展的实施意见〉的通知》《荆州市人民政府办公室关于加强自闭症群体关爱救助工作的通知》等；再者是地方政府工作文件，发布了80部，占比约11%，如《上海市教育委员会关于成立上海市自闭症儿童教育指导中心的通知》《贵州省教育厅办公室关于组织特殊教育学校教师参加自闭症康复知识讲座的通知》《广西壮族自治区民政厅关于同意广西自闭症康复协会成立登记的批复》等。整体上，我国残疾人与残疾儿童、涉孤独症儿童权益保障工作较为活跃。

① 本统计样本的技术，包括现行有效、已失效、尚未生效的法律法规、相关文件。

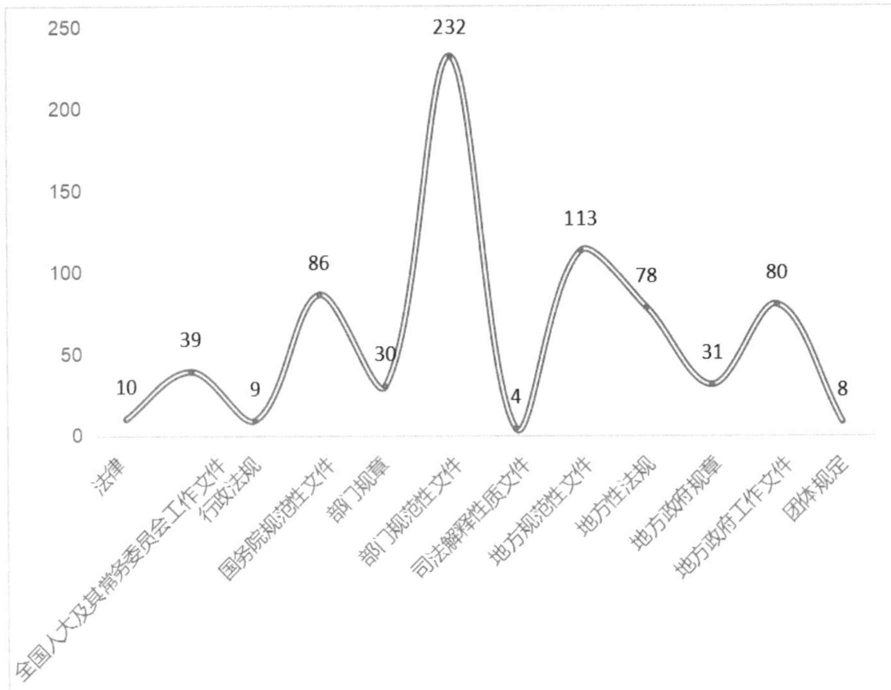

图 11-1　涉孤独症谱系障碍教育、康复等相关工作法律法规、文件的类型分布

二、中央层级发布数量占比高，地方政府逐步跟进

从残疾人与残疾儿童、涉孤独症谱系障碍教育、康复救助等相关工作的法律法规、文件的发布机关或者机构的构成上看，中央层级的法律法规与相关文件数量较多。其中，全国人大及其常务委员会发布的法律及相关工作文件有 49 部，国务院及其部委发布的行政法规、国务院规范性文件、部门规章及部门规范性文件共有 357 部，中央层面文件发布数量约占发布总量的 57%。

在中央立法部署下，地方政府也开始制定关于残疾人与残障儿童的相关法规与政策。据统计，地方人民政府现已发布 302 部，占比约 42%。近年来，地方还积极出台专门针对孤独症儿童的地方性法规、地方政府规章与工作文件，如《荆州市人民政府办公室关于加强自闭症群体关爱救助工作的通知》《贵州省教育厅办公室关于组织特殊教育学校教师参加自闭症康复知识讲座的通知》《福州市自闭症儿童康复帮扶若干措施（试行）》。由此可以看出，地方立法呈现出精细化特征，而专门针对孤独症群体权益保障与救助帮扶的文件出现，也表明我国上下位法承接工作进展顺利，上位法的引导作用与下位法的落地作用已见成效。

另外，专门团体由于具备更专业的资质，因此也发布了一些针对孤独症谱系障碍的文件，细化孤独症康复教育工作，如中国残疾人联合会发布《中国残疾人联合会康复部关于开展孤独症儿童康复教育试点项目工作的通知》《中国残疾人联合会康复部关于申报2014年度孤独症儿童康复教育试点项目试点机构的通知》等。

表11-1 涉孤独症谱系障碍教育、康复等相关工作法律法规、文件的发布机关或机构分布

发布机关或者机构	发布数量
全国人大及其常务委员会	49
国务院及其部委	357
最高司法机关	4
地方人民政府	302
专门团体	8

三、近年来涉孤独症谱系障碍相关法律法规、文件发布呈增长趋势

从残疾人与残疾儿童、涉孤独症谱系障碍教育、康复救助等相关工作的法律法规与文件发布时间上看，最早发布时间出现在1980年，即《中等师范学校规程（试行）》第九条对设办特殊师范教育学校做出规定；20世纪90年代中期开始，法律法规与相关文件在数量上呈现出小高峰。而迈入21世纪，我国残疾人与残疾儿童、涉孤独症谱系障碍教育、康复救助等相关的法律活动进入繁荣期。从下表中可以得知，有7个年份发布数量超过35部。其中，2017年发布数量最多，达54部；其次是2011年，发布了49部。数量的增长，从侧面反映了我国关于残疾人与残疾儿童的规范体系愈来愈完善。

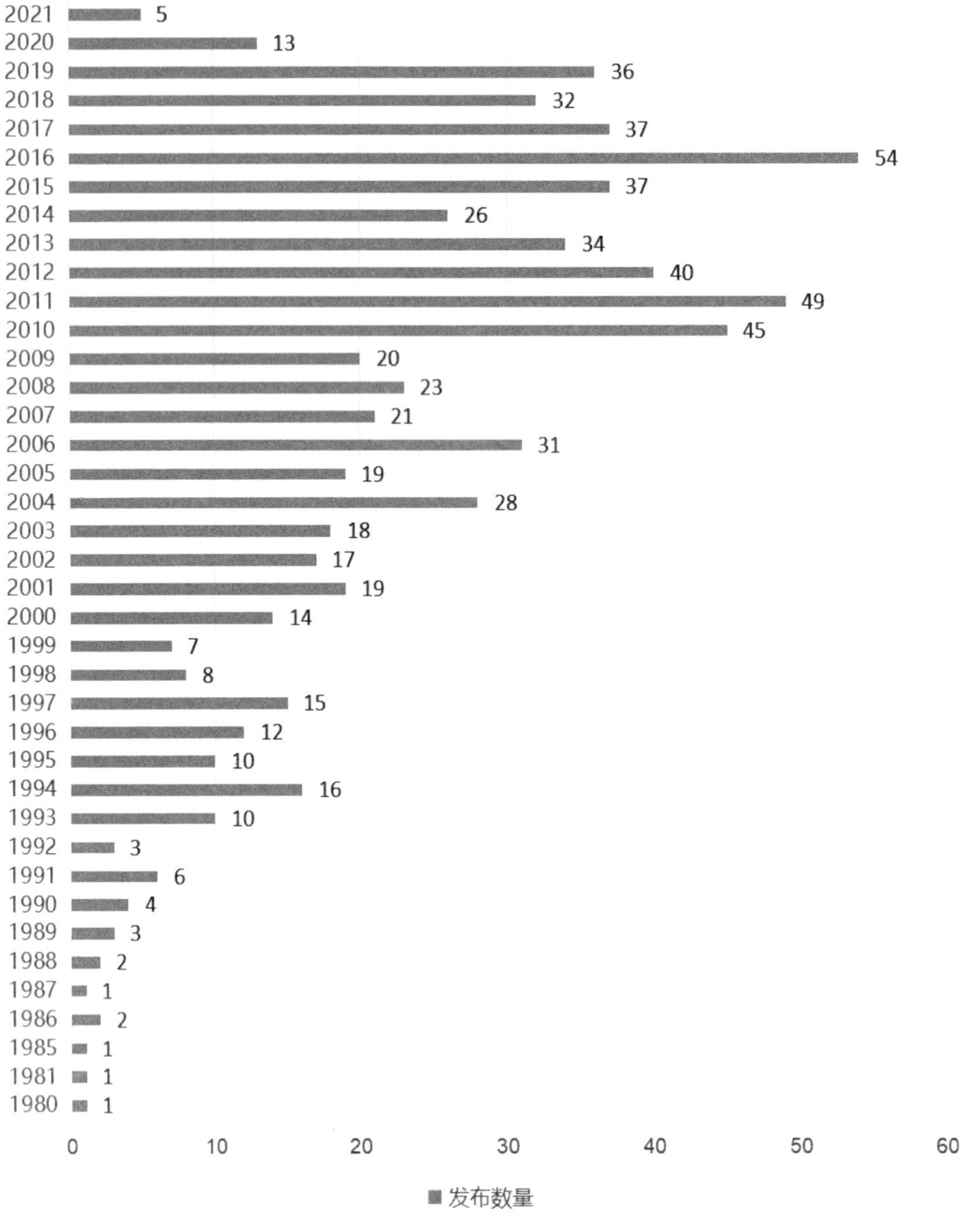

年份	发布数量
2021	5
2020	13
2019	36
2018	32
2017	37
2016	54
2015	37
2014	26
2013	34
2012	40
2011	49
2010	45
2009	20
2008	23
2007	21
2006	31
2005	19
2004	28
2003	18
2002	17
2001	19
2000	14
1999	7
1998	8
1997	15
1996	12
1995	10
1994	16
1993	10
1992	3
1991	6
1990	4
1989	3
1988	2
1987	1
1986	2
1985	1
1981	1
1980	1

0 10 20 30 40 50 60

■ 发布数量

图 11-2　涉孤独症谱系障碍教育、康复等相关工作法律法规、文件的年份分布

参考文献

北大法宝法律法规库，https://www.pkulaw.com.

邓赐平，刘明. 自闭症诊断理论的进展与困顿［J］. 中国特殊教育，2005（3）：63-67.

联合国儿童基金会驻中国办事处. 安卓国际版自闭症儿童沟通学习应用正式上线 [EB/OL].（2021）[2015]https://www.prnasia.com/story/121315-1.shtml.

王芳，杨广学. 国内自闭症干预与康复现状调查与分析［J］. 医学与哲学，2017，38（10）：49-54.

杨希洁. 我国大陆特殊儿童早期干预研究综述［J］. 中国特殊教育，2003（4）：64-69.

周念丽，方俊明. 自闭症儿童综合评估模式之建构与检验［J］. 中国特殊教育，2009（3）：68-73.

第十二章 大龄（成年）孤独症人士的现状与未来

第一节 中国大陆大龄（成年）孤独症人士的现状与未来

◎付秀银

从目前人类对孤独症的认识和了解来看，孤独症仍然是一种伴随终身的发育障碍。经过早期的诊断和科学干预，虽然对孤独症的一些行为和症状都能有很大的改善，甚至一些患者可以不再符合孤独症的诊断标准（邹小兵大夫称之为“摘帽”），但多数孤独症患者所表现出的核心症状，尤其是社会交往方面，依旧会或多或少地成为他们融入社会的障碍。

20 世纪 80 年代，我国的脑科学和神经科学专家认识到了孤独症这一危害婴幼儿正常发育的障碍性疾病，由南京脑科医院的陶国泰先生、北京大学第六医院的杨晓玲等医生确诊我国首批孤独症患儿，如今这些患儿已经是 40 岁以上的成年人。随着孤独症的发生率逐年上升，进入成年期的大龄孤独症人数也在逐年增加。根据最新发布的《中国自闭症教育康复行业发展状况报告（Ⅲ）》（五彩鹿自闭症研究院，2019）的数据显示，我国的孤独症群体规模已经达到了 1000 万，并以每年十多万的速度递增。根据一份 H 市的调查显示：在该市参与调查的孤独症群体中，大约 60% 的患者均已成年（何颖，2019），成年孤独症群体的规模不容忽视。由于缺乏对这些大龄孤独症人群的调查和跟进，这一部分人的现状和去向不明，似乎从社会和人们的视野中消失。其实，缺乏社会支持和关注的这部分人群，大多数都被关在家中，不得不由孤独症患者的家庭默默承担，其中的艰辛和无奈，往往是一个家庭不可承受之重。

一、大龄孤独症人群的困境

随着人们对孤独症越来越深入的研究和了解，对孤独症早期干预的重要性和必要性也逐渐清晰。因此，孤独症儿童在 0~6 岁幼年时期的早期干预，家长和社会都给予高度的重视，国家也相继出台了一系列相关的政策，对这一部分儿童有强有力的政策支持，每个符合条件的孤独症儿童的基本康复训练费用由国家承担（见本书第十一章）。当孤独症儿童到了义务教育的适龄期，根据自身能力可以选择在普通学校或进入特殊学校学习，属于享受国家义务教育的范畴。教育部于 2011 年修订的《残疾人随班就读工作管理办法》的相关法规（中华人民共和国教育部，2011），虽然在执行中遇到这样那样的困难和干扰，有许多被迫中途退学的案例（吴金发，2014），但毕竟给学龄期的孤独症儿童带来了融入社会的机会和希望。随着年龄的增长，孤独症儿童进入了青年期和成年期，孤独症的社会交往障碍等特质使得他们很难独立生活，能找到一份适合的工作更是极少数。即使是在美国和一些对孤独症的认识和研究较早的（Kanner，1943；Lovaas，et al.，1973）、对孤独症人群的各项福利比较齐全的发达国家中，成年后能独立生活的孤独症人士仅占 19%（NAIR，2015）。因此，有多少家长都在担心：我死了以后，谁来照顾我的孩子？怎样才能保障他 / 她能有一个最基本的、有尊严的生活？自古以来，“白发人送黑发人”都是人生中的最大悲哀之一，可是又有多少孤独症的家长，竟然将“自己一定要比孩子多活一天”作为内心深处的期盼（新浪网，2021）。根据最近的一份对大龄孤独症家庭现状的研究访谈数据显示：结束了义务教育阶段的大龄孤独症患者只能被“圈养”在家中（张茜，2021）。大龄孤独症在义务教育结束后重回家庭生活已经成为他们的群体特征。有大约 72% 的家长不得不选择“长期与患者待在家中”，难以走出家门（李豪豪、沈亦骏、杨翠迎，2020），无疑给这些家庭造成了巨大的压力。

（一）经济压力

家有孤独症患者，对一个家庭所产生的经济压力其实一直都会存在。为了照顾孩子，一些父亲或母亲不得不选择辞职或被迫失业。孩子需要长期的康复训练费用，国家看到了早期康复训练的必要性，出台了相关政策，承担基本训练费用，大大减轻了孤独症患者在幼年期的干预训练费用的压力。进入青少年期，国家的九年义务教育解决了孩子进入融合学校和特殊学校的费用，部分减轻了孤独症家长的经济压力。但当孤独症患者走出学校后，由于缺乏对大龄孤独症人群的政策支持，政府对这部分群体的政策还处于空白阶段，各项福利和保障都出现了“断崖”式下跌，所有的经济压力都集中在了孤独症患者家长身上。

（二）精神压力

大多数成年孤独症患者，由于缺乏一技之长，缺乏独立生活的能力，整天待在家里，无所事事，本人和家长都会产生巨大的精神压力。还有不少孤独症的成年人由于缺乏运动，体重超标的不在少数（邹天乐，2020）。多数家长无力再支撑已经“成年”但还没有“成人”的孤独症儿童，这些孩子的“成年”和“成人”似乎没有明显的正比关系，两者之间显现出不同程度的不协调（甄岳来、李忠忱，2011）。随着孤独症儿童步入成年阶段，家长也进入年老体衰的阶段，“日渐势衰”，无力再照顾他们。

（三）社会压力

孤独症患者属于神经发育障碍，或者可以称为神经发育的多样性。由于他们独特的行为表现，会有一些不符合常识中的社会行为规范，因此常常受到对孤独症不了解的人们的不满或歧视。青春期的孤独症群体像普通青年期的群体一样，由于身体的变化，会出现叛逆和对异性的兴趣增加，生理发育和心理发育之间的落差会带来不适合他们年龄的行为表现，出现不合时宜的“性”行为（杨雯，2013）。这个时期如果有情绪控制障碍，有攻击行为出现，会增加其危险性（Greenspan，2010）。逐渐老去的孤独症患者的家长，已经没有控制他们行为的能力和体力，部分没有社会行为规范的孤独症成年人，会受到来自社会方面的歧视，增加他们的精神压力，使他们更加难以融入社会，同时也难以被社会接纳。

（四）医疗需求压力

调查显示，孤独症群体中有多达60%以上有共患病（邹小兵，2013），如多动、注意力缺陷、癫痫、睡眠障碍、肠道疾病、焦虑、抑郁。此类疾病的发病率都高于普通人群。因此，孤独症群体更加需要各种医疗条件的保障。

而孤独症成年人能够参加全职工作的比例较少，大多数的孤独症患者缺少医疗保险，不能享受医疗费用的减免和报销，使得孤独症群体的各项医疗费用也会大大高于普通人群，这无异于雪上加霜，加重孤独症患者家庭已经不堪重负的经济负担。

二、大龄孤独症人群的需求

（一）政策需求

对成年孤独症群体的政策目前还处于空白阶段，他们的各项权利没有政策方面的保障。近年来，国家对残疾人的政策正在不断完善。例如，一份十四五期间的调研报告将孤独症的教育康复扩展为 3 个阶段（胡务、彭媛，2020），建议政府除了对孤独症群体的早期康复阶段和义务教育阶段之外，增加为就业做准备的职业康复阶段。国家需要尽快出台相关法律法规，保障孤独症患者在义务教育之后能够享有以全生命周期为视角的政策支持。

（二）职业培训需求

对一些程度较轻的孤独症患者，一味地救助不可能成为一种长远的、可持续发展的方式，只有让他们掌握一技之长，在社会中有自己安身立命的根本，才是需要追求的终极目标。在孤独症患者的职业培训方面，除了一些小型的民间团体和家长根据自己孩子的需求而自发组织起来的机构外，还处于相对空白阶段（曾树兰、申仁洪、顾俊朴，2017）。而符合资质的职业培训教师人才也如凤毛麟角，成为限制发展孤独症患者职业培训板块中的瓶颈。

（三）就业需求

以“生命全程”的视角看，就业阶段是孤独症群体生命周期中的重要阶段，就业需求成为大龄孤独症者及家庭关注的重点，其意愿需求度高达 86.7%（苏敏，2018）。对一部分靠自己的努力完成学业或掌握了一技之长的孤独症患者，迫切需要一份能够让他们自食其力的工作。但他们社交障碍的特性使得他们很难通过用人单位的一系列招工面试，他们不恰当的沟通方式、人际交往技巧，以及莫名地发脾气等不当行为，往往会影响工作单位的留用（李艳、唐苇、徐胜，2019）。因此，一些用人单位宁可缴纳残疾金也不愿意招收孤独症人士。据调查，发达城市如北京和广州，大龄孤独症就业人数不超过 9%（何颖，2019）。即

使在世界发达国家，孤独症成年人的就业率也明显低于其他残障人员（李艳、唐苇、徐胜，2019）。

（四）托管养老需求

由于孤独症谱系的特殊性，一部分孤独症患者有可能终身需要支持和照顾。我国大龄和成年孤独症患者的托管和养老需求也日益增加，能够接纳成年孤独症的机构远远不足，现有的养老机构不愿意或没有专业能力接纳孤独症成年人入住（冯梦龙，2021），导致这部分孤独症患者无处可去。

三、大龄孤独症人群的前景

（一）完善以整个生命周期为视角的政策支持

孤独症群体的康复、就业、养护是一个需要持续终身的过程（华红琴，2017），是一项单靠家庭、社区、社会难以完成的系统“工程”，需要政府出台以生命为周期的政策支持。一些对孤独症研究较早的国家和地区，如美国、加拿大、日本和北欧等，已经形成了一套完整的社会支持和保障体系，完成了对孤独症患者整个生命周期中的各个阶段的需求支持。从早期诊断、早期干预，到随后的入学、升学都有相应的专业团队参与支持，费用则由社会保障系统承担（史威，2020）。对大龄孤独症的职业培训和生活安排，也都积累了成功的经验，值得我们学习和借鉴。我国在“十四五”规划中已经明确提出了对残疾人群体的支持性就业政策。我国的香港和台湾地区，在大龄孤独症人群的社会支持和以生命周期为视角的保障体系方面，已经取得了令世人瞩目的成绩（刘增荣，本书）。

（二）构建大龄孤独症康复和职业培训体系

虽然现阶段能够接纳大龄孤独症群体康复和职业培训的机构远远不能满足实际需求（刘金荣，2019），但不少家长和社会力量都在努力营造大龄孤独症群体的康复和职业培训的环境，给成年后的孤独症群体开创一条必要的出路。政府对这些机构也都提供了不同力度的支持。因此，构建大龄孤独症康复和职业培训体系，是保障在国家现行的义务教育之后，孤独症群体能够持续获得康复和职业训练的必要支持系统。

我们国家近年来也有不少的民间团体和社会志愿者、慈善组织关注到大龄青年的需求，开展大龄青年的情绪干预和职业培训以及社区融入的工作：北京初心孤独症干预中心，接收大龄的孤独症青年，根据个体的情况，制订相应的干预计划。据初心机构的负责人李女士介绍，几年来对大龄孤独症青年的干预案例证明：干预不应该受到年龄的限制，成年孤独症患者经过干预，也可以在情绪控制、生活习惯、作息时间和职业遵守等方面有明显改善，为成年孤独症群体的干预方法和策略提供了可供借鉴的经验。

（三）成年孤独症群体的社区融入

让成年的孤独症患者融入社区生活，是美国、加拿大、挪威等发达国家的普遍做法〔参见《中国自闭症教育康复行业发展状况报告（Ⅱ）》，五彩鹿自闭症研究院，2017〕。政府为大龄孤独症群体提供以社区为基础的住房，并经过专业的评估，根据具体个体的能力和实际需求，提供不同程度的支持。能力好的，可以单独居住在生活和交通便利的社区，可以随时联系到服务人员，可以及时得到医疗救助；有的则需要有生活辅助人员的指导和引领，参与社区的活动、绿化和卫生清洁，参与普通人的社区生活，有利于孤独症人群的身心健康，成为社区生活中的一员，同时也能使社区的居民增进对孤独症群体的了解，减少歧视，共建美好家园。

杭州的明星工坊（心智障碍者社区日间服务中心，简称“小作所”）已经成立了 5 年时间。据机构负责人张燕介绍，这是一家民营非企，资金来自家长的部分服务性投入、社会的募捐、政府的补贴等。明星工坊的运作方式是引入台湾日间作业设施（小作所）的全套服务模式和成功的经验。此模式是以作业为主、休闲为辅的日间社区服务。以自立生活支持替代训练课程，强调孤独症谱系障碍者的自我倡导和参与，最大可能地利用社区资源，丰富其生活经验。通过工坊服务提供多元化的日间服务选择，提供发展养护托养机构与庇护福利工厂以外的服务模式，让日间服务的形态与功能更多元，满足多样化、个别化的服务需求，建构本土化的社区日间服务模型。目前，杭州在明星工坊的基础上已经承接运行了 3 家政府支持的成人服务机构。明星工坊为孤独症成年人提供了融入社区生活的机会。

（四）大龄孤独症群体的就业

有关大龄孤独症患者的就业方式，可以根据他们的技能、兴趣爱好、行为

特征提供相应的就业渠道。近期的一份关于 H 市大龄孤独症就业支持的研究报告（许梅，2019）中，将孤独症患者的就业方式归纳为辅助性就业（以社会政策支持为主）、支持性就业（政策支持 + 就业工资）和自主性就业（就业工资）。

1. 辅助性就业

成立庇护机构或庇护工厂，在相对封闭的环境中由专业的辅导人员参与指导孤独症成年人的生活、休闲娱乐，并依据个体的兴趣爱好和动手能力，完成一些力所能及的任务。如日本的榉之乡、加拿大的 Group home 等。我国也有多家机构尝试对大龄孤独症人士进行职业培训和辅助性就业，如：

北京康纳州雨人烘焙，利用技能培训、组织生产操作、市场宣传的方法帮助孤独症人士实现群体就业（邓学易、郭德华、于鑫洋，2015）。

由残联支持的蜀乐家园于 2017 年投入运营，从事农产种植的生态园，孤独症人士从事水果分拣、土鸡喂养、除草和清洁等工作（许梅，2019）。

2. 支持性就业

由国家政策支持，用人单位根据就业人员的工作情况，支付部分薪酬。如陕西省图书馆的安林在最近完成的一项研究中提出：利用公共图书馆资源，开展大龄孤独症群体就业支持和职业培训服务。国家图书馆系统遍布各地，为大龄孤独症群体提供继续教育、就业辅助等生存支持服务，促进残疾人融合发展、保障弱势群体平等权益，具有重大而深远的现实意义（安林，2021）。他在研究中还提到图书馆的特定工作对支持性就业的优势：如图书整理排架、文件复印扫描等高重复性的工作，非常适合孤独症人士的特质，在新加坡和美国的国家图书馆，就为大龄孤独症患者提供长期的支持性工作机会。

还有武汉市的“守望星园”“星妈私厨”等支持性就业案例和北京静语者家园公益服务中心，帮助成人孤独症群体融入社会（邹天乐，2020）。

3. 自主性就业

自主就业的孤独症人士的薪酬和待遇由用人单位按照《中华人民共和国劳动法》的规定支付，就业人员遵守劳动纪律，完成工作任务和要求。虽然能够符合自主就业的孤独症人士成功率不高，还是值得经过专业培训、有工作能力的孤独症青年勇敢地进行尝试，用人单位也需要包容不同特质的员工。如五彩鹿孤独症研究院招收了 2 名成年孤独症患者，他们各有特长，也各有自己的个性特质，但他们在工作方面的认真态度和执着精神，是值得普通员工学习的榜样。五彩鹿主动接收大龄孤独症青年就业，给孤独症青年实现人生价值的舞台，同时减轻家庭和社会的负担。随着社会对孤独症群体的认识和了解，会有更多的用人单位能够敞开胸怀，包容和接纳孤独症群体的“神经多样性”，尊重生命形态的多样性（高鹏龙，2017）。通过社会各方面的共同努力，未来将能够看到越来越多的孤独症成人可以自食其力、自尊、自强，实现自己的人生价值，共享社会发展的成果。

4. 托管养护

对于那些不具备独立生活能力的孤独症患者，有相应的机构负责养护。这些机构有家长、社会和慈善机构的多方支持，并纳入社会保障体系。我国的大龄孤独症群体的托管养护和其他发达国家一样，也是从家长自发的“抱团取暖”开始，社会资源逐渐加入，获得政府支持，逐渐走上正轨。托管养护可按照不同家庭的个体化需求分为大型机构托养、社区式托管、居家养护和机构与居家养护相结合的模式（参见《中国自闭症教育康复行业发展状况报告（Ⅱ）》有关章节，五彩鹿自闭症研究院，2017）。

最近的一份调查报告显示以一些孤独症家庭组合在一起互助托管养护的案例：上海市的“监察中心”是由大龄孤独症家长自发组织的非官方机构，依托意定监护制度，形成了一个全方位的监护“闭环”（冯梦龙，2021）。年长的家长将自己大龄孤独症子女的监护权、日常照管事项、医疗和财产事项等进行“意定委托”，以合同契约或遗嘱公证等方式赋予年轻的家长。2020 年修订的《中华人民共和国民法典》确定了意定监护比法定监护的权利优先性。因为多数大龄孤独症患者作为无民事行为能力人，他们对父母遗产的管理和处置能力会有潜在的风险因素。同在养护机构里的年轻家长，最能够理解、最是感同身受，这些家长也具有养护孤独症患者的专业知识和经验。

5. 建立大龄孤独症者保险信托基金

大多数孤独症患者需要全生命周期的支持和保证，建立可靠的信托基金，保障他们能够在监护人不能继续支持他们的情况下，安稳地、有保障地、有尊严地度过整个生命周期。需要政府、社会、家庭等全方位的努力，建立健全孤独症患者的康复、就业、养老等一系列的政策和信托保险体系，让孤独症患者

的家长放心，实现家庭和睦、社会安宁。2021 年 9 月 23 日，大龄孤独症人士的母亲、星星雨机构的创始人田惠萍女士与光大信托公司在北京正式签署信托合同，成为全国首例签署特殊需要信托的孤独症人士家长。“这么多人为了特殊需要信托的实现在努力，今天，我就想告诉大家，它落地了，你们的努力没有白费”，田惠萍女士如是说（暖星社区，2021）。

一个开放、包容、文明的社会是以其对待弱势群体的接纳程度来体现的。据国家“十四五”规划的数据显示，我国现有残障人士 8500 万人，其中涉及的孤独症群体则超过 1000 万，他们的生存困境反映了现代社会的系统性风险，需要从制度层面加以规避（冯梦龙，2021）。孤独症儿童如何能够顺利向成人过渡，是摆在全世界人类文明面前的重要课题，也因此成为 2020 年的世界孤独症日宣传的主题（The Transition to Adulthood）。随着各项政策的制定与落实，孤独症群体从早期诊断、早期干预、融合教育、职业培训、就业、托管养护等以生命周期为视角的支持，家庭、社区、全社会共同努力，构建和谐、美好、幸福的生活。

参考文献

葛林斯班，薇德．自闭儿教养宝典［M］．刘琼瑛，译．台北：智园出版社，2010.

Kanner, L. (1943). Autistic disturbances of affective contact. Nervous child, 2(3), 217-250. Lovaas, O. I., Koegel, R., Simmons, J. Q., and Long, J. S. (1973). SOME GENERALIZATION AND FOLLOW-UP MEASURES ON AUTISTIC CHILDREN IN BEHAVIOR THERAPY 1. Journal of applied behavior analysis, 6(1), 131-165.

National Autism Indicators Report(NAIR). (2015, April 15). Transition into Young Adulthood. Drexel University Life Course Outcomes Research Program at A.J. Drexel Autism Institute. https://drexel.edu/autismoutcomes/publications-and-reports/publications/National-Autism-Indicators-Report-Transition-to-Adulthood/.

安林．公共图书馆自闭症群体就业支持服务策略研究［J］．图书馆学刊，2021（7）：76-82.

邓学易，郭德华，于鑫洋．大龄孤独症人士职业技能培训模式探索——以北京康纳州雨人烘焙为例［J］，残疾人研究，2015（4）：64-67.

冯梦龙．社会资本视角下大龄孤独症家长群体支持网络研究——以上海意定监护实务为例［D］．上海：上海师范大学，2021.

高鹏龙．社会支持视角下大龄自闭症患者生活保障研究［D］．南宁：广西医科大学，2017.

何颖．大龄自闭症患者人际交往的社区融入策略研究——以H市M工坊为例［D］．金华：浙江师范大学，2019.

华红琴．大龄自闭症谱系障碍者生活状况与康复体系构建［J］．社会建设，2017，4（2）：15-25.

李豪豪，沈亦骏，杨翠迎．自闭症家庭的困境及社会支持体系构建——基于上海市的调研［J］．社会保障研究，2020（6）：11.

李艳，唐玉苇，徐胜．自闭症谱系障碍成人就业影响因素：国外近50年研究进展［J］．绥化学院学报，2019，39（7）：68-74.

刘金荣．自闭症成人的生存困境及应对策略研究［J］．绥化学院学报，2019，39（10）：53-58.

暖星社区．64岁田惠萍：我走后，他的微笑仍能存在，是我的幸福[EB/OL].（2021）[2021]https://new.qq.com/rain/a/20211105A0D51D00.

苏敏．社会生态系统视角下自闭症者支持性就业分析——以深圳市自闭症者就业为例［J］．智库时代，2018（36）：3.

史威．大龄自闭症群体社会支持体系策略分析［J］．科教文汇，2020（501）：191-192.

五彩鹿自闭症研究院．中国自闭症教育康复行业发展状况报告（Ⅱ）［M］．北京：北京师范大学出版社，2017.

五彩鹿自闭症研究院．中国自闭症教育康复行业发展状况报告（Ⅲ）［M］．天津：天津教育出版社，2019.

吴金发．龙龙艰辛入学路——深圳首例大龄自闭症儿童融合教育探索［J］．中国社会工作，2014（25）：2.

许梅．城市社区大龄孤独症者就业支持研究——以H市为例［D］．合肥：安徽大学，2019.

杨雯．青春期自闭症患者的社会工作个案研究［D］．武汉：华中科技大学，

2013.

曾树兰，申仁洪，顾俊朴 . 2015 年我国自闭症教育研究与实践进展［J］. 绥化学院学报，2017，37（1）：5.

张茜 . J 市大龄自闭症患者社会支持研究［D］. 济南：山东财经大学，2021. doi：10.27274/d.cnki.gsdjc.2021.000238.

甄岳来，李忠忱 . 孤独症社会融合教育［M］. 北京：中国妇女出版社，2010.

中华人民共和国教育部 . 残疾人随班就读工作管理办法（2011 年修订版）[EB/OL].（2021）[2012]https：//wenku.baidu.com/view/1388a5b17fd5360cba1adbec.html.

邹天乐 . 大龄自闭症患者职训机构建筑内部空间环境设计研究［D］. 包头：内蒙古科技大学，2020.

邹小兵 . 与你同行——自闭症儿童家长必读［M］. 北京：人民卫生出版社，2013.

第二节　中国台湾成年心智障碍者社区康复模式和孤独症现状

◎刘增荣

中国台湾地区“身心障碍者权益保障法”第五十条规定，直辖市、县（市）主管机关应依需求评估结果办理相关服务，提供身心障碍者获得所需之个人支持及照顾，促进其生活质量、社会参与及自立生活。准此，各级政府针对身心障碍者个人照顾以社政（社会局）服务方面推出相关社区化服务间接服务面向社区资源中心、生活重建及家庭支持、居家照顾服务、临时及短期照顾服务；直接服务面向社区发展中心、社区日间照顾（乐活补给）、社区日间作业设施、社区居住家园。劳政（劳动力发展署）有职业重建个案管理服务、职业辅导评量服务、职业训练服务、支持性就业服务、职务再设计服务、创业辅导服务等项目。上述所有的项目部分由政府自办，其余均委托民间社福机构依据政府采购规定公开招标办理。

一、社区日间作业设施

《身心障碍者权益保障法》于 2007 年通过后，将庇护工场与身心障碍者的关系定位为雇佣关系，并须将身心障碍者依法纳入劳基法保障中，因此庇护工场因应成本及产品水平一定的要求。部分原来在庇护职场工作的身障者，可能因工作达不到要求或是其他原因，经职业辅导评量评估后必须结案离开庇护工场。面对离开庇护工场的身心障碍者，家长必须重新安排规划其在日间的生活，避免产生退化之情形。

另外，从高中毕业的学生，若是能力无法进入支持性或一般性就业，就必须经由职业评估才能进入庇护工场。但是庇护工场的职缺有限，其职种选择性亦有所不足。这些无法进入就业领域的身障者希望能有一种可以符合需求的服务模式，提供这些无法就业也无须太多生活照顾支持的身心障碍者日间的服务。

因此，台湾日间作业设施是参照邻近国家服务的经验，以符合平权与人性的社区融合概念，构思建置一个介于日间照顾服务以及庇护工场之间的社区化作业服务模式，让能力不足以进入庇护工场但也不愿意接受机构式服务的身心障碍者，有更多元服务模式选择的机会，期以朝向社区化、小型化与生活化的作业设施来提供服务。故社区日间作业设施的服务定位，是为能力介于日间照顾机构与庇护性就业之间的身心障碍者，提供以作业活动为主、文康休闲活动为辅的社区式日间照顾服务据点。也就是，白天可以就近在社区中获得服务，除学习作业技能与建立正确的工作态度外，更重要的是培养其自立生活能力，促进社会参与增进社会融合。

（一）社区日间作业设施服务目标

1. 提供心智障碍者多元化的日间服务选择。

2. 通过作业活动，提供服务使用者职场情境模拟适应的机会，培养其工作技能、合宜的工作态度，进而有机会能进入劳动就业市场。

3. 通过团体生活，培养服务使用者自立生活能力并获得人际互动的机会，进而提升其自尊与自信、改善人际关系、促进社会参与。

4. 通过文康休闲活动，减缓服务使用者生理退化速度，维持基本社会功能。

5. 发展身心障碍照顾机构与庇护就业以外的服务模式，让日间服务的形态与功能更多元，以满足多样化的需求，建构出本土化的社区日间作业设施模型。

（二）社区日间作业设施服务内容

依据不同的学习目标，分为五大领域，分别是作业技能、作业态度、自立生活能力、基本认知能力、社会能力等。

1. 作业技能：依据服务使用者作业技能评估表设计，学习目标以手部操作动作、作业速度、品检能力、作业耐力与持续力、负重能力 5 项为主。

2. 作业态度：依据服务使用者作业态度评量表设计，学习目标以作业主动性、注意力、服从度、独立作业能力、承受作业压力、问题解决能力、遵守作业规范、作业安全警觉、维持作业动机 9 项为主。

3. 自立生活能力：学习目标以个人卫生管理、休闲安排、自我保护与自我照顾、交通能力、金钱管理、权益倡导 6 项为主。

4. 基本认知能力：学习目标以数学能力、空间概念、时间概念、学习观念、语文能力、 区辨与判断能力、记忆能力等 7 项为主。

5. 社会能力：学习目标以沟通表达、语言理解、社交能力、合作 / 独立作业、挫折忍耐度、情绪稳定度、不合宜行为 7 项为主。

服务内容以作业活动为主，生活及文康休闲活动为辅，协助服务使用者逐步完成上述各领域之学习目标。

（三）办理社区日间作业设施之作业流程

办理社区日间作业设施之作业流程共分 3 个阶段，包括筹备与规划、服务与营运、成效评估。

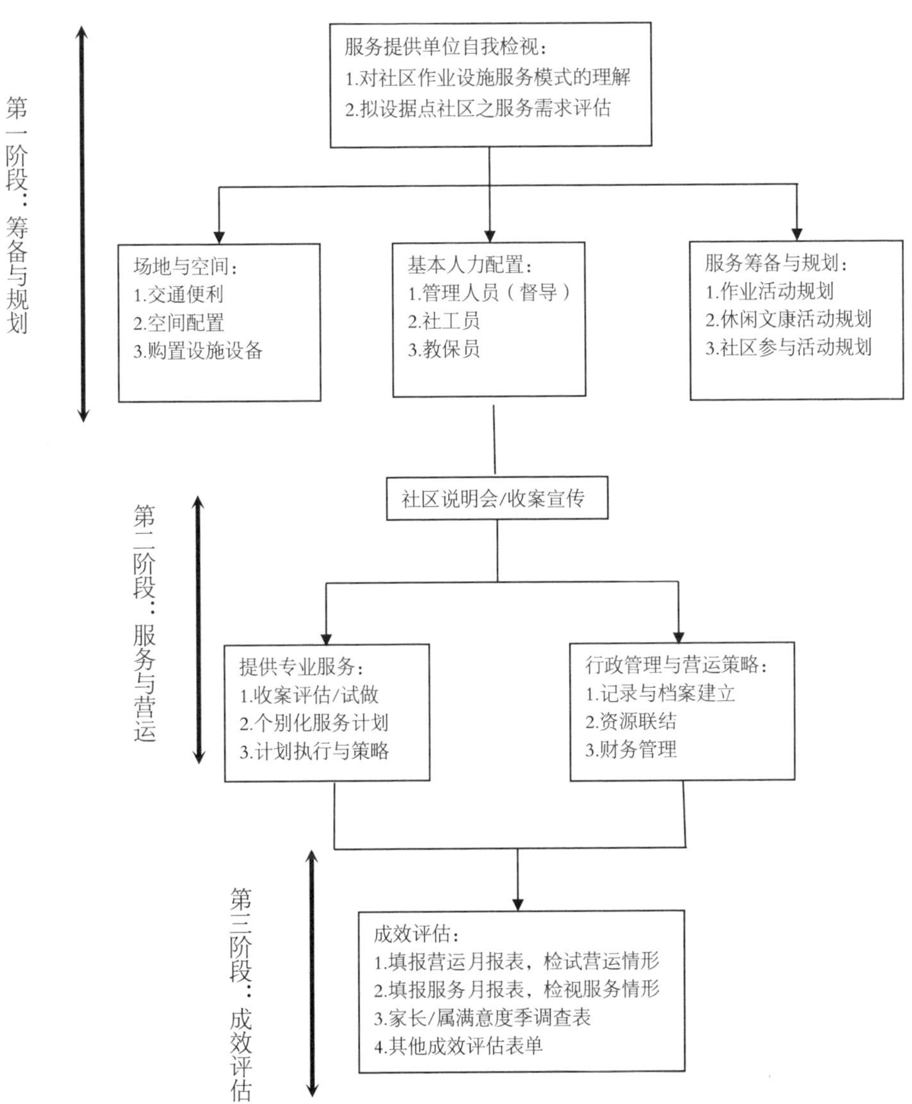

图 12-1　办理社区日间作业设施之作业流程

二、社区居住家园服务

联合国于 2006 年通过《身心障碍者权利公约》（以下简称 CRPD），其中第十九条指出：身心障碍者享有于社区中生活之平等权利以及与其他人同等之权利，包含选择居住的自由、在社区生活中享有支持服务以及平等使用各种社区资源。

对许多心智障碍者家庭而言，当父母年老后因健康等诸多因素已经无法提供心智障碍子女实质照顾支持，可能衍生出许多家庭照顾问题进而扩大为社会问题。若将心智障碍子女留在家中，父母无力照顾或冲突不断；若以教养院模式安置，远离原生家庭，家人想探视实显不便，亲子间关系日渐疏远，终将成为被遗忘的人。从“住”的议题来看，并非所有心智障碍者都适合或需要入住教养机构或团体家庭；以支持密度中、低者而言，他们应该如同一般人，怡然自得地生活于社区之中，便利地取得及充分使用社区资源，包括购物采买生活日常所需、与他人交友沟通、探访亲友、搭乘大众交通运输工具等；同时也应该拥有“自主权”，意即能自我选择并有能力去承担其后果，不须完全被动地接受他人的安排；因此，提供心智障碍者社区居住家园是当前成人服务主要项目之一。

然而心智障碍者居住在社区不尽然代表他们已经融合于社会；虽然社区对心智障碍者是一个常态化的社会环境，但实际上社区生态环境未必是全然接纳与友善的。例如，他们与邻里未必有互动，甚至居民可能对其有非友善的对待，因此即使在社区中生活，他们也可能面临着被排斥、被歧视或被侵犯的困境。此外，他们在社区中个人独立生活的能力也亟须建构，包括社交能力、环境适应能力以及自我倡议能力等。因此为这些心智障碍者提供一个具有支持性的社区居住服务是相当重要的。

综上所述，以《台湾成年心智障碍者社区居住与生活服务实务操作手册》为蓝图，提供成年心智障碍者透过社区居住的支持服务，获得社区家园生活的权利与训练独立生活的能力；累积社区生活经验以及学习自我决策并为自己的决定负责；与一般民众拥有平等的权利和机会使用社区资源，自由选择参与社区互动和日常生活，成为社区的一分子，使其能达到独立生活的最终目标。

台湾身心障碍服务当中，心智障碍者住宿服务分成两类：全日型住宿机构与夜间型住宿机构。随着世界各国心智障碍服务发展的进步，寻求社区融合与生活质量，俨然是服务趋势。总之，在社区当中过着融合有质量的生活，是社福机构工作人员的目标与挑战，在此趋势之下，社区照顾服务成为主流，强调让心智障碍者在社区中生活的“社区居住与生活服务”（community living）亦应运而生。

（一）社区居住家园服务目标

1. 提供 18 岁以上身心障碍者夜间独立生活服务，期待透过协助服务可以养成身障者社区独立生活之能力，进而回归社区稳定工作、独立生活。

2. 提供身心障碍者多元化、非机构式之夜间社区居住支持服务，以协助其在一般的社会环境中具备生活所需的生活行为技能。

3. 协助身障者依其意愿及能力，选择生活方式和参与活动，促使其拥有正常化的社区生活，增进与社区融合的契机。

4. 协助养成住民适应社区生活、作息规律，情绪、工作稳定，身体健康，改善家庭、家人亲疏关系。

（二）社区居住家园服务项目

1. 居住环境之规划：协助设施设备之规划（含无障碍设施之考量）。

2. 个别化生活支持规划：订定开案、结案指标等评估办法，进行 SIS 量表评估、个别服务计划、个案记录、危机事件处理、自我照顾能力之协助促进等。针对回归家庭生活或自行于社区居住者，持续提供支持服务，在扶持期维持自立生活，后续追踪至少半年。

3. 协助健康管理：提供妥善之健康照顾服务、维持适当体适能、陪同就医、辅具（复健）服务、提供相关卫教课程、建置防疫机制、建立紧急医疗转介系统，并有完整的个人健康及用药记录，并提供行为、情绪管理及压力调适服务，以维持生理、心理健康。

4. 日常生活活动支持：协助服务对象自行照顾个人卫生、衣着照应，培养其家事独立处理、家务管理、饮食照应与烹食、金钱支出、居住安全、人际互动、生活作息规律之能力。

5. 亲职功能之强化：除提供服务对象协助外，另应与服务对象家庭工作透过邀请家人参与各项支持方案的规划与评估，提供相关福利信息及亲职教育，引导身心障碍者家庭支持身心障碍者自立生活。

6. 日间服务资源联结：联结日间资源、就业协助、协助稳定就业。

7. 休闲生活与社区参与：协助服务对象规划休闲生活，由服务对象自行选择交通支持、社区购物、使用社区设施与服务、参与社区休闲娱乐及社团活动、个人嗜好、拜访朋友或家人、与社区邻里互动。

8. 服务对象权益之维护：自我倡议、提供选择与自我决策、自我保护（避免受虐及剥削）、财务规划与管理。

9. 其他配合政府推展社会福利工作之服务项目。

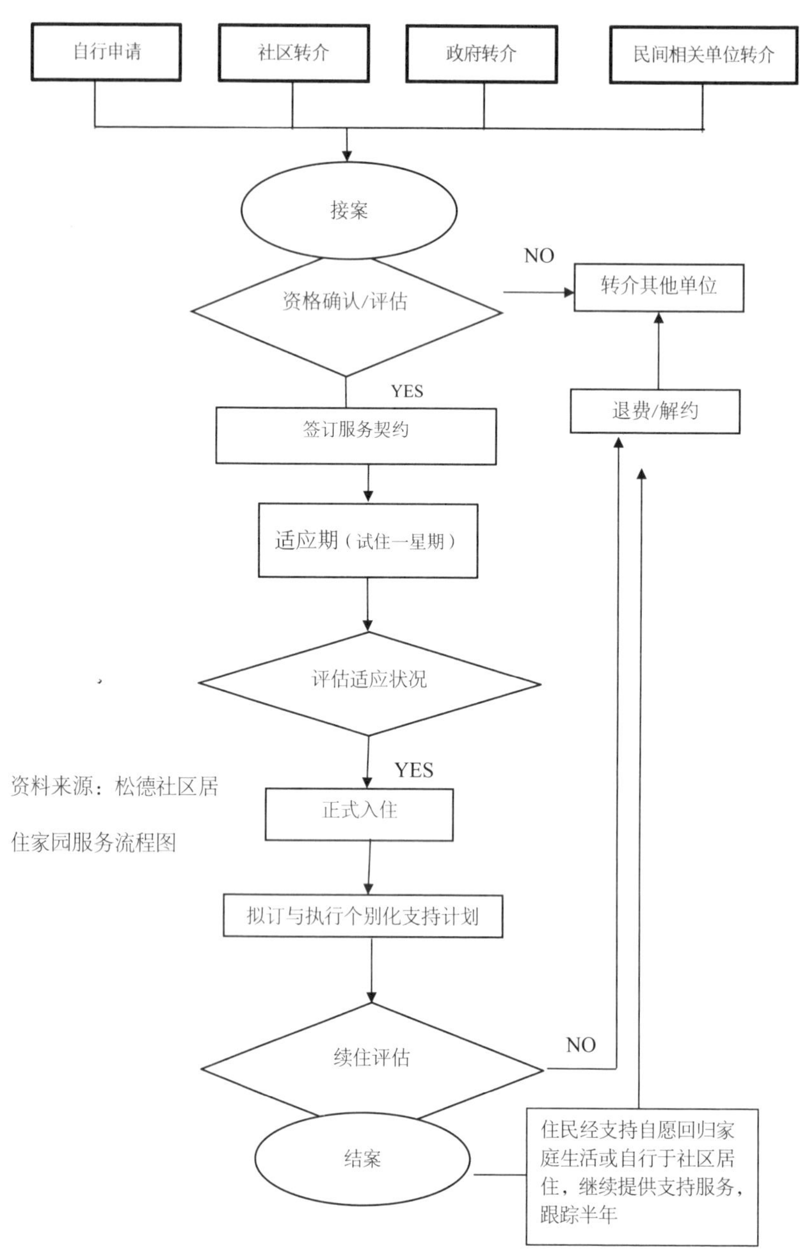

图 12-2　社区居住家园服务流程图

（三）社区居住家园服务对象及人数

1. 年满 18 岁之孤独症者、智能障碍者或有以上障碍类别之多重障碍者，并经受托单位评估适合训练独立居住与生活者。

2. 夜间未安置于机构者。

3. 每一案应服务至少 6 人，每一间社区居住单位至多服务 6 人。

4. 依支持密度评估，密度为中、低需求者之名额须达总名额之 75%。

办理夜间社区居住家园之作业流程见图 12–2。

三、 台湾地区孤独症现况

截至 2021 年，台湾地区孤独症人数已经达到 17273（“卫福部”，2021），近 10 年平均每一年增加近 700 人被诊断为孤独症者，可说是台湾身心障碍者中，人口数增加最快的族群。另外，隐身在其他障别或是尚未被诊断的更是不计其数。由于孤独症人口不断增加并迅速扩大，不分地区、种族与社会阶级都有发生孤独症的可能，孤独症者人口成长已是不可逆的趋势，点明了关于照顾孤独症者及其背后所实有的家庭困境，已经成为一项兼具集体意涵的社会事实。

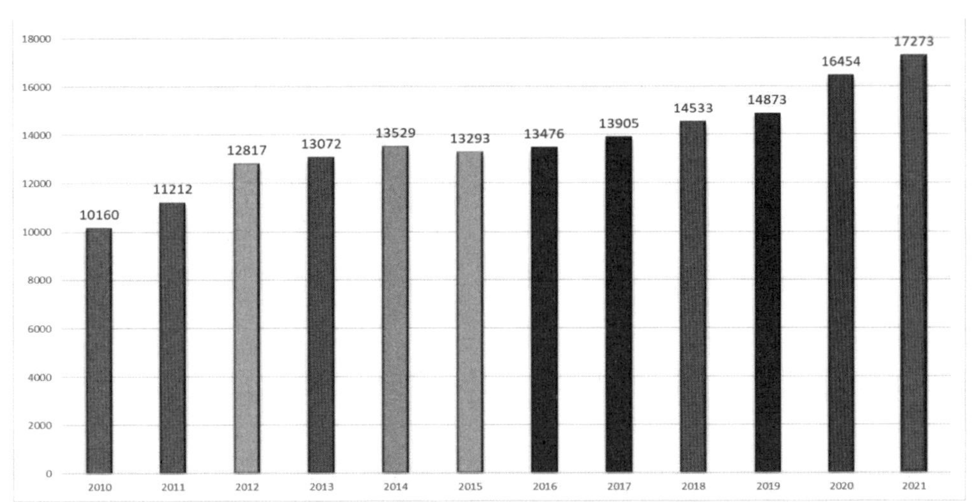

图 12–3　台湾地区孤独症人数年度统计表

台湾地区孤独症者因其障碍特质，或是父母亲、主要照顾者年迈后，家庭结构改变，在家庭照顾功能逐渐式微的情况下，政府于推动长期照护服务时，服务对象渐渐有效考虑由目前“个人焦点”（身障者或照顾者）联结到“家庭系统焦点”，评估标准也从现在的“医疗照顾原则”“功能原则”联结到“社会照顾原则”。同时，孤独症者在国内从居家照顾到社区照顾，到社会福利机构照顾，整体连续性照顾系统亦正在逐步建置中。尤其在终身障碍所带来的长期照护需求服务过程中，对孤独症人士生活独立、就业训练、生活休闲等相关文献与照护经验，正逐渐重视中。另外，在家庭系统内，家有孤独症者亦对家庭造成实质客观上的要求，例如，Marsh（1992）提出家庭的功能和活动的限制、照顾的需要、财力的负担、对父母身心健康的不利影响、婚姻的冲突、带给同胞手足的压力、对家人社交生活的限制、社会性的羞耻感等皆是孤独症人士家庭中长期且沉重的负担，这些负担可能会因障碍程度的提高而成为更趋严重与复杂的社会问题（何华国，1996）。

目前孤独症者最大的困境除了受限制在原有的障碍特质之外，还有当前社会所能提供的机会和人力辅导资源明显不足，也是重要因素之一。在实际生活里，大部分的孤独症者不是不会，而他们需要的是“机会”，其往往因没有机会和适当的教育训练，造成陷入独立生活能力不足、生活技能严重缺乏的困境。特别是早期政府当局、社会大众甚或是家长普遍对孤独症的认知不足，未及时提供早期疗育服务或适切的教育训练措施，导致今日成人孤独症患者在就业技能或生活支持上，都处于绝对的劣势。

因为孤独症者要达到独立生活长期照护的目标，其内容包括在未来生态环境规划、问题界定处遇、需求方案评估、资源整合策略、福利服务输送、个案追踪辅导以及绩效管理的标准化作业流程，还是有通盘考量及尽早准备的必要性。因此，孤独症者离开校园后，建构孤独症者社区居住与生活可行性方案使其顺利转衔至长期照护阶段，是关注孤独症者努力的方向之一。

四、台湾地区身心障碍者、孤独症患者劳动参与率

凤华、刘增荣（2017）所执行的成人孤独症者职前准备团体研究报告成果发现，透过系列的职前辅导团体中两个团体共达成37%就业率，看到初步成效，

职管员的反馈亦相当肯定团体对孤独症人士的正向影响，并引发孤独症人士的就业动机：8 名中有 3 名已经进入就业市场工作，有 3 名也开始尝试找工作，另外两名对自己的未来开始有贴近现实的规划，证实可以借由适当的辅导协助泛孤独症者进入职业世界。

然而，从整体劳动就业面向来看，为了解身心障碍者之劳动状况、就业情形、职业训练与就业服务需求，台湾地区于 2019 年办理“身心障碍者劳动状况调查”，以年满 15 岁且领有身心障碍手册或证明者为调查对象，调查统计结果为身心障碍者劳动力参与率为 20.7%、失业率为 8.1%，孤独症者之劳动力参与率约 25.6%。

参考文献

凤华，刘增荣 . 成人泛自闭症者生涯辅导模式之研究——以职前准备为重点，2017.

李崇信，周月清 . 社区居住与生活的理念与实践：台湾成年心智障碍者社区居住与生活服务实务操作手册［M］，台北：“内政部”，2006：17−41.

李婉萍 . 台湾“社区居住与生活”服务发展历程［J］. 社区发展季刊，2008（121）：147−159.

刘增荣 . 增进自闭症者独立生活可行性之行动研究［M］. 台北：文化大学青少年儿童福利研究所，2011.

周月清 . 英国社区照顾：缘起与争议［M］. 台北：五南出版社，2000.

杨馥璟 . 独立生活服务模式的理念与实践——社区居住的服务提供者之观点［D］. 南投：暨南国际大学，2008.

章节作者介绍

第一章

于晓辉

大连大学附属中山医院儿童发育行为门诊主任、副主任医师、硕士生导师，日本东京学艺大学儿童心理学博士。

主要研究方向为儿童和青少年的发育、心理行为与精神疾病。对孤独症、注意缺陷多动障碍、抽动障碍、精神发育迟滞、矮小症、青少年抑郁焦虑等各类儿童发育和行为问题的临床诊治经验丰富。曾多次获得日本松下国际财团、三岛海云纪念财团、明治安田身心健康财团、住友财团、日本发展科学研究教育中心的学术研究助成奖，日本科学协会的笹川科学研究助成奖。作为项目负责人主持完成教育部留学归国人员科研启动基金及大连市科技局、卫生局课题 5 项，横向课题 3 项。发表 SCI 论文 2 篇，核心及国家级以上期刊论文 20 余篇，专著 2 部。

第二章

第一节

付秀银

五彩鹿研究院高级研究员，行业报告第Ⅰ和第Ⅱ版编委，第Ⅰ、Ⅱ、Ⅲ、Ⅳ版部分章节内容作者。曾任五彩鹿评估部总监，参与多部行业专著、译著的编写和翻译、审译。多年一线家长支持工作。2014 年参加国际扩大与替代沟通双年会（ISAAC 2014， Lisbon）并分享研究。

孙媛哲，五彩鹿研究院研究员，杭州校区校长，美国纽约城市大学皇后学院特殊教育专业硕士生，言语语言治疗师（SLT ELSII 模式）。

第二节

王雪薇

北京大学神经科学研究所硕士研究生，从事孤独症的病因与发病机制研究。

张嵘

北京大学神经科学研究所副教授、博士生导师，北京神经科学学会常务副理事长，北京大学医学部孤独症研究中心联合创始人。

从孤独症发病的遗传与生物环境角度探索易感因素以及母子之间的潜在联系；对孤独症儿童社会交往行为分型提出新的鉴别方法，开发测评量表以及磁共振数据分析方法；采用动物模型与人体研究探索经皮穴位电刺激治疗孤独症的疗效、安全性及相关机制，从预防、诊断、治疗孤独症方面进行应用及应用基础研究。

第三节

夏　昆

南华大学副校长、教授、博士生导师，国家杰青，长江学者特聘教授，国家“973”项目首席科学家，国务院政府特殊津贴获得者。

夏昆主要致力于开展儿童孤独症的遗传基础及致病机制研究。利用不同基因组学技术，鉴定孤独症的易感或致病基因，探索不同基因组变异在孤独症病因机制中的作用。同时，利用果蝇和小鼠等动物模型探索孤独症易感或致病基因参与疾病发生的分子致病机制。

郭辉

中南大学生命科学学院研究员、博士生导师，湖南省杰出青年。

入选首届中国科协青年人才托举工程，担任中国遗传学会青年委员会委员、中国遗传学会行为遗传学分会委员、湖南省遗传学会理事。主要从事神经发育疾病特别是孤独症的遗传调控机制及其临床转化应用研究。

第四节

徐明玉

上海交通大学医学院附属新华医院发育行为儿童保健科，副主任医师，儿科学博士。中华医学会儿科分会发育行为学组青年委员，上海市医学会儿科分会发育行为儿科学组委员，中国优生优育协会儿童脑潜能开发专业委员会常务委员，中华中医药学会儿童健康协同创新平台委员会委员，国际孤独症研究学会（INSAR）会员。

长期从事儿童神经发育疾病，如语言发育障碍、孤独症、社交沟通障碍、多动症、智力迟缓等相关疾病的诊疗和研究。

李斐

上海交通大学医学院附属新华医院主任医师、教授、博士生导师，儿科学博士，国家自然科学基金“杰出青年”/“优秀青年”基金获得者，中华医学会儿科分会发育行为学组副组长，国际孤独症研究学会（INSAR）Senior Mentor（全球 16 位）。

长期从事儿童孤独症及共病的三级防控和临床工作，针对其壁垒开展转化驱动性研究，发现系列高危因素，明确其暴露损伤机制和早期预测、干预的生物标志物，积极制定“医防融合”的系列新型干预策略和方案，并推广落地。相关研究成果写入国际知名教科书，作为主要支撑证据成为美国儿科学会和妇产科医师学会指南政策更新的重要内容之一；牵头组织香山会议“孤独症和阿尔兹海默症诊断的创新探索”并进行主旨发言。受邀为《新英格兰医学杂志》（*The New England Journal of Medicine*）撰写综述。

第三章

第一节

伊丽莎白·伊佳芭（Elizabeth Ijalba）

美国认证言语语言病理学家（CCC-SLP），言语语言和听力科学博士（Ph. D.）纽约城市大学皇后学院语言沟通障碍专业副教授，双语实验室创办人、主任，纽约州多语种言语—语言—听说读写教练机构（MSLLC）创办人和总裁，“基于游戏的多语早期语言及听说读写干预法”（Multilingual Early Language and Literacy Play-Based Interventions）创始人。

陈薇薇

五彩鹿研究院副院长、教学副总监。欧盟 Erasmus Mundus 奖学金项目学者，并获世界银行（World Bank）Margret Mcnamara 论文奖学金。欧盟 EMCL 临床语言学专业科学硕士（MSc.），美国加州大学圣巴巴拉分校特殊教育专业博士（Ph. D.），言语语言治疗师（SLT ELSII 模式）。

从事一线教学与研究工作。专业研究方向为孤独症儿童教学及家庭支持，曾在美国特殊儿童委员会（CEC）年度大会、国际应用行为分析大会（ABAI）、国际孤独症学会年度会议（INSAR）、北京教育康复高峰论坛等国内外专业会议上发表研究报告，撰写多篇专业文章发表于权威书籍，如《儿童期自闭谱系障碍的发展、评估与干预：国际和中国视角》，并任《中国自闭症教育康复行业发展状况报告（Ⅲ）》主编。

宋静淼

五彩鹿研究院研究员，上海校区教学校长，英国贝尔法斯特女王大学（Queen's University-Belfast）孤独症专业硕士（MSc.），言语语言治疗师（SLT ELSII 模式），从事一线教学与研究工作。

第二节

陈薇薇

第三节

宋静淼

第四章

第一节

傅王倩

博士，北京师范大学特殊教育学院讲师，硕士生导师。美国加州大学圣巴巴拉分校联合培养博士，北京师范大学中国教育与社会发展研究院博士后。

主要研究方向为特殊教育政策、发展障碍儿童心理与教育等。主持教育部人文社会科学基金、中国博士后基金会项目、中宣部高端智库项目等省部级项目，参与国家自然科学基金、国家社科基金重大专项、教育部哲学社会科学研究重大课题攻关项目等10余项。以第一/通讯作者在《中国特殊教育》《教育学报》《比较教育研究》、*International Journal of Developmental Disability*、*Journal of Autism and Developmental Disorders*、*Higher Education* 等国内外期刊发表论文20余篇。

柳　月

北京体育大学特殊教育专业硕士研究生。

第二节

李艳茜

五彩鹿研究院研究员，从事融合教育教学科研、家长服务支持、科学干预方法技术引进和落地实施、教学数据收集分析。

第三节

傅王倩

王　姣

北京体育大学特殊教育专业硕士研究生。

王嘉玉

日本神户大学人类发展与环境学研究科硕士。

第五章

王培实

美国认证博士级应用行为分析师（BCBA-D），哥伦比亚大学特殊教育专业博士，纽约城市大学皇后学院副教授。

从 2009 年起，多次率领美国特殊教育研究生赴国内开展孤独症行业教研，帮助国内机构对接国际水准做本土化吸收，与五彩鹿老师们经过 10 年的共同探索和实践，制订出一套以主题为本（theme-based curriculum）的教学课程计划，并结合有效干预策略和方法的使用，研发了适用于国内孤独症儿童的“独立班”式的课程教学体系。多次在国际应用行为分析大会（ABAI）上发表研究文章。

刘　美

五彩鹿研究院高级研究员，教学部培训总监，美国认证应用行为分析师（BCBA），言语语言治疗师（SLT ELSII 模式）。

长期从事一线教学、教师和家长培训工作，行业报告第Ⅰ、Ⅱ版副主编和部分章节内容作者，参与多部行业专著、译著的编写和翻译、审译。2018 年参加国际扩大与替代沟通双年会（ISAAC 2018，Gold Coast）并分享研究，也曾在国际应用行为分析大会（ABAI）上分享研究成果。

第六章

杨溢

岭南师范学院特殊教育系主任。韩国梨花女子大学特殊教育专业博士。韩国孤独症谱系障碍协会会员，韩国学前特殊需要儿童教育协会员。

主要研究方向为孤独症谱系障碍婴幼儿早期干预、特殊儿童家庭支持及相关师资培养。近5年，在中韩期刊上发表多篇学术论文。主持（中国）全国教育科学“十三五”规划重点项目1项，湛江市教育科学“十三五”规划一般项目1项。参与韩国省、市级研究课题3项。

第七章

徐　岩

中山大学社会学与人类学学院副教授，博士生导师。

研究兴趣主要集中在健康与幸福、精神障碍与污名、残障与发展等领域，主要从事健康与精神健康的社会学研究，以及精神健康社会工作与医务社会工作研究。目前兼任中国残疾人事业发展研究会理事、广东省残疾人事业发展研究会副会长、中山大学中国残疾人事业发展研究中心副主任、中大社工服务中心理事、广州市扬爱特殊孩子家长俱乐部理事。

舒耀贤

女，中山大学社会学与人类学学院本科毕业生。

第八章

刘　勇

五彩鹿研究院执行院长，高级研究员，北京大学法学硕士 / 美国得克萨斯大学奥斯汀法学院比较法学硕士(MCJ.),律师,行业报告第Ⅰ、Ⅱ、Ⅲ、Ⅳ版编委,第Ⅲ版副主编。

参与多部行业专著、译著、教学材料的编写和翻译、审译。多年一线孤独症儿童家庭支持工作。2016年、2018年参加国际扩大与替代沟通双年会(ISAAC 2016 Toronto, 2018 Gold Coast)并分享中国经验。2017年参与组织五彩鹿发起的“第一届东亚区域扩大替代沟通—发现资源”国际研讨会。2016—2017年参与鲁道夫·罗宾斯音乐治疗技术引进,推动“鲁道夫·罗宾斯 中国”落地(2018)。

刘兆慧

五彩鹿研究院助理研究员。

于纳

五彩鹿研究院助理研究员。

李艳茜

第九章

曲长祥

教授,五彩鹿研究院高级研究员,重庆校区校长。

董丹凤

五彩鹿研究院研究员,大连校区校长,言语语言治疗师(SLT ELSII 模式)。长期从事孤独症儿童一线教研和家长支持工作。

黄　佳

五彩鹿研究院助理研究员,从事孤独症儿童一线教研工作。

第十章

彭　程

任职于北京市世泽律师事务所。

孙兆秋

任职于北京市世泽律师事务所。

第十一章

王一涵

北大法宝（北京北大英华科技有限公司）立法研究员。

郭金玉

北大法宝（北京北大英华科技有限公司）立法研究员。

第十二章

第一节

付秀银

第二节

刘增荣

台湾地区中国文化大学青少年儿童福利学系法学硕士。

现任：财团法人台湾自闭症基金会执行长、台南市政府早期疗育委员会委员、Stars Radio 网络广播电台“星踪有爱”主持人，探讨特殊教育、社会福利及家庭支持与教养等相关社会议题。

曾任：新北市政府早期疗育委员会委员，代表社福团体就早期疗育政策向政府建言；台湾地区促进身心障碍者训练与就业推动小组委员；台师大适应体育倡议与倡导工作小组委员；台北市文山特教学校申诉评议委员；新北市政府特殊教育学生鉴定及就学辅导会委员以及台湾地区各大学社会工作学系学生督导。

参与执行计划：自闭症独立生活荣星计划行动研究、新北市政府卫生局儿童心理健康促进方案、世界卫生组织发展迟缓儿童亲职技巧训练台湾地区执行计划、成人自闭症者生涯辅导模式之研究——以职前准备为重点计划、泛自闭症者生涯辅导专业人员培训模式与成效之行动研究。

专业专长：社区居住家园与日间作业设施服务规划、机构评鉴、幼小转衔教育、身心障碍者职业重建、社会福利与相关法令、非营利组织营销与管理、资源开发与整合、两岸特殊教育比较。

著作：2011 年，《增进自闭症者独立生活可行性方案之行动研究》（*An Action Study of the Feasible Project to Improve Independent Living for the Autism Youth*）；2017 年，《中国自闭症教育康复行业发展状况报告（Ⅱ）》部分；2018 年，《孤独症诊疗学》第二版“孤独症社区康复”部分。

荣誉：2014 年获选为台北市政府社会局绩优社工人员，三度荣获台湾地区“社教贡献奖”团体奖，荣获陈永泰公益信托基金第五届“传善奖”团体奖。

图书在版编目（C I P）数据

中国孤独症教育康复行业发展状况报告．Ⅳ / 五彩鹿孤独症研究院编著．-- 北京：光明日报出版社，2022.4
ISBN 978-7-5194-6491-2

Ⅰ．①中… Ⅱ．①五… Ⅲ．①缄默症—儿童教育—特殊教育—研究报告—中国 Ⅳ．① G766

中国版本图书馆 CIP 数据核字 (2022) 第 039874 号

中国孤独症教育康复行业发展状况报告． Ⅳ

ZHONGGUO GUDUZHENG JIAOYU KANGFU HANGYE FAZHAN ZHUANGKUANG BAOGAO. Ⅳ

编　　著：五彩鹿孤独症研究院

责任编辑：李月娥　　责任印制：曹　净
封面设计：李彦生　　责任校对：慧　眼

出版发行：光明日报出版社
地　　址：北京市西城区永安路 106 号，100050
电　　话：010-63169890（咨询），010-63131930（邮寄）
传　　真：010-63131930
网　　址：http：//book.gmw.cn
E - mail：gmrbcbs@gmw.com
法律顾问：北京市兰台律师事务所龚柳方律师

印　　刷：北京华联印刷有限公司
装　　订：北京华联印刷有限公司
本书如有破损、缺页、装订错误，请与本社联系调换，电话：010-63131930

开　　本：170mm×240mm
字　　数：440 千字　　印　　张：23.25
版　　次：2022 年 4 月第 1 版
印　　次：2022 年 4 月第 1 次印刷
书　　号：ISBN 978-7-5194-6491-2

定　　价：99.00 元